Cecilia von Studnitz
Mit Tränen löschst du das Feuer nicht
Maxim Gorki und sein Leben

Cecilia von Studnitz

Mit Tränen löschst du das Feuer nicht

Maxim Gorki
und sein Leben

Droste

Bildnachweis
AP: 19
© BN, Ed. du Seuil, Paris: 1, 2, 14, 15, 18, 33
dpa: 20
Historia-Photo: 3–7, 9–12, 21–24, 26–31
Keystone: 8
RP-Archiv: 13
Verlagsarchiv: 25, 32
Verlag Neues Leben: 16, 17

Die Deutsche Bibliothek – CIP-Einheitsaufnahme

Studnitz, Cecilia von:
Mit Tränen löschst du das Feuer nicht: Maxim Gorki und sein Leben / Cecilia von Studnitz. – Düsseldorf: Droste, 1993
ISBN 3-7700-1004-3

© 1993 Droste Verlag GmbH, Düsseldorf
Umschlagentwurf: Helmut Schwanen / Fotos: Historia Photo
Gesamtherstellung: Clausen & Bosse, Leck
ISBN 3-7700-1004-3

Inhalt

1. Zwei Schüsse an der Kasanka 7
2. Ein kleiner Junge und eine große Familie 10
3. »Du bist keine Medaille an meinem Hals – geh...!« 20
4. Verbotene Bücher und wichtige Menschen 30
5. Alexejs Universitäten 47
6. Maxim Gorki wird geboren 65
7. Der Weg nach oben: Jehuda Popenumhang 79
8. Der Anmarsch des Pöbels 91
9. Mit Tränen löschst du das Feuer nicht 110
10. Der Traum vom anderen Ich:
    Maxim Gorki und Lenin 140
11. Die große Enttäuschung 160
12. Auf Wiedersehen im März 187
13. Ein entwurzelter Slawe im heißen Süden 204
14. Eine Nation jubelt: Ihr Idol kehrt zurück 218
15. Die andere Wahrheit und ein Potemkin'sches Dorf . 231
16. Dieser Mörder, dieser schreckliche Mörder! 242
17. Gefangen im goldenen Käfig 259
18. Die Tränen haben das Feuer gelöscht 277
19. Öffnet die Archive! Ein (fiktives) Interview 289

Literaturverzeichnis 307
Kurzbiographie 315
Anmerkungen 338
Personenverzeichnis 356

1.
Zwei Schüsse an der Kasanka

Der 12. Dezember 1887 ist ein klirrend kalter, aber klarer Winterabend. Seit Wochen liegt hoher Schnee in der Stadt Kasan. Er ist von den Bürgersteigen an den Rand der Straße zu hohen Haufen zusammengeschaufelt, die wie Deiche die Fahrbahn von den Bürgersteigen trennen. Auf den Dächern der Häuser liegt Neuschnee, die Äste der Bäume sind weiß und froststarr. Es weht kein Wind, aber es schneit klein und kalt vor sich hin, die winzigen, trockenen Schneeflocken blitzen wie Eiskristalle im Licht der Laternen. Durch die Straße, die aus der Stadt zum Kloster herausführt, geht ein junger Mann. Der Neunzehnjährige hat sehr breite Backenknochen und eine regelmäßige, gerade Nase. Das Kinn ist kräftig und energisch, verrät einen Menschen mit starkem Willen. Die dunkelblonden Haare sind fein, lang, glatt und fallen in die Stirn und über die Ohren. Durch seine vornüber gebeugte Haltung wirkt er kleiner, als er in Wirklichkeit ist, immerhin fast 1,80 Meter. Sein Gang ist federnd und kraftvoll, der ganze Körper sehnig. Auffallend an ihm sind vor allem die blauen Augen: slawisch schrägstehend, aber bemerkenswert groß mit sehr langen, fast mädchenhaften Wimpern. Sein Blick wirkt dadurch träumerisch, nach innen gekehrt. Aber der optische Eindruck täuscht: diese verhangenen Augen sind wach, bewegen sich schnell, sehen alles, registrieren jede Kleinigkeit. Jetzt zum Beispiel erblicken sie einen der Nachtwächter von Kasan, einen Tataren, der sich über einen ausgesetzten jungen Kater beugt und überlegt, ob er das Tier nicht besser sofort tötet, bevor es erfriert oder verhungert. Der Jüngling überredet den Tataren, das Tier zu wärmen, dann nach dem Dienst mit nach Hause zu nehmen und aufzuziehen.

Das wäre doch für beide, Mensch und Katerchen, die beste Lösung. Freude und Ablenkung würde so ein Tier ihm in sein Zuhause bringen. Der Tatar nickt und findet den Gedanken sehr gut. Behutsam birgt er das jammernde, zitternde Tier unter seinem Pelz an der Brust und sieht dem Jüngling nach, der schon wieder mit seinen weiten, federnden Schritten die Podlushnajastraße hinuntergeht. Er erklimmt durch mächtige Schneewehen den hohen Uferhang der Kasanka, stellt sich rückwärts zum Fluß, zieht einen Revolver aus der Tasche und spannt mit Kraftanstrengung den Hahn. Er knöpft sich die Jacke auf, prüft mit der linken Hand, wo das Herz klopft, richtet die Mündung der Waffe genau auf diese Stelle und drückt mit dem Zeigefinger der rechten Hand den Abzug. Es knackt, sonst nichts. Er ist entsetzt und verwirrt zugleich. An alles hat er gedacht. Er hat die alte Waffe, die er von seinem letzten Geld auf dem Basar kaufte, in seinem kargen und unfreundlichen Zimmer geölt, gesäubert und geladen. Er hat einen Brief in der Tasche, der erklärt, wer er ist, warum er das tut, was er jetzt tun will. Er hat sich so hingestellt, daß er, wenn er fällt, rückwärts den Abhang hinunterrutschend in den Fluß stürzt und wenn das nicht gelingen sollte, zumindest in die hohen Schneewehen des Abhangs sinkt und dann bei der Schneeschmelze doch noch mit den Tauwassern des Frühjahrs in den Fluß gespült wird. Er hat sich bei Freunden erkundigt, wo genau das Herz sitzt, das es zu treffen gilt. Letzteres hat er ihnen natürlich verschwiegen. Und nun versagt die Waffe. Er reißt sie ans Gesicht, blickt im Dunkeln in die Mündung, sieht die Kugeln in der Trommel, reißt noch einmal am Hahn. Jetzt kracht ein Schuß, die Kugel pfeift an seinem Ohr vorbei. Rasch senkt er die Schußwaffe, zielt auf seine Brust und drückt erneut ab. Ein harter Stoß wirft ihn um. Er fällt mit dem Gesicht in den Schnee und weiß, er wird nicht den Hang in den Fluß hinunterrutschen. Er liegt da und spürt, wie sich Wärme auf seiner Brust ausbreitet, auch sein Hemd fühlt sich warm an, klebt am Körper. Er hat sich getroffen, aber nicht getötet. Aber er will sich töten. Er tastet nach dem in den Schnee gefallenen Revolver, findet ihn und versucht erneut auf seine Brust zu zielen und zu schießen. Doch die Kraft fehlt ihm. Er kann den Arm nicht heben. Ein stechender Schmerz überdeckt die Wärme des fließenden Blutes. Er krampft sich zusammen, richtet sich mit einem Ruck auf und versucht, so auf die Beine zu kommen. Aber die Knie sind weich, er knickt weg und liegt kraftlos im Schnee. Er hört die Wächterglocke des Klosters klagend läuten, er registriert, daß ihn jemand auf den Rücken wälzt und Schnee auf die Brust drückt, er spürt den irrwitzigen Schmerz seiner Wunde. Er reißt die Augen auf, Menschen beugen sich über ihn, reden aufgeregt durcheinander. Er registriert, daß er hochgezogen und geführt wird, daß er zusammenbricht, daß sie ihn zuerst unter die Achseln fassen und vorwärtsschleppen, dann tragen, daß Polizei da ist, daß alles so entsetzlich weh tut und daß ihm kalt ist, und daß jemand sagt: »Mit einem Kätzchen hatte (er) Mitleid und selbst... ach wie kann einer nur!«[1] Wieder zwingt er sich, die Augen zu öffnen. Er erkennt das Gesicht des Tataren, freut sich. Er spürt, wie sein Blut läuft und über allem den stechenden Schmerz in der Brust. Sie drücken immer wieder Schnee auf die Wunde, halten ihn, heben ihn, legen ihn auf einen Bauernschlitten. Eine schaukelnde Fahrt auf Heu. Er liegt auf dem Rücken und blickt in den klaren Himmel. Wieder der Tatar, der sich über ihn beugt, ihn festhält und tröstet. Im Krankenhaus setzen sie ihn zunächst auf einen Stuhl, fragen ihn, wer er ist, ob er betrunken sei und warum er das getan habe. Er will antworten, aber da stürzt ihm Blut aus dem Mund. Jetzt legen sie ihn rasch auf den Operationstisch, schneiden die Kugel heraus. Der Eingriff ist kurz, aber höllisch; um ihn herum versinkt alles in grauem Nebel. Es folgen lange Stunden zwischen Traum und Wirklichkeit. Schmerzen und Fieberphantasien wechseln sich ab. Aber die Visite des Professors bekommt er mit. Sie nehmen ihm den Verband ab, der Professor betastet die Wunde gleichgültig und professionell. Dann sagt er zu seinen Begleitern mit lauter Stimme: »In drei Tagen ist es aus mit ihm.«[2]

2.
Ein kleiner Junge und eine große Familie

Der Kunsttischler Maxim Peschkow war das, was man gemeinhin als tollen Kerl bezeichnet: gescheit, temperamentvoll, charmant, witzig, gut aussehend, stark wie ein Bär, energisch, dabei auch noch fleißig und zielstrebig. Kam bei den Menschen seiner Umgebung Kummer auf, vermochte er sie zu trösten: Den schwerblütigen Meister Grigorew richtete er mit einfühlsamen Worten auf, die traurige Schwiegermutter umfaßte er kühn und tanzte mit ihr so wild durch die Küche, bis ihre Traurigkeit in Lachen umschlug und sie sich atemlos auf einen Hocker setzen mußte; seinen kleinen Sohn Alexej kitzelte er fröhlich, wenn er weinte, seine oft zu ernste und herbe Frau munterte er mit so frechen Sätzen auf, daß selbst sie schließlich losprustete. Dabei war seine Jugend trostlos gewesen: sein Vater – ein wegen Mißhandlung seiner Soldaten degradierter ehemaliger Offizier – prügelte auch den Sohn so unbarmherzig, daß die Nachbarn mehrere Male die Polizei holten. Immer wieder lief der Knabe davon und stets wurde er aufgegriffen und zu seinem gewalttätigen Vater zurückgebracht. Erst dem halbwüchsigen Maxim gelang die Flucht: er schlug sich jämmerlich als Landstreicher, Gelegenheitsarbeiter und als Blindenführer durch, bis er die Chance erhielt, und endlich alt genug war, den Beruf des Tischlers zu erlernen. Hier entwickelte er eine so große Meisterschaft, daß sein Können überall gefragt war.
Durch seine glückliche Natur war er bei allen Menschen beliebt – bei fast allen. Der Schwiegervater Wassili Kaschirin mochte ihn nicht. Erstens war Maxim kein Adliger. Aber ein Adliger sollte es schon sein, der seine einzige Tochter Warja heiraten würde. Und wenn das nicht möglich war, so sollte sein künfti-

ger Schwiegersohn zumindest ein reicher Geschäftsmann aus Nischni Nowgorod sein, und nicht so ein hergelaufener, mittelloser Handwerksgeselle aus Perm.[1] Zweitens war der Maxim Peschkow kein Duckmäuser. Er widersprach, wenn ihm etwas nicht paßte, wehrte sich zunächst mit Worten, im Zweifelsfalle aber auch mit seinen kräftigen Fäusten, wenn ihm jemand dumm kam. Auf eine Prügelei mit dem Schwiegervater ließ er sich zwar nie ein, aber respektlos und eigensinnig war er eben auch ihm gegenüber. Drittens, und das war für den alten Kaschirin das Wichtigste, Maxim hatte heimlich geheiratet, ohne seine Zustimmung – wenn auch zunächst mit Zuspruch, dann sogar mit verstohlener Hilfe der Schwiegermutter Akulina. Doch was zählte in Rußland des Jahres 1867 die Zustimmung einer Mutter? Nichts. Und so fügte sich der Färbermeister Wassili Kaschirin zwar in die Unabänderlichkeit der kirchlichen Trauung seiner Tochter, den Groll über den unerwünschten Schwiegersohn aber legte er nie ab und duldete das glückliche junge Paar nur zähnknirschend in seinem Hause.

Unbeliebt, sogar verhaßt war Maxim Peschkow bei seinen beiden Schwägern Michailo und Jakow, die gleichfalls mit ihren Frauen im Elternhaus lebten. Doch merkwürdig, so sicher Maxim Peschkow sonst die Menschen einschätzte, so feinnervig er jede Mißstimmung erkannte, hier bemerkte er nichts. Fröhlich saß er mit den beiden Männern zusammen, ausgelassen zog er mit ihnen durch die Gaststätten von Nischni Nowgorod, dachte sich mit ihnen zusammen so manch übermütigen Streich aus, der eigentlich nicht mehr zu ihrem Alter von über 20 Jahren paßte: sie geisterten in Bettücher gehüllt als heulende Gespenster durch die Straßen, sie bastelten gräßliche Masken und ließen sie nachts vor den Fenstern der erschrockenen Bürger aufsteigen; sie vertauschten den Inhalt der Vorratsdosen in der häuslichen Küche, so daß in der für Zucker nun Salz war und umgekehrt. Sie waren ein verschworenes Trio und nicht nur miteinander verwandt, sondern auch sehr gute Freunde... dachte Maxim Peschkow. Aber er irrte sich. Die Brüder neideten ihm das glückliche Naturell, den leichten Er-

*1 Das Haus des Großvaters in Nischni Nowgorod,
in dem Alexej Peschkow seine Jugendjahre verbrachte*

folg, den er überall hatte. Sogar mit ihrem Vater begann er sich offensichtlich auszusöhnen, nicht zuletzt durch seinen umwerfenden Charme. Er brachte auch ihn immer häufiger zum Lachen, zum versöhnlich-amüsierten Ausspruch: »Ach du Lulatsch, ach du Bandit!«[2] Kurzum, er kratzte sich ein, und das auch noch bei diesem grimmigen, menschenfeindlichen Vater, der selbst seine eigenen Söhne nicht liebte, sie schikanierte und ihnen ständig vorhielt, daß sie arbeitsscheue Versager seien und es niemals zu etwas bringen würden. Der heimliche Groll von Michailo und Jakow wuchs täglich.

Im Winter 1869, zwei Jahre nach der Heirat, ein Jahr nach der Geburt von Maxims und Warjas Sohn Alexej, geschieht es: die Brüder überreden den Schwager, nachts mit ihnen zusammen auf dem Eis des Djukow-Teiches zu schlittern. Natürlich ist Maxim sofort dazu bereit. Im vollen Lauf stoßen Michailo und Jakow den Schwager in ein Eisloch. Der begreift noch nichts, lacht über den dummen Unfall, versucht aus dem Loch wieder herauszukommen. Da schlagen ihn Michailo und Jakow auf den Kopf, stoßen ihn mit den Füßen zurück, kaum, daß er sich mit dem Oberkörper hochgearbeitet hat. Sie treten ihm auf die Hände, mit denen er sich an der scharfen Eiskante festklammert und brechen ihm dabei die Fingerknochen. Wann immer er mit dem Kopf aus dem eiskalten Wasser auftaucht, drücken sie ihn wieder unter das Eis. Jetzt sind sie es, die lachen. Als Maxim nicht mehr hochkommt, schlendern sie zufrieden davon. Sie sind, wie so oft, betrunken und weil Maxim wie meistens nüchtern ist, überlebt er: er hatte sich lang unters Eis gelegt und das Eisloch als Atemquelle benutzt. Jetzt gelingt es ihm, aus dem Eisloch herauszukriechen. Im Laufschritt rennt er zur Polizeiwache gleich an der Ecke. Er fürchtet, daß Jakow und Michailo erneut versuchen werden, ihn umzubringen, sowie er an ihnen vorbei nach Hause läuft. Wenn er aber abwartet, bis die beiden langsamen Schrittes zu Hause ankommen, wird er in der Zwischenzeit erfrieren. Also Polizei. Hier erzählt er etwas von einem Unfall. Er wird mit Spiritus abgerieben, mit trockenen Sachen versorgt, notdürftig verbunden, in warme Decken gehüllt und auf einem Schlitten vom Reviervorsteher persönlich nach Hause gefahren. Kaum ist die Polizei vom Hof, bricht Maxim schluchzend zusammen, erzählt, was tatsächlich vorgefallen ist, kann soviel Gemeinheit einfach nicht fassen. Sieben Wochen lang ist er krank und muß das Bett hüten. In der achten zieht er mit seiner Frau und seinem Sohn Alexej nach Astrachan. Er hat begriffen.

Die folgenden vier Jahre in Astrachan sind für die kleine Familie glücklich und unbeschwert. Maxim und Warja sind verliebt ineinander wie am Tag ihrer Heirat; sie gehen Hand in Hand oder sitzen dicht beieinander; sie spielen ausgelassen mit dem kleinen Alexej, der juchzend um den Küchentisch rennt, Vater und Mutter als scheinbar böse Verfolger hinterher. Sie unterhalten sich stundenlang, lachen oft oder sitzen abends gemeinsam am offenen Fenster und schauen versonnen schweigend in den dunklen Himmel. Manchmal singen sie laut und so schön, daß die Leute unten auf der Straße stehen bleiben und zuhören. Alexej wird sich später daran nur schemenhaft erinnern können, aber wann immer er daran denkt, kommt ein Gefühl von Glück und innerer Ruhe über ihn. Diese vier unbeschwerten Jahre bilden das Kapital für sein ganzes späteres Dasein.

Der Absturz aus diesem Lebensglück kommt brutal, unvermittelt: Alexej bekommt die Cholera, der Vater wacht beim kranken Sohn und infiziert sich. Binnen weniger Tage erliegt er der Seuche. Der Sohn überlebt. Die Mutter wird es Alexej nie verzeihen, daß er es war, der den Vater mit der tödlichen Krankheit angesteckt hat. Mit Maxim Peschkow stirbt auch der schönste Abschnitt ihres Lebens. Die wenigen Jahre, die ihr noch bleiben, sind nur noch ein Abgesang.

Die junge Witwe zieht mit ihrem kleinen Sohn zurück in das Haus der Eltern nach Nischni Nowgorod, hält es dort aber keine vier Wochen aus und verschwindet aus dem Gesichtsfeld ihres Sohnes. Alexej aber befindet sich unvermittelt in einer Großfamilie mit Tanten, Onkeln, vielen Vettern und Cousinen, mit Kinderfräulein, Arbeitern aus der Färberei, Hausburschen und Stallknechten. Alles ist anders als bisher. Anstelle des kleinen Gärtchens in Astrachan, wo er nur unter der steten Aufsicht von Mutter oder Vater spielen durfte, lebt er jetzt auf dem riesigen Gelände, das der Familie gehört und wird völlig sich selbst überlassen. Er streift durch den großen Hof mit Ställen, Schuppen, Lagerhäuschen und besucht die angrenzende Färberei. Überall sind dunkle Winkel, geheimnisvolle Nischen, in denen man sich verstecken kann. Große Bottiche und Wannen mit verschiedenen Laugen und Farben stinken zum Himmel. Es gibt Plätze zum Trocknen der Tücher und Stoffbahnen, die von den Kindern nicht betreten werden dürfen. Vor allem die Färberei mit den kochenden bunten Farbsaucen fasziniert ihn wegen der aufregenden Geräusche: die Maschinen quietschen, der Dampf zischt und die Mangeln zum Ausdrücken der Farben würgen mit einem quatschenden Geräusch die Flüssigkeit aus den Tüchern.

Die neue Welt des kleinen Alexej ist groß. Über ihr herrscht der Großvater. Er ist das unbestrittene Oberhaupt der Sippe. Wassili Kaschirin ist ein reicher Mann. Er besitzt die gutgehende Färberei und vier weitere Wohnhäuser, in denen entweder Zweige seiner großen Familie wohnen oder fremde Mieter. Wassili Kaschirin ist auch ein geachteter Mann in Nischni Nowgorod: Zum Zunftmeister der Färber hat man ihn gewählt und er – der ehemalige Wolgatreidler – ist ungemein stolz auf diese Ehre. Würdig vertritt er sein Handwerk nach außen und streng beherrscht er die vielen Menschen seiner Familie. Viel wichtiger aber als der von allen geachtete wie auch gefürchtete Großvater ist für den kleinen Alexej die Großmutter Akulina. Seitdem die Mutter fort ist, folgt er ihr wie ein junger Hund auf Schritt und Tritt, bis sie ihn genervt nach draußen zum Spielen schickt. Sie ist sehr rund und weich, hat einen dunklen Teint, tiefschwarzes langes Haar und dunkle Augen, alles an ihr erscheint dem kleinen Alexej schwarz. Zwar geht sie stets etwas nach vorne gebeugt – das hat der Enkel vermutlich von ihr geerbt – aber sie bewegt sich geschmeidig und gewandt wie eine Katze. Vor allem aber ist sie gütig und anschmiegsam, schimpft selten, schlägt nie. Der kleine Alexej schläft bei ihr mit im Bett, tröstet sich bei ihr, erfährt das Glück der Geborgenheit durch körperliche Nähe. Er läßt sich von ihr Märchen erzählen und Lieder vorsingen. Er fragt sie, was er nicht versteht, er kommentiert, was er beobachtet hat, wartet auf ihr Urteil zu der Sache. Er betrachtet sie beim täglichen Beten zu ihrem Gott, dem sie morgens alles erzählt, was sie heute erledigen möchte und wen es ganz besonders zu beschützen gilt, und dem sie abends Bericht erstattet über den abgelaufenen Tag, eingebunden in Fürbitten zugunsten von Verwandten und Bekannten. Sie bittet Gott darum, daß er die Söhne Michailo und Jakow von Habgier und Trunksucht heile, und daß deren Frauen nicht so sehr unter ihren Männern zu leiden haben. Sie fleht darum, daß sich das Herz ihres Mannes Wassili Kaschirin nicht weiter gegen seine Mitmenschen verhärte, seine Sparsamkeit nicht in krankhaften Geiz umschlage. Sie hofft, daß die Augen des alten Färbereimeisters Grigorew nicht noch schlechter werden. Geschehe dies aber doch nach Gottes unergründlichem Ratschluß, so möge er doch dafür sorgen, daß Grigorew dann nicht von Wassili Kaschirin in die Arbeitslosigkeit und ins Elend geschickt werde. Für die kränkliche Tante Natalja wird um mehr Gesundheit gefleht und für eine bessere Ehe mit dem Michailo, der Natalja nach wie vor so sehr schlage. Es sei zwar schon ein Fortschritt, daß dies nur noch nachts geschehe, aber eben auch über diese Nächte der gepeinigten Tante Natalja möge Gott doch bitte besser wachen. Dann sind da noch die Menschen außerhalb der Familie, an die es zu denken gilt. So erbittet die Großmutter Gottes Hilfe für den lahmen Sergej oder für die alte Bettlerin Anfimowa, die zunehmend weniger Almosen vor der Kirchentür erhalte, weil sie so heruntergekommen aussehe. Der räudige Klepper vom Fuhrmann Grischa möge noch ein wenig länger leben, Grischa sei doch zum Betteln verurteilt, wenn das Tier verende, habe schließlich keinen Rubel auf der hohen Kante für ein neues Pferd liegen. Alexej verfolgt aufmerksam die geflüsterten Worte der auf der Erde knieenden Großmutter, verlangt schließlich den Abschluß der Bittliste, möchte endlich mit ihr kuscheln und mit einer kleinen Erzählung im Ohr gemütlich einschlafen. Das Aufwachen und das Einschlafen sind die friedlichen, glücklichen Stunden des einsamen Kindes, der helle Tag ist anders: »Hier, bei den Kaschirins, lachte man selten, und man verstand nicht immer, worüber gelacht wurde. Man schrie sich häufig an, drohte einander, tuschelte geheimnisvoll in den Ecken. Die Kinder waren still, man bemerkte sie kaum; es drückte sie an die Erde wie Staub nach dem Regen«.[3] Der Großvater strafte sie für jedes Vergehen sadistisch. Er merkte sich über die Woche alle kleinen und großen Sünden der Enkel genau und rechnete sie jeden Samstag abend, bevor er zur Kirche ging, ab. Dafür schnitt er sich dünne scharfe Weidenstöcke, die er biegsam machte, indem er sie in einen Eimer mit Wasser steckte. Er rief die gesamte Familie und die Mitarbeiter des Hauses zusammen. Die Bank in der Küche wurde in die Mitte des Raumes gestellt, und der Delinquent mußte sich bäuchlings mit heruntergelassenen Hosen darauflegen. Der Oberkörper wurde mit einem Handtuch umschlungen, das unter dem Banksitz festgebunden wurde. Beine und Arme hielten die Färbereiarbeiter fest. So lag der Sünder ausgestreckt und fixiert wie auf einer Guillotine und wartete auf den brennenden Schmerz. Die Untat wurde vom Großvater noch einmal mit lauter Stimme rekapituliert und dann schlug er zu, hart, unbarmherzig. Er peitschte die Kinder mitunter bis das Blut hervorquoll. Alexej, der bis dahin noch keinen Schlag in seinem sechsjährigen Leben erhalten hatte, gerät in Panik. Er wehrt sich verzweifelt schreiend, als auch er auf die Bank gebunden werden soll, um bestraft zu werden. Er beißt in seiner Angst den Großvater in die Hand. Daraufhin prügelt ihn Wassili Kaschirin so unbeherrscht, daß die Verwandten den Patriarchen fortreißen müssen, um das Kind zu retten. Alexej ist vor Schmerzen ohnmächtig geworden und liegt tagelang im Bett, bis seine Wunden verheilt sind.

Diese Prügel sind der Wendepunkt in seinem Leben. Seine Schonfrist ist abgelaufen. Bisher hatte man ihn noch relativ rücksichtsvoll behandelt, ihm so manche kleine Frechheit nachgesehen, weil er ja anderes gewohnt war, weil sein Vater gestorben war und weil seine Mutter ihn verlassen hatte. Jetzt ist er ein Mitglied der Familie wie alle anderen und muß lernen, in ihr und mit ihr zu leben.

Das Wichtigste, was er in dieser Zeit lernt, ist, daß in seiner Familie Gut und Böse dicht beieinanderliegen, häufig untrennbar miteinander verbunden sind. Alle Menschen – mit Ausnahme der Großmutter – an die er sich ausnahmslos als gut erinnert – haben ein zwiespältiges Wesen. Der Großvater zum Beispiel. Eben noch grausam und sadistisch in der Art seiner Erziehung, jetzt aber sanft, und mit einer Tüte voller Süßigkeiten am Krankenbett des zusammengeschlagenen Enkels sitzend. Er streicht ihm liebevoll über das Haar, erklärt, warum er Alexej so unbarmherzig schlug und erzählt aus seinem harten Leben als Wolgatreidler, seinem entbehrungsreichen, mühsamen Aufstieg zum Reichtum und zum geachteten Bürger der Stadt. Wer sich nicht behauptet, wird untergehen und er, Wassili Kaschirin mußte und wird sich gegen alles behaupten, was sein Ansehen bedroht und sei es nur ein kleiner, unbotmäßiger Enkel. Und dieser gewalttätige Großvater wird sich einige Wochen später mit dem kleinen Alexej täglich an den Küchentisch setzen und ihm geduldig das Lesen aus dem alten Kirchenbuch, dem Psalter, beibringen. Er ist also nicht nur herrisch und böse. Dann der krausköpfige Onkel Jakow, eigentlich ein brutaler Lump, der bereits seine erste Frau totgeschlagen hat und nun dabei ist, auch die zweite zu Tode zu prügeln. Er ist andererseits versonnen und verträumt, wäre viel lieber Musiker geworden als einer der Junioren des Färbereibetriebes. Und wenn das denn schon sein muß, dann möchte er so gerne draußen vor der Stadt einen eigenen kleinen Betrieb gründen, losgelöst von dem alles beherrschenden Vater und seinen Befehlen. Und wenn der Vater und der ältere Bruder nicht da sind, taucht Onkel Jakow mit seiner Gitarre in der Küche auf. Rasch laufen alle zusammen, rufen sich gegenseitig herbei: Tanten, die Vettern und Cousinen, die Großmutter, die Kinderfrau, Meister Grigorew, die Knechte und Hausburschen, die Mieter der Wohnhäuser und die Färbereiarbeiter. Die Großmutter zaubert Wodka hervor, richtet rasch einen kleinen Imbiß an und alle warten darauf, daß Onkel Jakow endlich zu spielen beginnt. Diese Musik berauschte alle, »verlangte angespannte Stille; sie schoß als murmelnder Bach aus der Ferne daher, sickerte durch Fußboden und Wände und weckte ein herzbewegendes und unerklärliches, ein wehmütiges und beruhigendes Gefühl. Bei dieser Musik taten einem die anderen, tat man sich selber leid, die Erwachsenen erschienen wieder wie Kinder, und alle saßen regungslos, in nachdenkliches Schweigen versunken.«[4] Doch beim Zuhören blieb es nicht. Onkel Jakow beendete unvermittelt die elegische Stimmung, spielte mit harten Rhythmen zum Tanz auf. Keiner konnte sich dem entziehen. Zuerst tanzte meist nur Iwan, der neunzehnjährige Ziehsohn mit hämmernden Absätzen und wirbelnden Bewegungen, dann aber auch die anderen, schließlich sogar die würdige Akulina Kaschirin. Die Großmutter warf die Arme auseinander und bewegte sie mit hochgezogenen

Augenbrauen und einem abwesenden Blick langsam wieder auf sich zu. Sie »tanzte nicht, sie schien eher etwas zu erzählen. Da trippelte sie dahin, wiegte sich langsam und nachdenklich in den Hüften und sah sich... nach allen Seiten um. Ihr ganzer großer Körper schwankte unentschlossen hin und her, während die Füße sich vorsichtig vorantasteten. Sie stand still, schien plötzlich über irgend etwas erschrocken, ihr Gesicht zuckte, verfinsterte sich und wurde gleich darauf von einem gutmütigen, freundlichen Lächeln erhellt... Sie senkte den Kopf... lächelte immer vergnügter, bis es sie plötzlich von der Stelle riß und... herumwirbelte. Sie wirkte schlanker und größer als sonst, so daß man keinen Blick mehr von ihr wenden konnte – so hinreißend schön und lieb war sie in diesen Minuten, da auf so wunderbare Weise die Jugend zu ihr zurückgekehrt war.«[5]
Es waren herrliche Abende. Doch dann bedrückte wieder der Alltag mit seiner oft grausamen Realität. Die Brüder stritten sich um das bevorstehende Erbe, verlangten schimpfend vom Vater ihren Anteil, um sich selbständig zu machen; Tante Natalja erschien manchen Morgen mit angeschwollenen Lippen im blassen Gesicht und blauen Flecken am ganzen Körper, Onkel Michailo prügelte sie, obgleich sie hochschwanger war. Man fluchte und zeterte, stritt und hetzte auf die anderen, vor allem aber arbeitete man ums tägliche Brot.

Das war das neue Leben des kleinen Alexej Peschkow.

3.
»Du bist keine Medaille an meinem Hals – geh...!«

Der Wunsch nach Eigenständigkeit, die Forderung nach dem ihnen zustehenden Erbe hatte die Brüder Jakow und Michailo zu unversöhnlichen Feinden gemacht. Täglich gab es Auseinandersetzungen, Streit, mitunter auch Schlägereien. Dann wälzten sich die beiden erwachsenen Männer auf dem Boden in der Küche, schlugen sich ins Gesicht, traten sich mit den Füßen, rangen miteinander. Einig waren sich die Brüder nur noch in einem Punkt: die Mitgift von Alexejs Mutter, die Wassili Kaschirin wegen der unstandesgemäßen und illegalen Heirat seiner Tochter mit Maxim Peschkow niemals ausgezahlt hatte, sollte zwischen ihnen beiden aufgeteilt werden. Der Großvater weigerte sich; zum einen glaubte er das Geld besser bei sich aufgehoben, zum anderern stand es nach seiner Ansicht den Söhnen sowieso nicht zu und zum letzten bestand ja immer noch die Möglichkeit, daß Alexejs Mutter ein zweites Mal heiraten würde, vielleicht sogar einen Adligen! Dann würde sich der Bürger Kaschirin nicht lumpen lassen und sie bekäme das ihr zustehende Erbe als Mitgift. Der Streit um das Geld spaltete die Sippe, zerriß den ohnehin schon dünnen Faden der Solidarität unter Verwandten. Bald war »Großvaters Haus... von der hitzigen Atmosphäre einer Feindschaft aller gegen alle erfüllt; sie vergiftete die Erwachsenen, und selbst die Kinder nahmen leidenschaftlich an ihr teil.«[1] Wassili Kaschirin entglitt die Macht über seine Familie. Hilflos mußte er mit ansehen, wie seine Autorität schwand, wie die Brüder sogar begannen, um seine besten Arbeiter zu buhlen, um sie im Falle der Teilung gleich mitzunehmen. Er wußte auch, daß die Auszahlung des Erbes an die Söhne einen empfindlichen Kapitalschwund für seinen eigenen Betrieb nach sich ziehen würde. Der Familienstreit wurde immer heftiger, endete an fast jedem Wochenende mit Geschrei und handfesten Auseinandersetzungen. Bänke kippten, Geschirr zerschellte, Türen knallten, Fenster zerbrachen. Am Ende wurde der rabiateste Krakeeler – meist war es Onkel Michailo – mit vereinten Kräften vor die Tür gesetzt. Und die Nachbarn raunten sich zu: »Bei den Kaschirins streiten sie wieder.«

Alexej hielt sich an die Großmutter: »Den ganzen Tag war ich in ihrer Nähe, im Garten, auf dem Hof... ich war unzertrennlich mit ihr.«[2] Aber auch er litt unter der Zwietracht. Er zog sich immer mehr zurück, saß grübelnd in verborgenen Winkeln und dachte an sein verlorenes kleines Paradies mit den Eltern in Astrachan zurück. An den Vater konnte er sich kaum erinnern, aber weil alle auf dem Hof nur gut von ihm sprachen und die schönsten Geschichten von ihm erzählten, malte er sich aus, wie der Vater jetzt in dieser Situation wohl handeln würde, war sicher, daß er allen Hader mit Gelächter fortwischen könnte. Das häufigste Traumbild aber war der Vater allein. Er ging mit einem Stock in der Hand durch die weite Steppe, nur gefolgt von seinem treuen Hund, fort von der Familie. Mit seinen Vettern konnnte Alexej wenig anfangen. Sie waren ihm zu geduckt und zu kriecherisch, wollten ihn zudem stets einspannen in den ewigen Familienstreit. Eine schüchtern begonnene Freundschaft mit den Kindern eines Offiziers aus der Nachbarschaft fand ein frühes Ende durch den Fortzug der Familie.

In der allgemeinen Zwietracht wurde selbst die sonst so vergnügte und immer freundliche Großmutter still, fast huschig. Ihre guten, beruhigenden Worte stießen auf taube Ohren. Der Großvater reagierte nörglerisch, immer häufiger aber aggressiv und zynisch auf den Zank in seiner Familie. Keiner war mehr vor seinem Mißmut sicher. Sein Leitmotiv: ›Der ärgste Feind des Menschen ist der Mensch‹ erhielt für ihn neue Aktualität. Er wurde boshaft und verfolgte jedes Wort, jede Tat seiner Frau, seiner Kinder, Neffen, Nichten und Enkel, ja selbst seiner Arbeiter mit wachsendem Mißtrauen. Hinzu kam Existenzangst. Sie wuchs mit dem Gedanken an die wohl unvermeidliche Aufteilung des Vermögens an die Söhne. Kleinliche Sparsamkeit macht nun den reichen Mann zum galligen Kopekenfuchser. Es gab unendliche Diskussionen um eine Tasse verschwendeter Lauge im Farbbottich der Färberei, um zu viel Futter für das Pferd im Stall und um ein Stück oder kein Stück Zucker zum Tee.

Hin und wieder tauchte Alexejs Mutter auf. Sie war schön, elegant gekleidet, musterte ihn mit ihren kühlen, grauen Augen, sprach mit lauter Stimme und lachte viel. Sie stellte fest, daß er ungewaschene Hände habe und sein Haar geschnitten werden müßte, sie bemerkte, daß ihm gute Sitten fehlten und unterwies ihn darin. Sie bestand darauf, daß er mit seinen knapp acht Jahren endlich zur Schule gehe und nannte ihm die Adresse der Lehranstalt. Dann fuhr sie wieder davon. Sie war Alexej unheimlich und fremd geworden und er bedauerte ihre Abreise nicht. Mit den Vettern gab er sich kaum ab. Beide hießen Sascha. Onkel Jakows Sascha war ein niederträchtiger, boshafter Junge, der sich untertänig bei den Erwachsenen einschmeichelte, aber Schwächere quälte, ständig verpetzte oder ihnen gemeine Streiche spielte. Onkel Michailos Sascha war ein unendlich trauriges, gedrücktes und stilles Kind. Kein Wort kam über seine zusammengepreßten Lippen. Alexej saß manchmal still mit ihm zusammen, mehr nicht.

Die Teilung wird vollzogen. Jakow wird seine neu gegründete Färberei am Stadtrand von Nischni Nowgorod binnen kürzester Zeit ruinieren, er ist eben nur ein guter Musiker und kein Geschäftsmann. Michailo wird sein Erbe vertrinken. Die Mutter Alexejs wird einen Kleinadligen heiraten und soll ihre Mitgift erhalten. Der Großvater hat den Rest des Betriebskapitals bei seinem Patensohn gegen Zinsen angelegt, leider ohne Schuldschein. Mit der Familie Kaschirin geht es bergab.

Alexej fühlte sich durch die bevorstehende Heirat der Mutter einsam und ausgesetzt wie eine junge Katze. Er schwänzte die Schule und begann, sich im Garten des großväterlichen Anwesens eine Höhle, ein eigenes kleines Zuhause zu bauen, nur für sich allein und keinen anderen. Er grub immer tiefer, stabilisierte die Grubenränder mit Steinbruch, stampfte die Erde des Fußbodens gleichmäßig fest, bastelte sich einen breiten Sitz aus Ziegeln, auf dem man sogar schlafen konnte. Die Wände glättete er mit nassem Lehm und drückte kleine Scherben hinein. Sie glitzerten, wenn die Sonne daraufffiel, in vielen herrlichen Farben. Der Großvater betrachtete das Werk des Enkels: »Das hat du fein gemacht!... Nur wirst du im Unkraut erstikken, du hast die Wurzeln dringelassen! Komm, ich grab dir die Erde um – hol einen Spaten!«[3] Der Großvater lockerte den festgestampften Fußboden wieder auf und grub mit Mühe Wurzel um Wurzel aus der Erde: »Später pflanz ich dir hier Sonnenblumen und Malven hin – wird hübsch werden! Ja doch...«[4] Plötzlich sah Alexej, daß der Großvater weinte, unaufhörlich tropften die Tränen aus seinen kleinen klugen Hundeaugen: »Du hast das alles umsonst hier hingebaut! Umsonst, Verehrter! Ich werde das Haus ja doch bald verkaufen. Wahrscheinlich zum Herbst. Ich brauche Geld für Mutters Aussteuer. Ja doch. Soll wenigstens sie es gut haben, Gott verzeih ihr...«[5] Doch diese weiche, menschliche Regung blieb Episode. Der unvermeidliche Zusammenbruch seines Lebenswerkes, seiner gesamten Existenz ließ Wassili Kaschirin unbarmherzig werden. Nach der Trauung der Mutter mit dem zwanzigjährigen aristokratischen Studenten und unmittelbar vor ihrer Abreise – natürlich wieder ohne Alexej – nahm er den Enkel beiseite und brummte ihm zu: »Du bist jetzt für deine Mutter ein abgeschnittener Kanten, es werden andere Kinder kommen, sie werden ihr näherstehen als du. Und die Großmutter hat angefangen zu trinken.«[6]

Der Verkauf des Anwesens wurde zur Katastrophe. Wassili Kaschirin stritt ununterbrochen mit seiner Frau Akulina, die tatsächlich ihren Kummer im Alkohol zu vergessen suchte. Schließlich jagte er sie nach rund fünfzigjähriger Ehe aus dem Haus: »Nun, Mutter, ich habe dich lange genug ernährt – jetzt reicht es! Sieh zu, daß du dein Brot selber erwirbst!«[7] Sie wohnte jetzt abwechselnd bei Jakow und Michailo, kam hin und wieder, um das Chaos aufzuräumen, das der Großvater bei seinen kläglichen Versuchen, selber zu hauswirtschaften und zu kochen, hinterließ. Dann erscheint sie ein letztes Mal, bevor das Haus verkauft wird, um zuzusehen, wie das gesamte Mobiliar, der Reichtum ihres bisherigen Lebens binnen weniger Tage an tatarische Altwarenhändler versetzt wird. Alexej, Großmutter und Großvater zogen in eine dunkle, feuchte Kellerwohnung mit zwei kleinen Zimmern, vegetierten armselig dahin. Der Großvater bestand auf getrennter Kasse und kaufte sich sein Essen. Die Großmutter und Alexej mußten für sich selber sorgen. Alexej fing Vögel und versetzte sie auf dem Markt, die Großmuter lieh sich Geld bei Verwandten. Trotz der getrennten Kasse lud sich Wassili Kaschirin häufig bei Enkel und Frau zum Essen ein. Kochte er im Gegenzug, gab es nur Kaldaunen in dünner Wassersuppe. Nach einigen Wochen in dieser tristen Wohnung tauchte plötzlich die Mutter von Alexej mit ihrem zehn Jahre jüngeren Mann wieder auf. Die Mutter war völlig verändert. Sie war »blaß, abgemagert, mit riesengroßen Augen, in denen ein brennender, verwunderter Glanz lag. Sie schien immerfort alles zu mustern, als sähe sie ihren Vater, die Mutter und mich zum erstenmal – sie musterte alles und schwieg, während mein Stiefvater unermüdlich im Zimmer auf und ab ging, leise vor sich hinpfiff, hüstelte und, die Hände auf dem Rücken, mit den Fingern spielte.«[8] Wörtlich berichtete das junge Paar, sie seien in Moskau abgebrannt. Die Wirklichkeit entlarvte diese Behauptung lediglich als Symbol: Der Stiefvater hatte die gesamte Mitgift seiner Frau am Spieltisch vertan, sein Universitätsexamen nicht bestanden und hoffte jetzt auf eine Anstellung als Aufseher in einer Fabrik. Er sollte diese Stelle erhalten, aber nur kurz innehaben: da er Lebensmittelgutscheine von den Arbeitern unkorrekt abrechnete, wurde er entlassen. Aufgrund seines guten aristokratischen Familiennamens und der Protektion seiner Sippe erhielt er danach immerhin noch eine Anstellung als Fahrkartenverkäufer am Bahnhof. In der winzigen Wohnung des Großvaters wurde es zu eng. Alexej zog mit Mutter, Stiefvater und Großmutter nach Sormowo, dem häßlichen Industrievorort von Nischni Nowgorod. Die Mutter und ihr Mann bewohnten zwei Zimmer. In der Küche hausten Alexej und die Großmutter. Die Wände der Wohnung hatten keine Tapete, in die Fugen war Werg gestopft, dessen Fäden überall heraushingen. In den Balken hausten große, ekelhafte Schaben, die sich ständig auf den Tisch, in die Teller oder zu Boden fallen ließen. In der Küche konnte man nur nach draußen sehen, indem man sich auf eine Bank stellte und durch das winzige Oberlicht spähte. Aber dieser Aufwand lohnte nicht: man sah nur dunklen Rauch, Fabrikschlote, rote Mauern und rußbedeckte Dächer. Über dem ganzen Vorort hing ein beißender Gestank von Industrie. Das Leben dort war elend. »Die Mutter, gelb und schwanger, hüllte sich frierend in ein graues, zerrissenes Fransentuch. Ich haßte dieses Tuch, das ihren großen, schlanken Körper entstellte... ich haßte das Haus, die Fabrik... Die Mutter ging in ausgetretenen Filzstiefeln umher, hustete, ihr unförmig großer Bauch wogte, die graublauen Augen funkelten trocken und böse und blieben häufig an den dunklen Wänden haften, als klebten sie an ihnen fest.«[9] Der Stiefvater – elegant in seiner sauberen Bahnuniform – stelzte nach der Arbeit mit langen Beinen und vor sich hinpfeifend durch die Wohnung, wie immer die Arme auf dem Rücken und mit den Fingern spielend. Er nörgelte ständig herum, befand die Wohnung als zu feucht und das Essen als zu karg. Er siezte die Mutter grundsätzlich, was Alexej empörte. »Einmal stampfte er mit dem Fuß und schrie: ›Ihres albernen Bauches wegen kann ich niemand einladen, Sie Kuh!‹«[10] Das Geld, das er nach Hause brachte, reichte nicht einmal zum Essen für die vier Menschen. Die Großmutter ging in fremde Haushalte, klöppelte und stickte. Sie hatte gut zu tun, denn ihre Kunst war berühmt in der ganzen Stadt. Aber es war natürlich eine Arbeit, die viel Zeit kostete und gemessen daran, wenig Geld einbrachte. Alexej sammelte nachmittags Lumpen, verweste Knochen und Alteisen aus dem Unrat der Straßen und aus den Abfallkübeln der Haushalte zusammen. Nachts sortierte er und tags darauf verkaufte er den geordneten

Müll an die Altwarenhändler. Das Geld gab er der Großmutter. Sie, die neben ihrer Handarbeit frühmorgens und spätabends den ganzen Haushalt versorgte, putzte, kochte und flickte, schloß ihn gerührt in die Arme, nahm dankbar die Kopeken und kaufte endlich einmal wieder etwas Vernünftiges zum Essen für die ganze Familie. Aber trotz dieses regelmäßigen Broterwerbs: Alexej verwahrloste. Er mied die finstere Wohnung, lungerte in seiner freien Zeit immer häufiger auf der Straße herum, lernte Tag für Tag mehr der wilden Straßenkinder kennen, prügelte sich mit ihnen, stahl mit ihnen Holz, freundete sich mit ihnen an. Die Mutter verbot ihm das. Das sei kein Leben und kein Umgang für ihn. Sie verprügelte ihn mit einem Lederriemen, sie schloß ihn in der Wohnung ein, und als das alles nichts half, schickte sie ihn in die Schule. Er hatte sie bislang, als des Großvaters Hof noch zu seiner Familie gehörte, nur rund einen Monat lang besucht. Sie hatte ihm nicht gefallen und er hatte oft den Unterricht geschwänzt. Dann war er monatelang an den Pocken erkrankt und im allgemeinen Zusammenbruch der Existenz von Wassili Kaschirin hatte niemand mehr darauf geachtet, daß er die Schule danach überhaupt nicht mehr besuchte. Jetzt aber wurde es ernst und es ließ sich nicht gut an: »Ich erschien dort in Schuhen von meiner Mutter, in einem Mäntelchen, das aus einer großmütterlichen Jacke umgearbeitet worden war, in gelbem Hemd und über die Schuhe fallenden Hosen, alles das wurde sogleich verlacht, und ich erhielt des gelben Hemdes wegen den Spitznamen ›Karo As‹. Mit den Jungen freundete ich mich bald einigermaßen an, aber der Lehrer und der Pope mochten mich nicht.«[11] Ganz so »einigermaßen« war das Verhältnis des knapp neunjährigen Alexejs mit den Jungen übrigens nicht: die Klassenkameraden weigerten sich, neben ihm in einer Bank zu sitzen, weil er so grauenvoll nach Abfallgrube stänke. Er war also von Anfang an ein Unbeliebter, Ausgestoßener und dies sowohl bei Lehrern als auch bei den Mitschülern. Dabei war er begabt, aufgeweckt und lernfähig. Länger als zwei Jahre wird er es in der ›Saupenne‹, wie er sie nennt, nicht aushalten. Doch eine Fertigkeit vermittelte ihm die Schule doch: das flüssige Lesen von Zeitungen, Zeitschriften und Büchern. Er begann seine Lektüre mit kleinen banalen Zeitschriftenartikeln, las dann Volksmärchen und kam durch den Zuspruch von Freunden rasch auf Abenteuerbücher wie zum Beispiel Robinson Crusoe, dessen Schicksal ihn faszinierte: war doch auch der ein Verlassener, Einsamer! Er kaufte oder lieh sich immer häufiger Lektüre, entdeckte die Welt der Literatur. Die Fiktion einer Traumwelt ersetzte ihm stunden- und tageweise die Realität seines trostlosen Daseins. Die Faszination der imaginären Bücherwelt sollte ihn bis zum Ende seines Lebens nicht mehr loslassen. Zu Hause blieb er nur noch, wenn er auf den inzwischen geborenen kleinen Bruder aufpassen mußte. Es war ein schwächliches, großköpfiges Kind, das sehr still war, aber immer lächelte. Es war so kümmerlich, daß es kaum kriechen lernte und starb so unauffällig, wie es gelebt hatte: »Am Morgen noch war er still und vergnügt gewesen wie immer, und abends... lag er schon aufgebahrt auf dem Tisch. Das geschah kurze Zeit nach der Geburt des zweiten Kindes, Nikolais.«[12] Doch auch dieser Bruder war nicht gesund. Nikolai war schwachsinnig, skrofulös und konnte vor Schwäche nicht einmal laut weinen. Er stöhnte nur tierisch, wenn er Hunger hatte und dämmerte dumpf vor sich hin, wenn er einigermaßen satt war. Doch damit hatte das Elend der kleinen Familie noch nicht seinen Höhepunkt erreicht. Der Stiefvater versagte auch bei seiner Arbeit als Bahnangestellter. Er wurde fortgejagt und setzte sich von Frau, Kind, Schwiegermutter und Stiefsohn ab. Sie waren jetzt ohne festes Einkommen, ohne das Geld für die Miete, das tägliche Brot. Die Großmutter kam im Haus eines reichen Kaufmanns unter, wo sie lebte und eine große Decke mit der Grablegung Christi bestickte. Alexej und die Mutter mit dem kleinen kranken Nikolai zogen zurück zum Großvater in die Kellerwohnung. Dort war es so eng, daß Alexej auf dem Fußboden zwischen Ofen und Fenster auf einem Lager aus Lumpen schlafen mußte. Er konnte nicht einmal die Beine ausstrecken und schob die Füße unter die Ofenhöhlung unter dem Feuerloch.

Wassili Kaschirin hatte den Zusammenbruch seiner Existenz und damit auch seines Ansehens in der Stadt nicht verkraftet. Der fast Achtzigjährige war nur noch greisenhaft-starrsinnig, boshaft und und zudem krankhaft geizig geworden. Um erneut an Geld zu gelangen, ging er zu seinen ehemaligen Zunftkollegen der Färberinnung und borgte sich Rubel auf Rubel zusammen. Er erhielt sie sogar... und legte das Geld – in der Hoffnung, daß es sich vermehre und seinen früheren Reichtum zurückbrächte – bei fragwürdigen Leuten an, die ihm die höchsten Zinsen boten. Ausgeben mochte er nicht eine Kopeke. Kaum ein Stück Brot kam auf den Tisch, der kleine Nikolai, ohnehin sehr schwach und artikulationsunfähig, erhielt zu wenig Nahrung. Der Großvater »fütterte den Kleinen selber. Er hielt ihn auf seinem Schoß, kaute ein wenig Brot oder Kartoffeln vor, schob sie mit krummem Finger in Koljas Mund und beschmierte ihm die dünnen Lippen und das spitze Kinn. Nachdem er ihn ein Weilchen gefüttert hatte, hob er dem Jungen das Hemd hoch, stukte ihm mit dem Finger in seinen aufgetriebenen Bauch und überlegte laut: ›Wird wohl reichen, was?‹ Er legte den Bruder, der hilflos stöhnend und hungrig zum Tisch zurückwollte und die Arme nach dem Brot ausstreckte, zu der Mutter ins Bett. Sie flehte den Vater an, Kolja noch ein wenig zu geben: ›Sie sehen doch – er streckt die Arme nach dem Brot aus!‹ Doch der alte Kaschirin blieb hart: ›Ein Kind ist dumm! Es kann nicht wissen, wann es genug hat.‹«[13] Die Mutter Alexejs siechte im Bett in der Ecke hinter der Tür liegend stumm und abgemagert dahin. Sie litt an der Krankheit der Armen, der Schwindsucht. Sie konnte kaum noch sprechen, sah teilnahmslos an die Zimmerdecke und hob nur hin und wieder die dürren, fleischlosen Arme empor. Aber es kam Hoffnung auf. Der Stiefvater war zurückgekehrt. Er hatte doch wieder Arbeit gefunden und eine kleine saubere Wohnung angemietet. Dorthin waren bereits die Großmutter und der kleine Kolja gezogen, in den nächsten Tagen sollte Alexej mit seiner Mutter folgen. Sie schien aufzuleben. Mit unvermutet kräftiger Stimme beauftragte sie Alexej, den Stiefvater zu holen, »lauf schon, beeil dich!«[14] Aber Alexej traf den Stiefvater nicht an, hinterließ ihm eine Nachricht, ging noch hierhin, lief dorthin und kam reichlich spät nach Hause. Die Mutter saß in einem hübschen, sauberen Kleid, schön gekämmt und elegant wie einst, am Tisch. Sie blickte den Sohn finster an, fragte, wo er sich herumgetrieben habe. Alexej kam nicht dazu, ihr etwas zu erklären. Sie versetzte ihm im Sitzen mehrere Schläge, dann erhob sie sich mühsam, taumelte zum Bett, ließ sich rücklings darauf fallen und bat ihn um ein Glas Wasser. Sie versuchte, sich mit dem Taschentuch den Schweiß vom Gesicht zu wischen und schaffte es nicht mehr. Alexej stand lange alleine vor dem Bett und sah zu, wie das Gesicht der Mutter grau wurde. Er stand dort immer noch, als der Stiefvater kam und sich leise einen Stuhl an das Bett rückte. Jetzt erst blickte der Stiefvater richtig hin und rief mit lauter Stimme: »Aber sie ist doch tot, sehn Sie es denn nicht...«[15]

Dieser Tag des Jahres 1879 ist das Ende von Alexejs Kindheit. Er ist gerade elf Jahre alt. Eine Woche nach der Beerdigung sagt der Großvater zu ihm: »Nun, Lexej, du bist keine Medaille, an meinem Hals ist nicht der rechte Platz für dich, geh du mal unter fremde Menschen...«[16]

4.
Verbotene Bücher und wichtige Menschen

Da Alexej nicht mehr in die Schule gehen wollte, da Wassili Kaschirin immer noch hoffte, seinen einstigen Wohlstand zurückzugewinnen und deshalb nicht gewillt war, auch nur für einen einzigen Verwandten Geld auszugeben, nahm er den Enkel an die Hand und brachte ihn in einen Schuhladen. Dort sollte er als ›Bursche‹ arbeiten. Das würde sogar einige Rubel einbringen, wenig zwar, aber im Verlauf der zweijährigen Lehrzeit würde der künftige Schuhverkäufer schon mit dazu beitragen, daß sich das Kapital der geplanten Färbereifirma Kaschirin sen. aufstocken ließ. Hier arbeitete auch schon Onkel Jakows Sohn Sascha, der Niederträchtige. Seine Reaktion, als der Großvater Alexej zum Schuhladen brachte, bestand in einem Satz: »Er muß mir gehorchen!« Der Großvater nickte und zwang den neuen Lehrling, sich tief vor seinem Vetter zu verbeugen.

Alexejs Arbeit war vielfältig. Er schlief im Haus seines Arbeitgebers. Morgens wurde er eine Stunde früher als alle anderen geweckt. Dann mußte er die Kleidung des Prinzipals reinigen, also ausbürsten und die Flecken mit heißem Wasser entfernen, alle Schuhe der Familie und ihrer Angestellten putzen, den Samowar[1] anheizen, Holz für die Öfen herbeitragen. Nach dem Frühstück mußte er das Geschirr abwaschen und in den Laden hinuntergehen. Dort wurde Staub gewischt und gründlich ausgefegt. Anschließend trug er Schuhe an die Kundschaft aus, holte das Mittagessen für den Chef und alle Angestellten aus der Wohnung. Spätestens dann mußte er lächelnd, zumindest aber mit deutlich freundlichem Gesicht ruhig wie eine Statue vor der Ladentür stehen und einen guten Eindruck machen, damit vorbeilaufende Bürger als potentielle Kunden in den Laden einträten. Abends nach dem Nachtmahl mußte er als Letzter das Geschirr des ganzen Tages abwaschen, dann durfte er endlich ins Bett gehen. Er schlief zusammen mit seinem Vetter in einer Kammer unter dem Dach des Hauses. Sascha war nach wie vor unerträglich beflissen und charakterlos. Er buckelte vor allen Ranghöheren und schikanierte jene, die rangmäßig unter ihm standen. Er arbeitete bereits ein Jahr länger bei dem Prinzipal, wurde schon als Verkäufer eingesetzt und nutzte seine gehobene Stellung gegenüber dem jüngeren Vetter weidlich aus. Er trug ihm zusätzliche Arbeiten auf, die er eigentlich hätte erledigen müssen, er steckte ihm nachts Nadeln in die zu putzenden Schuhe, an denen Alexej sich die Hände zerstach und er verpetzte ihn beim Prinzipal, wann immer es etwas zu petzen gab: ein genaschter Kringel auf dem Küchentisch, eine zerbrochene Tasse beim Abwasch, ein unnötig langes Ausbleiben beim Botengang zu Kunden. Alexej haßte ihn. Noch mehr aber haßte er seine Arbeit. Vierzehn Stunden des Tages gingen dahin mit läppischen Tätigkeiten, die ihn langweilten, die aber trotzdem eine ungeheure körperliche Anstrengung für ihn bedeuteten. Er sehnte sich sogar nach seiner Lumpensammlerei zurück. Was hatte er dabei alles gefunden und entdeckt! Er vermißte seine Kumpane auf der Straße, mit denen er so viele wilde Tage verbracht hatte, terminlos, zeitlos, eben so lange es einem gefiel. Jetzt aber lief alles nach Plan. Er hatte keine freie Minute, fand jeden Auftrag, den er erhielt, öde. Er konnte sich einfach nicht auf das neue Leben umstellen. Besonders empörte ihn die Geschäftsmoral. Der Prinzipal, der Verkäufer und Lehrling Sascha lächelten süßlich, wenn eine Kundin den Laden betrat, sie verbeugten sich, gurrten Komplimente und gaben sich so beflissen, daß man hätte annehmen können, sie parodierten einen schlechten Schauspieler. Aber es war bitter ernst gemeint. Kaum hatte die Kundin jedoch den Laden verlassen, verwandelten sich die eben noch freundlichen Gesichter in hämische Grimassen. Vereint zog man über die Kundin her, schimpfte ihr nach und machte zotige Bemerkungen. Erst ein schwerer Unfall machte es Alexej möglich, dieser unerfreulichen und verlogenen Atmosphäre zu entkommen. Um das Überkochen der Suppe zu verhindern, riß er hastig den großen Topf von der Herdplatte. Das Gefäß kippte um und die kochende Fettsuppe verbrühte ihm beide Hände. Die Verletzungen waren schlimm. Im Krankenhaus nannten sie ihn nur den ›mit den abgekochten Händen‹. Nach Tagen gelang es ihm, die Großmutter benachrichtigen zu lassen. Sie kam augenblicklich, versprach ihm, daß er nie mehr in den Schuhladen müsse, damit man ihn dort nicht endgültig zum Krüppel mache.

Jetzt lohnte sich wieder zu leben, wenn auch unter unwürdigen Bedingungen. Während der Großvater nach wie vor in seiner kleinen Wohnung hauste, waren Alexej, der kleine Bruder Kolja und die Großmutter so arm, daß es nicht einmal zur Miete für ein elendes Zimmer reichte. Ein Hausbesitzer hatte ihnen gestattet, in einem kleinen Verschlag neben seinem Hühnerstall oben auf den Holzscheiten zu schlafen. Dort lagen sie auf ausgebreiteten Lumpen. Da die Wand zum Hühnerstall undicht war, stank es infernalisch nach Kot, und der pflichtbewußte Hahn sorgte mit seinem Krähen dafür, daß die Nacht beim Morgengrauen vorbei war. Dennoch: all das erschien Alexej viel besser als seine Arbeit in dem verdammten Schuhladen. Wie einst kuschelte er sich beim Schlafen mit der Großmutter zusammen, wie damals belauschte er ihre geflüsterten Gebete, die immer noch eher eine Zwiesprache mit Gott waren, weniger christliches Ritual. Und wenn die beiden – den kraftlos greinenden, kümmerlichen Kolja in ihre Mitte legend und sorgsam zudeckend – auf den stinkenden Lumpen lagen und vor Unbehagen nicht einschlafen konnten, erzählte die Großmutter mit sanfter, leiser Stimme Märchen, ihr Vorrat war unerschöpflich. Nie beklagte sie sich, ausgeglichen und heiter nahm sie das erbärmliche Leben hin. Sie haderte nicht mit dem Schicksal, das wäre zwecklos gewesen, da es daraus ja keinen Ausweg gab. Alexej sah in ihr »ein Wesen..., das über allen anderen Menschen stand, ... das gütigste, weiseste Wesen der Welt«.[2] Und doch, die Großmutter war zwar der

Mensch, der durch ihr Vorbild und durch ihre Güte sein inneres Wesen prägte, den äußeren Lebenslauf aber bestimmte der Großvater nach wie vor. Einige Tage nach dem Tod des kleinen Kolja brachte er Alexej, kaum daß dessen Hände ausgeheilt waren, zu seinem Schwager, dem Bauzeichner. Hier sollte der Enkel einerseits der Schwester der Großmutter als Hausbursche dienen, andererseits aber eine Lehre als Zeichner beginnen. Vorbei war es mit den Erzählstunden, zu Ende das Beisammensein mit der Großmutter. Alexej lebte wieder einmal in einer neuen Umgebung, komfortabler zwar, aber keineswegs angenehmer. Sein Tag bestand aus schwerer Arbeit. Monatelang erledigte Alexej ausschließlich Hausarbeiten. Er putzte die rostenden Klingen der Messer, die Türklinken, die Samoware und das Kupfergeschirr. Er fegte und wischte die Fußböden der großen Wohnung, er wusch das Geschirr ab, schälte Unmengen von Kartoffeln für das Mittagsmahl der Familie, schnitt das Gemüse, trug der Frau seines Lehrherrn den Korb beim Einkaufen auf dem Basar hinterher. Er hackte und schleppte Holz für die Öfen.

Er war in einen typischen Kleinbürgerhaushalt geraten. Das Leben schleppte sich in öder Gleichförmigkeit dahin: Essen, Schlafen, Essen, Schlafen. Während im Haus des Großvaters Haß geherrscht hatte, dominierte hier die Langeweile und der kleinkarierte Alltagsstreit. Jedes der Familienmitglieder klagte über irgendeine Krankheit und sprach ausführlich darüber. Der eine hatte zu hohen Blutdruck, der nächste zu tiefen, die Hausfrau jammerte über Migräneanfälle, die Schwiegertochter über die Mühsal einer Schwangerschaft. Der Wunsch, nach außen zu glänzen, war gekoppelt an die Unfähigkeit, innerhalb der Familie harmonisch miteinander zu leben. Jedem wurde vorgeworfen, er ruiniere den Ruf: den Söhnen, weil sie auf der faulen Haut lägen und sich bedienen ließen, dem Mann, weil er nicht rasch genug zu Geld komme, den Schwiegertöchtern, weil sie sich nicht den Normen der Familie unterordneten, den Enkelkindern, weil sie zuviel lärmten, den Köchinnen, weil sie unsauber arbeiteten, den sonstigen Dienstboten und Hausangestellten, weil sie sich als arbeitsscheu, nachlässig und unfähig erwiesen hätten. Der Tag ging dahin mit Gezänk und Gekreisch, mit der ausführlichen Diskussion von unwesentlichen alltäglichen Ärgernissen. Die Hauptrolle in diesem unerquicklichen Familientheater spielte die Schwester von Alexejs Großmutter mit dem bezeichnenden Vornamen Matrjona. Gewaltig war ihr Körper, laut und grell ihre Stimme, boshaft und zänkisch ihr Wesen. Mindestens einmal pro Woche unterrichtete sie Alexej über den Niedergang seiner Familie, daß der Großvater jetzt endgültig auf den Hund gekommen sei und auch von niemandem mehr auch nur einen Rubel geliehen bekomme, daß Onkel Michailo seinen Sohn aus dem Haus gejagt habe und das Geschäft versaufe, daß Akulina, ihre Schwester – also Alexejs Großmutter – nunmehr auf Almosen angewiesen sei. Sie, die einst so schöne und stolze Akulina, gehe jetzt in Lumpen und bettel, jawohl! So sei das mit den feinen Kaschirins, den reichen Kaschirins, den erfolgreichen Kaschirins. Aus sei's mit denen! Aber sie habe das ja immer vorausgesagt, immer schon gewußt... und er, Alexej selbst tauge ja auch nichts, putze nicht anständig die Samoware, wische die Böden nachlässig, lasse überall Staub auf den Möbeln liegen. All das zu hören, war Alexej furchtbar, tat ihm weh, nährte seinen Widerwillen gegen die ganze Familie, nahm ihm die Freude an der Arbeit, machte ihn wütend. Er erinnerte Tante Matrjona giftig daran, daß er ja eigentlich auch hergekommen sei, um Zeichnen zu lernen. Der Aufstand, den dieser Satz verursachte, erschütterte das ganze Haus, war Gesprächsthema über Stunden, vor allem bei den Frauen, der Hausherrin, ihren Schwiegertöchtern und der alten Mutter des Zeichners. Als der Chef am Abend nach Hause kam, wogte die Erregung noch immer, wurde ihm die Respektlosikgiet des blutsnahen Hausburschen in mehreren Variationen berichtet. Doch ein Wunder geschah. Der Zeichner hörte sich das Gezeter eine Weile an, dann antwortete er den Frauen gelassen: »Ihr seid mir die Rechten! Reitet auf dem Jungen herum wie auf einem Wallach – ein anderer wäre längst davongelaufen oder bei der Arbeit verreckt!«[3] Und noch ein Wunder geschah: Nach rund einem Jahr seiner dreijährigen Lehrzeit durfte Alexej jetzt zeichnen lernen. Natürlich mußte er nach wie vor nebenher die Hausarbeiten erledigen, und natürlich wurde sein Arbeitstag dadurch noch länger, als er ohnehin schon gewesen war, aber er freute sich über die neue Aufgabe, stellte sich auch recht geschickt an, kam mit dem Lehrmeister sehr gut aus und alles schien sich zum Guten zu wenden. Aber es schien nur so. Sowie Alexej sich an den Küchentisch setzte und das Zeichenpapier ausbreitete, die Bleistifte anspitzte und sich den Zirkel einstellte, wurde der Tisch von der Hausherrin für die Küchenarbeit beansprucht. Die Arbeit blieb liegen, bis sein Lehrherr ihn anwies, am nächsten Tag eben im Salon zu zeichnen. Setzte er sich aber im Salon an den Tisch, so erschien nach wenigen Minuten eine der Frauen und beauftragte ihn mit irgendeinem Botengang. Kam er zurück, war das Blatt mit Fettflecken oder Gemüsesaft versudelt, mitunter sogar eingerissen. Doch Alexej ließ nicht locker. Er gewöhnte sich an, nachzufragen, ob es noch etwas im Haushalt zu tun gebe, bevor er sich an den Zeichentisch setzte. Aber auch wenn dies zunächst verneint wurde, dauerte seine Tätigkeit keine zwanzig Minuten und er wurde mit irgendeinem läppischen Auftrag anderweitig beschäftigt. Der Abschluß seiner Ausbildung als Zeichner kam abrupt. Alexej ging mit seinen Papierrollen an den Arbeitstisch. Die alte Hausherrin trat hinter ihn und fragte mit unheilverkündender Stimme: »Zeichnen willst du?« Ohne die Antwort abzuwarten, packte sie ihn bei den Haaren und stieß seinen Kopf so heftig auf den Tisch, daß ihm die Lippe aufsprang und Blut aus der Nase stürzte; »dann zerriß sie die Zeichnung, schnellte hoch, fegte das Werkzeug vom Tisch und rief, die Fäuste in die Hüften gestemmt, triumphierend: ›So zeichne doch! Nein, daraus wird nichts!‹« Daraus wurde auch nichts mehr. Der Hausherr hatte weder Kraft noch Nerven zu diesem Dauerkrieg: »Stell das alles vorerst zurück, das Lernen meine ich – du siehst doch selber, was dabei herauskommt!«[4]

Jetzt nimmt der dreizehnjährige Alexej sein Leben zum erstenmal selbst in die Hand und kein Wassili Kaschirin, keine Großmutter und kein Lehrvertrag beim Zeichner kann ihn daran hindern. Er heuert auf einem Wolgadampfer als Geschirrwäscher an. Sein Vorgesetzter ist der Koch Smuryj: Es ist ein grob gebauter, unglaublich dicker und gewaltiger Mann: »Er sprach nicht – er bellte. Sein riesiges Gesicht, rasiert und bläulich, war an der Nase von einem dichten Netz roter Äderchen bedeckt; die schwammige purpurrote Nase hing auf den Schnurrbart herunter, die Unterlippe spreizte sich schwer und geringschätzig ab; im Mundwinkel klebte qualmend eine Zigarette... er roch nach... Pfefferschnaps, die Schläfen und der Hals glänzten von Schweiß.«[5] Dieser zunächst furchterregende Smuryj erwies sich als Beschützer und echter Freund des kleinen Alexej. Er ließ ihn arbeiten, hart arbeiten, aber er beschützte ihn vor den Streichen der verrohten Schiffsmannschaft, den Intrigen der Büfettiers, gab dem ausgemergelten Knaben immer häufiger heimlich zusätzliche Rationen. Einmal war es ein Stück Wurst, beim nächsten Mal eine prächtige Buttersemmel. Viel wichtiger als diese Leckereien aber war für Alexej die Seemannskiste in Smuryjs Kabine: sie war bis zum Rand angefüllt mit allen möglichen Büchern. Das Angebot war diffus: es gab neben beschädigten Büchern ohne Anfang und Ende das Epos ›Ivanhoe‹ oder die ›Belehrungen Omirs‹ neben der Abhandlung ›Über das schädliche Insekt Wanze sowie dessen Vertilgung, nebst Ratschlägen über ähnliche‹ auch die ›Briefe des Lords Sedengali‹. Smuryj störte das unübersichtliche Angebot seiner Bibliothek nicht: »Man sollte alle Bücherlesen, dann wird man die richtigen schon herausfinden.«[6] Kaum war die Arbeit beendet, mußte sich Alexej in Smuryjs Kabine auf eine Makkaronikiste setzen und dem Koch aus den Büchern vorlesen. Schwere Begriffe wurden diskutiert und erläutert, gekoppelt mit dem Rat an Alexej: »Hast du ein Buch nicht verstanden, dann lies es siebenmal durch, genügt auch das noch nicht, dann lies es zwölfmal.«[7] Schlechte Passagen wurden einmütig abgelehnt, das Buch fortgelegt und ein anderes zum Vorlesen herausgesucht. Endete die Handlung tragisch, weinte

Smuryj herzergreifend, wurde sie spannend, hielt es ihn nicht mehr auf seiner Koje. Er sprang auf, fuchtelte mit den Armen, erzählte Alexej, wie die Geschichte vermutlich ende und herrschte ihn an, sofort weiterzulesen, um das endlich zu erfahren. Sie lasen Gogols ›Taras Bulba‹ und das ›Artilleristische Memorial‹ von irgendeinem Strategen. Sie regten sich über die hohle Wortmalerei mäßiger Lyrik auf und stritten über die Qualität verschiedener anderer Titel. Ihre Vorlieben waren unterschiedlich. Die Diskussion für oder gegen ein Werk nahm bald mehr Zeit in Anspruch als das Vorlesen. Die Literaturstunden wurden immer häufiger. Smuryj begann, Alexejs Arbeit den Kollegen aufzuladen. Deren Zorn auf den rangniederen Bücherwurm wuchs. Schikanen, Verleumdungen und Intrigen häuften sich. Unfriede herrschte bald ob der Sonderstellung des kleinen Tellerwäschers in der ganzen Mannschaft. Jetzt konnte auch der mächtige Smuryj nicht verhindern, daß Alexej abgemustert wurde.

Traurig kehrt er heim. Sein erster Versuch zur Selbständigkeit ist gescheitert. Der Großvater und die Großmutter leben wieder zusammen. Nachdem sie festgestellt hatte, daß ihr Mann zunehmend hilfloser wurde und sichtlich vergreiste, ist sie wie selbstverständlich in die kleine Hütte zu ihm gezogen, die er mitten in der Stadt gemietet hat. Aber nach wie vor lebt das alte Ehepaar bei getrennter Kasse. Alexej wird von der Großmutter mit Freude, vom Großvater mit Sarkasmus empfangen: »Nun, hast du viel Geld zusammengespart?« »Jedenfalls gehört, was ich zusammengespart habe, mir«,[8] antwortet trotzig der Enkel und zündet sich kühn eine Zigarette an. Der Großvater ist erbost über diese Respektlosigkeit und stürzt sich auf ihn, aber Alexej kommt den Prügeln zuvor und rammt mit einem Sprung dem Großvater seinen Kopf in den Bauch: »Sie haben mich genug geprügelt!«[9] Der Alte stürzt zu Boden. Dies ist das Ende der Herrschaft des Großvaters über den Enkel. So senil er inzwischen ist, das begreift der alte Kaschirin. Ab jetzt wird er Alexej nur noch raten, nicht mehr befehlen. Er rät ihm, den Sommer und Herbst bei ihnen zu leben, dann aber zum

Zeichner zurückzukehren und seine Lehre fortzusetzen. Und Alexej sieht ein, daß der Rat vernünftig ist.

Im Haus des Zeichners hat sich die »Herrschaft... (der) Langeweile nur noch verstärkt... Sie sind alle noch ebenso häufig krank wie früher, weil sie sich ständig den Magen überladen, und erzählen sich mit der gleichen Ausführlichkeit vom Verlauf ihrer Krankheiten.«[10] Auch seine Arbeit dort ist so eintönig wie eh und je. Er putzt und wischt Staub, er wäscht die Windeln der Kinder, er trägt den Einkaufskorb der Hausherrin, er wienert die Türklinken und trägt die Abfallkübel nach draußen. Der Zeichenunterricht entfällt.

Im Hinterhof wohnte eine zartgebaute kleine Schneiderin, über die alle höhnisch herzogen, weil man wußte, daß sie Tag und Nacht Bücher las, sich jede Woche neue Lektüre aus der Bibliothek holte. Deshalb galt sie als wunderlich. Alexej, der seit dem Zusammenleben mit dem Koch Smuryj eine unstillbare Sehnsucht nach geistiger Anregung hatte, begann schüchtern eine zarte Freundschaft mit ihr. Täglich besuchte er sie, sprach mit ihr, wagte endlich, sie um ein Buch zu bitten. Sofort erhielt er es. Er wickelte es sorgsam in ein Handtuch und versteckte es auf dem Dachboden. Er wußte, seine Herrschaft hielt Bücher für gefährlich. Fremde Gedanken würden den Geist verwirren, brächten den Leser vom rechten Glauben ab, stopften sein Hirn mit dummen Ideen voll. Als er einen Tag später auf dem Boden Wäsche zum Trocknen aufhängte, holte er das Buch hervor, wickelte es aus und las sich fest. Ungeduldig rief man nach ihm. Er raste die Stiege hinunter in die Küche, bemerkte, daß er das Buch noch in der Hand hielt, schob es rasch unter den Ofen und war gerettet. Aber nicht lange. Nachts – als alles schlief – stand er auf, schlich sich zum Ofen, holte das Buch darunter hervor und versuchte, im Mondlicht am Fenster zu lesen. Doch es war zu dunkel. Er versuchte, sich mehr Licht zu beschaffen, indem er einen blankgeputzten Kupfertopf in den Mondstrahl hielt und auf die Reflexion hoffte. Umsonst. Jetzt stieg er auf die Bank unter der Ikonenecke.[11] Er streckte die Arme hoch, hielt das Buch unter das Ewige

Lämpchen und las im Stehen. Bald ermüdete er, wollte sich nur einen kleinen Moment auf die Bank setzen und ausruhen, um danach weiterzulesen... und wurde im Morgengrauen mit Knüffen und Gezeter geweckt. Die Hausherrin schlug ihm das Buch um die Ohren und nahm es weg. Beim Frühstück wurde Gericht gehalten. Alle waren versammelt, regten sich auf, schrien auf ihn ein. Alexej log, daß er das Buch von einem Geistlichen ausgeliehen habe. Sofort verstummte das Gezeter, wich einem ungläubigen Staunen. Was, Hochwürden las Romane, gab die auch noch an einen Hausburschen weiter? Alexej bekam das Buch zurück. Aber ihm wurde verboten, sich jemals wieder eines beim Popen auszuleihen. Ihm war klar, daß er sich keines der teuren Werke mehr von der kleinen Schneiderin borgen konnte. Entdeckte man es, würde man es verbrennen und wie sollte er den Verlust ersetzen? Er hatte ja kaum Geld. Aber die wenigen Kopeken, die er besaß, trug er jetzt zu einem Krämer, der nebenher bunte Bändchen auslieh. Doch es waren Schmarren, die er nun heimlich las, er war von Smuryj Besseres gewohnt. Die Lektüre langweilte ihn, dennoch trug er sie stets unter seiner Joppe versteckt, um jede Gelegenheit zu nutzen; er las im Schuppen, wo er eigentlich Holz hacken sollte, er las in der Küche, wenn er dort allein mit dem Riesenabwasch für die ganze Familie beschäftigt war und alle anderen sich nach dem fetten Mittagessen zum Verdauungsnickerchen zurückgezogen hatten, er las zitternd vor Kälte und mit klammen Fingern auf dem eisigen Dachboden. Manchmal stand er nachts auf und nahm sich aus der Küche eine Kerze nach oben in seine Kammer, um dort zu lesen. Natürlich wurde am nächsten Morgen sofort bemerkt, daß die Kerze stark niedergebrannt war. Man beschimpfte Alexej, man prügelte ihn, man warnte ihn vor dem verderblichen Einfluß des Lesens, man spionierte auf Schritt und Tritt hinter ihm her, alles war umsonst. Alexej Peschkow konnte nicht mehr von den Büchern lassen. Er »verstand es, durch allerlei Listen zum Lesen zu kommen, die Alte vernichtete mehrmals die Bücher, und plötzlich schuldete (er)... dem Krämer die riesige Summe von siebenundvierzig Kopeken! Er forderte sein Geld und drohte... er werde es vom Geld der Herrschaft einbehalten...«[12] Und wieder geschieht ein Wunder. Der Hausherr, irritiert von Alexejs verzweifeltem Gesicht, erfährt den Grund seines Kummers und gibt ihm fünfzig Kopeken zum Bezahlen der Schulden. Aber »Paß auf, daß du dich nicht vor meiner Frau oder der Mutter verplapperst – es gäbe einen Höllenlärm!... Bist aber auch hartnäckig, hol dich der Teufel! Macht nichts, das ist nur gut. Die Bücher aber laß sein! Von Neujahr an abonniere ich eine gute Zeitung, dann hast du was zum Lesen.«[13] Alexej war glücklich, täglich vom Nachmittagstee bis zum Abendessen las er der staunenden Familie aus dem ›Moskauer Blättchen‹ vor, vor allem die Fortsetzungsromane, aber auch Lyrik. Doch auch diese Lektüre befriedigte nicht mehr seinen Wissensdurst. Schlau geworden, stahl er nicht mehr eine einzelne Kerze, sondern polkte sich täglich etwas Talg aus sämtlichen Lichtern. Den Talg legte er in eine leere Sardinenbüchse, goß etwas Lampenöl hinzu, drehte sich einen feinen Docht aus Nähgarn und hatte Licht zum Lesen für Stunden, ein trübes, qualmendes und stinkendes zwar, aber Licht. Wieder also tat er Verbotenes. Eines Tages vergaß er beim Lesen den angeheizten Samowar. Als er sich an ihn erinnerte, stand das Gerät rotglühend an seinem Platz und bebte vor Hitze. Das Wasser war herausgekocht, der metallene Hahn an den Lötstellen bereits abgeschmolzen. In panischem Schrecken übergoß Alexej den Apparat mit kaltem Wasser. Er zischte auf und – zerbarst, fiel einfach in sich zusammen. Für diese Nachlässigkeit wurde er mit einer Holzrute geprügelt. Die Splitter der Zweige drangen tief in die Rückenhaut ein und entzündeten sich. Der Zeichner brachte Alexej ins Krankenhaus. Dort besah der behandelnde Arzt den zerschlagenen Rücken des Jungen und wußte sofort Bescheid: »Hier muß ein Protokoll über Mißhandlung aufgenommen werden.«[14] Doch Alexej zeigte sich kooperativ. Er verschwieg, wer ihn so entsetzlich verprügelt hatte, er leugnete, daß er überhaupt geschlagen worden war. Der Arzt zuckte mit den Schultern, beglückwünschte den Zeichner zu diesem ›komischen Kauz‹, der sich auch jetzt noch nicht beschweren wolle und schickte Lehrherrn und Lehrling wieder nach Hause. Die Familie wußte sehr wohl, daß durch Alexejs Schweigsamkeit ein Kelch an ihr vorbeigegangen war. Eine öffentliche Gerichtsverhandlung wegen Mißhandlung von Untergebenen hätte ihren Ruf ruiniert, die Täterin womöglich ins Gefängnis gebracht, und sie erwies sich – nicht zuletzt, weil Alexej ja immer noch verspätet Anklage erheben könnte – jetzt als großzügig. Er durfte lesen, wann immer es seine Freizeit ermöglichen würde. Endlich. Jetzt war er nicht mehr auf die billigen Schmöker des Krämers angewiesen. Er konnte sich bei der kleinen Schneiderin Buch auf Buch leihen, das sich zu lesen lohnte: Dumas-pére, Zaccone, Ponson du Terrail, Goncourt, Balzac. Seine Gönnerin liebte vor allem die französische Literatur. Wie mit Smuryj wurde über die Bücher gesprochen und gestritten. Alexej fand die Liebesromane banal, die Schneiderin hingegen Balzac zu weitschweifig. Sie konnte dem Jungen nicht alle Fragen beantworten, die er stellte. Manchmal waren es Fremdworte, die er nicht verstand, mitunter aber auch Zusammenhänge und Schlußfolgerungen. Alexej suchte und fand Leute, von denen er annahm, daß sie gebildet seien und sprach sie einfach an. Er überraschte den Archivar an seinem Arbeitstisch, er stand in der Ladentür des Apothekers, erschien in der Praxis des Arztes. Andere, wie z. B. Offiziere – denen er gleichfalls Bildung und Wissen unterstellte – sprach er einfach auf der Straße an. Irritiert gaben alle Menschen Auskunft. War sie befriedigend, so erschien der merkwürdige Junge häufiger und fragte neue Einzelheiten nach, enttäuschten die Informanten, kam er nicht wieder.

Die Schneiderin zog fort, aber Alexej fand rasch Ersatz. Ins Haus seiner Arbeitgeber zog eine vornehme Dame mit Mutter, Töchtern und Dienern ein. Sie faszinierte Alexej sofort: Sie war stolz und schön, sprach mit sanfter, ruhiger Stimme, stand in ihrem ganzen Auftreten haushoch über dem Niveau seiner Herrschaft und auch über dem Niveau der kleinen Schneiderin. Sie wurde rasch zum gesellschaftlichen Mittelpunkt der Stadt.

Ständig waren Offiziere bei ihr zu Gast, die mit ihr zusammen musizierten, tanzten oder Karten spielten. Auch ihr gefiel bald der aufgeweckte Alexej, der immer um sie herumstrich, ihr kleine Gefälligkeiten erwies, die Töchter beaufsichtigte, vor allem aber das Gespräch mit ihr suchte. Er hatte sich zum erstenmal verliebt und nannte sie im stillen ehrfurchtsvoll nach einer Heldin von Dumas ›Königin Margot‹. Und diese ›Königin Margot‹, umgeben von Reichtum und Glanz, von Eleganz und Kultur, nährte die zarte Liebe des Knaben, indem sie ihn förderte. Zunächst lieh sie ihm ein Buch, in dem von Aufständen und Nihilismus die Rede war. Allerdings verstand er nur die Hälfte davon und fand die andere Hälfte einfach langweilig. Dabei hatte er das Buch nach Smuryjs Rat wohl ein Dutzendmal gelesen. Sein vernichtendes Urteil war ihm peinlich, aber er hatte so viel Ehrfurcht vor der vornehmen Dame, daß er die Wahrheit sagte und seine Enttäuschung über das Buch nicht verhehlte. Ängstlich wartete er, wie sie auf sein Versagen reagieren würde. Aber sie lachte nur freundlich, strich ihm über den Schopf und gab ihm einen kostbaren blauen Lederband mit Puschkins Versen und Prosa. Um Alexej war es geschehen. Er las in der Nacht und er las am Tag. Er lernte die Gedichte auswendig und sprach sie sich vor, er flüsterte die Märchen in seiner Kammer mit geschlossenen Augen vor sich hin, bis er einschlief. Er setzte sich im Hof vor die Knechte und Soldaten, die mit Arbeiten beschäftigt waren und erzählte für sie Puschkin nach. Seine Patronin schimpfte. »Hat sich festgelesen, der Taugenichts, der Samowar ist schon den vierten Tag nicht mehr geputzt! Warte nur, ich komme dir gleich mit dem Nudelholz.«[15] ›Königin Margot‹ freute sich, daß dieses Buch Alexej gefallen hatte. Lange erzählte sie ihm aus Puschkins traurigem Leben, von seiner Bedeutung für das geistige Leben in Rußland und seinem Einfluß auf alle späteren Dichter. Zielstrebig lieh sie ihm jetzt vor allem anspruchsvolle russische Literatur, machte ihn mit den Lebensläufen der Dichter bekannt, korrigierte falsche Schlußfolgerungen und diskutierte mit ihm die Romanhandlungen, sie sprach mit ihm über die wichtigsten Figuren. Sie stellte ihm Fragen, examinierte ihn, wollte wissen, was er nicht verstanden habe und erklärte es ihm. Jeden Sonntag, wenn seine Herrschaft in der Kirche war, saß er bei ihr und erlebte unvergeßliche Stunden. Die vornehme Dame beließ es nicht beim Bildungsunterricht. Sie tröstete ihn, als ihr deutlich wurde, wie jämmerlich sein tägliches Dasein mit all den läppischen Hausarbeiten war. Sie riet ihm, grundsätzlich alles Schlechte im Leben zu verdrängen und sehr bewußt nur das Gute wahrzunehmen. Er solle nicht die Schuld bei anderen Menschen suchen, sondern ehrlich an sich selbst arbeiten; die Welt könne er nicht ändern, aber sich. Wichtig im Leben seien Aufrichtigkeit, Fleiß, Wissenshunger und Bildung. Nur dann sei ein Mensch in der Lage, die Prüfungen des Lebens zu bestehen. Auch die banalen Dinge wurden besprochen. Sie forderte ihn auf, sich häufiger die Hände zu waschen, seine Kleidung immer sauber zu halten, sie riet ihm, keine gemeinen Reden zu führen und sich immer nur nach Menschen zu richten, die er bewundere, nicht aber nach solchen, die durch schlechte Taten Aufsehen erregten. Vor allem aber vermittelte sie dem Jungen, als sie begriffen hatte, daß Alexej sie liebte, daß sie ihn zwar auch sehr gerne mochte, daß sie aber trotzdem das Recht für sich in Anspruch nehme, erwachsene Männer, zum Beispiel den sensiblen Offizier, der sie fast täglich besuche und mit ihr musiziere, zu lieben. Und weil sie seine ›Königin Margot‹ war, fielen ihre Worte auf fruchtbaren Boden. Alexej versuchte sein Verhalten zu ändern. Er vermied Respektlosigkeiten gegenüber seinen Arbeitgebern, er unterließ die kleinen Diebereien, mit denen er sich bisher das Leben erleichtert hatte, er bemühte sich in jeder Hinsicht, korrekt und anständig aufzutreten. Gerade deshalb traf es ihn bis ins Mark, daß er eines Tages verdächtigt wurde, einem Soldaten Geld aus der Tasche gestohlen zu haben. Er schämte sich entsetzlich und lief davon. Er wagte nicht, sich von seiner ›Königin Margot‹ zu verabschieden. Aber als er von der kleinen Tochter Abschied nahm, bat er sie: »Sage deiner Mama, daß ich ihr sehr, sehr dankbar bin!«[16]

Bis zu diesem Zeitpunkt hatte Alexej die Unterstützung und Hilfe von anderen Menschen eher unbewußt wahrgenommen. Er hatte sich wie ein junger Kuckuck verhalten, der hungrig den Schnabel aufsperrrte und gierig schluckte, was man ihm an guten Dingen anbot. Jetzt aber, mit dem Abschied von ›Königin Margot‹, begriff er zum erstenmal, was wichtige Menschen in seinem Leben bedeuteten und welchen Einfluß sie auf ihn ausgeübt hatten. Er erinnerte sich jetzt, wie viele außergewöhnliche Menschen es in seinem relativ kurzen Leben bisher schon gegeben hatte, die ihm uneigennützig geholfen hatten, sein schweres Los zu ertragen. An erster und wichtigster Stelle stand natürlich die Großmutter, ihre Güte und ihre unerschöpfliche Liebe zu den Menschen, gleichgültig wie gut oder schlecht jene waren. Von ihr fühlte er sich akzeptiert und geliebt. Sie war für ihn nicht nur die Ersatzmutter, sondern einfach ein Mensch, der eine ungeheure positive Lebenseinstellung hatte. Noch jetzt, im größten Elend, bettelnd und nur noch in Lumpen gekleidet, konnte es geschehen, daß sie beim Anblick einer Feldwiese voller Blumen ausrief: »»Herrgott, Herrgott, wie schön alles ist! Nein, seht nur, wie schön alles ist!‹ Das war der Schrei ihres Herzens, die Losung ihres ganzen Lebens.«[17] Alexej hatte angenommen, daß sie der einzige Mensch sei, der ihn, den verlassenen und unglücklichen Jungen liebte. Doch nun erinnerte er sich an andere, die ihn geschützt, akzeptiert und gefördert hatten. Geschützt hatte ihn stets Iwan, der erwachsene Ziehsohn der Großeltern. Iwan war auch ein Verlassener gewesen. Seine Eltern hatten ihn als Säugling ausgesetzt und in einem Kissen vor das Hoftor der Kaschirins gelegt. Er wurde von ihnen aufgezogen. Und dieser Iwan hielt in buchstäblichem Sinne seine Hände über den kleinen Alexej. Wann immer der Großvater den Jungen auf die Prügelbank binden ließ, um ihn für irgendwelche Untaten zu strafen, mußte Iwan Alexej festhalten, damit er bei den Schlägen nicht herumzappelte und den Hieben dabei womöglich auswich. Iwan hielt Alexej auf der Folterbank aber möglichst so fest, daß die härtesten Schläge seine Arme und Hände trafen und nicht den Körper Alexejs. Wie viele Schmerzen und Striemen kassierte Iwan stellvertretend für seinen Schützling! Dann war da der Untermieter und Kostgänger der Kaschirins gewesen, ein junger Chemiker, der unter Polizeiaufsicht stand,[18] und von allen auf dem Hof nur ›Gar nicht übel‹ genannt wurde, weil dies sein ständiger Kommentar zu sämtlichen Ereignissen war. Er war zurückhaltend und verschlossen, sprach wenig, ließ aber den kleinen Alexej stets bei sich in seinem Zimmer sitzen und erzählen. Während das ausgeprägte Mitteilungsbedürfnis des Jungen allen anderen auf dem Hof ziemlich auf die Nerven ging, hörte sich ›Gar nicht übel‹ geduldig das nicht enden wollende »Geschwätz stets aufmerksam an und wandte nicht selten ein: ›Na weißt du, mein Bester, das stimmt aber nicht, das hast du dir ausgedacht.‹«[19] Der Untermieter wurde für Alexej zu einem unentbehrlichen Vertrauten, zu einem wichtigen Menschen. Er korrigierte den Jungen, wenn er übertrieb, er lehrte ihn, sich präzise zu äußern und nur das Wesentliche zu erzählen. Er half ihm mit guten Ratschlägen bei den alltäglichen Konflikten und ernannte ihn zum Gehilfen seiner chemischen Experimente, bei denen es herrlich stank, zischte und knallte. Oft aber saßen die beiden ungleichen Freunde auch nur stumm nebeneinander am Fenster und blickten in die Abenddämmerung. ›Gar nicht übel‹ stupste Alexej dann hin und wieder leicht mit den Ellenbogen an und wies mit einer Kopfbewegung auf etwas, was ihm wichtig schien, bemerkt zu werden: eine Katze zum Beispiel, die sich im Jagdfieber erstarrt platt auf den Boden drückte oder eine Blume, die sich sacht im Abendwind wiegte. In diesen Schweigestunden kam eine tiefe innere Ruhe über Alexej. Er fühlte sich geborgen und war glücklich. Und als ›Gar nicht übel‹ den Hof verlassen mußte, weinten beide.

Dann Smuryj, der urwüchsige, derbe und doch so sensible Bär vom Dampfer, die kleine Schneiderin mit ihrer Freude am Lesen und der Bereitschaft, Alexej daran teilhaben zu lassen. Schließlich die ›Königin Margot‹ und ihr positiver Einfluß, all das waren wichtige Menschen. Jeder von ihnen hatte eine wesentliche Entwicklungsphase in seinem Leben begleitet und durch seine Förderung vorangetrieben. Jetzt erst begriff Alexej in vollem Umfang, was sie alle für ihn getan hatten.

Zum zweiten Mal nimmt er jetzt sein Leben eigenverantwortlich in die Hand. Er hat noch einen langen, schweren Weg vor sich. Aber es ist ihm jetzt bewußt, daß er diesen Weg nicht ganz alleine gehen kann. Er weiß zu wenig und will zu viel. Er braucht Hilfe. Er sucht Menschen. Er wird sie finden. Es sind wichtige Menschen, die ihm uneigennützig weiterhelfen und ihn fördern. Er hat gelernt, diese Hilfe anzunehmen, sie zu schätzen. Sein offenes Wesen, seine brennende Neugier auf alles im Leben, aber auch seine Bereitschaft, sich korrigieren zu lassen, werden dazu beitragen, daß Mühe, Zeit und Geld dieser Förderer nicht vergeblich geopfert wurden. Dankbar wird er eines Tages beginnen, das Wort MENSCH nur noch in großen Buchstaben zu schreiben.

5.
Alexejs Universitäten

Alexej heuerte erneut als Geschirrwäscher auf einem Wolgadampfer an; im Herbst 1882 war er wieder einmal Ladenschwengel, diesmal bei einem Ikonenmaler. Er stand als freundliche Statue vor der Ladentür und lockte Kunden an. Er mußte die Böden fegen und der Hausfrau beim Zubereiten der Mahlzeiten zur Hand gehen. Abends durfte er Farben reiben und auch schon mal die Grundierung für die Ikonen malen, doch als Lehrbuben ließ man ihn auch hier nicht arbeiten. Dann verschlug es ihn wieder zu seinem ehemaligen Vorgesetzten, dem Zeichner. Der prüfte die technischen Voraussetzungen für den Aufbau der Industrie-Messe in Nischni Nowgorod und überwachte die Bauarbeiten. Dem 15jährigen Alexej fiel auf dem Messegelände eine heikle Aufgabe zu: er sollte verhindern, daß die Arbeiter Bretter, Ziegelsteine oder Nägel stahlen. Die Arbeit war ihm unangenehm; er, der Halbwüchsige kontrollierte gestandene Männer, die auch unter seiner Aufsicht klauten, was herumlag und also zu stehlen war. Sie verspotteten ihn, führten ihn an der Nase herum und freundeten sich erst mit ihm an, als er die kleinen Diebstähle zuließ, um die größeren zu verhindern. Während des Winters, in dem der Frost die Bauarbeiten unmöglich machte, erledigte Alexej wieder die bekannten Hausarbeiten und las der nach wie vor staunenden Familie zwischen Nachmittag und Abend aus dem ›Moskauer Blättchen‹ vor. Wieder verbrachte er einen großen Teil der Nacht beim Lesen jener Bücher, die seine Herrschaft nicht akzeptieren würde. Alles, was ihm wesentlich erschien, trug er jetzt mit seiner kleinen, akribisch-deutlichen Handschrift in ein dickes schwarzes Heft ein: Zitate aus Büchern, die ihm besonders gefallen hatten, kluge Sätze von den Menschen seiner Umgebung, eigene Gedanken zum Leben im allgemeinen und Kommentare zu besonderen Ereignissen seines Alltags. ›Königin Margot‹ mit ihrem Hofstaat war fortgezogen. In ihrer Wohnung lebte jetzt eine große Familie mit Jugendlichen, die annähernd im gleichen Alter wie Alexej waren. Sie besuchten alle das Gymnasium und natürlich war Alexej bald bei ihnen häufiger Gast. Man diskutierte über Romane und Lyrik, tauschte Bücher untereinander aus und verpflichtete sich zu kleinen Referaten. Klassenkameraden und andere Schulfreunde kamen hinzu, bald entstand in der ehemaligen Wohnung von ›Königin Margot‹ ein kleiner Zirkel. Ein wichtiges Gesprächsthema waren die Beziehungen zum anderen Geschlecht. Man sprach über Liebe, verliebte sich ständig, litt grauenvoll unter der Trennung und ging ein neues Verhältnis ein. Jetzt schrieb auch Alexej erste, eigene Verse in sein schwarzes Heft, mehr noch, bald verfaßte er Liebesgedichte für seine neuen Freunde, die das Meisterwerk dann als eigene Dichtung ihrer Angebeteten zukommen ließen. Alexej war integriert und beliebt, dennoch: Wenn er abends verstaubt, abgehetzt und eigentlich schon todmüde von seiner Arbeit zu ihnen stieß, kam er sich reifer, erfahrener vor, fand sie reichlich läppisch mit ihren Alltagssorgen. Ihr Hauptgesprächsthema waren die Lehrer in der Schule und deren unterschiedliche Qualität. Jeder Patzer von ihnen wurde durchgehechelt, die Ermahnung an einen unbotmäßigen Schüler mindestens noch einmal zitiert und anschließend gründlich besprochen. War die Rüge gerecht gewesen oder nur ein Ausdruck der schlechten Laune des Pädagogen; war dessen Kleidung modern oder altmodisch? Ihre Probleme blieben ihm fremd, sein tägliches Leben sah anders aus. Als besonders konträr empfand er die unterschiedliche Beurteilung des anderen Geschlechts. Nicht lyrische Verklärung, sondern animalische Brutalität prägten das Verhältnis der Messearbeiter zu ihren Frauen und Freundinnen. Auch hier wurden mitunter Unbeteiligte mit einbezogen, aber nur als Voyeure eines Schäferstündchens in der

2 *Alexej Peschkow 1887, jenem Jahr, in dem er zusammen mit Romasj die Bauern politisch aufklären wollte, was gründlich mißlang*

Nische einer Baubude, über das dann hohnlachend weiteren Unbeteiligten berichtet wurde. Gesprächsthema waren die ›Weiber‹, der tägliche Kampf um die Existenz und die Hoffnung auf ein freies Leben: »Ach, ich habe hier alles satt«, hieß es dann, »im Frühjahr mach ich mich auf und davon – nach Sibirien«[1] oder: »Nein, ich sehe mir das alles noch eine Weile an und gehe dann ins Kloster, nach Oranki. Ich sehe gut aus und bin auch kräftig – vielleicht gefalle ich einer Kaufmannswitwe!«[2]

Die Lebensphilosophie – bei den Gymnasiasten Gegenstand umfassender utopischer Ideen – war bei den Arbeitern realitätsbezogen, bitter, bestand aber häufig nur aus Aphorismen: »Ich baue Steinhäuser für die anderen, damit es zu einem hölzernen Sarg für mich reicht«[3] oder: »Ach, Freunde, soviel man sich auch müht, worauf man auch hofft, uns allen ist hienieden der Friedhof beschieden«.[4] Weder die kühnen Phantasien der Gymnasiasten noch die platten Sprüche der Arbeitskollegen trafen die Wirklichkeit, in der Alexej lebte. Zugleich wurde ihm deutlich, daß er hier in Nischni Nowgorod auf der Stelle trat, sich nicht weiterentwickelte. Der Gymnasiast Nikolai aus dem Schülerzirkel schlug Alexej vor, nach Kasan zu reisen. Dort gebe es die Möglichkeit, Gymnasialkurse zu belegen. Binnen eines Winters habe er dann die Aufnahmeprüfung zur Universität in der Tasche. Ausgestattet mit einem staatlichen Stipendium verlasse er anschließend nach lächerlichen fünf Jahren die Universität als Gelehrter. Um die Zeit vor dem Studium möge er sich keine Sorgen machen, er könne bei ihm zu Hause wohnen. Und da er selbst gerade in Nischni Nowgorod die Reifeprüfung abgelegt habe, würde auch er in Kasan studieren, könne Alexej jederzeit als Nachhilfelehrer unter die Arme greifen: »Sie sind von Natur für den Dienst an der Wissenschaft geschaffen«,[5] ermunterte er. Alexej war fassungslos. So problemlos sollte eine radikale Änderung seines Lebens, der Weg zur Universität sein?

Der Abschied von der Großmutter ist endgültig, sie weiß es: »Sie wischte sich ein paar Tränen von ihren braunen welken Wangen und sagte: ›Wir werden uns wohl nicht wiedersehen, du unruhiger Geist fährst irgendwohin weit weg, und ich werde – sterben...‹«[6]

Nikolais Mutter, eine verhärmte Witwe, lebte von einer armseligen Pension. Das Haushaltsgeld mußte jetzt für vier Personen reichen: für Nikolai, dessen Bruder, für Alexej und für sich. Täglich kam sie vom Markt und breitete mit sorgenvollem Gesicht das gekaufte Gemüse und das billige Fleisch auf dem Küchentisch aus. Unmöglich erschien es ihr, die drei immer hungrigen Burschen damit sattzufüttern. Alexej bemerkte rasch, daß er eine unzumutbare Belastung für die arme Frau war. Unversehens befand er sich in der Rolle des Schmarotzers. Es gab wenig Möglichkeiten, Geld zu verdienen und überhaupt keine, den Gymnasialabschluß nachzuholen. Nikolais

Pläne für ihn waren Hirngespinste gewesen. Alexej vermied es, zu den Mahlzeiten anwesend zu sein, damit er die gutherzige Witwe nicht in die Verlegenheit brächte, ihn einladen zu müssen. Bald mied er das Haus seiner Gastgeberin überhaupt, zu beschämend war für ihn ihre seufzende Bereitschaft, ihm Kost und Logis zu geben. Einige Zeit hielt er sich verwirrt und orientierungslos in den Ruinen eines heruntergebrannten Hauses auf, umgeben von Nässe, Schmutz, herrenlosen Katzen und Hundekadavern. Tagelang fragte er bei den Geschäftsleuten von Kasan nach einer festen Anstellung. Nach freundlichen oder harschen, nach spöttischen oder erbosten, aber immer unmißverständlichen Absagen mußte er feststellen, daß keine feste Arbeit für ihn frei war. Ohne Geld und Obdach lungerte er durch die Stadt. Um nicht zu verhungern, mußte er sich Gelegenheitsarbeiten suchen. Er fand sie an den Anlegebrücken der Wolga. Für wenige Kopeken lud oder entlud er Schiffe. Er schleppte Säcke, stemmte Ballen, trug Kisten, rollte Tonnen. Hier lernte er zum erstenmal persönlich die sogenannten ›bosjaki‹, die ›Barfüßler‹[7] kennen, jene Gruppe von gestrandeten Menschen, die – meist obdachlos – von der Hand in den Mund lebten. Diese Leute faszinierten Alexej ungemein. »Ungewöhnlich war an ihnen, daß sie, ›deklassierte‹ Menschen, die sich von ihrer Klasse gelöst hatten und von dieser ausgestoßen worden waren, die charakteristischsten Züge ihres Klassencharakters verloren hatten. Einmütig nebeneinander lebten... der... Kunstmaler Tontini, der Gymnasiallehrer Gladkow... der Baron B., ein stellvertretender Revieraufseher... und der berühmte Dieb ›Nikolka der General‹... Die meisten dieser Leute waren krank und dem Alkohol verfallen, konnten ohne Prügeleien nicht leben, und trotzdem war das Gefühl kameradschaftlicher Hilfe bei ihnen stark ausgeprägt. Alles, was sie verdienten oder stahlen, wurde gemeinsam vertrunken oder verzehrt.«[8] Beeindruckend für ihn war vor allem der Stolz dieser entwurzelten Individuen. In einer Mischung aus Gaunerehre und abgrundtiefer Verachtung für die in Klassen und Schichten geordnete Gesellschaft, zu der sie nicht mehr gehörten, lebten sie fatalistisch und sorglos in den Tag hinein, nahmen Hunger, Kälte, Obdachlosigkeit, Verfolgung durch die Polizei, Verachtung durch die ordentlichen Bürger ebenso gleichmütig hin wie einige rasch verdiente Kopeken oder eine Einladung von Schicksalsgenossen zu rauschenden Trinkgelagen. Alexej fühlte sich »unter den Schauerleuten, Barfüßlern und Spitzbuben... wie ein Stück Eisen, das man in glühende Kohlen schiebt – jeder Tag sättigte... (ihn) mit einer Fülle von starken, erregenden Eindrücken. Dort wirbelten Menschen mit unverhohlener Lebensgier, Menschen mit groben Instinkten... umher; ihr Zorn gegen das Leben, ihr spöttisch-feindseliges Verhalten zu allem auf der Welt, ihre Sorglosigkeit gegen sich selbst, gefielen«[9] ihm. Daß nicht auch er in dieser Zeit zum Barfüßler wurde, verhinderte der hohe Anspruch an sein künftiges Leben, sein Traum vom sozialen Aufstieg. Vor allem die Bücher hatten in ihm den Wunsch manifestiert, etwas Bedeutendes zu werden. Was dieses Bedeutende beinhaltete, wußte er noch nicht. Er wußte aber bereits damals schon sehr genau, daß das Leben eines Barfüßlers zwar kontrastreich und spannungsgeladen war, daß es aber dennoch unweigerlich zu einem trostlosen Ende führte. Wurde der bosjak krank oder alt, war es um seinen Stolz und seine Widerstandsfähigkeit geschehen. Er vegetierte kläglich dahin, bis er erschöpft in irgendeinem Krankenhaus, in irgendeinem dunklen Winkel der Abbruchhäuser von Kasan elend dahinstarb. Und in diesem Stadium des menschlichen Verfalls und des endgültigen Niedergangs konnten ihn seine Kumpane nur noch trösten, ihm aber nicht mehr helfen. Weil er aber das ›Bedeutende‹ seiner Zukunft im Auge hatte, zog es Alexej am Tag zwar als Arbeitskollegen in den Hafen zu den Barfüßlern, in der Nacht jedoch zu einem neuen Freund, dem Gymnasiasten Gurij Pletnjow. Der hatte ihm vorgeschlagen, sich zum Dorfschullehrer ausbilden zu lassen, da gebe es Kurse. Er lebte in einem halbverfallenen Haus, das hungernden Studenten, entwurzelten Bürgerlichen und Prostituierten Unterkunft bot, auf einer Pritsche am Ende des Ganges, der zur Bodentreppe führte. Pletnjow hatte sich diesen

Platz hart erkämpft, sogar noch mit einem Tisch und einem Stuhl ausgestattet. Und da Gurij nachts als Korrektor bei einer Zeitung sein Geld verdiente und tagsüber schlief, durfte Alexej sein Bett benutzen. Kam der Gymnasiast im Morgengrauen zurück, weckte er Alexej und kroch in die angewärmte Schlafstätte. Diesmal gab es die Fortbildungskurse wirklich. Alexej hatte bald keine Zeit mehr, in den Hafen zu gehen, um Geld zu verdienen. Er mußte lernen, lernen und nochmals lernen. Wieviel Lehrstoff hatte er nachzuholen, welch schier unüberbrückbare Lücken klafften in seinem Wissen! Die russische Grammatik bereitete ihm die größten Schwierigkeiten, das stumpfsinnige Auswendiglernen aller Formen und Fälle eine unsägliche Pein, die grammatischen Vorschriften beengten nach seiner Auffassung die russische Sprache. Aber er ließ nicht locker. Er saß am Tisch und beugte sich über die Lehrbücher. Jetzt lebten die beiden Freunde nur von den wenigen Kopeken, die Pletnjow in seiner Nachtarbeit verdiente: es gab ausschließlich Brot und Tee.

Nach Monaten der intensiven Vorbereitung, nach Monaten des entbehrungsreichen Lebens auf Kosten des Freundes, der damit gleichfalls zum ›wichtigen Menschen‹ in der Biographie des jungen Peschkow wird, stellt sich Alexej dem Examen. Er besteht es. Er bewirbt sich glücklich als Dorfschullehrer... und erfährt, daß er viel zu jung ist, um eine Anstellung zu erhalten.

Wieder einmal stand Alexej vor dem Nichts, blickte in eine Zukunft ohne Hoffnung, lebte die trostlose Gegenwart ohne Alternative: Mager bezahlte Gelegenheitsarbeiten, Hungern, Suchen nach einem Obdach. Geblieben waren ihm die Träume, der Wunsch nach Bildung, die Sehnsucht nach geistiger Anregung durch Bücher. Er hatte kein Geld, sich welche gegen Gebühr in den Leihbüchereien auszuleihen, geschweige denn, neue zu kaufen. Alles, was er verdiente, ging im täglichen Kampf ums Überleben drauf. Irgend jemand nannte ihm die Adresse des Gemischtwarenhändlers Derenkow. Der habe Bücher, vorzugsweise verbotene, leihe die kostenlos an jeden aus, der sich ihrer würdig erweise. Und Alexej erwies sich als würdig. Mehr noch, er wurde von Derenkow nicht nur mit Büchern versorgt, sondern auch durchgefüttert und erhielt bei ihm Obdach. Er wurde sogar daran gehindert, im Krämerladen mitzuhelfen, wenn er sich erkenntlich zeigen wollte. Er solle lernen, meinte der Krämer, sich weiterbilden und nichts anderes. Solche zielstrebigen Menschen wie er seien die Zukunft Rußlands, die Hoffnungsträger. Alexej registrierte fassungslos, daß Derenkow all seine Einkünfte der mittellosen Jugend von Kasan zur Verfügung stellte. Es waren bildungshungrige, aber auch parasitäre Jugendliche, Gymnasiasten, Studenten, sogar erwachsene Müßiggänger und verarmte Gelehrte. Sie aßen Derenkows Brot, tranken seinen Tee, lasen seine Bücher und liehen sich von ihm Geld, mitunter bestahlen sie ihn auch. Sie alle fanden sich fast täglich im Hinterzimmer des Ladens ein, betrieben dort einen illegalen Zirkel: »Dauernd erregt durch Zeitungsartikel, durch Folgerungen aus den eben gelesenen Büchern, durch Ereignisse im Leben der Stadt und der Universität, kamen sie aus allen Straßen Kasans in Derenkows Laden gelaufen, um wütend zu diskutieren oder in einer Ecke zu flüstern. Sie brachten dicke Bücher mit, schrien sich gegenseitig an und verkündeten ihre Wahrheiten.«[10] Derenkow saß bei den heftigen Diskussionen stets freudestrahlend dabei. Ihm fehlte die Bildung. Er konnte da nicht mitreden, aber er begeisterte sich an der Kühnheit der Ideen, die auf lange Sicht gesehen die traurige Gegenwart Rußlands verbessern würden. Er sah seinen kleinen Laden als Urzelle für eine neue Bewegung. Eines Tages würden es nicht zwanzig Menschen sein, die in einem Hinterzimmer miteinander disputierten, sondern Tausende in allen Teilen des Landes. Die würden dann alle wichtigen Posten in Rußland besetzen und dann endlich würde sich etwas ändern! Derenkow bemerkte nicht, wie nachlässig und gönnerhaft ihn seine Besucher behandelten, wie sie ihn schröpften und gedankenlos sein gesamtes Betriebskapital aufzehrten, leerpumpten. Kein Notleidender bat ihn umsonst um einen Kredit. Trotz seiner ruinösen Großzügigkeit wurde er wegen seiner mangelhaften Schulbildung von ihnen nicht ernstgenommen, mehr als einmal mitleidig belächelt, wenn er es schüchtern wagte, zu einer Frage Stellung zu beziehen. Auch Alexej galt bei den Mitgliedern des Zirkels, die meist eine ordentliche Schulbildung und ein anerkanntes Universitätsstudium vorweisen konnten, nur als Paradiesvogel, mit dem man sich schmückte: Er wurde als ›Naturtalent‹, als ›Sohn des Volkes‹ gelitten, gönnerhaft belehrt, aber nicht integriert. Ihm wurde die zu ihm passende Lektüre vorgeschrieben. Las Alexej aus eigenen Stücken ein schwer zu verstehendes Buch und fragte nach den Zusammenhängen, wurde er verletzend korrigiert: »Das, mein Lieber, ist Unfug. Lies, was man dir gibt, und steck deine Nase nicht in Dinge, die dich nichts angehen.«[11]

Bald hält es den achtzehnjährigen Alexej nicht mehr bei dem gutmütigen Derenkow. Er sieht, wie der Krämer zunehmend im Dienste seiner selbstgestellten Aufgabe ruiniert wird und schämt sich, wie die anderen zu seinen Nassauern zu gehören. Er leidet zugleich unter der fehlenden Anerkennung durch die Mitglieder des Zirkels. Er kann immer weniger etwas mit ihren Theorien anfangen. Die logischen, aber lebensfremden Ideen erscheinen ihm als eine Art geistiger Artistik. Die Zukunftsphantasien sind für ihn nichts als Luftschlösser. Er aber sucht die Wirklichkeit. Er findet sie. Sie ist so finster und hart, daß er in die tiefste Krise seines ohnehin entbehrungsreichen und traurigen Lebens gerät.

Sechsundzwanzig kräftige Männer – unter ihnen Alexej – kneteten und buken Kringel für einen reichen Bäcker: »sechsundzwanzig lebende Maschinen, eingesperrt in einen feuchten Keller«.[12] Kein Lichtstrahl drang durch das winzige, vom Mehlstaub völlig verkleisterte Fenster. Öffnen konnte man es auch nicht. Der Bäckereibesitzer hatte ein Fliegengitter hinter das Glas gesetzt, damit seine Arbeiter Bettlern oder arbeitslosen Kameraden weder Teig noch Kringel oder Brezel nach draußen geben konnten. Es war feucht und dumpf in dem Keller, die stickige verbrauchte Luft reichte kaum zum Atmen. Der Schimmel an den Wänden roch spakig, von der Decke – dicht bedeckt mit Spinnenweben – rieselte ständig Ruß und

Schmutz. Sechzehn Stunden lang, von morgens um 6 bis nachts um 22 Uhr dauerte ihr Arbeitstag, nur unterbrochen von einer Mittagspause, in der es stinkende Innereien zum Essen gab, niemals anständiges Fleisch. Die einen kneteten den Teig aus Mehl und Wasser, die anderen saßen am Tisch und rollten blitzschnell mit den Händen Teigschnüre, fügten sie zu Brezeln und Kringeln zusammen und warfen sie in einen riesigen Kessel mit kochendem Wasser. Anschließend wurden sie auf den heißen Ziegelsteinen des Backofens nachgegart. Die Arbeit war so schwer, der Akkord so hoch, daß keine Kraft zum Unterhalten blieb: »Achtzehn Nasen schaukelten verschlafen und trübselig über dem Tisch, die Gesichter der Leute unterschieden sich kaum voneinander, auf allen lag der gleiche Ausdruck einer bösen Müdigkeit.«[13] Hin und wieder fluchte einer, schimpfte auf einen Kollegen, der nicht rasch genug oder nachlässig arbeitete. Mitunter kam es auch deshalb zum Streit, zu einer kurzen Prügelei, einer warf dem anderen den glitschigen Teig ins Gesicht, zog dem nächsten einen scharfen Hieb mit der großen Bäckerschaufel über das Kreuz, andere brüllten sich plötzlich wütend an und warfen sich von der Bank. Bald aber saßen sie wieder abgestumpft und stumm auf ihren Plätzen und verrichteten ihre Arbeit, ängstlich darauf bedacht, die hohe Arbeitsnorm zu erfüllen. Sie schufteten wie Rudersklaven auf der Galeere. Die Männer im Keller standen in schlechtem Ansehen; sie wurden von den übrigen Mitarbeitern der Bäckerei oben im Hof nur »die Sträflinge« genannt. Die Bäcker vom Fabrikhof waren ausgebildete Facharbeiter und mußten gut behandelt werden, denn es war schwer, Ersatz für sie zu finden. Die im Keller aber waren nur ungelernte Arbeiter. Man konnte sie – bedingt durch die hohe Arbeitslosigkeit – rasch feuern, Ersatzleute ebenso schnell wieder anheuern. Und da die Gehilfen zudem im Dunklen und im Schmutz arbeiteten, galten sie allen anderen Mitarbeitern, vorzugsweise dem Chef, im wörtlichen Sinne als der letzte Dreck. Vor allem Alexej war bei ihm unbeliebt. Dafür gab es mehrere Gründe: Alexej war nicht gewillt, sich vom Chef ununterbrochen beschimpfen zu lassen, ›Kläffer‹ oder ›Mehlwurm‹

waren noch die vornehmsten Ausdrücke. Alexej schimpfte zurück. Dann ärgerte den Vorgesetzten, daß Alexej unten am Tisch die arbeitsame Stille unterbrach, indem er allerlei Geschichten erzählte. Schließlich hatte der Brotherr ihn dabei erwischt, wie er beim Kringelformen ein Buch las, das auf einem selbstgebastelten Gestell auf seinem Arbeitstisch stand. Der Bäckermeister hatte das Buch in den Ofen werfen wollen. Alexej hatte sich ihm jedoch entgegengestellt und die Rückgabe erzwungen. Aus Furcht vor dem außergewöhnlich kräftigen Alexej hatte der Chef das Buch zwar zurückgegeben, hatte nicht einmal gewagt, ihn wegen dieser Respektlosigkeit zu entlassen, aber er schikanierte ihn, wo er nur konnte. Er ließ ihn oben auf dem Hof Säcke von einem Ort zum anderen tragen und dann wieder zurück an die alte Stelle bringen. Er lud ihm wochenlang die schwersten Arbeiten auf, die sonst im Tagesrhythmus unter allen Gehilfen aufgeteilt wurden, weil normalerweise kein Mensch tagelang hintereinander diese Schwerstarbeit leisten konnte, ohne zusammenzubrechen: Alexej mußte Teigklöße von sieben Pud[14] durchkneten, bis kein Gramm trockenes Mehl mehr im Teig zu finden – und die Masse geschmeidig wie Gummi – war und das siebenmal pro Tag. Doch die geheime Hoffnung des tyrannischen Brotherrn trog. Alexej wurde weder fügsamer, noch brach er körperlich zusammen. Jetzt versuchte der Chef, ihn mit einem höheren Lohn und einer besseren Arbeit außerhalb des Sklavenkellers zu korrumpieren... und das war der Moment, in dem Alexej seinen Dienst quittierte.

Moralisch hatte Alexej zwar gesiegt, seelisch aber steuerte er auf einen Tiefpunkt zu. Schmerzlich hatte er empfunden, daß keiner seiner Bekannten aus Derenkows Krämerladen ihn jemals in der Backstube besucht hatte. Dennoch ging er zum Krämer zurück, diesmal allerdings als wichtige Arbeitskraft: Derenkows Krämerladen war so gut wie ruiniert. Mit seinem letzten Geld hatte er eine kleine Bäckerei eröffnet und benötigte dringend einen vertrauenswürdigen Gehilfen. Jetzt endlich durfte Alexej bei ihm arbeiten, denn Derenkow blieb gar keine andere Wahl. Nach wie vor gab es die illegalen Zirkel, nach wie vor lebten alle auf Derenkows Kosten und nach wie vor wurde Alexej von allen anderen bevormundet und nur als Anschauungsmaterial hervorgezerrt wenn es galt, einem neuen Besucher den ›Autodidakten aus dem Volke‹ vorzuführen. Er empfand sein Leben in diesem Kreise zunehmend als bitter und sinnlos, wußte aber auch nicht, wie er es ändern könnte.

Er erfährt, daß die Großmutter gestorben ist, elend, verlassen, unnötig. Sie war gestürzt, hatte sich das Bein gebrochen und eine Wunde zugezogen, in die nach einigen Tagen der Brand kam. Keiner von der Familie hatte es für nötig befunden, einen Arzt herbeizurufen. Ihm ist erbärmlich zumute. Perspektivlosigkeit, sein Mangel an Wissen, seine Ohnmacht gegenüber dem traurigen Leben um ihn herum kommen hinzu, zehren immer mehr an ihm. Er wird mit den Widersprüchen nicht mehr fertig. Er sehnt sich nach Büchern und nach Bildung, aber das Leben zeigte ihm nichts als »häßliche Winkel... Schmutziges, Trauriges...«[15] Er bewundert die stolzen Barfüßler und weiß doch, daß er nicht so enden will wie sie. Es zieht ihn zu den Arbeitern, gleichzeitig stößt ihn ihr Fatalismus und ihr Untertanengeist gegenüber den Vorgesetzten ab. Er sehnt sich auch nach Frauen, mit denen er über seine Probleme sprechen könnte, aber er wagt nicht, ihnen zu nahe zu treten. Die Schulmädchen aus seinem Zirkel sind ihm zu kindisch, er befaßt sich kaum mit ihnen. Jene erwachsenen Frauen, die er besser kennt, sind Prostituierte. Deren animalische Berufstätigkeit, gekoppelt mit Gleichgültigkeit und Geldgier, widert ihn an. Es zieht ihn zu den fröhlichen Studenten, aber sie spielen lediglich mit revolutionären Ideen und handeln in der Praxis eigennützig und kleinbürgerlich. Alexej lebt »zwischen ›Baum und Borke‹«, dreht sich »wie ein Kreisel, den eine unsichtbare, aber starke Hand kräftig mit einer unsichtbaren Peitsche treibt.«[16] Sehr viel später wird er diese trostlosen Jahre und Eindrücke als »Meine Universitäten« bezeichnen. Jetzt aber weiß er einfach keinen Ausweg mehr. So kommt es zu den zwei Schüssen an der Kasanka.

In dem Kasaner Blättchen der ›Wolga-Bote‹ erschien am 14. Dezember 1887 eine Meldung:[17]

»Am 12. Dezember um 8 Uhr abends schoß auf der Podlushnajastraße, am Ufer des Flusses Kasanka, der Geselle Alexej Maximow Peschkow aus Nishnij Nowgorod aus einem Revolver auf sich in der Absicht, sich zu töten, und traf sich in die linke Seite. Peschkow wurde sofort in das Landeskrankenhaus übergeführt, wo die Wunde bei der Einweisung Erster Hilfe vom Arzt als gefährlich erkannt wurde. In einer bei ihm vorgefundenen Notiz bittet Peschkow, niemandem die Schuld an seinem Tod zu geben.«

Die Verletzung ist schwer. Die Kugel hat Alexejs Brust und die Lunge durchschlagen. Keiner rechnet damit, daß er überlebt. Er selbst will es zunächst auch gar nicht. Aber im Krankenhaus bekommt er Besuch von jenen Menschen, für die er wichtig ist: es kommt der alte Tatar, mit dem er vor seinem Selbstmordversuch noch gesprochen hat. Der Nachtwächter lacht vergnügt, als er sieht, daß Alexej ihn wiedererkennt, radebrecht[18] unbeholfen und berichtet, daß er mühsam herausbekommen hätte wer Alexej sei, wo er gearbeitet habe und bei wem er jetzt lebe. Alle habe er benachrichtigt, und alle wollten ihn besuchen, und die teuflische Fahrt mit dem verletzten Alexej auf dem Bauernwagen habe der kleine Kater an seiner Brust unter dem Mantel mitgemacht; das Tier sei jetzt bei ihm in der Wohnung und Alexej solle ihn da bald besuchen, unbedingt bei ihm Tee trinken, – erzählen! Sein Zuhause sei »so alte Haus, Dach – Seite, auf Hof – wo Müllgrube, dahinter – Tür, nun – da ich. Kommst?«[19] Der Tatar hat wirklich alle informiert: es kommen die Verkäuferinnen aus Derenkows Bäckerei, es kommen Studenten, vor allem aber kommen die ehemaligen Arbeitskollegen aus dem ›Sträflingskeller‹. Verlegen stehen sie in ihren Lumpen an der Tür zum Krankenhauszimmer. Sie fühlen sich fremd in der sterilen Sauberkeit. Auf Zehenspitzen gehen sie im Gänsemarsch hintereinander zu Alexejs Bett, verstecken ein mächtiges Bündel hinter ihrem Rücken. Sie sagen zunächst nicht viel, aber sie schütten ihm unbeholfen ihre Mitbringsel auf die Bettdecke: Zitronen, Zucker, Kandis, Tee, Kringel, alles ein ungeheurer Luxus bei ihrem Hungergehalt. Dann sehen sie sich vorsichtig um, ob keiner der anderen Kranken sie beobachte und schieben ihm noch ein Päckchen Tabak rüber. Plötzlich fangen sie alle gleichzeitig an zu reden. Sie sprechen vom Winter, bald komme ja Weihnachten, er solle sich auskurieren, rasch wieder beginnen zu arbeiten und zwar bei ihnen im Keller, sie würden eine leichte Arbeit für ihn aussuchen, und draußen sei es erbärmlich kalt und er solle sich bloß gut zudecken, damit er sich nicht noch erkälte. Dann werden sie ebenso unvermittelt wieder still, sehen ihn traurig an: »Ach du! Wie konntest du nur?« flüstert der eine, »Was – hast du uns – angetan...«[20] stammelt der nächste. Und Alexej wird bewußt, daß er geliebt wird und daß man ihn braucht. Später, als die Kollegen wieder gegangen sind und er Zeit hat zum Nachdenken, begreift er, daß sein Selbstmordversuch eine Kapitulation gewesen ist. Er hatte zum ersten Mal den Kampf gegen sein schweres Dasein aufgegeben. Jetzt aber will er überleben. Wenn ihm das gelingt, wird er einen neuen Weg finden, sein Leben zu verändern. Er ist sich dessen ganz sicher. Doch diesmal wird sein Lebenslauf nicht durch seine Aktivität beeinflußt. Den neuen Weg für ihn findet ein weiterer wichtiger Mensch.

Nach vier Wochen aus dem Krankenhaus entlassen, arbeitete Alexej wieder in der Bäckerei von Derenkow. Dort saß eines Tages der Schmied Michailo Antonow Romas auf einem Stuhl, rauchte seine Zigarre und fragte Alexej, ob er etwas Zeit habe, er müsse mit ihm reden. Alexej hatte den ›Chochol‹[21] schon früher in Derenkows Laden flüchtig kennengelernt. Er mochte diesen ruhigen, gesetzten Mann, schon weil ihn dessen Lebenslauf beeindruckt hatte: Zwei Jahre Gefängnis und anschließend zehn Jahre Verbannung in Sibirien hatte er bereits für die Gründung eines Arbeiterzirkels von den zaristischen Richtern kassiert. Aber die drakonische Strafe hatte ihn nicht beirrt. Nach wie vor fand man ihn überall dort, wo es verbotene

Zirkel gab. Er war ein Hüne mit einem langen hellen Bart, der bis auf die Brust fiel. Wie damals trug er auch jetzt seinen derben Kosakenrock, der mit einem engen Gürtel zugebunden war, und geteerte Bauernstiefel: »Möchten Sie nicht zu mir kommen? Ich lebe im Dorf Krasnowidowo, fünfundvierzig Werst[22] stromab an der Wolga, und habe dort einen Laden. Sie sollen mir die Kunden bedienen helfen, das würde Ihre Zeit nicht allzusehr in Anspruch nehmen. Ich habe gute Bücher und könnte Ihnen beim Lernen behilflich sein – wären Sie einverstanden?«[23] Mit dieser Frage begann das nächsthöhere Semester an Alexejs Universitäten.

Alexej bemerkte rasch – Romas hätte es ihm nicht zu sagen brauchen –, daß der Krämerladen nicht der Grund war, weshalb der Schmied hier lebte. Der Chochol wollte die kleinen Bauern von Krasnowidowo aufklären, ihnen zu einem bewußteren Leben verhelfen, sie dabei unterstützen, sich zu bilden. Er wollte, daß sie sich gegen die mächtigen Kulaken[24] und die Gutsbesitzer verbündeten, um der kollektiven Armut der Mehrheit der Dorfbewohner ein Ende zu bereiten. Doch die alten Bauern trauten Alexej und seinem väterlichen Freund nicht. Mißtrauisch hörten sie sich an, was die beiden ihnen rieten, argwöhnisch beobachteten sie die wenigen Jungbauern und den Fischer, die sich bei Romas und Alexej einfanden. In ihren Augen entstand hier Verwirrung in einer von Gott gesetzten hierarchischen Ordnung. Arm und elend wie sie waren, konnten sie sich nicht vorstellen, daß sie einen Teil ihres mageren Betriebskapitals auch noch für die Allgemeinheit einbringen sollten, um gemeinsam zu wirtschaften und im Kollektiv mehr zu verdienen. So ein Kollektiv müßte schließlich auch von Leuten geführt werden! Selbst, wenn es Führer aus ihrer Mitte seien – wer garantierte denn, daß jene sich nicht bereicherten? Der Zar sei Alleinherrscher. Er befinde für alle, was zu tun und zu lassen sei. Und wenn die Kulaken allzu habgierig würden, sorge er schon für Ordnung. Viele Herren zu haben würde auch nach sich ziehen, unter vielen Unterdrückern zu leben. Und dann Bildung, Lesen und Schreiben lernen, wozu denn?

Hatten sie nicht bis heute auch ohne das überlebt? Romas erstaunte diese rückständige Einstellung nicht. Die Leibeigenschaft sei schließlich erst seit vierzig Jahren aufgehoben, die meisten der Bauern noch als Sklaven geboren, was könne man da anderes erwarten! Alexej hingegen fehlte dieses Verständnis. Der Neid der Bauern untereinander, ihre Sucht, sich durch Betrug und Diebstahl am Schicksalsgenossen zu bereichern, ihr mürrisches Wesen, ihr ewiges Klagen über die Schlechtigkeit der Welt untergruben seinen Idealismus: er sah, daß »in jedem einzelnen dieser Menschen keineswegs viel, häufig sogar überhaupt keine Bosheit steckte. Es waren im Grunde genommen gutmütige Tiere. Man konnte jeden... dazu bringen, kindlich zu lächeln, jeder hörte mit kindlichem Vertrauen einer Erzählung zu, in der von der Suche nach Glück und Vernunft, von den Heldentaten des Edelmuts die Rede war. Der seltsamen Seele dieser Menschen war alles teuer, was sie von der Möglichkeit eines leichten Lebens nach dem Gesetz des eigenen Willens träumen ließ. Wenn sie sich aber in grauem Haufen in der Gemeindeversammlung oder in der Schenke am Ufer drängten, fiel alles Gute plötzlich von ihnen ab. Sie hüllten sich wie die Popen in ein Gewand aus Lüge und Heuchelei, hündische Kriecherei vor den Starken kam zum Vorschein, sie waren dann widerlich anzusehen. Oder sie wurden überraschend von wölfischer Wut gepackt und heulten sich mit gesträubtem Fell und gefletschten Zähnen an, bereit, übereinander herzufallen; und sie fielen auch – einer Kleinigkeit wegen – übereinander her. In solchen Augenblicken waren sie furchterregend und konnten eine Kirche zerstören, in die sie am Abend zuvor geströmt waren, sanft und ergeben, wie Schafe in ihren Stall.«[25] Aber doch: immer mehr Dorfbewohner kamen in den Laden, hörten Chochol zu, ließen sich Lesen und Schreiben beibringen, nahmen an Fortbildungskursen im Dienste der progressiven bäuerlichen Selbstverwaltung teil. Sie diskutierten nächtelang über Fachfragen, aber auch über das Verhältnis von Macht, Gehorsam und notwendigem Widerstand. Sie philosophierten, sie dachten angestrengt nach, trugen die Gespräche zurück ins Dorf, äußerten erste Änderungswünsche, hatten eigene Ideen. Die reichen Bauern, denen der Krämerladen mit seinen preiswerten Angeboten rasch ein Dorn im Auge gewesen war, verbündeten sich mit dem Popen, der die gottlose Gesellschaft dort im Laden von Anfang an abgelehnt hatte. Der Pope verbündete sich mit den alten, konservativen Kleinbauern, denen die Söhne davonliefen und die damit die Welt aus den Angeln hoben. Die Situation für Alexej, Romas und ihre Anhänger wurde kritisch. Zuerst wurde nur Romas von dunklen Gestalten in der Nacht überfallen, als er nach Hause ging, dann bald auch Alexej. Beide konnten sich dank ihrer Kraft und Geschicklichkeit erfolgreich wehren, aber sie gingen möglichst nicht mehr im Dunkeln nach draußen, waren auch tagsüber mit einem soliden Stock bewaffnet. Der Ofen des Krämerladens explodierte, verursachte einen Brand, der allerdings rasch gelöscht werden konnte. Alexej fand an der Brandstelle ein zerfetztes Holzscheit, in dem noch große schwarze Löcher zu erkennen waren: irgend jemand hatte das Scheit angebohrt und Schießpulver hineingefüllt. Viel schlimmer noch – und spätestens das hätte die beiden Reformer warnen müssen – eines Tages wurde ihr eifrigster Anhänger, der Fischer Isot, mit eingeschlagenem Schädel ermordet aufgefunden.

Das Ende eskaliert zum Pogrom: Im Schuppen des Krämerladens legt ein Brandstifter eine brennende Lunte an die dort abgestellten Petroleumfässer. Sie explodieren, der Schuppen fliegt in die Luft. Das ausbrechende Feuer zerstört das Haus von Romas bis auf die Grundmauern und greift rasch auf zehn weitere Höfe des Dorfes über. Die Altbauern, die anfangs höhnisch lachend und tatenlos dem Brand von Romas' Haus zugesehen hatten, versuchen zu löschen. Doch das angefachte Feuer vernichtet auch ihre Existenz. Entgeistert stehen sie vor den schwelenden Trümmerhaufen. Das ist zu viel. Die erschöpften, rußverschmierten Männer rotten sich zusammen, brüllen wild, schwingen Knüppel, umringen Romas und Alexej, wollen sie lynchen, mit Ziegelsteinen erschlagen, mit bloßen Händen erwürgen. Alexej und Romas stehen Rücken an Rücken und wehren sich. Die Anhänger der beiden werfen sich tapfer in den Kampf und retten sie nur mit knapper Not. Aber ihre Zeit in Krasnowidowo ist um, jetzt begreift das auch Romas. So endete Alexejs erster Versuch, seine Mitmenschen politisch aufzuklären.

6.
Maxim Gorki wird geboren

Der Chochol ist zwar finanziell ruiniert, aber nicht entmutigt. Er will sich an einem anderen Ort niederlassen, den Versuch, die Bauern aufzuklären, erneut beginnen. Alexej soll wieder mitkommen. Aber der setzt keine Hoffnung mehr auf die Bildungsfähigkeit dieser Bevölkerungsgruppe. Er kann seine Enttäuschung über den mißlungenen Reformversuch in Krasnowidowo nicht verkraften. Die Bauern als Klasse werden die einzige Gruppe von Menschen bleiben, die er bis zum Ende seines Lebens subjektiv und voller Vorurteile bewerten wird. Jetzt aber trennt er sich von Romas, packt sein Bündel und wandert fort, einfach geradeaus. Es geht jetzt weniger um seine seelische Befindlichkeit, um schöne Zukunftsideen, es geht nur noch ums nackte Überleben.

Er strich durch das große russische Reich. Er wanderte hierhin und dorthin. Er übernachtete im Freien, in Abbruchhäusern oder bei kurzfristigen Bekannten. Er suchte für einige Tage Arbeit und bekam sie auch. Die wenigen Kopeken reichten wieder für weitere Tage zum Leben. Jetzt war auch er ein Barfüßler: ohne Arbeits- und Aufenthaltserlaubnis, ohne Heimatadresse. Seine Biographen werden später erzählen, seine Wanderung sei zustande gekommen, weil er Rußland und seine Menschen kennenlernen wollte. Aber das war nicht der wahre Grund: wohin geht ein Mensch ohne feste Anstellung, ohne Obdach? Weiter, immer nur weiter, dorthin, wo man ihn duldet, weil man ihn noch nicht kennt, noch nicht polizeilich registriert hat. Geschieht es, so weicht man den Polizisten aus, zieht wieder weiter. Mitunter wurde er von einem gutmütigen Bauern auf dessen Pferdefuhrwerk mitgenommen, manchmal sprang er auf einen langsam fahrenden Zug und reiste als blinder Passagier, meistens aber ging er zu Fuß. Er war jetzt zwanzig Jahre alt, gesund und kräftig, erst später sollte sich seine durchschossene Lunge an ihm rächen. Wo immer kurzfristig kräftige junge Männer benötigt wurden, machte er halt, verdiente sich einige Kopeken: als Hafenarbeiter, als Sackschlepper, als Lagerarbeiter, als Pferdeknecht, als Nachtwächter. So wanderte er von Stadt zu Stadt, Ort zu Ort, von Job zu Job. Ein Jahr später traf Alexej wieder in Nischni Nowgorod ein, er mußte sich hier zum Militärdienst melden. Er wurde nach einer kurzen Untersuchung für alle Zeiten ausgemustert: sein Selbstmordversuch hatte ihn wehruntauglich gemacht. Derenkows Laden existierte nicht mehr, seine wenigen Bekannten in Nischni Nowgorod waren fortgezogen, an den Onkeln, Tanten, Vettern und Basen seiner Familie war er nicht interessiert, er konnte ihnen ihr niederträchtiges Verhalten gegenüber der Großmutter nach ihrem Unfall nicht verzeihen. Der Großvater hat den Verstand verloren und streift als irrer Bettler verdreckt und in Lumpen, die kaum noch seinen ausgemergelten Körper bedecken, durch die Straßen. Greinend bittet er mit dünnem Greisenstimmchen um Almosen, beruft Gott den Allmächtigen, der allen Sündern verzeihe. Meist aber hält er sich von Verfolgungswahn geplagt an geheimen Orten auf, bis die Ordnungsbehörden ihn aufgreifen und in eine Anstalt bringen. Dort wird er nach einigen Monaten geistig umnachtet sterben. Der Enkel begegnet ihm nicht mehr.

Alexej verdiente sein Brot als Bierkutscher und kam bei Studenten unter, nahm an ihren illegalen Zirkeln teil. Er tauchte überall dort auf, wo junge Menschen über Literatur und Philosophie, vor allem aber über die notwendige politische Veränderung in Rußland sprachen. Er beschäftigte sich wacker mit politischen Theorien, die ihm empfohlen wurden. Aber er konnte damit wenig anfangen.

Statt dessen füllte sich sein schwarzes Heft mit Notizen aus seinem abenteuerlichen Leben, mit Gedanken über Menschen, die ihn besonders beeindruckten und... mit Gedichten. Auf ein langes Epos war er besonders stolz: »Das Lied der alten Eiche«. Es war sein erstes abgeschlossenes Werk. Die zaristische Geheimpolizei warf argwöhnische Spitzelaugen auf die Hinterzimmertreffen der Studenten. Im Zuge einer Razzia wurde auch Alexej verhaftet. Es wurde eine »Akte des Polizeidepartements betreffs des Bürgers Alexej Peschkow (angelegt). Begonnen am 1. November 1889«.[1] Auch das war wie »Das Lied der alten Eiche« eine Premiere: ab jetzt würde Peschkows Akte ihm stets nachreisen, wenn er wieder einmal den Ort wechselte. Sie sollte ständig umfangreicher werden, wichtige und unwichtige Daten, Lebenslaufsplitter, Informationen und Gerüchte enthalten. Jetzt aber stand nur darin, daß Peschkow sich bei dem Verhör »äußerst frech und sogar unverschämt«[2] verhalten habe. Nicht darin stand, daß der Gendarmeriegeneral dem jungen Peschkow ins Gewissen redete. Er hatte Alexejs schwarzes Heft durchgelesen, war frappiert von den Situationsschilderungen, beeindruckt von der Beobachtungsgabe, erstaunt über die Lyrik: »Sie schreiben Gedichte und ...wenn ich Sie wieder freilasse, zeigen Sie Ihre Manuskripte Korolenko.[3] ...Sie müssen lernen, schreiben lernen, und nicht das...«[4] Alexej verstand sehr wohl, was der General meinte: der nicht zu Ende geführte Satz umriß den Verhaftungsgrund: Teilnahme an verbotenen Politzirkeln, Umgang mit fragwürdigen Gestalten und Leben bei Leuten, die zur Fahndung ausgeschrieben waren. Daß ausgerechnet ein staatstreuer zaristischer Gendarmeriegeneral den Schriftsteller Korolenko einem politisch verdächtigen Häftling empfahl, sprach für seine liberale Haltung, aber auch für seine Auffassung, daß der Untersuchungshäftling Peschkow so politisch gar nicht sei, wie er sich gebe. Korolenko galt zwar als großer Schriftsteller, aber auch als staatsfeindlicher Intellektueller. Bereits als Student aus politischen Gründen von der Universität relegiert, wurde er immer wieder wegen subversiver politischer Tätigkeit verurteilt und hatte bereits eine langjährige Verbannung in Ostsibirien hinter sich. Zum Zeitpunkt der Empfehlung des

Gendarmeriegenerals stand Korolenko unter Polizeiaufsicht. – Alexej saß seine vier Wochen Untersuchungshaft ab. Kaum entlassen, eilte er zu dem Schriftsteller, in der Tasche das mächtige Manuskript vom »Lied der alten Eiche«. Korolenko nahm sich über zwei Stunden Zeit für das Manuskript. Behutsam begann er ein Wort, einen Satz, schließlich auch eine ganze Passage zu kritisieren. Er wies auf Rechtschreibfehler hin, auf grammatikalische Schnitzer und auf unpassende Vergleiche. So saß an einer Stelle des Manuskriptes ein Mensch »›wie ein Adler‹ auf den Ruinen einer Kirche. ›Das ist doch wohl nicht der richtige Ort für eine derartige Pose; außerdem ist die weniger erhaben als – unanständig‹, bemerkte Korolenko lächelnd.«[5] Alexej sah jetzt auch seinen adlergleich sitzenden Menschen in geradezu lächerlicher Haltung auf den Ruinen hocken und schämte sich über das ungeschickte Bild. Aber nicht nur mit diesem Beispiel, in ausnahmslos allen Punkten hatte Korolenko recht; die Kritik war zwar moderat formuliert, aber von der Sache her vernichtend. Alexej hatte keine Ahnung vom Aufbau der Sätze, er formulierte Wörter, die es überhaupt nicht gab, und jene, die es gab, schrieb er häufig orthographisch fehlerhaft. Alexej war so betroffen, daß er dem großen Schriftsteller kaum noch zuhörte. Zu Korolenko gegangen war er mit dem sicheren Gefühl, ein Meisterwerk vorzulegen. Er verließ den Schauplatz seiner Blamage als desillusionierter Anfänger. Es tröstete ihn auch nicht, daß Korolenko einige Tage später in einem Brief an ihn schrieb: »Nach dem ›Lied‹ kann ich schwer ein Urteil fällen; doch Sie scheinen Talent zu besitzen. Schreiben Sie über etwas, was Sie selbst erlebt haben, und zeigen Sie es mir dann. Gedichte kann ich nicht werten; die Ihren schienen mir unverständlich, doch sind einzelne starke, einprägsame Verse dabei. Wl. Kor.«[6] Aber Alexejs Schock saß zu tief. Er beschäftigte sich in Nischni Nowgorod mit allem möglichen. Er las kluge Bücher, er diskutierte mit Bekannten, er besuchte verbotene Zirkel, er arbeitete sogar fast zwei Jahre lang als Angestellter bei einem Advokaten. Sein kleines Archiv, dessen Urzelle das schwarze Heft gewesen war, gedieh zu einer ansehnlichen Sammlung von Gedanken und Beobachtungen. Er merzte seine Fehler in der Rechtschreibung aus, er beschäftigte sich mit den verhaßten grammatikalischen Regeln und den Feinheiten der russischen Sprache. Nur eines konnte er nicht mehr: Schreiben; in diesen zwei Jahren in Nischni Nowgorod verfaßte er nicht eine einzige Zeile. Dies aber vielleicht auch, weil seine Gedanken von etwas Neuem blockiert waren: zum erstenmal in seinem Leben lernte er eine Frau kennen, die er liebte. Sie hieß Olga Kaminski, war schön, gebildet, geistreich, humorvoll und – leider verheiratet. Alexej sprach mit ihr, lachte mit ihr, hörte zu, wenn sie aus ihrer Pariser Zeit berichtete, wo sie Malerei studiert hatte, und erzählte selbst aus seinem bunten Leben. Mit zunehmendem Grimm beobachtete er den stets anwesenden Ehemann, einen fast fünfzigjährigen, altmodischen Müßiggänger, der gutes Essen und ein Nickerchen nach der Mahlzeit schätzte. Der wiederum betrachtete den jungen Peschkow mit dem Gleichmut des Überlegenen. Er wußte, daß Olga seine Intelligenz, seine Bildung und sein ausgeglichenes Wesen schätzte. Er ließ es zu, daß seine Frau kleine Ausflüge mit Alexej unternahm, er hatte nichts dagegen, daß der junge Peschkow fast täglich Gast in seinem Hause war. Und er behielt recht mit seiner stoischen Gelassenheit. Als Alexej Olga die Schicksalsfrage stellte, sie bat, sich von ihrem Mann zu trennen und mit ihm zusammenzuziehen, wies sie ihn ab.

Erschüttert, enttäuscht und verletzt reißt Alexej Peschkow alle Brücken hinter sich ein. Er kündigt überstürzt seine solide Angestelltenstelle beim Advokaten, er räumt seine Wohnung aus, verschenkt seine Bücher und geht auf die Walz. Ohne Träume, ohne Zukunftsperspektive läuft er wieder einmal davon. Er geht vorwärts, um nicht zurückblicken zu müssen. Ziellos, im tatsächlichen Sinn des Wortes, begibt er sich auf seine zweite Wanderung durch das große russische Reich, erneut geplagt von Obdachlosigkeit, Hunger, Nässe und Kälte, argwöhnisch registriert und ausgewiesen von den Ordnungsbehörden, immer auf der Suche nach einer Gelegenheitsarbeit. Das ist das eine. Das andere ist die große Freiheit. Sie beschert ihm unvergeßliche Erlebnisse, ermöglicht ihm Kumpaneien und ehrliche Freundschaften mit Menschen aus allen Klassen und Schichten, läßt ihn teilnehmen an rauschenden Festen, zum Zeugen werden von erschütternden Ereignissen. Alles, was er erlebt, ist neu und unwiederholbar. Sein Weg führt ihn fast zwei Jahre lang eine schier unglaublich lange Strecke: die Wolga entlang bis Zarizyn, durch die Steppe hindurch nach Rostow, durch die Ukraine nach Bessarabien und von dort aus zur rumänischen Grenze. Hier erwischte man ihn als illegalen Grenzgänger und wollte ihn nicht in Rumänien; auch nicht, als er den Grenzern erzählte, er wolle ja nur durch das Land hindurch- und weiter nach Frankreich wandern. Olgas Erzählungen über Paris spukten als Traumziel in seinem Hirn. Also zurück, noch rasch ein Protokoll an der russischen Grenze unterschrieben, das gewissenhaft zu seiner Akte gelegt wurde, und weiter ging's. Er tippelte durch Transkaukasien, erreichte die Krim, durchwanderte das Kubangebiet, Georgien und den Kaukasus. Alles in allem ein Weg von mehreren tausend Kilometern, die er allerdings teilweise nach bewährter Methode auch als blinder Passagier auf Schiffen oder in Güterwagen der Eisenbahn hinter sich brachte. Er war Tagelöhner auf dem Land, Garkoch in der Stadt, Kumpel im Salzbergwerk, Straßenarbeiter an den großen Strecken, Matrose auf Schiffen, Totenmessenleser in Dörfern. Er spielte Theater und leitete sogar eine eigene kleine Truppe. Er hütete Pferde und stapelte Kisten. Er lebte mit Zigeunern im Lager, bei Hirten in der Steppe, bei Arbeitern in ihren kümmerlichen Blechbehausungen, bei Bauern in der Scheune. Er übernachtete in Klöstern, am Lager von Schmugglern, schlief bei Fischern in der Hütte und hauste mit Bettlern in Ruinen. Er suchte die staatlich eingerichteten Obdachlosenunterkünfte auf und lernte die privaten Nachtasyle kennen. Die Welt präsentierte ihm eine Palette eines bunten, abenteuerlichen Daseins. Und dieses Abenteuer schloß schöne wie schreckliche Erlebnisse ein.

Schrecklich war zum Beispiel ›Die Ausfahrt‹,[7] so bezeichnete man einen russischen Brauch an der Wolga, bei dem

Ehebrecherinnen nackt ausgezogen, an einen Pferdewagen gebunden und von Peitschenhieben vorwärtsgetrieben durch das Dorf gezerrt wurden: »Ihre Beine zittern und knicken ein... ihr ganzer Körper ist mit runden oder länglichen roten und blauen Flecken bedeckt, die feste, mädchenhafte linke Brust ist aufgeschlagen und blutet... Die Füße der Frau... schleppen sich mit Mühe über den grauen Staub... Hinter dem Wagen und der an ihn gefesselten Frau strömt in hellen Haufen das Volk, schreit, johlt und pfeift, lacht und hetzt...«[8] Alexej konnte der geschundenen Frau nicht helfen. Als er sich zwischen sie und den mordenden Mob warf, schlug man ihn zusammen und schleuderte den bewußtlosen Helfer an den Straßenrand. Dann wurde die erbarmungslose »Ausfahrt« fortgesetzt. Ein Drehorgelspieler sammelte ihn auf und schleppte ihn ins Krankenhaus, nur dadurch überlebte Alexej. Deprimierend war häufig auch der Einblick in die abgrundtiefen Seiten der menschlichen Seele. Alexej durchwanderte mit zwei Kumpanen, einem ausgedienten Soldaten und einem dürren, winzigen Männchen, das sich als ehemaliger Student ausgab, eine Steppe am Rande der Krim. Hin und wieder erbettelten sie sich ein Stück Brot bei den gutmütigen Hirten, sofern sie welche antrafen. Jetzt aber hatten sie seit drei Tagen niemanden gesehen, waren entsprechend hungrig und ausgelaugt, suchten bereits nach wilden Wurzeln, die sie aus der Erde ziehen könnten; doch außer dürrem harten Gras hatte die Steppe nichts zu bieten. Da entdeckten sie in einer Mulde einen zusammengekauerten Mann. Zunächst schoß er auf sie, dann aber faßte er Vertrauen zu ihnen, gab ihnen von seinem Brot und Speck ab und berichtete, daß er als Tischler drei Jahre lang in einer kleinen Stadt gearbeitet habe und nun endlich auf dem Rückweg zu Frau und Kindern sei. Zu viert schliefen sie am Lagerfeuer ein, wollten am nächsten Tag gemeinsam weiterziehen. Im Morgengrauen wurde Alexej vom Soldaten hochgerissen, brutal auf die Beine gestellt: »›Steh auf! Schnell! Laß uns gehen!... Vorwärts!‹ Sein Gesicht war finster und erregt... Die Sonne ging auf, und ihr rosa Schein lag... auf dem unbeweglichen bläulichen Gesicht des Tischlers. Sein Mund war geöffnet, die Augen, weit aus den Höhlen getreten, blickten gläsern und voll Entsetzen. Seine Kleidung war auf der Brust völlig zerrissen; unnatürlich, wie zerbrochen lag er da. Der Student war fort.«[9] Er hatte den Tischler leise und unbemerkt von den beiden anderen mit der Routine eines professionellen Mörders erdrosselt. Ein anderer Weggenosse, der kaukasische Fürst Tsulukidse, sollte später in die Literatur eingehen, auch er ein mittelloser Streuner, stets hungrig, aber zugleich außerstande, selber zu arbeiten. Er sei gewissermaßen ein gefallener Sohn, nun aber reumütig auf dem Weg zurück zu seiner Familie, erzählte er Alexej. Nur traue er sich den langen Weg allein nicht zu, suche einen Gefährten, der ihn begleite. Gelange man nach Tiflis, so habe er dort nicht nur seine große Familie, die sich sicher schon sehr nach ihm sehne, sondern auch eine Unmenge von einflußreichen Bekannten, die einem Weggenossen des jungen Fürsten Tsulukidse jederzeit eine zukunftsversprechende Arbeit vermitteln würden: »Ich richte dir ein Leben ein... Du wirst Wein trinken, so viel du willst, und Hammelfleisch essen, so viel du willst! Du heiratest Grusinierin, dicke Grusinierin... Sie wird dir Pasteten backen und Kinder – viele Kinder – gebären!«[10] Vier Monate lang wanderte Alexej mit ihm von Odessa nach Tiflis. Fasziniert beobachtete er die Gabe des Gefährten, überall so charmant zu betteln, daß man ihm ohne Arbeit gab, was er sich hätte verdienen müssen. Zugleich bewies er seine Meisterschaft als Zechpreller und Hochstapler, aber auch als amüsanter Märchenerzähler und immer fröhlicher Gauner in allen Lebenslagen. Selbst Alexej unterlag dem Schauspieltalent dieses charmanten, kleinen Spitzbuben. Er arbeitete für ihn, schleppte ihn mit durch, obgleich er genau wußte, daß auch er ausgenutzt wurde. Gab es etwas zu essen, wich der junge Fürst nicht von seiner Seite, drohte Arbeit, wurde er umgehend krank oder verschwand einfach so lange, bis die Arbeitszeit vorüber war und er wieder zum Essen antreten konnte. Mit entwaffnender Offenheit vermittelte er Alexej, daß er ihn für einen dummen Hammel halte, weil er sich so ausnutzen lasse, und daß er ihn seinerseits jederzeit verraten würde, natürlich nur, wenn es nicht anders ginge. Es ging nach Ansicht des jungen Fürsten oft nicht anders und Alexej trennte sich verbittert von ihm. Doch einige Tage später hing ihm die aristokratische Klette wieder an seiner Jacke, bat hungrig um Brot und erklärte seinen Verrat mit der ausweglosen Lage. Er machte Alexej in blumigen Worten deutlich, daß sie hier und jetzt nicht ständen, hätte er, Tsulukidse, nicht die Initiative ergriffen. Nur durch seinen kleinen Trick sei es doch möglich geworden, der unangenehmen Situation zu entkommen. Und was sei dagegen einzuwenden? Sie seien doch wieder zusammengetroffen, zudem beide wohlbehalten. Die Sonne stehe hoch am Himmel und der Weg sei weit. Wie wolle Alexej denn in Tiflis ohne seine Hilfe zu einem anständigen Job kommen? Seine Familie sei sehr, sehr großzügig, wenn es darum gehe, einem Freund Dankbarkeit zu erweisen! Alexej erhielt keine Gelegenheit, den Edelmut von Tsulukidses Clan kennenzulernen: kaum in Tiflis angekommen, verschwand der junge Fürst auf immer. Später, viel später aber las er in einer georgischen Zeitung die Erzählung eines gewissen Maxim Gorki mit dem Titel ›Mein Weggefährte‹. Die einzelnen Episoden darin kamen ihm sehr bekannt vor, aber sie waren in seinen Augen nicht richtig dargestellt worden. Empört begab sich Tsulukidse zur Redaktion, forderte eine Ergänzung: Er, der Fürst, sei niemals Bettler gewesen, im Gegenteil, alle hätten ihm ihre mildtätigen Gaben geradezu aufgedrängt, auch jener Maxim Gorki. Und fortgelaufen sei er seinem Wegbegleiter in Tiflis keineswegs, er habe ihn nur nicht mehr am verabredeten Ort angetroffen. Man sehe ja schon an der Unterschrift der Erzählung, daß dieser Mensch ständig seinen Namen ändere, wie hätte er ihn da wiederfinden können? Tsulukidse lieferte seinerseits noch weitere Episoden zu der Erzählung nach und zwar solche, in denen er im besten Licht erschien; die glückliche Redaktion hatte eine neue Story, und der Name des grusinischen Fürstengeschlechts Tsulukidse wurde Literatur.

Frühjahr und Sommer waren dazu angetan, sich Weggenossen zu suchen. Es lebte sich ereignisreicher und auch sicherer zu zweit oder zu dritt. Man kam so einigermaßen über die Runden, weil man sich zur Not auch Gemüse von den Feldern oder Obst von den Bäumen stehlen konnte, auch manches individualistisch pickende Huhn lief einem geradezu in die Hände und ergab in sicherer Entfernung vom Tatort einen vortrefflichen Braten am Lagerfeuer. Aber der Winter und der Spätherbst verboten Kumpaneien: Landarbeit war in den Dörfern kaum noch zu finden. Die Felder waren gepflügt und die Obstbäume leergefegt. Die frostige Witterung ließ auch die Freigebigkeit der Landbevölkerung einfrieren. Die Bauersfrauen reichten höchstens einem einzelnen Bettler mal ein Stück Brot aus dem Fenster heraus, niemals aber mehreren. Die Vorratsspeicher und Schuppen wurden winterfest verschlossen, kein Heuschober bot Obdach. Man trennte sich also beizeiten, suchte möglichst die Städte auf. Doch schlimm war es auch dort, wenn man keinen Freund oder Bekannten hatte, der einem half oder eine Gelegenheitsarbeit besorgte: auch an den Anlegestegen gab es nichts mehr zu verdienen. Wegen des drohenden Eisgangs liefen kaum noch Schiffe ein, die man hätte entladen können. Ausgehungert, durchnäßt vom Oktoberregen und jämmerlich frierend lungerte Alexej am Strand einer kleinen Stadt herum. »Von Norden blies ein heftiger Wind. Er pfiff durch die leeren Verkaufsstände und Kramläden, schlug an die mit Brettern vernagelten Fenster der Gasthäuser, und die Wellen des Flusses schäumten von seinen Stößen, brachen sich laut am Ufersand, ihre weißen Kämme hoch aufwerfend, und zogen eine nach der anderen in die trübe Ferne... Es war, als fühle der Fluß die Nähe des Winters und wollte irgendwohin fliehen aus Furcht vor den Eisfesseln, die der Nordwind ihm schon in dieser Nacht anlegen konnte.«[11] Alexej entdeckte in der Dunkelheit ein junges Mädchen, das mit bloßen Händen versuchte, den Sand unter einem Verkaufsstand herauszuwühlen: »Du möchtest wohl auch essen?... Nun, dann grabe... mir sind die Hände müde... da ist wahrscheinlich Brot... Hier wird noch gehandelt«,[12] schlug sie vor. Auch das Mädchen war völlig durchnäßt, seine Hände klamm vor Kälte, es konnte kaum noch die Finger bewegen. Zunächst grub nur Alexej, dann sie, bald – als es einfach nicht weiterging – beide gemeinsam: hastig und in der ständigen Angst, von einem Nachtwächter entdeckt zu werden, gierig und hungrig. Sie hofften, daß die Bude keinen Boden hatte, nur dann bestand eine Chance, hineinzukommen. Nach mehr als einer Stunde verbissenen Grabens erreichten sie den Abschluß der Holzwand, erweiterten das Loch, das Mädchen zwängte sich hindurch, rumorte drinnen geräuschvoll herum... und kam glücklich mit einem Laib Brot zurück. Sie verließen ängstlich die Stätte ihres Diebstahls und krochen gemeinsam unter ein umgestürztes Boot. Das gestohlene Brot war klatschnaß, aber heißhungrig brachen sie Stück um Stück aus dem Laib heraus und aßen stumm vor Gier den feuchten, aufgeschwemmten Brei. Das Boot war undicht, der Regen tropfte durch die losen Bretter, der kalte Wind pfiff durch die offenen Fugen. Sie rückten näher zusammen, froren aber trotzdem entsetzlich. Dem Mädchen lief die Galle über. Zuerst schimpfte es auf die Kälte, dann auf die Männer, die die reinsten Viecher seien, sie ständig verprügelten, sich von ihr aushalten ließen, sie ruinierten. Nichts habe sie für ihre Zukunft zu erwarten außer Prügel, Elend und Hunger: »Solch ein verfluchtes Leben... man könnte krepieren«,[13] endete sie zornig. Und Alexej, der erschöpft vom langen Hungern, durchfroren, einsam und hoffnungslos mit diesem fremden Straßenmädchen unter dem umgestürzten Boot hockte, wurde plötzlich auch das ganze Elend seines Barfüßlerdaseins, seines eigenen ziellosen Lebens bewußt. In der Tat, man könnte krepieren. Er begann, mit den Zähnen zu knirschen, zu schlucken, Tränen drangen aus seinen Augen, zuerst wenig, dann aber unaufhaltsam, und er weinte, wie er lange nicht mehr geweint hatte. Und das Mädchen? Es umfing ihn, drückte ihn an sich: »Was ist dir, wie? Ist dir kalt? Friert dich? Ach, was bist du mir für einer... Du hättest mir doch längst sagen sollen, daß dich friert... Nun... leg dich lang..., streck dich aus... ich lege mich auch... so! Jetzt fasse mich um... fester. Nun, jetzt wird dir warm werden... und dann legen wir uns mit dem Rücken aneinander... Irgendwie bringen wir die Nacht hin... Was ist denn mit dir, hast du getrunken? Bist du von deiner Stelle fortgejagt worden?...«[14] Sie, die eben noch alle Männer dieser Welt verflucht hatte, tröstete und ermutigte ihn, war nur noch darum besorgt, daß er endlich aufhöre zu weinen! Das war einer der schönsten und zugleich einer der traurigsten Tage in Alexejs Barfüßlerleben. Es endete unvermittelt in Tiflis. Nicht, weil Alexej vielleicht des Barfüßlerdaseins überdrüssig geworden wäre und auch nicht, weil er eine neue Anstellung gefunden hätte. Seine lange Wanderung durch Rußland endet, weil er in Tiflis Olga Kaminski wiedertrifft. Sie hat sich von ihrem Mann getrennt. Damals hatte sie ihn abgewiesen, aber jetzt ist sie bereit, mit Alexej zusammenzuziehen. Als er sie erneut danach fragt, ist ihm noch bang zumute. Als er ihre Zusage hört, wirft es ihn vor Freude um: er wird zum erstenmal in seinem Leben ohnmächtig.

Olga hat viel zu erzählen, Alexej noch viel mehr. Die zwei Jahre seines Vagabundenlebens bieten Unterhaltungsstoff für Monate, Jahre und – wie sich später herausstellen wird – für ein ganzes Leben. Überall, wo Alexej jetzt mit Olga auftaucht, muß er berichten, wird immer wieder aufgefordert, noch eine Episode zu erzählen. Die Zuhörer sind fasziniert. Ein Freund drängt ihn, all das aufzuschreiben, zu veröffentlichen, sich bei Verlagen und Zeitungsredaktionen vorzustellen. Alexej traut sich nicht, aber der Freund läßt nicht locker, bis Alexej wenigstens eine Erzählung verfaßt hat. ›Makar Tschudra‹ nennt Peschkow sie, aber er unterschreibt sie nicht mit seinem richtigen Namen, sondern wählt ein Pseudonym. Statt Alexej Peschkow steht »Maxim Gorki« darunter. Der Vorname Maxim ist eine Hommage an seinen Vater, der ja diesen Rufnamen trug. Der Nachname Gorki bezeichnet Alexejs Seelenzustand: aus dem Russischen übersetzt heißt er ›Der Bittere‹, also Maxim, der Bittere unterzeichnet seine kleine Erzählung, in die er keine Hoffnung setzt. Deshalb muß auch der Freund das Manuskript in die Redaktion tragen. Es ist die Erzählung eines

Landstreichers von der unglücklichen Liebe eines jungen Zigeuners zu einem Mädchen seines Stammes, die mit dem Tod der beiden jungen Menschen endet. Die Redakteure – zugeschüttet mit den Werken anderer Autoren – reagieren zunächst gleichgültig, als sie das Manuskript erhalten. Dann aber liest es der erste, hebt den Kopf, denkt nach: Maxim Gorki? Nie gehört, aber erstaunlich, ganz erstaunlich. Er reicht die Erzählung einem Kollegen weiter, als Absicherung gewissermaßen. Der zweite Journalist ist ebenso überrascht von der Qualität der Erzählung. Da paßt einfach alles zusammen: die Atmosphäre des Zigeunerlebens im Steppenlager, die überzeugende Schilderung vom Stolz der beiden Liebenden, die unüberwindliche Kluft, die beide nicht zusammenkommen läßt, und die Sanktion der Sippe, als es zur unvermeidlichen Katastrophe kommt: der Vater des Mädchens muß den Liebhaber seiner Tochter töten, so gebietet es das Gesetz der Blutrache. Und dann das Beiwerk der Erzählung, die Situationsschilderungen, zum Beispiel wie der junge Zigeuner wegen des Mädchens zum drittenmal im Lager erscheint: »Eines Abends saßen wir und lauschten – Musik tönte über die Steppe. Herrliche Musik! Sie entflammte unser Blut in den Adern und rief uns irgendwohin. Wir hätten etwas vollbringen und dann sterben mögen – oder, wenn leben, Herrscher der ganzen Welt sein, so eine Musik war es... Da tritt aus der Dunkelheit ein Pferd, und darauf sitzt ein Mann und spielt und reitet auf uns zu. Am Feuer hielt er an, hörte auf zu spielen und blickte uns lächelnd an... Das war Loiko Sobar! Die Spitzen seines Schnurrbartes hingen bis auf seine Schultern herab und vermischten sich mit seinen Locken; seine Augen funkelten wie die hellen Sterne, und sein Lächeln war wie die Sonne, bei Gott! Als hätte man ihn geschmiedet aus einem Stück Erz samt dem Roß. Er stand wie von Blut übergossen im Schein des Lagerfeuers, und seine Zähne blitzten, als er lachte.«[15] Die Redakteure lasen sich noch einige Passagen aus der Erzählung vor, dann verstummten sie und nickten sich zu. Am 24. September 1892 wurde Alexej Peschkows erste Erzählung ›Makar Tschudra‹ in der Tifliser

Zeitung ›Kaukasus‹, unterschrieben mit seinem Pseudonym, abgedruckt. Dieser Tag im Leben des nunmehr 24jährigen war bedeutungsvoll: Alexej Peschkow beendete seine Universitäten. Der Schriftsteller Maxim Gorki war geboren.

7.
Der Weg nach oben:
Jehuda Popenumhang

Durch die Straßen von Samara[1] streift eine merkwürdige Gestalt, nach der sich die Bürger irritiert umsehen: groß und breitschultrig, leicht nach vorne gebeugt, in der Hand einen soliden Knotenstock, mit dem er entweder aufstützend seine langen Schritte noch beschleunigt oder aber – unvermittelt stehenbleibend – neugierig in irgendeinem Abfallhaufen am Rande der Straße herumstochert. Den Unrat schiebt er zur Seite, das freigelegte Stück beschriebenen Papiers hebt er auf und hält es dicht an seine offensichtlich kurzsichtigen Augen. Jetzt nimmt er die Sonnenbrille ab, versucht den Text zu lesen. Aber die Schrift ist durch Dreck und Regenwasser unleserlich geworden. Er wirft den Zettel mißmutig fort und schlendert weiter. Er trägt einen schwarzen Hut mit breiter Krempe, unter dem die langen Haarsträhnen heraushängen, einen alten Radmantel, der sich beim Gehen aufbläht, darunter ein russisches Blusenhemd mit steifem Kragensteg. Es wird von einem schmalen kaukasischen Gürtel über der Hüfte glockig zusammengerafft. Die kornblumenblauen Baumwollhosen kennzeichnen ihn als Kleinrussen, die langen Beine stecken in weichen, halbhohen Tatarenstiefeln. Er schwatzt mit den Marktfrauen und blickt in offene Ladentüren. Er stellt sich auf die Zehenspitzen und spechtet indiskret in die Fenster der Parterrewohnungen. Er betrachtet die Schaufenster der Prachtstraße und grinst einen wesentlichen Bürger mit viel Orden auf dem Gehrock respektlos an; mit dem heruntergekommenen Bettler auf den Stufen zur Kirche aber unterhält er sich lange und ernsthaft. Das ist Alexej Peschkow im Jahre 1895, Pseudonym Maxim Gorki, Pseudonym Lescha Grochalo, Pseud-

onym Paskarello, Pseudonym Don Kichot, Pseudonym Wassili Sisow, in Samara aber bekannt vor allem unter seinem häufigsten Pseudonym als Jehudiel Chlamida, was soviel heißt wie Jehuda Popenumhang.[2]
Dieser Jehuda Popenumhang ist Journalist und kein Schriftsteller. Nicht schlecht, wenn man seine knapp zweijährige Schulbildung und seine bisherige Vagabunden- und Gelegenheitsarbeiterkarriere berücksichtigt, aber dennoch: ein Traum war zerronnen, ein endlich gefundenes Ziel in weite Ferne gerückt. Alexej Peschkow hatte versucht, an seinen Publikationserfolg von ›Makar Tschudra‹ anzuknüpfen. Doch so viele Erzählungen er verfaßte, so zahlreiche Klinken in den Redaktionen er auch putzte: seine Geschichten gefielen nicht, erschienen den Redakteuren zu diffus, zu banal, zu geziert. Sie waren enttäuscht und gaben ihm die Manuskripte unveröffentlicht zurück. So wurde die Sorge ums tägliche Brot wieder akut. Erneut erwies sich der Advokat Lanin aus Nischni Nowgorod als Retter in der Existenznot. Wie vor zwei Jahren schrieb Alexej im Auftrag seines Arbeitgebers Kassations-, also Revisionsklagen ab, ging mit zum Gericht und führte dort Protokoll. Er brachte Unterlagen zum Notar, entwarf Verteidigungsreden, verfaßte Revisionen und Gnadengesuche. Sein Zusammenleben mit Olga Kaminski war zunächst das, worauf er immer gehofft hatte: endlich hatte er eine Partnerin gefunden, die er liebte, die ihn liebte und mit der zusammen es sich zu leben lohnte. Sie fanden rasch alte und neue Bekannte, ergänzten sich in ihren Interessen, bestritten gemeinsam ihren kargen Lebensunterhalt. Olga zeichnete Porträts von reichen Bürgern, konnte mitunter auch ein Stilleben, eine Stadtansicht oder ein hübsches kleines Landschaftsaquarell verkaufen. Und wenn das Geld immer noch nicht reichte, bastelte sie moderne Hüte für die vornehmen Damen der Stadt. Sie waren ebenso gräßlich wie ausgefallen, galten aber als der letzte Schrei. Alexej und Olga wohnten in einem ehemaligen Holzbadehaus, das im Garten eines Popen stand. Es war winzig, feucht und kalt, vor allem der Vorraum, den Alexej bewohnte. Nachts,

wenn er dort am Tisch saß, las oder schrieb, zog er sich sämtliche Kleidungsstücke an, die er besaß, und umwickelte sich zusätzlich noch mit einem Teppich. Dennoch kroch die Kälte an ihm hoch, weil es aus allen Fugen der undichten Bretterwände zog. Die ehemalige Badestube, die Olga bewohnte, war schon wärmer, vor allem, wenn man den kleinen Ofen heizte, aber kaum wurde er heiß, stank es erstickend nach Seife, Fäulnis und alten Baderuten. Doch diese Ausdünstungen waren eher auszuhalten als die Kälte des Vorraums, und so wurde Olgas Zimmer zugleich als Wohnstube genutzt.[3] Hatten die beiden etwas Geld zusammengekratzt, so gaben sie es vergnügt sofort wieder aus: aus dem Fenster des Badehauses hing dann ein Stock mit einem Tuch daran heraus. Für die Freunde in der Nachbarschaft bedeutete das Signal: »Achtung, wir haben gekocht. Kommt und eßt mit!« Sofort ließen die Eingeladenen alles stehen und liegen, packten Gläser, Teller und Besteck ein – daran mangelte es nämlich im Badehaus – und eilten zum Gastmahl. Sie aßen, sangen und lachten miteinander bis spät in die Nacht. Olgas neueste Hutkreationen wurden johlend begrüßt, ihre Zeichnungen ehrlich bewundert, Alexejs Manuskripte kritisch besprochen. Er schrieb wieder Verse und Erzählungen, wagte nach den Zurückweisungen in Tiflis aber einfach nicht mehr, sie den Redaktionen in Nischni Nowgorod anzubieten, so sehr ihn die Zuhörer auch ermunterten. Wieder war es einer seiner Freunde, der an seiner Stelle ein Manuskript offerierte, doch diesmal nicht einem Provinzblatt, sondern gleich bei den berühmten Moskauer ›Russischen Nachrichten‹. Ohne viel Federlesens im buchstäblichen Sinne des Wortes, also ohne Zensur und Redigierarbeit der Journalisten, wurde Gorkis Erzählung ›Jemeljan Piljaj‹ dort im August 1893 abgedruckt. Das war ein Erfolg! Beflügelt setzte sich Alexej wieder in seinen Vorraum, ließ Kassationsklagen und Gerichtsprotokolle liegen und begann damit, eine Erzählung nach der anderen zu schreiben und... sie wurden gedruckt. Wladimir Korolenko las sie auch, zumal sie im ›Wolga-Boten‹ erschienen, bei dem er als leitender Redakteur freiberuflich arbeitete.

Wer hatte diese zwar in einigen Passagen stümperhaften, aber dennoch erstaunlichen Geschichtchen ›Vom Zeisig der log, und von dem Specht, der die Wahrheit liebte‹, ›Die kleine Bettlerin‹ oder ›Die Rache‹ geschrieben? Wer verbarg sich hinter dem Künstlernamen Maxim Gorki? Die Kollegen wußten das nicht. Korolenko – ständig auf der Suche nach jungen Talenten – schrieb einen Brief an den geheimnisvollen Pseudonymiker, bat um eine Zusammenkunft und erkannte den Verfasser des unsäglichen Liedes von der alten Eiche sofort wieder. Damit begann für Alexej eine Phase angestrengter Arbeit. Wladimir Korolenko brachte ihm das Schreiben bei. Jedes neue Manuskript sah der große Schriftsteller durch, und er schenkte Alexej nichts dabei. Er kritisierte, redigierte, regte an, strich und verwarf. Wie damals blieb er auch jetzt im Ton moderat, aber in der Sache immer unerbittlich. Peschkow tat sich noch zu schwer beim Schreiben, formulierte umständlich und gespreizt. Erzählungen, die vom Inhalt hätten leben können, schmückte er mit tiefsinnigen Gedanken aus, langatmig gewürzt mit eigenen unbeholfenen Versen. Die Lyrik gehörte nicht zum Talent des jungen Autoren. Korolenko spürte und förderte in Alexej den Prosaerzähler, den potentiellen Meister der kleinen Form: Glossen, Spitzen, Betrachtungen, das war's, was er jetzt schreiben mußte, um zu lernen, sich auf das Wesentliche zu beschränken. Korolenko wußte, daß es dem jungen Peschkow keineswegs an Fantasie, Ideen und selbsterlebtem Erzählstoff mangelte, aber an handwerklicher Routine. Die würde er nur erwerben, wenn er täglich schriebe, sich übe, immer wieder gezwungen werde, andere Formulierungen und alternative Wörter für denselben Begriff zu finden. Die erste Station der Schreibschule – natürlich vermittelt von Korolenko – war ›Der Wolgaländer‹, ein kleines Blättchen in Nischni Nowgorod. Spötter nannten es auch ›Die Blase‹, weil ihr Inhalt so unbedeutend war, daß er gleich nach dem Lesen zerplatzte, also nicht im Gedächtnis des Käufers haften blieb. Die Redaktion des kleinen ›Wolgaländer‹ war so stolz, daß sie einen Autor gewinnen konnte, dessen Werke sogar schon in

Moskau und anderen großen Provinzzeitungen erschienen waren, daß sie als Einstieg den ›Jemeljan Piljaj‹ nachdruckte und gewichtig darunterschrieb: »Wir bemerken dazu, daß der Verfasser uns seine weitere Mitarbeit zugesagt hat.«[4] Der so freundlich eingeführte Verfasser von ›Jemeljan Piljaj‹ gab sein Bestes. Die Artikel, die von jetzt ab regelmäßig im ›Wolgaländer‹ erschienen, waren vor allem Feuilletons: kleine Plaudereien zum täglichen Leben, Stimmungen und Impressionen, in denen er moralisierend seinen Mitmenschen ins Gewissen redete. Die Redaktion war's zufrieden, aber Korolenko fand die jüngsten Werke seines Schützlings mäßig: »Solche Dinge müssen Sie nicht schreiben«,[5] und schickte ihm die Zeitungsartikel mit kritischen Randbemerkungen versehen zurück. Beiträge zu einem Sachgebiet erschienen ihm wichtiger als die betuliche Belehrung der Zeitgenossen. Ein Kreislauf entstand: Alexej schrieb, die Redaktion veröffentlichte, Korolenko las und kritisierte, Alexej setzte sich wieder hin, versuchte die genannten Fehler in seinen neuen Artikeln zu vermeiden, und die Redaktion veröffentlichte. Mitunter schrieb er auch kleine Erzählungen, in denen einfache Menschen, Bauern, Bettler und Prostituierte eine Rolle spielten. Seine Erzählung ›Großvater Archip und Ljonka‹ erregte einiges Aufsehen. Der mit dem Enkel bettelnd durch das Land ziehende Großvater Archip stiehlt einem kleinen Mädchen ein Tuch. Der Enkel weiß zunächst nichts davon und trifft das schluchzende Kind, das sich wegen des verlorenen Tuches vor Prügeln fürchtet. Der Bettlerjunge Ljonka versucht vergeblich, die Kleine zu trösten, bietet sogar an, mit zu ihr nach Hause zu gehen, damit das Strafgericht nicht zu heftig ausfalle. Stunden später entdeckt er beim Großvater das Tuch. Die Auseinandersetzung zwischen Enkel und Großvater ist so hart und grundsätzlich, daß der Alte sterbend zusammenbricht. Der Junge verkraftet seine Schuld am Tod des Großvaters nicht. »Und nach zwei oder drei Tagen fand man... Ljonka. Krähenschwärme kreisten unweit des Dorfes über einer Steppenschlucht, und als man nachsah, fand man den Knaben, der, die Arme ausgebreitet, mit dem Gesicht nach unten in dem dünnen Schmutz lag, der nach dem Regen auf dem Grunde der Schlucht zurückgeblieben war. Zuerst wollten sie ihn auf dem Kirchhof beerdigen, weil er noch ein Kind war; doch dann überlegten sie es sich und legten ihn neben den Großvater unter die Pappel. Ein Erdhügel wurde aufgeschüttet und ein rohes Steinkreuz daraufgestellt.«[6] Auch von Korolenko kam für diese Erzählung ein großes Lob, allerdings mit einer überraschenden Variante: Das »hätten Sie nicht dem ›Wolgar‹ geben sollen; das hätten wir auch in einer guten Zeitschrift untergebracht!«[7] Korolenko hatte sich die Förderung seines Schützlings bereits so zu eigen gemacht, daß er schon in Personalunion von sich und Alexej Peschkow sprach. Er regte ihn an, weitere Erzählungen dieser Art zu verfassen, ständig zu schreiben, unermüdlich an sich zu arbeiten. Das aber wurde immer komplizierter.

Durch die Honorare Alexejs kam zunehmend mehr Geld ins Haus. Olga befand, man müsse das sofort ausgeben. Kaum ein Tag verging, an dem nicht die Flagge aus dem Fenster des Badehauses heraushing. Das Gasthaus Kaminski/Peschkow lud zum Festessen und die Hungerleider kamen mit Vergnügen. Täglich wurden es mehr. Sie saßen bis zum frühen Morgen im Wohnzimmer, aßen ausgiebig und betranken sich, sie lachten, sangen und lärmten. Sie setzten sich Olgas neue Huterfindungen auf, stolzierten damit unter dem Jubel der anderen Gäste mit den gezierten Schrittchen einer vornehmen Bürgerin von Nischni Nowgorod durch den Raum, huldvoll nach allen Seiten grüßend. Sie gründeten die Bruderschaft der »gefräßigen Tierchen« und hatten viel Spaß am Ausarbeiten der Ordensregeln. Alexej begannen diese Abende zu langweilen. Es kam auf ihnen immer weniger zu anregenden Gesprächen und immer häufiger zu feuchtfröhlichen Gelagen. Er verdrückte sich meist kurz nach dem Essen in den Vorraum, um an seinen Manuskripten zu arbeiten. Aber kaum saß er dort, erschien eine empörte Delegation an der Verbindungstür und forderte gebieterisch seine Anwesenheit, zerrte ihn gegebenenfalls mit vereinten Kräften in das Wohnzimmer, hinderte ihn am Arbeiten.

Olga schwelgte in ihrer Rolle als Gastgeberin, genoß die unverhohlene Bewunderung der jungen Männer, kritisierte Alexej. Er sei griesgrämig und kleinbürgerlich geworden, könne das Leben nicht mehr genießen. Auch seine Erzählungen interessierten sie offensichtlich kaum noch. Als er ihr wieder einmal eine seiner Arbeiten vorlas und vom Manuskript aufblickte, sah er, daß sie eingeschlafen war: »Ihr kleiner, geliebter Kopf war auf die Rückenlehne des altersschwachen Sofas gesunken, der Mund war geöffnet, und sie atmete gleichmäßig und ruhig wie ein Kind.«[8] Sie wurden sich fremd. Korolenko, der alte Fuchs, bemerkte auch das. Er protegierte Alexej zum Mitarbeiter der großen ›Samarer Zeitung‹. Der Umzug von Nischni Nowgorod nach Samara wurde zum vordergründigen Anlaß der Trennung. Olga blieb im Kreis ihrer Verehrer zurück.

In Samara gerät Alexej in die Tretmühle des Journalismus. Er schreibt, schreibt und schreibt, es bleibt kaum noch eine freie Minute übrig. In den vierzehn Monaten seiner Tätigkeit bei dieser Zeitung verfaßt er neben 416 Beiträgen zum lokalen und überregionalen politischen Geschehen 185 Feuilletons, Rezensionen und Skizzen, acht größere Aufsätze zu gesellschaftlichen Themen sowie über 30 Erzählungen und Gedichte.[9] Das sind rund 1,5 Zeitungsartikel pro Tag, wenn man die Wochenenden mit einbezieht. Das ist schon ein gewaltiges Pensum, denn eineinhalb Artikel pro Tag beinhalten natürlich nicht eineinhalb Seiten. Und dazu noch seine Erzählungen, die meisten von ihnen waren zwischen 10 bis 30 Druckseiten lang, mit der Hand geschrieben – wie es damals noch üblich war – bedeutete allein das Schreiben einer einzigen Erzählung 20 bis 60 Manuskriptseiten, nicht eingerechnet die Zeit zum Entwerfen, Nachdenken und Korrigieren. Auch die Lyrik floß ihm nicht leicht aus der Feder. Er entwarf und strich, suchte alternative Wörter, ersetzte ungeschickte Formulierungen durch passende Reime. Rezensionen nahm er – da er seine Liebe zu den Büchern bewahrt hatte – sehr ernst. Er gehörte nicht zu den Journalisten, die ein Werk kritisierten, ohne es gelesen zu haben. Um ein Theaterstück zu besprechen, mußte er es erst einmal ansehen, und zwar vom ersten bis zum letzten Akt. Dann die 416 Artikel zu den lokalen oder überregionalen Ereignissen: Sie mußten gründlich recherchiert werden. Alexej nahm dafür an vielen zeitaufwendigen Veranstaltungen teil oder war Teilnehmer von Ereignissen. Er saß in Archiven, in Bibliotheken und beschaffte sich Hintergrundmaterial. Für einen Aufsatz über die Bauern in Rußland galt es zum Beispiel zunächst einmal, die aktuellen statistischen Daten herauszufinden. Er mußte Güter von großen Höfen unterscheiden, Kleinbauernstellen von Genossenschaften, in denen mehrere Kleinbauern die Besitzer waren. Es galt, das jährliche Einkommen aller Landwirte zu ermitteln, in die unterschiedlichen Kategorien aufzuteilen und ins Verhältnis zu setzen zu den Ausgaben für Saatgut, Viehfutter oder Angestellte. Er mußte die Höhe der Schulden der kleinen Bauern gegenüber den Kulaken und Gutsbesitzern herausfinden. Er las Gesetze, er sprach mit Fachleuten oder interviewte Persönlichkeiten des öffentlichen Lebens. Das waren die Vorarbeiten, ehe er daran gehen konnte, die erste Zeile zu schreiben. Und das mußte zügig geschehen, denn Journalismus war terminabhängige Tagesschriftstellerei. So entstanden vor allem in der ersten Zeit seiner Arbeit in Samara gute, gründliche und qualitativ anspruchsvolle Artikel. Jetzt endlich erwarb er jene Routine im Schreiben, die Korolenko für ihn immer angestrebt hatte. Sie kam auch seinen kulturellen Beiträgen zugute, denn »gerade das Feuilleton verlangte knappe, scharf geschliffene Sätze, und es formte (seinen)... Stil... Das Feuilleton lehrte (ihn)... alle Methoden der Wirklichkeitsschilderung«,[10] resümiert sein Zeitgenosse und Biograph Ilja Grusdew. Peschkow schrieb ›Über die Frau, die man für 40 Rubel verkaufte‹, über die unmenschlichen Arbeitsbedingungen in den Fabriken, über das Leben der Barfüßler in einer ihnen feindlichen Welt, über die unkorrekten Geschäfte der Kaufleute. Meistens nannte er in seinen Artikeln auch stadtbekannte Namen, wie z. B. den des Druckereibesitzers Gren:

»Da geht ein Junge aus der Druckerei.

Der Junge aus der Druckerei ist ein besonderer Junge.
Erstens ist er gelblicher Hautfarbe – weil er vergiftet ist vom Bleistaub.
Zweitens hat er ein schläfriges Aussehen – weil er viel arbeitet und wenig schläft.
Aber schwerer als Blei ist die Hand des Prinzipals, des Druckereibesitzers Gren, die auf das Gesicht des Kindes gefallen war:
Die Wange war blau und blutig geschlagen...«[11]
Die Honoratioren von Samara waren entrüstet, die Mehrzahl der Leser – häufig einfache Menschen – aber begeistert. Endlich einmal geißelte ein Journalist die Mißstände in der Stadt mutig mit starken Worten! Die Artikel wurden Stadtgespräch in der Öffentlichkeit von Samara. Man zitierte Jehuda Popenumhang bei verschiedenen Anlässen, berief sich auf ihn, nannte auch die Namen eines Paskarello oder Don Kichot, lobte den Schriftsteller Maxim Gorki. Nur wenige Leser wußten, daß es sich bei all diesen Autoren um ein und dieselbe Person handelte: Es war Alexej Peschkow, und der war auf dem Weg nach oben. Er hatte sein Ziel gefunden: es war das des professionellen Schreibers. Ob als Journalist, Schriftsteller oder gar Dichter, sollte sich noch zeigen. Gezeigt hatte sich allerdings bereits: hier schrieb ein Mensch mit einem außergewöhnlichen Talent.
Aber das Handwerk war das eine, die inhaltliche Qualität der Artikel des Journalisten Alexej Peschkow das andere. Zunehmend geriet er in den Sog seiner Popularität. Er ahmte sein großes Vorbild Wladimir Korolenko nach, wählte immer häufiger politische, und das bedeutete für ihn, gesellschaftskritische Themen. Doch wo Korolenko enthüllte, polemisierte Alexej Peschkow oft. Er wollte bedeutend sein und war in vielen Artikeln doch nur gallig und aggressiv. So schilderte er im ›Brief eines fahrenden Ritters‹ – genannt Don Kichot – Samara als einen Ort, in dem es »an Lehrstätten, Krankenhäusern und allem anderen mangelt, was auch in allen anderen Städten fehlt... Der Unterschied liegt nur darin, daß all dieses in Sa-

mara noch mehr fehlt als in anderen Städten an der Wolga...
(Aber die Stadt Samara ist) noch schmutziger, staubiger und übelriechender als Nishni oder Jaroslawl; sie ist noch unbeweglicher und noch mehr von geistiger Trägheit erfüllt als Simbirsk, die eine erstaunlich schläfrige und stille Stadt ist und an Altersmarasmus zu sterben scheint.«[12] In einem anderen Artikel setzte er noch einmal nach und empfahl, am Landungssteg von Samara ein Warnschild aufzustellen: »Sterblicher, der nach Samara du kommst, um hier Bildung zu finden,
Kehre sofort wieder um: – grob ist und bäurisch die Stadt. Rindvieh weiß man zu schätzen und Speck, jedoch was die Seele
Über das Irdische hebt, hat hier am Ort keinen Wert.«[13] Auch seine Charakteristik der reichen Unternehmer war zwar flott zu lesen und elegant formuliert, hatte aber inhaltlich wenig Substanz: Er beschrieb die Unternehmer als erbarmungslose, »eiserne« Menschen: ihr »Fleisch wurde mit fetten Kohlsuppen, Gänsebraten und Piroggen* gemästet, eimerweise mit Tee, Kwas** und Wein getränkt, durch reichliche Arbeit für den Fortbestand des Geschlechts erschöpft, durch Fasten gebändigt, in die Ketten des Geschäfts gelegt, und es gehorchte dem ›Geist‹ zehn oder auch zwanzig Jahre lang. Der fette, satte, gegen seinen Nächsten erbarmungslose ›eiserne‹ Mensch lebte gottesfürchtig, demütig, besuchte weder Theater noch Konzerte, sondern ergötzte sich in der Kirche am Chorgesang und an der Donnerstimme des Diakons, zerstreute sich zu Hause mit einem heißen Bad, mit Kartenspiel und geistigen Getränken und ließ sich dabei einen soliden Bart wachsen.«[14] Kaum der kleinen ›Blase‹ in Nischni Nowgorod entwachsen, blies Alexej Peschkow in Samara große Ballons auf, die oft nichts als giftige Luft enthielten. Er gefiel sich zunehmend in der Rolle des Bürgerschrecks und zitierte genüßlich Auszüge aus den Schmäh- und Drohbriefen, die er täglich erhielt. Seine abenteuerliche Aufmachung als Jehuda Popenumhang mit dem Radmantel trug mit dazu bei, ihn stadtbekannt zu machen. Seine Popularität erreichte solche Ausmaße, daß sich

Hochstapler ebenso verkleideten und sich als Jehuda Chlamida überall einladen und aushalten ließen.

Korolenko las die Pamphlete und grollte. Das war es nicht, was er seinen Schützling hatte lehren wollen. Gut formulierende Schwätzer gab es im Journalismus genug. Der anmaßende Anspruch von Jehuda Popenumhang, jeden zu kritisieren und alles besser zu wissen, sich polemisch auf Allgemeinplätze zurückzuziehen, veranlaßte ihn zu eindringlichen Briefen an Alexej Peschkow. Er forderte von ihm, »in der Presse nicht weniger gerecht, behutsam und feinfühlend zu sein als in den persönlichen Beziehungen«.[15] Zudem brauche alles sein Maß und es gehöre sich nicht, in Kleinigkeiten herumzuwühlen.[16] Was mit den von Korolenko erwähnten Kleinigkeiten gemeint war, begriff Alexej Peschkow sofort: Er hatte sich in eine journalistische Fehde mit den Kollegen der Konkurrenzzeitung einspannen lassen; hatte offene Briefe verfaßt, auf gedruckte Antworten reagiert, die Gegenrede in seiner Zeitung setzen lassen. Die Schläge, die sich die Konkurrenten gegenseitig versetzten, fielen immer häufiger unter die Gürtellinie. Der öffentliche Gazettenstreit wurde kleinkariert und persönlich: Dieser Chlamida sei völlig ungebildet, habe sein Leben mit Barfüßlern verbracht, sei mit ihnen in den Müllgruben herumgekrochen und maße sich jetzt an, über die gebildete Intelligenz, über Studenten, über das Bürgertum sein Urteil abzugeben, ausgerechnet er, dessen Großmutter betteln gegangen sei und dessen Großvater im Wahnsinn endete,[17] lamentierten Alexejs Gegner. Peschkow zahlte mit gleicher Münze heim und beschimpfte die Zunft der Journalisten: Nirgends manifestiere sich Charakterlosigkeit und der moralische Zusammenbruch des gesamten öffentlichen Lebens sichtbarer als in der Presse, in der primär Menschen ohne Berufung arbeiteten.

Die Auseinandersetzung zog sich hin und ermüdete die Leser, sie fanden das alles ganz amüsant, mehr aber nicht. Mehr war es auch nicht. Jehuda Popenumhang war in Samara zum Sklaven seiner selbstgewählten Rolle geworden. Er verplem-

perte seine Zeit mit den galligen Pamphleten und trat auf der Stelle. Der neue Chefredakteur der Samarer Zeitung forderte Umkehr. Es kam zum Streit. Der Zeitungskrieg endete mit der
· Kündigung und dem Umzug von Alexej Peschkow nach Nischni Nowgorod.

8.
Der Anmarsch des Pöbels

Aus Nischni Nowgorod grüßt das junge Ehepaar Alexej Peschkow und Katharina Pawlowna Peschkowa, geborene Woljin. Sie wird von den Biographen Maxim Gorkis oft unterschätzt,[1] diese Katharina Pawlowna, eine zart gebaute dunkelhaarige Schönheit mit ihrem sanften, ausgleichenden Temperament. Zwar ist sie zehn Jahre jünger als Alexej, aber sie hat ihm dennoch etwas voraus: wo er noch schwankt, diffusen Befreiungsansichten huldigt, polemisch und platt seine Kritik an den gesellschaftlichen Zuständen formuliert, diskutiert sie fundiert und mit imponierendem Wissen. Sie bezeichnet sich als ›Revolutionärin‹ und wird sich zunehmend den russischen Sozialdemokraten zuwenden, später der extremen Linken unter der Führung von Lenin angehören. Es ist sehr wahrscheinlich, daß das Leben mit ihr und die permanenten Diskussionen mit dazu beitrugen, Peschkows politischen Ansichten mehr Substanz zu verleihen. Alexej hatte sie in Samara als Korrektorin bei seiner Zeitung kennengelernt. Wir wissen nicht, ob sie auch beim ›Blatt von Nischni Nowgorod‹, bei dem Alexej nun als Lokalredakteur seine journalistische Karriere fortsetzte, als Korrektorin arbeitete, sicher aber ist eins: seine Artikel wurden jetzt ernsthafter, gründlicher ... und sie wurden auch politischer. Zwar hatte er sich seinen Stil und seine Bissigkeit bewahrt, aber jetzt war es eher satirischer Humor und weniger platte Polemik, durch den er glänzte. Neben seiner festen Anstellung als Lokalredakteur war er zugleich Korrespondent für die ›Neuesten Nachrichten von Odessa‹, um in regelmäßigen Abständen über die ›Allrussische Kunst- und Industrieausstellung‹ in Nischni Nowgorod zu berichten. Abgesehen davon, daß jedes lokale Ereignis auf der Ausstellung im ›Blatt von Nischni Nowgorod‹ permanenten Widerhall fand, schrieb Peschkow für die ›Neuesten Nachrichten von Odessa‹ grundsätzlicher und umfassender. Die Ausstellung sollte der internationalen Wirtschaft die Bedeutung der russischen Nation vermitteln, den geistigen, künstlerischen und industriellen Fortschritt des Landes aufzeigen und damit zugleich ausländische Investoren gewinnen. Insgesamt hatten sich fast 10000 Aussteller gemeldet, die sich und ihre Fabriken oder Gewerbe in rund zweihundert Pavillons vorstellten. Sie präsentierten ihre Erzeugnisse und führten die einzelnen Handwerke vor, die zur russischen Wirtschaft, aber auch zur russischen Kultur gehörten. Ikonenmaler zeigten die traditionelle Kunst, Avantgardisten, was sie unter moderner Malerei verstanden. Drechsler drehten Holzlöffel und die berühmten russischen Suppennäpfe, die anschließend mit roten und schwarzen Lackfarben bemalt wurden. Zimmerleute bewiesen an einem Dachgerüst ihr Können, Korbflechter wanden Zweige, Mechaniker bedienten komplizierte Maschinen und Erfinder führten ihre Einfälle vor. Anfangs war auch Alexej Peschkow von dieser Ausstellung fasziniert. Er war begeistert über die qualitative und quantitative Vielfalt der Industriezweige. Bald aber wurden seine Eindrücke und damit seine Artikel zwiespältig. In einem fiktiven Gespräch mit dem Organisator der Ausstellung lobte er zwar die Erzeugnisse, beklagte jedoch, daß nicht gezeigt werde, unter welch unbarmherzigen Arbeitsbedingungen sie produziert worden seien. Die Ausstellung komme ihm wie ein Jahrmarkt vor, bei dem es nur um den merkantilen Gewinn gehe. Zudem seien die 112 Millionen Bauern lediglich in einem Pavillon vorgestellt, ein schwaches Bild angesichts der Bedeutung des Bauernstandes für die Nation.[2] Immer wieder kam er auf das Thema Maschinen, Produktionsbedingungen und Mensch zurück. Er beklagte den »sklavischen Dienst«[3] des Menschen, der die Maschinen schließlich nicht dafür geschaffen habe, um von ihnen unterjocht zu werden, sondern um sich Arbeit abnehmen zu lassen, von ihr befreit zu werden. Der angeblich befreite Mensch aber »kriecht um und unter seine stählernen Geschöpfe,... ganz in schmutzigem Öl, in zerrissener Kleidung schwitzend, mit einem schmutzigen Lappen in der Hand und Ermüdung auf dem äthiopisch schwarzen Antlitz. Seine Augen sind seltsam matt, er ist wortkarg, schwerfällig gleich dem Automaten, und nichts an seiner Figur läßt ihn als den Herren des Eisens erahnen.«[4] Das waren schon andere Töne als die Klage- und Anklagepamphlete aus Samara. Neben den Berichten über die tatsächlich ausstellungswürdigen Exponate der Industriellen, der Handwerker und der Kaufleute schrieb Peschkow süffisant über die ausgefallenen Erfindungen. Auch hier zeigte sich der Unterschied im Vergleich zu seinem Journalismus in Samara. Er schilderte belustigt die mechanische Klatsche zur Vernichtung der Bremsen auf den Pferden, die so gut funktionierte, daß jeder Gaul, an dem sie zu Demonstrationszwecken vorgeführt wurde, entnervt durchging. Er bezeichnete die Töne, die ein Klavier hervorbrachte, das mit Ochsensehnen statt mit Metallsaiten bespannt war, als das Geräusch einer auseinanderbrechenden Kalesche. Er entlarvte, daß die Maschine, die ihr Schöpfer als Wunder der Technik vorstellte, nichts anderes war als ein uraltes Fahrrad. Er amüsierte sich und seine Leser mit der lustvollen Beschreibung des Personenkults um den Zaren, der die Ausstellung besuchte: Auf die um Nischni Nowgorod produzierten Handelswaren zurückgreifend, formten die Kaufleute aus Seife Büsten der Kaiserfamilie, errichteten aus Kerzen eine Kapelle und aus bunten Glasflaschen einen Triumphbogen.[5] Ein Kirchendiener im Wams setzte allem die Krone auf, indem er Glocken nach der Melodie des Weiheliedes »Ruhm dir, Ruhm dir, unser russischer Zar« läutete.

So leicht sich das alles las, Alexej Peschkow arbeitete bis zur völligen Erschöpfung. »Allein im Jahre 1896, dem Jahr der Eröffnung der Allrussischen Ausstellung in Nishnij, hat Gorki über zweihundert Feuilletons und einundvierzig Erzählungen geschrieben.«[6] Damit die Öffentlichkeit nicht mitbekam, daß dies wieder nur ein Autor war, der all diese Artikel verfaßte,

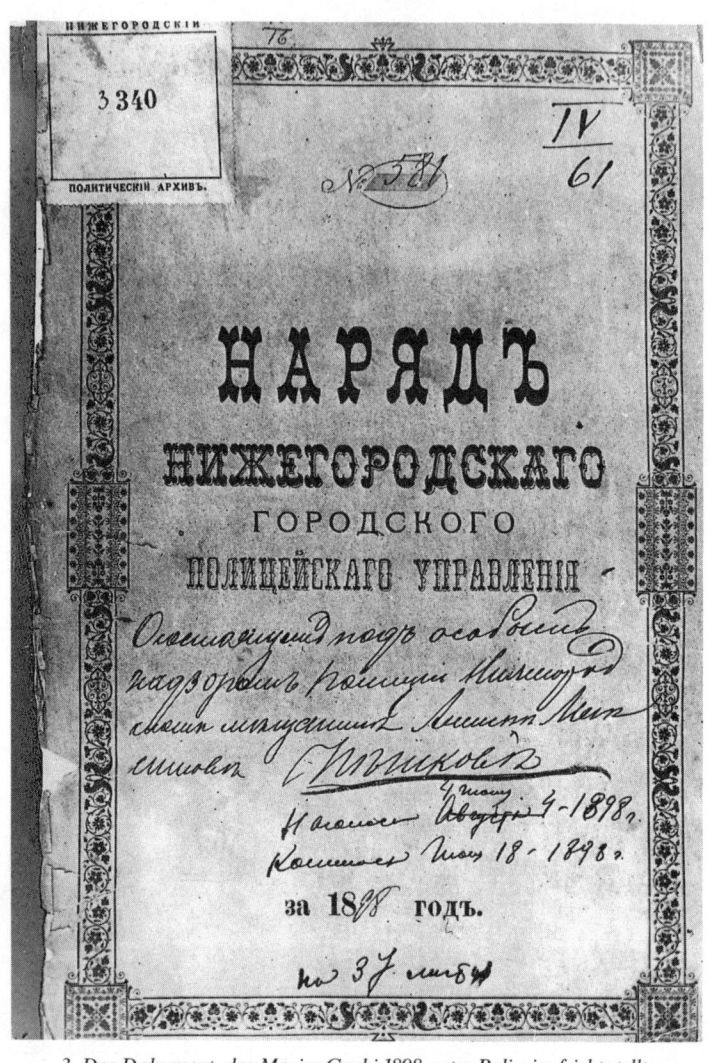

3 Das Dokument, das Maxim Gorki 1898 unter Polizeiaufsicht stellte

veröffentlichte er unter verschiedenen Pseudonymen: »Nekto Ch.«; »N. Ch.« – vermutlich als Nachklang zu seinem Jehuda Popenumhang, ferner »I. M. Pacatus«, vielleicht als Reminiszenz an den begrabenen Paskarello, der sich in Samara sogar mit einem fiktiven Selbstmord als Autor verabschiedet hatte. Unterschrieben wurden die Artikel auch mit »M. G-ij« oder »M. Gorkij« – man vergißt dabei leicht, daß auch das ein Pseudonym des Autoren Peschkow war, dann »Gek«, »G-kij« und A. P.-v«,[7] was seinem tatsächlichen Namen am ähnlichsten war. Zwei Zeitungen mit Artikeln zu versorgen, nebenher die Manuskripte anderer Autoren zu redigieren und dann in den Nächten noch binnen eines Jahres einundvierzig Erzählungen zu verfassen, das ging selbst über die Kräfte eines willensstarken Alexej Peschkow: zunächst kämpfte er gegen diffuses, immer wieder aufflackerndes Fieber, bald bekam er Schwächeanfälle, mußte sich schweißüberströmt kurzfristig auf den nächsten Stuhl setzen. Sowie er sich wieder kräftig fühlte, erhob er sich, arbeitete weiter, hetzte von Termin zu Termin, schlug sich schreibend die Nächte um die Ohren, kämpfte gegen eine unüberwindliche permanente Müdigkeit. Aber nichts half mehr, weder gutes Essen noch mehr Ruhe. Er spuckte Blut und brach zusammen. Die Diagnose des Arztes war ein Schock: Lungentuberkulose im akuten Stadium. Zwei Monate lang mußte er das Bett hüten, die Gefahr eines neuerlichen Blutsturzes war zu groß. Im Dezember des Jahres 1896 war er endlich transportfähig. Das junge Ehepaar Peschkow kratzte das letzte Geld zusammen. Seine Frau brachte ihn zum Kuraufenthalt auf die Krim.

Der Reporter Alexej Peschkow war außer Dienst, der schwindsüchtige Maxim Gorki nutzte die fast einjährige Zwangspause. Zunächst saß er – aufgestützt auf einem Berg von Kissen – im Bett, zog die Knie hoch, legte sich ein Brett mit Manuskriptpapier darauf, spitzte die Bleistifte an und schrieb Erzählungen; bald saß er in Decken gewickelt am Tisch, umgeben von Bergen leeren Papiers und Notizzetteln und schrieb... Erzählungen. Immer wieder griff er dabei auf eigene Erleb-

4 Maxim Gorki, jetzt Journalist und Schriftsteller, im Jahre 1898

nisse zurück, schilderte Gestalten, die er während seiner Arbeit oder auf seiner Wanderung kennengelernt hatte.

Fast alle Erzählungen konnte er an irgendwelche Provinzzeitungen verkaufen. Sein Hauptthema waren nach wie vor die armen Leute, Fischer, Fabrikarbeiter, kleine Handwerker, vor allem aber ›gewesene Menschen‹, wie er sie in einer seiner Erzählungen nannte: Barfüßler also, die entwurzelten, ausgestoßenen, gestrandeten Individuen, kleine und große Gauner, Kinder und Alte, Bettler und Gelegenheitsarbeiter: »Ich bin von Geburt nicht so, wie ein Mensch sein soll«,[8] sagt der Barfüßler Konowalow zu seinem Freund Alexej: »Du sagst, alle Menschen sind gleich. Und doch gehe ich einen besonderen Weg... Und nicht ich allein, viele tun es. Wir sind wohl Einzelgänger... wir passen in keine Ordnung. Für uns braucht man ein besonderes Maß... besondere Gesetze... sehr strenge Gesetze, damit man uns ausmerzen kann. Denn einen Nutzen hat man von uns nicht, wir nehmen nur anderen den Platz weg, wir stehen anderen im Wege... Wir haben keine Lust zum Leben, kein rechtes Gefühl für uns selbst.«[9] Das war für den Zuhörer in der Erzählung die Bankrotterklärung einer ganzen Schicht von entwurzelten Menschen, die keineswegs an das Mitleid der Gesellschaft appellierte, sondern nur von ihr in Ruhe gelassen werden wollte, um so zu leben, wie sie glaubte, nicht anders leben zu können. Zugleich war es aber auch eine Freiheitsideologie. Die Zensur strich bei der Erstveröffentlichung der zitierten Erzählung ängstlich die Passage, in der Konowalow seine Verachtung begründet, die er für das bürgerliche Leben empfindet: »Die Menschen werden für die Herrschaften geboren... jetzt bauen sie eine Mole und eine Eisenbahn... Später wird hier ein Hafen sein. Wer baut? Die Menschen. Und wer hat den Nutzen? Die Herrschaften. Die Menschen werden eine Zeitlang arbeiten und dann gehen sie... weiter nichts. Im Hafen bleiben die Ingenieure, die Kaufleute... Sind das Sonderlinge! Sie plagen und plagen sich ihr ganzes Leben ab und alles nur, um Geld zu verdienen. Und sie besitzen doch Geld genug! Nein! Mehr! Warum? Alles, was es in der Welt gibt, können sie sich kaufen... Aber sie verstehen es nicht, sind zu sehr von der Hast erfaßt, laufen ihr ganzes Leben lang dem Rubel nach und jammern noch immer: zu wenig! Aber warum zu wenig? Es genügt doch... Sklaven sind sie, wenn man über ihr Leben nachdenkt; sie leben viel schlechter als wir. Sperren die Mäuler auf und glauben, die ganze Erde verschlucken zu können, und so laufen sie ihr ganzes Leben wie die Wölfe herum.«[10] Diese Passage war natürlich Angriff auf die etablierte Gesellschaft und Erklärung zugleich, weshalb es in Rußland zur massenhaften Ansammlung von Barfüßlern kam. Da die Zeilen nun gestrichen waren, blieb nur noch Konowalows Grundaussage übrig: »Ich bin ein verlorener Mensch... Wozu hat mich meine Mutter in die Welt gesetzt?«[11] Aber auch ohne die gesellschaftskritische Passage faszinierte die Erzählung die Leser, wenn auch mit einer von Gorki sicher nicht beabsichtigten Aussage: das Massenelend des Barfüßlertums war verursacht durch die Andersartigkeit der Vagabunden. So konnten sich die Leser einerseits von diesen Menschen distanzieren und sie andererseits wegen ihres unbeugsamen Freiheitswillens bewundern. Das galt zum Beispiel auch für den heruntergekommenen, invaliden Rittmeister Aristid Kuwalda, aus den »Gewesenen«, der eine verfallene alte Schmiede, eine finstere Höhle mit unverputzten Ziegelwänden, lediglich bestückt mit Schlafpritschen und Lumpen darauf, angemietet hatte und die Behausung seinerseits an Vagabunden vermietete: »Zu mir kommen Menschen, die an Luxus nicht gewöhnt sind.«[12] Sie wohnen bei ihm manchmal für eine Nacht, meistens aber für Wochen, mitunter für Monate, in schweren Fällen sogar bis zum Ende ihres Lebens. Das Nachtasyl wird für sie zur letzten Station. Den eingenommenen Mietzins verschenkt der Rittmeister spätestens in dem Moment, in dem er die eigene Miete bezahlt hat. Aber auch sonst ist er ein bemerkenswerter MENSCH. Er sorgt dafür, daß kräftige Barfüßler wieder den Weg zurück ins geordnete Leben finden: »Du gehst an den Fluß und arbeitest. Wenn du dich nicht für dich verbürgen kannst, sag dem Unternehmer, er soll dein Geld aufbewahren, oder du bringst es mir. Haben wir das Kapital zusammen, dann kauf ich dir ein Paar Hosen und alles andere, was erforderlich ist, damit man dich erneut für einen anständigen Menschen und bescheidenen, aber vom Schicksal verfolgten Arbeiter halten kann. In guten Hosen wirst du es wieder zu etwas bringen. Also marsch!«[13] Nach zwei Monaten verordneter Zwangsarbeit besaß der Schützling des Rittmeisters tatsächlich Hosen und zusätzlich noch eine anständige Jacke. Aristid Kuwalda verzichtete auf die gestundete Miete und freute sich, daß sein Mündel nun wirklich eine feste Anstellung erhielt. Zum Abschied belehrte er ihn: »Die Leute, du schöner Kleiderständer, beurteilen die Dinge nach ihrer Form, wogegen ihnen ihr Wesen infolge angeborener Dummheit verschlossen bleibt.«[14] Die hoffnungslosen Fälle aber, die endgültig Verwahrlosten, pflegte der Rittmeister, selber asozial, zu Tode. Warum das, warum fand nicht auch er zurück ins geordnete Dasein? »Ich bin an meiner Liebe zum Leben zugrunde gegangen... Ich liebe das Leben, während der Kaufmann es ausbeutet... ich bin ein Gewesener! Ich pfeife jetzt auf alles und auf alle... das Leben ist für mich eine Geliebte, die mich verlassen hat und die ich darum verachte.«[15] Da war er wieder, der resignative Stolz der Barfüßler. Die Leser, die vermutlich mit einem diffusen schlechten Gewissen das Massenelend der in Rußland umhervagabundierenden Barfüßler registrierten, brauchten sich nicht schuldig zu fühlen an dieser gesellschaftlichen Erscheinung. Indirekt wurde von ihnen nicht mehr gefordert als Mitgefühl. Dank dieser Erzählungen eines gewissen Maxim Gorki entwickelten sie es bis hin zur Sozialromantik.

Dieser Maxim Gorki kommt wieder zu Kräften. Er kann es wagen, von der teuren Kur-Krim in ein preiswertes Dorf im Gouvernement Poltawa umzuziehen. Hier wird sein Sohn Maxim geboren, hier schreibt er weiter, hier hat er schon wieder überschüssige Kraft gesammelt und gründet ein Bauerntheater. Er ist Drehbuchautor, Bühnenbildner, Chorleiter, Regisseur, Prinzipal und Darsteller zugleich. Herrliche Monate sind es, unvergeßlich schöne Erlebnisse: johlendes Publikum während der Vorstellungen in den kleinen Dörfern, das so von der Handlung gepackt wird, daß es aktiv ins Geschehen eingreift und eine zünftige Prügelei zwischen Bühne und Zuschauerraum verursacht. Begnadete Laiendarsteller, herzerfrischende Zwischenfälle durch vergessene Texte, dadurch unvermittelt neue Rollenspiele und ein ungeplantes Ende. Ein Drama wird zur Komödie, die Komödie zum finsteren Drama, bei dessen letztem Akt das Publikum ergriffen schluchzt. Weitere Gastspiele, neue Stücke... Alexej Peschkow vibriert vor Gesundheit, Kraft, Kreativität und Tatendrang. Es ist Zeit, nach Nischni Nowgorod zurückzukehren. Sein Laien-Ensemble ist untröstlich, will ihn dabehalten, dringt auf ihn ein, beschwört ihn. Vergeblich. Er verläßt den Ort. Wie immer, wenn ihm sein Instinkt sagt, daß er jetzt fort muß, daß ein Abschnitt seines Lebens vorbei ist. Jetzt aber zum erstenmal flieht er nicht, sondern er geht. Die Abschiedsfeier ist von seinen Freunden durchorganisiert und bis in die letzten Einzelheiten geplant. Zuerst ein Festessen, dann die Reden, dann die liebevoll ausgesuchten Abschiedsgeschenke, dann kleine Sketche,

Rollenauszüge in Erinnerung an glorreiche Premieren, ein Lied, mehrere Lieder, alle sollen im Chor singen. Dann der Begleitzug nach Nischni. Jawohl, bis dorthin wird man ihn geleiten, schon um zu sehen, ob er es da auch gut hat! – Es kommt ganz anders. Bereits beim Abschiedsmahl betrinken sich seine Bauern vor Kummer so fürchterlich, daß sie ihm die Geschenke nur noch lallend überreichen können, das Lied und der Chor entfallen, weil sich die Sänger in einem unmusikalischen Zustand befinden. Die Pferdchen des Begleitkonvois, ohnehin in ihrer wohlverdienten Nachtruhe gestört, schlurfen unlustig vor sich hin, bleiben schließlich, da keiner mehr sie antreibt, mit hängenden Ohren in ihren Deichseln stehen. Ihre Lenker merken das nicht mehr. Sie hängen volltrunken auf dem Kutschsitz oder legen sich in ein duftendes Kornfeld. Das ist bequemer und schöner. Einige Wegbegleiter schaffen es nur noch, den Straßenrand zu erreichen, wo auch sie sanft entschlummern. Schon das Nachbardorf sieht allein den Pferdewagen mit Alexej Peschkow, seiner Frau Katharina Pawlowna, geborene Woljin, und dem Säugling Max, umstapelt von wenigen Koffern und vielen Kisten mit Büchern und Manuskripten.

In Nischni Nowgorod findet unvermutet eine Hausdurchsuchung statt. Die Beamten wühlen in Schränken und Truhen der neuen Wohnung, öffnen jede Kiste, blicken in den kleinsten Raum, fassen in die Taschen der Jacken und Hosen. Peschkows Manuskripte werden beschlagnahmt, jeder Brief mitgenommen, jeder Notizzettel gelesen. Alexej wird verhaftet und unter Bewachung nach Tiflis »verbracht«, wie es in der Amtssprache hieß, eine Prozedur, die bei außergewöhnlich gefährlichen Staatsverbrechern angewendet wurde. Die Obrigkeit war sich sicher, einen solchen endlich dingfest gemacht zu haben: Peschkow veröffentlichte Geschichten, die der zaristischen Zensurbehörde ununterbrochen Arbeit bescherten. Kaum eine Erzählung konnte unzensiert gedruckt werden. Peschkow hatte bereits 1889 und 1892 mit Personen verkehrt, die unter Polizeiaufsicht standen, mehr noch, er hatte teilweise sogar mit ihnen zusammengelebt. Peschkow war bereits einmal verhaftet – aber wegen Mangel an Beweisen aus dem Gefängnis entlassen – worden. Peschkow hatte sich 1897 im Gouvernement Poltawa bei der gleichfalls unter Polizeiaufsicht stehenden Maria Wodowosowa eingemietet, die politisch verdächtige Subjekte bei sich aufnahm. Peschkow hatte 1897 einem gewissen Feodor Afanasjew ein Foto von sich mit Widmung geschenkt: »Dem lieben Fedja... zur Erinnerung...«[16] Afanasjew stand jetzt unter der Anklage der Verschwörung gegen Kaiser und Staat. Das reichte. Dem offensichtlichen Freund des lieben Fedja schlug die Stunde. Auf dem Etappenweg transportiert und in Tiflis endlich angekommen, wurde Peschkow erkennungsdienstlich erfaßt:

»1. *Größe:* 2 Arschin, 8⅛ Werschok [1,784 Meter]
2. *Alter:* 30 Jahre
3. *Körperbau:* Mittel
   a) besondere Kennzeichen: Die linke Seite des Brustkorbes zeigt nahe den Brustbeinrippenansätzen eine Vorwölbung.
   b) Besonderheiten der Haltung: Etwas gebückt.
4. *Äußerlicher Eindruck:* Bescheiden [schwindsüchtig]
5. *Haar- und Bartfarbe:* Dunkelblonde Haare; Schnurrbart und Bart beinah rot.
   a) Art der Haare: glatt
   b) Haartracht: Von vorn nach hinten
   c) Rasiert? Nicht rasiert.
6. *Augen:* Augen blau, weitsichtig. Trägt eine Brille [blaue Schutzbrille], Augen mittelgroß, ohne besondere äußerliche Merkmale.
7. *Kopfform:* Normal; etwas länglich...
8. *Stirn:* Stirn mittelhoch, oben ein wenig schmäler...
9. *Nase:* Regelmäßige, gerade Nase
10. *Gesicht:* Gesicht oval, etwas hervortretende Backenknochen. Gesichtsfarbe blaß.
11. *Mundhöhle:* Im Unterkiefer rechts fehlt der erste Backenzahn; im Oberkiefer fehlen beide Eckzähne links; der

zweite Schneidezahn ist schlecht; außerdem fehlen, gleichfalls links, zwei Backenzähne.
12. *Mund:* Mund und Kinn regelmäßig. Keine besonderen Gewohnheiten beim Sprechen.
13. *Stimme:* Dumpfe Stimme. Stottert nicht.
14. *Ohren:* Regelmäßige Ohren...
15. *Gang:* Gleichmäßiger Gang
16. *Besonderheiten am Körper:* Unter der linken Brustwarze, ein wenig zum Brustbein, befindet sich eine längliche, kleine, weißliche, sternförmige Narbe. Auf der linken Brustseite, auf der Höhe der linken Brustwarze, zwischen derselben und dem linken Brustbeinrand, ein wenig tiefer, eine viereckige Narbe von fast quadratischer Form, 4 Zentimeter lang und breit... Auf der Hinterwand des Brustkorbes, im unteren Teil,... eine etwas schräg verlaufende Narbe, 2½ Zentimeter lang...«[17]

Die angeführten Einzelheiten zeugen von der unwürdigen Prozedur der erkennungsdienstlichen Erfassung: der Angcklagte mußte sich ausziehen, gehen, sprechen, das Zentimetermaß an seine Narben legen lassen, den Mund öffnen und so lange offenhalten, bis der Gefängnisarzt alle Zähne und Lücken gezählt hatte, das Ganze übrigens für nichts: es konnte festgestellt werden, daß bei der »Durchsicht des in seiner Wohnung beschlagnahmten Materials [mehr als 500 Briefe, Notizen und Aufzeichnungen]... seine Zugehörigkeit zur sozialdemokratischen Propaganda zweifelhaft ist, und seine Schuld offenbar nur darin besteht, daß er im Jahre 1892 in Tiflis versucht hat, einen Zirkel für Selbstbildung zu gründen, dessen schädlichstes Element der jetzt zur Verantwortung gezogene Feodor Afanasjew war.«[18] Der Transport des verhafteten Alexej von Nischni Nowgorod nach Tiflis hatte weitaus länger gedauert als seine Untersuchungshaft: nach zwei Tagen wurde er entlassen, nach unendlichem bürokratischem Hin und Her das Verfahren eingestellt, der verantwortliche Beamte sogar offiziell gerügt. Seine aus dem sozialistischen Umfeld stammenden Biographen

sprechen vom politisch verfolgten Alexej Peschkow, in dem
»die zaristische... Regierung ihren unversöhnlichen Feind«[19]
erriet, und sind sich sicher, daß nunmehr der offene Kampf
zwischen Regierung und Peschkow entbrannt sei. Genau das
war nicht der Fall. Noch nicht! Peschkow schrieb zwar gegen
die gesellschaftlichen Mißstände, aber das waren eher sozial-
kritische Passagen und keine ideologische Kampfansage an den
Zarismus; wie anders lasen sich dagegen die legalen und illegalen Schriften der Sozialdemokraten um Lenin; da war in der
Tat von Ausbeutung, Proletariat und dem »Kampf gegen die
Kapitalistenklasse, mit dem Ziel, die Klassengesellschaft zu
vernichten«,[20] die Rede. Diese Vokabeln und Ziele kamen
beim Autor Peschkow nicht vor. Während die Sozialdemokraten den Umsturz propagierten und verkündeten, »jede revolutionäre Bewegung«[21] unterstützen zu wollen, appellierte er an
das soziale Mitgefühl. Das war die ganze Politik des Maxim
Gorki. Er gehörte zudem weder einer staatsfeindlichen Partei
an, noch organisierte er in dieser Zeit fragwürdige Zirkel. Die
Untersuchungsrichter hatten ihn völlig zu Recht laufen lassen:
eine Fotografie mit einer kurzen Widmung an einen verdächtigen Verhafteten war in der Tat kein Indiz. Bei der auf die Verhaftung folgenden Zeit sind sich sogar die sozialistischen Biographen Gorkis uneins: Die einen schreiben, daß er im Juli
1898 zwar in Tiflis freigelassen wurde, sich bis 1899 jedoch nicht
von seinem Wohnort entfernen durfte und unter Polizeiaufsicht stand.[22] Andere sprechen lediglich von Polizeispitzeln, die
Gorki in Nischni Nowgorod ab jetzt permanent überwachten,
als angebliche Kutscher auf dem Bock einer Tag und Nacht vor
seinem Haus parkenden Droschke saßen, stundenlang auf dem
Grenzstein zum Haus hockten und gelangweilt in den Himmel
blickten oder als Zeitungsleser maskiert gleichfalls über Stunden am Laternenpfahl lehnten.[23] Natürlich sind Polizeiaufsicht
und Observation zwei juristisch völlig verschiedene Dinge. Das
erstere beinhaltete tatsächlich ein Reiseverbot sowie das ständige Melden bei den Behörden, das zweite ist eine inoffizielle
geheime Überwachung. Übrigens erwähnt ein dritter Biograph

aus dem sozialistischen Umfeld weder die eine noch die andere Maßnahme.[24] Auf die Schwierigkeiten beim Schreiben der Wahrheit wird man noch zurückkommen müssen. Alle Biographen sind sich immerhin darin einig, daß Peschkow nach Nischni Nowgorod zu seiner Familie zurückkehrte.

Hier schrieb und veröffentlichte er weiter eine Erzählung nach der anderen, die Provinzzeitungen freuten sich über jedes Manuskript von ihm, denn die Leser forderten stets neue Erzählungen von Maxim Gorki. Aber es waren eben nur Provinzzeitungen, und wer kannte die schon in den großen kulturellen Zentren, den Städten Moskau und Petersburg? Nach wie vor saß der wichtige Mensch Korolenko im Hintergrund und korrigierte, belehrte und regte an, vermittelte dann und wann einige Manuskripte an neue Zeitungen, schrieb an jene Verleger, zu denen Alexej Peschkow keine Verbindung hatte oder die seine Arbeiten ablehnten. Trotzdem wurden die Briefe zwischen den beiden Schriftstellern immer seltener. Peschkow konnte inzwischen karg von seinen Honoraren leben, doch das befriedigte seinen Ehrgeiz nicht. Er wollte mehr. Er wollte nicht nur von den Lesern, sondern auch von den Kritikern anerkannt werden; aber die urteilten weder positiv noch negativ. Sie schrieben überhaupt nicht über ihn, nahmen den kleinen Provinzliteraten Gorki einfach nicht zur Kenntnis.

Plötzlich ein Paukenschlag. 1898 erscheinen zwei Sammelbändchen mit einer Auswahl von Erzählungen Maxim Gorkis, die in den vergangenen Jahren in den verschiedenen Provinzzeitungen abgedruckt worden waren, alte Geschichten also. Völlig überraschend stürzt sich das Publikum darauf. Nach wenigen Monaten ist eine erweiterte Neuauflage nötig! Ausverkauft! Drittauflage! Binnen kürzester Zeit sind 100 000 Exemplare abgesetzt. Noch nie zuvor hat es im russischen Buchhandel einen derartigen Erfolg gegeben!

Der Verlag kommt mit dem Nachdrucken nicht hinterher. Die Buchhändler vertrösten ihre ob der Verzögerung empörten Kunden Tag um Tag. Die Erzählungen werden mit der Hand abgeschrieben und machen die Runde: es lesen die Literaten, die Kaufleute, die Hofbeamten, die Militärs. Die meist analphabetischen Bauern und Arbeiter lassen sich vorlesen. Man rühmt ›Tschelkasch‹, zitiert aus dem ›Weggenossen‹, ist gerührt über ›Die alte Isergil‹, bedauert ›Pawel‹, den armen ›Teufel‹. Man redet sich über die Psychologie des ›Ehepaar(s) Orlow‹ die Köpfe heiß, vor allem aber berichtet man über Maxim Gorki, den Bitteren, den Autodidakten, den Menschen aus dem Volke, der es geschafft hat, das kulturelle Establishment Rußlands bis in seine Grundfesten zu erschüttern, dessen Ruhm bereits jetzt, nach wenigen Monaten, internationale Ausmaße erreicht. Nach einem knappen halben Jahr erscheinen seine Erzählungen bereits übersetzt im Ausland! Als jüngsten »›Stern‹ der neuen russischen Literatur« beschreibt eine renommierte Deutsche Literatur-Zeitung den neuen Autor und macht ihn fünf Jahre jünger. Sie spricht vom »sechsundzwanzigjährige(n) Bossjak«[25] und stellt ihn kühn auf eine Ebene mit dem literarischen Genie Leo Tolstoi.

›Der Bittere‹ ist in aller Munde, wird nach Petersburg und Moskau eingeladen, muß dort aus seinen Erzählungen vorlesen. Er wird interviewt, gelobt und zitiert. Man beschreibt in den Gazetten, wie groß er ist, wie er spricht, wie dagegen seine Stimme klingt, wenn er vorliest, wie er geht, wie lang seine Haare sind, wie hell seine Augen, wie breit seine Backenknochen, wie tiefschwarz sein Hemd, wie weich seine Lederstiefel. Man befragt ihn über sein bisheriges Leben und über seine Pläne für die Zukunft, will wissen, ob er denn schon neue Manuskripte vorlegen könne, welche Erzählungen er jetzt in Arbeit habe und wann die endlich erschienen; ob man nicht schon einige Kostproben daraus hören könne, nur einige Passagen, dann sei man ja schon zufrieden. Die Bewunderung wird zum Kult: Schneider müssen massenhaft schwarze Hemden mit Kragensteg nähen, halbhohe Stiefel aus Safranleder haben Hochkonjunktur, Jugendliche und Erwachsene lassen sich die Haare lang wachsen, bürsten sie mühsam von vorn nach hinten, glätten sie mit Pomade und Wasser, wo sie sich zu krausen drohen. Maxim-Gorki-Doubletten schlendern über die Boulevards. Da man inzwischen hat lesen können, daß der Schriftsteller am liebsten mit dem Bleistift schreibt, tragen sie ein Bündel angespitzter Schreibwerkzeuge bei sich, deren Enden in den Hosentaschen pieken. Gymnasiasten verlassen ihre Schule und begeben sich auf die Walz.

Die echten Barfüßler aber erleben eine unerwartete Popularität: man gibt ihnen Almosen, man spricht freundlich mit ihnen, beschimpft die Polizisten, die einen schnorrenden Vagabunden aus der Stadt jagen wollen. Man lädt sie in die Salons ein. Dort sitzen dann die zerlumpten Gestalten und werden beäugt. Die plötzlich zu Ehren und Ansehen gekommenen Außenseiter sind zunächst irritiert, dann aber stellen sie sich flexibel auf die neue Situation ein, spielen mit. Wer weiß, wie lange die Freundlichkeit dauert! Sie verzehren das köstliche Essen und konsumieren reichlich Wodka, bevor sie der Aufforderung Folge leisten, über ihr Leben zu plaudern. Sie beschreiben, wie es dazu kam, daß sie zum Bosjaken wurden, berichten oder erfinden Anekdoten aus ihrem Vagabundenleben, schildern blumig ihre verschiedenen Nachtasyle. Je unkonventioneller sie sich geben, um so größer ist die Begeisterung der Zuhörer. Betrunkenes Stammeln wird als Beweis volkstümlicher Urwüchsigkeit gewertet, Schimpftiraden auf die öffentliche Ordnung und ihre Polizeibüttel zum Indiz politischen Freiheitswillens.

Gorkis kümmerliche Mietwohnung in Nischni Nowgorod wird zum Wallfahrtsort, die Besucher geben sich die Klinke in die Hand. Sie kommen aus Nischni Nowgorod und sie kommen aus den Provinzstädten. Es reisen Neugierige aus Petersburg und Moskau an, es erscheinen Künstler und Verehrer von Künstlern, einfache Arbeiter und wohlsituierte Bürger, Barfüßler und Bettler, Sänger und Säufer, ein Polizeikommissar, der Gedichte schmiedet, eine Krankenschwester, die Gorki für die Sache der Frauenrechte gewinnen möchte, ein Arbeiter, der auch schon eine Erzählung schrieb und das Manuskript in der Tasche hat, die Matrone aus dem Kaufmannsstand, die ihn für eine Vorlesung in ihrem Häkelkreis gewinnen möchte, die Journalisten, die über ihn berichten sollen und jeden seiner Schritte verfolgen, jedes noch so belanglose Wort notieren und zitieren werden, auf der Jagd nach Neuigkeiten seine Nachbarn befragen, seine Freunde heimsuchen.

Maxim Gorki – zunächst verwirrt über den Ruhm, irritiert von der Massenhysterie der Begeisterung – fing sich rasch. Er wußte jetzt, daß der Beruf eines Schriftstellers sein Weg war, daß die Menschen seine Werke brauchten, schon lange auf sie gewartet hatten. »Er richtete sich... jetzt zu voller Höhe auf, er spannte sich wie eine Saite. Die Sonderlichkeiten des äußeren Menschen und seine Plumpheit verschwanden. Hochgewachsen, breitschultrig, stets im schwarzen Tuchhemd, hatte er das derbe, umschauende Aussehen eines Steuermannes, der sein Schiff aus dem Nebel herausgebracht hat und nun, seiner Sache gewiß, den rechten Kurs hält.«[26] Dieser Kurs ist klar: Den Namen Alexej Peschkow wird es nur noch im privaten Umgang und als Unterschrift bei persönlichen Briefen geben, öffentlich ist er jetzt endgültig Maxim Gorki, der Schriftsteller und Dichter, der neue Stern über Rußland.

Und die Avantgarde des russischen Journalismus, die Großstadtkritiker in Petersburg und Moskau? Sie ist fassungslos über diesen Publikumserfolg, läuft der öffentlichen Meinung hinterher, liest, weil Hunderttausende Gorki lesen, muß ihn jetzt zur Kenntnis nehmen, kann an ihm nicht mehr vorbei. Die Meinung der meisten großen Journalisten deckt sich nicht mit der Begeisterung des Lesepublikums. Ja, ja, begabt sei er schon, der junge Peschkow, aber sei es denn wirklich so erhebend, den Auswurf der Gesellschaft, das Lumpenproletariat zum Freiheitshelden hochzustilisieren? Sei nicht die Klasse der ausgebeuteten Fabrikarbeiter viel wichtiger? Die Barfüßler zu feiern bedeute auch, Trunksucht und Parasitentum zu verherrlichen. Fraglich sei zudem, ob diese Erzählungen nicht erdichtet wurden. In der Wirklichkeit seien die Barfüßler keine Opfer der sozialen Verhältnisse (was Gorki ja auch nicht behauptete), sondern in ihrer Masse ein gesellschaftlicher Krebsschaden, degenerierte Menschen, die sich aus Geisteskranken und Neurotikern, Syphilitikern und Alkoholikern rekrutierten.[27] Auch die ausländischen Rezensenten schließen sich der Kritik an, sehen im Erfolg des zweifellos talentierten Autoren das Indiz für eine geistige Krise: »Der Russe verlangt von seiner Literatur, daß sie ihm Wege für das Leben als Mensch und als Staatsbürger weist... Das ewige Grübeln, das Aufstellen von Prinzipien... hat dem Russen eine Literatur der Lebensfragen gezeitigt, die um so intensiver ist, als ihn ein heißer Wunsch nach dem modernen Staat, nach Freiheit und Recht alle ethischen und praktischen Fragen durchzieht.«[28] Im Gegensatz zu Korolenko, Tschechow und Leo Tolstoi aber sei bei Gorki nicht Liebe zum Volk das Leitmotiv, sondern der Haß: aber das sei »kein gesunder Haß gegen die Lügen der Gesellschaft, gegen die Sünden der Kultur, nein, ein Haß gegen das Prinzip der Kultur selbst, ein Liebkosen des Häßlichen, das sich im Lasterpfuhl der Gesellschaft ablagert... Gorki beherrscht... mit unnachahmlicher Kunst die Sprache des Gesindels.«[29]

Für einen der berühmtesten russischen Kritiker jener Zeit, den Schriftsteller Dimitri Mereschkowski, ist der Kult um die Barfüßler ein Indiz für den bevorstehenden Umsturz, gekoppelt an den Verlust aller Werte, denn er ist areligiös: »Bewußtes Christentum ist Religion Gottes, der zum Menschen ward; bewußtes Barfüßertum, Antichristentum ist Religion des Menschen, der zum Gotte werden möchte.«[30] Die zaristische Selbstherrschaft, diese »chinesische Mauer der Rang-Tabelle«,[31] hat sich überlebt, das weiß und begrüßt auch Mereschkowski. Er hat auf eine konstitutionelle Monarchie gehofft, und wenn ohne Blutvergießen möglich, sogar auf eine Demokratie, in der das Volk zwar seine Vertreter wählen kann, aber geführt wird von Intellektuellen. Nun aber, wo ein Maxim Gorki Triumphe feiert, wo die untersten Schichten des Volkes, sein Auswurf, zu Vorbildern werden, muß man sich vor dem bevorstehenden Umsturz fürchten. Es gibt keine Ideale mehr, keine religiösen, keine politischen, keine ethischen und keine philosophischen.

Nacht wird werden, Finsternis über Rußland hereinbrechen. »Das... Gesicht... der Zukunft – ist unter uns, das Gesicht der... Pöbelherrschaft, die von unten herauf kommt – der Hooligans, der Barfüßer... das furchtbarste aller... Gesichter.«[32] »Der Anmarsch des Pöbels«[33] hat begonnen.

9.
Mit Tränen löschst du das Feuer nicht

›Die Unzertrennlichen‹; ›Kirilka‹; ›Kain und Artjom‹; ›Warenka Olessowa‹; ›Der Denkzettel‹; ›Sechsundzwanzig und Eine‹; ›Die Hungrigen‹; ›Am Heiligabend‹, dann auch noch sein erster Roman: ›Foma Gordejew‹ ... Maxim Gorki fiel es schwer, so schnell zu schreiben, wie seine Verleger drucken wollten. Sein Erfolg hielt an, seine Popularität auch. Das Gorki-Porträt des russischen Realisten Ilja Jefimowitsch Repin war der Hauptanziehungspunkt einer Wanderausstellung, die so massenhaft besucht wurde, daß Ordner häufig die Türen schließen – und die frierenden Menschenschlangen draußen auf die nächsten Stunden, mitunter auch auf den nächsten Ausstellungstag vertrösten mußten. Und immer wieder ermahnten sie die Betrachter des Porträts, das Bild nicht ständig zu berühren und zu streicheln.

Das lebende Modell von Repin reagierte zunehmend genervt auf die Verehrung. Wo er ging und stand, stürzten sich fremde Menschen auf ihn. Er wurde angehalten, festgehalten, umarmt, geküßt, angesprochen, gelobt, befragt, aufgefordert, zu irgendeinem Ereignis Stellung zu beziehen. »Ich war damals in Mode, der Ruhm hatte mich heimgesucht und machte mir mein Leben höchst unbehaglich.«[1] Die Presse berichtete und berichtete, aber auch ihr ging langsam die Luft aus. Sogar die ›Gazette von Petersburg‹, die Großstadtzeitung, druckte nur noch Banalitäten ab und beschrieb ausführlich, mit welcher Mimik der große Schriftsteller Ölsardinen verspeiste.

Die Zudringlichkeit der Bewunderer war der eine Aspekt des Ruhms, der durch die Tantiemen reichlich fließende Geldstrom der andere. Maxim Gorki war plötzlich wohlhabend...

und gab das Geld mit vollen Händen aus. Er kaufte Lehrbücher und Bilder für die Schulen in Nischni Nowgorod, er spendete Geld für eine neue Eisenbahn der Stadt, er finanzierte einen Tagesaufenthaltsraum für Arbeitslose und Barfüßler, in dem es sogar ein Klavier und eine kleine Bibliothek gab. Eine Garküche, in der für wenige Kopeken eine gute Suppe ausgeteilt wurde, bescherte etlichen Armen die einzige warme Mahlzeit des Tages. Gorki förderte die Einrichtung von Artel-Werkstätten, in denen sich Kleinhandwerker genossenschaftlich zusammenschlossen und gemeinsam versuchten, eine Existenz aufzubauen. Vor allem aber organisierte er ein großes Weihnachtsfest für die armen Kinder der Stadt. Die Wohnung in Nischni Nowgorod wurde zum Warenlager: überall lagen Stoffballen herum, aus denen Helfer Hemden, Kleider und Blusen in sämtlichen Kindergrößen nähten. Schuhkartons stapelten sich auf dem Fußboden, die Tische brachen unter den aufgetürmten Kuchen, Keksen und Süßigkeiten fast zusammen. Alles mußte aufgeteilt, sortiert und bereitgestellt werden. Das Fest fand in der großen Reitbahn von Nischni Nowgorod statt. Ein Kavalleriegeneral hatte das ermöglicht und kommandierte auch gleich seine Militärkapelle ab, das Fest musikalisch zu umrahmen. Der Begleitmusik angemessen erschien »eine ganze Armee schmutziger, bettelarmer Kinder«. Viele waren Waisen oder Verstoßene und bereits von den Spuren des Lebenskampfes gezeichnet: zerlumpt, ständig hustend, mit Frostbeulen an den nackten Füßen, häufig mit offenen Wunden an Händen und Armen, mißtrauisch, fassungslos schweigend, »traurig und kläglich, wie lebensmüde Greise«. Sie waren »verwirrt und betäubt durch den Anblick der langen Reihe von Tischen mit Geschenken... ihre Augen aber waren gierig, streng, ganz ernst...«[2] Über 500 Kinder waren gekommen und jedes von ihnen erhielt ein Paar Filzstiefel, eine Mütze, ein Hemd, ein Kleid oder eine Bluse, ein Tuch, einen kleinen Kuchen und eine riesige Tüte mit Süßigkeiten: »...da fingen viele von ihnen vor Freude an zu heulen, andere wieder stürzten irgendwohin, die Geschenke an sich drückend, wieder andere setzten sich auf den Boden und fingen gleich an zu essen«,[3] erinnert sich Gorki. Tränen der Verzweiflung gab es beim Anpassen der Filzstiefel: Die Füße vieler Kinder waren durch die Frostbeulen so angeschwollen, daß kein Schuh passen wollte. Diese Weihnachtsfeiern wurden in den folgenden Jahren wiederholt, und es kamen bald mehr als tausend Kinder.

Gorkis Geld fand aber auch andere Empfänger. In Sormowo, dem Industrievorort von Nischni Nowgorod, gab es illegale Arbeiterzirkel. Delegierte baten Gorki um Geld für Bücher, um eine Spende zur Beschaffung eines Vervielfältigungsgerätes, auf dem man geheime Flugblätter abziehen konnte, um einen Druckkostenzuschuß für die von Lenin herausgegebene ›Iskra‹, was übersetzt ›Der Funke‹ heißt. Sie erhielten das Geld. Spitzel erstatteten Bericht, die politische Polizei wurde hellhörig. Prophylaktisch erhielten die Zensoren Anweisung, jede neue Zeile des Autors Maxim Gorki besonders kritisch zu überprüfen. So wurde der Abdruck seines zweiten Romans ›Drei Menschen‹ in der Zeitschrift ›Das Leben‹ nach den ersten Folgen verboten. Sollte die Zeitschrift auch noch eine einzige Fortsetzung abdrucken, würde sie eingestellt werden.

Im März 1901 wird Maxim Gorki in Petersburg zufällig Zeuge einer Demonstration vor der Kasaner Kathedrale. Seit kurzem gab es einen Erlaß, daß alle Studenten, die an Kundgebungen und Unruhen teilgenommen hatten, zwangsrekrutiert werden konnten. Dieser Erlaß sollte jetzt zum erstenmal angewendet werden; die Polizei war im Rektorat der Universität Petersburg erschienen und hatte Namenslisten vorgelegt. Geschlossen protestierten Tausende von Hochschülern. Kosaken zogen auf und jagten den Protestzug auseinander. Sie preschten auf ihren Pferden rücksichtslos in die Menge, verfolgten flüchtende Studenten bis in die Nebenstraßen, säbelten sie nieder. Mehrere Tote und fast 100 Verletzte blieben auf dem Pflaster zurück, über 1000 Teilnehmer wurden verhaftet. Maxim Gorki unterzeichnete ein Protestschreiben von Literaten, das zwar von Befürwortern wie Gegnern der Zarenherrschaft aufmerksam registriert wurde, aber zunächst keine weiteren Aus-

5 Der alte Leo Tolstoi und Maxim Gorki auf Tolstois Gut ›Jasnaja Poljana‹

wirkungen hatte. Man ging wieder zur betrüblichen Ordnung des russischen Alltags über, sah die vielen Arbeitslosen und Verelendeten in den Städten, die heimatlosen Vagabunden auf den Straßen, die kriminellen Kinderbanden. Man hörte von Streiks der Arbeiter, munkelte über undurchsichtige Intrigen am Zarenhofe, die durch die Entschlußlosigkeit des Kaisers genährt wurden, und gewöhnte sich an die ständige Anwesenheit von Geheimdienstspitzeln bei allen Ereignissen, bei denen mehr als drei Menschen zusammenkamen. Die politisch Illegalen fürchteten die Verräter, das Theaterpublikum vermutete Spitzel in den Logen und auf den Rängen, der Gastgeber einer privaten Vortragsrunde beobachtete argwöhnisch die beiden seriös gekleideten Herren im Hintergrund, die entweder tatsächlich Bekannte eines eingeladenen Bekannten waren oder eben Agenten. Die Ruhe des Alltags war kein Ausruhen, sondern ein Abwarten. Verdrossen lebte man seine unbefriedigende Gegenwart und hoffte auf eine bessere Zukunft, von der nur wenige Menschen eine Vorstellung hatten, wie sie aussehen könnte. Doch für Maxim Gorki hatte der blutige Nachmittag vor der Kasaner Kathedrale Auswirkungen. Keine Philosophie, keine marxistische Theorie hatte sein politisches Denken beeinflussen können. Jetzt aber, wo er mit angesehen hatte, wie die Kosaken mit ihren Säbeln die Köpfe bereits am Boden liegender Studenten mit einem Hieb spalteten, wie sie absichtlich ihre Pferde in Menschenpulks hineinpeitschten, die den Demonstrationszug bereits verlassen hatten, wie sie Geflüchtete aus Hauseingängen herauszerrten und niederstachen, empfand er Haß. Haß auf dieses Regime, das so etwas befohlen hatte, Haß auf die Kosaken und Haß auf diese Gesellschaft, die das duldete. Jetzt, und wirklich erst jetzt entwickelte er sich zum unversöhnlichen Gegner des Zarismus, der Selbstherrschaft.

Im Aprilheft der Zeitschrift ›Leben‹ des Jahres 91, also einen Monat nach der Studentendemonstration, erscheint der Schlußteil einer schon früher von der Zensur verbotenen Erzählung: ›Frühlingsmelodien‹. Es ist eine Allegorie, in der sich

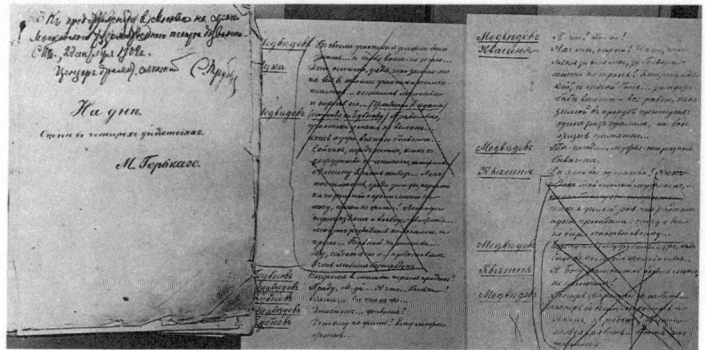

6 Manuskriptseiten aus dem »Nachtasyl«, von der zaristischen Zensur gekürzt und verändert

Vögel zwitschernd über die verschiedenen Stimmungen innerhalb der russischen Gesellschaft unterhalten und eine merklich ermüdende Regierung beklagen. Der Schluß der Geschichte ist eine Mischung aus Lyrik und Epos, genannt ›Das Lied vom Sturmvogel‹: »Ueber grauen Meeresweiten jagen Wolken, windgepeitscht. Zwischen Wolken, Meereswogen, gleitet stolz des Sturmes Vogel, einem schwarzen Blitze gleich. Bald die Wogen leise streifend, bald hinauf zum Himmel schießend, schreit er hell auf, und – die Wolken hören Freude in dem kühnen Schrei des Vogels. Dieser Schrei ist Sturmessehnen! Kraft des Zornes, inneres Glühen und die Sicherheit des Sieges spüren die Wolken in dem Schrei. Möwen stöhnen vor dem Sturm – jagen stöhnend übers Wasser, tief im Meeresgrunde möchten ihren Schrecken sie verbergen. Auch die Taucher stöhnen angstvoll – denn sie kennen nicht die wilde Lust des Kampfes um das Leben: Donnerrollen macht sie beben. Zwischen Felsenwänden ängstlich birgt ein Pinguin den Wanst... Nur der stolze Sturmesvogel wiegt sich furchtlos und gelassen über grauem Meeresgischt!... Seht, da jagt er wie ein Dämon – stolzer, schwarzer Sturmesdämon – und... er lacht... und vor Freude schluchzt er auf!... Sturm! Bald wird Sturm entbrechen! Unser kühner Sturmesvogel gleitet stolz, vom Blitz getragen, über Meeresbrüllen hin; schreit, ein Künder nahen Sieges: – Mag der Sturm nur rasend wüten!...«[4] Jeder Leser, gleichgültig, ob regierungstreu oder staatsfeindlich, liest zwischen den Zeilen der Allegorie, was hier gemeint ist: der kühne, schwarze Sturmvogel mit den breiten Schwingen symbolisiert den Umsturz, befürwortet ihn, ruft dazu auf, ist die nahende Revolution! Die Gymnasiasten schreiben – da die Aprilausgabe des ›Lebens‹ rasch vergriffen ist – das Epos ab, lernen es auswendig, zitieren Zeilen daraus auf den Schulhöfen, schieben Abschriften heimlich dem Lehrer unter sein Heft auf dem Pult, rezitieren es in ihren kleinen Zirkeln. Die reichen Bürger identifizieren sich richtig mit den Pinguinen und fürchten sich. Die Kleinbürger erkennen sich als ängstliche Taucher und sind entsetzt. Die Revolutionäre nehmen den Schlußsatz in ihre illegalen Propagandazettel auf. Handabschriften werden hektographiert, überall verkauft oder kostenlos verteilt. Die Zensurbehörden verbieten die Zeitschrift ›Das Leben‹ für immer. Der Autor des Liedes ist Maxim Gorki. Er wird zur Symbolfigur. Jetzt gilt er als Revolutionär und Freiheitsdichter. Sein Konterfei – als Postkarte massenhaft multipliziert – hängt über den Betten der Studentenzimmer. Und auf den Autor des ›Sturmvogels‹ wird ein Mordanschlag verübt, den er nur überlebt, weil das Messer des Attentäters zwar Mantel und Jacke durchdringt, dann aber am Zigarettenetui abprallt...

Maxim Gorki wird verhaftet, wieder einmal. Aber diesmal hat man etwas in der Hand: zum einen den ›Sturmvogel‹, zum anderen die materielle Unterstützung des illegalen Arbeiterzirkels in Sormowo und zum dritten den abgefangenen Brief eines Studenten, in dem er einer Kommilitonin mitteilt, daß es unter der Schirmherrschaft von Gorki in Nischni zu »Aktivitäten« kommen werde.[5] Die Entrüstung über die Verhaftung durchzieht das ganze Land, die Jugend versammelt sich zu Protesten vor dem Gefängnis, die Zeitungen sprechen von einem »Polizeiüberfall auf die Literatur«,[6] Schriftsteller, unter ihnen Leo Tolstoi, richten Bittschriften an den Innenminister. Gorki ist krank, seine Tuberkulose ist wieder ausgebrochen. Seine Frau

7 *Gorki mit seiner Frau Katharina Peschkow und den Kindern Maxim und Katjuscha 1903 in Nischni Nowgorod*

erreicht die Einsetzung einer Ärztekommission. Das Bulletin der Mediziner bestätigt die Diagnose. Gorki wird entlassen, weil er haftunfähig ist und in Nischni Nowgorod zunächst unter besondere Polizeiaufsicht gestellt. Das bedeutet, daß seine Bewacher Tag und Nacht auf dem Flur und in der Küche sitzen. Sie notieren jedes gesprochene Wort, vermerken, wer kommt und wer geht, achten auf jede Bewegung auch innerhalb der Wohnung, eine ebenso bedrückende wie kuriose Situation. Doch Nischni Nowgorod erscheint der Polizei als ein zu heißes Pflaster. Angewiesen wird dem Schriftsteller vorläufig die Provinzstadt Arsamas. Seine Frau, der kleine Sohn Maxim und die gerade geborene Tochter Katjuscha kommen mit.

Arsamas ist eine stille, kleine Provinzstadt. Gorki bewohnt dort ein freundliches Holzhaus mit angrenzendem Garten, seine unmittelbare Umgebung ist weniger freundlich: Spitzel im Gebüsch unter dem Fenster, Briefträger als Spione, Handwerker als Denunzianten, nur sehr selten vorsichtige Kontakte

8 Anton Tschechow, Gorkis Freund und Förderer: er kritisierte und redigierte Gorkis Manuskripte

mit Aufgewachten, ernste Gespräche mit Jugendlichen, gemeinsame Lektüre mit Bildungshungrigen. Es dominiert die Langeweile, die eine Kleinstadt charakterisieren kann: »Woanders gibt es Überschwemmungen, Erdbeben – bei uns – nichts. Sogar die Cholera hat uns verschont«,[7] klagt Maxim Gorki. Kleinbürgersorgen, Furcht vor Andersartigem, Angst um das Eigentum und Sauberkeit. Denken und Bildung nur, wo nötig, Besitz soviel wie irgend möglich. Hier entsteht der Stoff zu der langen Erzählung ›Das Städtchen Okurow‹, hier Gorkis endgültige Klassifizierung der Kleinbürger als Träger eingeengter moralischer und geistiger Vorstellungen, wobei er keine Schicht, sondern Menschen mit bestimmten sozialen Gewohnheiten und moralischen Eigenschaften meint: »Die meisten von ihnen sind Sklavenseelen oder anmaßende Nutznießer des Lebens, armselige Spießer, die vorläufig anstelle von wirklichen Menschen auftreten und nur zoologisch gesehen als Menschen zu bezeichnen sind... wie wenig Kühne... Ehrliche unter Ihnen sind! Arm ist mein Land an mutigen Menschen...«[8]

Das Verfahren gegen Maxim Gorki wird weder eröffnet noch eingestellt, aber auf dem Verwaltungswege wird er quasi verbannt. Er will sich nicht nur zur Stabilisierung seiner angegriffenen Gesundheit auf der Krim aufhalten, er muß es, besagt die Verfügung. Aber ja nicht in Jalta – da könnten ihn zu viele kennen und besuchen wollen –, sondern in einem Dorf des Kreises Jalta. Bis zum 15. April 1902 hat er dort zu bleiben. Die Abreise im November 1901 wird zum öffentlichen Ereignis. Abschiedsbankette der Intellektuellen, Grußbotschaften der Studenten, Flugschriften der Arbeiter gegen die Ausweisung aus Nischni Nowgorod, teilnehmende und aufmunternde Briefe aus allen Schichten der Bevölkerung, erboste Artikel in den Zeitungen. Lenin bringt den juristischen Skandal in der ›Iskra‹ auf den Punkt: »Einen Schriftsteller von europäischem Ruf..., dessen einzige Waffe... im freien Wort bestand, weist die autokratische Regierung ohne Gerichtsverfahren und Untersuchung aus seiner Vaterstadt aus.«[9] Auf jedem Bahnhof, durch den der Zug mit der Familie Peschkow fährt, stehen Menschenmassen, grüßen, rufen und singen. Am häufigsten ist der skandierte Satz: »Hoch Maxim Gorki! Nieder mit der Gewalt!«[10] Von Eisenbahnbrücken hängen Transparente mit Grußbotschaften herunter, in den Dörfern hat man riesige Transparente auf die Felder neben die Gleise gestellt. Die Fahrt führt über Moskau. Gorki darf kurz aussteigen und den Proben zu seinem Schauspiel ›Die Kleinbürger‹ beiwohnen. Natürlich auch hier: Menschenmengen vor dem Theater, revolutionäre Lieder, Jubelrufe, Transparente, überforderte Ordnungshüter.

Die Krim, Zeit zum Gesundwerden, Zeit zum Schreiben, Muße zum Nachdenken. Es war auch Erholung vom Personenkult, den unangenehmen, beklemmenden, mitunter beschä-

9 Priester Georgi Gapon mit dem Polizeichef Fulon 1905 in einer Arbeiterversammlung

menden Schattenseiten des Ruhms. Die Krim, das war endlich die Möglichkeit, häufig mit dem Dichter Anton Tschechow zu sprechen, mit dem er seit 1900 im Briefkontakt stand. Tschechow – gleichfalls lungenkrank und bereits vom Tod gezeichnet – lebte in der Nähe. Er wurde für Maxim Gorki zum wichtigen Menschen. Aber dominierte bei Korolenko noch das Lehrer-Schüler-Verhältnis, so wurde jetzt im Verhältnis zu Tschechow ein deutlicher Wandel sichtbar. Der Dichter des ›Onkel Wanja‹, der ›Möwe‹ oder der ›Dame mit dem Hündchen‹ las als aufrichtiger Kritiker die Manuskripte Maxim Gorkis. Er wies zwar auf Fehler hin, warnte vor Platitüden, vermittelte die Grundlagen für das Schreiben von Schauspielen, lehrte ihn, Dialoge knapp und wirksam zu verfassen. Dennoch diskutierten jetzt gleichwertige Partner miteinander. Korolenko hatte eher die Rolle eines Mäzens eingenommen, Tschechow wurde ein echter Freund.

Hier auf der Krim traf Maxim Gorki auch wieder auf den

Giganten der russischen Literatur, Leo Tolstoi. In einem Brief an Tschechow hatte er im Januar 1900 seinen ersten Eindruck von einem Zusammentreffen mit Tolstoi in Moskau geschildert: »So, also jetzt war ich auch bei Leo Nikolajewitsch! Seitdem sind schon acht Tage vergangen, aber ich habe meine Eindrücke immer noch nicht recht ordnen können. Mich überraschte zuerst sein Äußeres; ich hatte ihn mir anders vorgestellt: größer von Wuchs, breiter im Knochenbau. Aber er ist ein kleiner Greis... Doch wie er anfing zu reden, da lauschte ich und staunte! Alles, was er sagte, war wundervoll einfach, tief und wenn auch manchmal – nach meiner Meinung – vollkommen unrichtig, so doch sehr schön... Im Grunde genommen ist es doch furchtbar dumm, einen Menschen ein GENIE zu nennen!... Viel einfacher und klarer ist es zu sagen: LEO TOLSTOI...«[11] Tolstois Reaktion auf den ersten Besuch Maxim Gorkis in Moskau war übrigens weniger emphatisch gewesen. In seinem Tagebuch vermerkte er: »...Gorki war da. Haben uns sehr schön unterhalten. Und er hat mir gefallen. Ein echter Mann aus dem Volk.«[12] Und dann schob er in einem Brief an Gorki noch nach: »Ihre Schreiberei hat mir gefallen, doch Sie selber fand ich noch besser als Ihre Schreiberei...«[13] Jetzt auf der Krim kommen sie alle drei häufig zusammen und sprechen miteinander: Tolstoi, das weise Genie, Anton Tschechow, der Wegbereiter der modernen Dramatik, und Maxim Gorki, der aufsteigende Komet am russischen Literaturhimmel. Es sind Treffen von literarischen Größen am Vorabend der russischen Revolution.

Zwischenspiel: die Akademie der Wissenschaften schlägt im Dezember 1901 Maxim Gorki als Ehrenmitglied vor. Die Versammlung der Akademiemitglieder bestätigt die Wahl im Februar und teilt Maxim Gorki die Verleihung im März 1902 in einem offiziellen Schreiben mit. Der Zar erfährt davon aus den Zeitungen und schreibt erbost an den Rand der Meldung: »Mehr als originell!«[14] Der Kaiser schreibt zwar »originell«, meint aber »skandalös«: hier wurde ein Staatsfeind, gegen den noch dazu ein Verfahren schwebte, mit der höchsten kultu-

10 Der Demonstrationszug, angeführt vom Priester Gapon und weiteren Geistlichen, erreicht den Nowajer Triumphbogen in St. Petersburg. Die zaristische Armee ist aufmarschiert

rellen Auszeichnung bedacht, die Rußland zu vergeben hatte! Der Zar sorgt dafür, daß die Akademie die Auszeichnung für ungültig erklärt und zurücknimmt. Nach vierzehn Tagen wird Maxim Gorki die Ehre wieder aberkannt. Aus Protest gegen diese Maßnahme geben die Ehrenmitglieder Wladimir Korolenko und Anton Tschechow ihre Ernennungsbriefe zurück. Die anderen Akademiemitglieder schweigen.

Nach seiner Rückkehr entfaltete Maxim Gorki in Nischni Nowgorod eine rege gesellschaftliche Tätigkeit. »Zu uns kamen« – erinnert sich seine Frau – »reisten an, wohnten für Tage, manchmal auch für Monate Schriftsteller, gesellschaftliche Persönlichkeiten, Schauspieler, Studenten, Parteifunktionäre, Arbeiter, angehende Schriftsteller und zufällige Besucher... In unserer Wohnung fanden die verschiedensten Zusammenkünfte, Repetitionen und gesellige Abende statt.«[15] Doch nicht nur das. Eine illegale ›Nastasja‹, Bevollmächtigte der ›Iskra-Gruppe‹, also der radikalsten sozialdemokratischen Fraktion, schrieb im Oktober 1902 an Lenin: »...Wahrscheinlich hat Ihnen mein Genosse von unserer Begegnung mit Gorki berichtet. Er machte auf uns alle einen ausgezeichneten Eindruck... Es war äußerst erfreulich für mich zu hören, daß seine Sympathien nur auf unserer Seite sind... Er wünscht sehr, näher mit unserer Richtung, allen unseren Publikationen und unserer praktischen Arbeit bekannt zu werden... will... uns auch helfen, soweit er kann. Erstens selbstverständlich mit Geld; und dann schlug er sogar vor, ob er nicht irgendeinen Auftrag... ausführen könnte, doch ich habe es kategorisch abgelehnt, ihn in dieser Hinsicht zu benutzen. Es wäre sehr leichtfertig, ihm irgendeine riskante Sache zu geben... Was das Geld betrifft, so haben wir mit ihm einen Vertrag auf unbefristete Zeit festgelegt. Er wird jährlich 5000 Rubel geben... Er selbst verbraucht nicht mehr als 30 % von allem, was er verdient, das übrige gab er für alle möglichen Sachen, und größtenteils ist das Geld leichtsinnig verschwendet worden, doch jetzt ist er froh, daß alles in gute und richtige Hände kommt...«[16]

Die Uraufführung der ›Kleinbürger‹ – auch ein Ergebnis sei-

11 Die friedliche Demonstration im Januar 1905 wird zum ›Petersburger Blutsonntag‹ und gilt als Anfang vom Ende der Zarenherrschaft

ner Beobachtungen und Erlebnisse in Arsamas – war ein Mißerfolg gewesen. Die Kritik fand das Stück aufgesetzt, die Dialoge schleppend und die Figuren zu einseitig charakterisiert. Auch das Publikum war enttäuscht. So sahen die Zensurbehörden der Uraufführung des Dramas ›Nachtasyl‹ im Dezember 1902 durch das Moskauer Künstlertheater mit Gelassenheit entgegen. Es gab keine Totalabsperrung des gesamten Theaterviertels, keine Personenkontrollen an den Eingängen wie bei den ›Kleinbürgern‹, keine von der Polizei durchsetzten Ränge und Logen. Gorki hatte das ›Nachtasyl‹, das er zunächst ›Auf dem Grunde‹ betitelte, auf der Krim vollendet. Er setzte selbst keine allzugroßen Hoffnungen in das Stück, denn es schien ihm inhaltlich und schriftstellerisch nicht gelungen zu sein. Eine Einschätzung übrigens, die er auch in späteren Jahren wiederholte. Nicht nur das Stück, die ›Kleinbürger‹, auch die Aufführung war mittelmäßig gewesen. Jetzt versuchte Gorki wenigstens diesen Mangel zu beheben. Um den Schauspielern des ›Nachtasyl's‹ die Atmosphäre zu vermitteln, die sie darzustellen hatten, zwang er sie, ein Nachtasyl in Moskau aufzusuchen, dort mit den Elendsgestalten zu sprechen, sich ein Bild zu machen von der letzten Stufe in der Rangordnung der russischen Gesellschaft. Etliche Schauspieler sahen zum ersten Mal in ihrem Leben diesen Abgrund menschlichen Elends. Sie waren erschüttert und setzten dieses Mitleid in ihr Rollenspiel um. Sie vermittelten die stille Verzweiflung der heruntergekommenen Menschen, ihre Hoffnung, als der Pilger Luka auftaucht und sie mit Visionen vom besseren Leben begeistert und aufmuntert; ihren menschlichen Zusammenbruch, als deutlich wird, daß Luka nur gelogen hat, vielleicht um ihnen zu helfen, vielleicht aber auch nur, um vor ihnen zu glänzen. Der Absturz aus Hoffnung und Traum in das wirkliche Leben zurück führt zum einsamen Sterben der einen, zum Selbstmord des nächsten, zum Mord an dem Asylvermieter durch den dritten, alles versinkt in Ausweglosigkeit. »Ach, Brüder, was braucht schon der Mensch?! 'n bißchen Schnaps... Stimm an... das Lieblingslied! Will singen... will weinen!«[17] Beifallsstürme brausen bereits nach dem ersten Akt auf, der Vorhang muß unten bleiben, Gorki – verlegen die Zigarette zwischen den Lippen – steht verwirrt auf der Rampe und weist darauf hin, daß die Vorstellung ja noch weitergehe, das Stück noch gar nicht zu Ende sei. Er zieht sich zurück, wird wieder auf die Bretter gerufen, kann endlich das Signal geben, die Aufführung fortzusetzen. Szenenbeifall, Unterbrechungen auch nach dem zweiten Akt, und so geht es weiter bis zum letzten Wort. Das Publikum tobt, die Kritik jubelt: Das waren nicht mehr die stolzen Barfüßler von der Sorte eines ›Tschelkas‹ oder ›Konowalow‹, sondern »Kehricht! Abtrittkumpanei...«,[18] der Asylvermieter kein menschlich imponierender Rittmeister Kuwalda, sondern eine miese, geldgierige Kreatur. Das war die Wirklichkeit, die ungeschminkte Wahrheit! Die Romantik bei der Einschätzung der Ausgestoßenen hatte sich überlebt, die ungeschminkte Darstellung des sozialen Elends der Gegenwart war gesellschaftskritische Analyse und Hoffnung auf Veränderung zugleich. Gorki, der ›Sturmvogel‹, wird erneut zum Propheten einer besseren Zukunft, das ›Nachtasyl‹ wirkt als Fanal.

12 Zar Nikolaus II. von Rußland mit seiner Familie

Bis zum April 1903 spielt man es fünfzigmal vor ausverkauftem Hause, werden 25000 Exemplare des gedruckten Textes verkauft. In Berlin wird die übersetzte Fassung des ›Nachtasyl's‹ mit fünfhundert Aufführungen zum größten Theatererfolg des Jahrzehnts.

Doch merkwürdig: Maxim Gorki war unzufrieden und durchlebte eine schriftstellerische Krise. Er schrieb wenig, kaum Erzählungen, gerade ein literarisches Porträt anläßlich des Todes von Anton Tschechow, und arbeitete unlustig an einem neuen Drama, das er ›Sommergäste‹ nennen würde. Seine Ehe war gescheitert. Er trennte sich von Frau und Kindern und zog mit der Schauspielerin Marija Fjodorowna Andrejewa zusammen. Er kannte sie seit 1900 und war mit ihr bei den Proben zum ›Nachtasyl‹ wieder zusammengetroffen. Den Kontakt zu seiner ersten Frau Katharina Pawlowna brach er allerdings nie ab, sie würden sich auch weiterhin sehen und sich Briefe schreiben, nur zusammenleben konnten sie nicht mehr. Sein Ruhm und die damit verbundenen hohen Erwartungen der Menschen an ihn machten ihm zu schaffen. Die Barfüßlergeschichten, ›Das Lied vom Sturmvogel‹, das ›Nachtasyl‹: er war zur kulturellen Symbolfigur des erhofften Umsturzes geworden und in eine politische Rolle gedrängt, die ihm Unbehagen verursachte, weil er sie offensichtlich in der letzten praktischen Konsequenz nicht erfüllen konnte. Seit der Demonstration vor der Kasaner Kathedrale fühlte er sich jenen verpflichtet, die am konsequentesten den Umsturz propagierten. Materiell unterstützte er daher in erster Linie Lenins Anhänger, aber er verweigerte eine schriftstellerische und propagandistische Mitarbeit. Lenins Frau nämlich hatte im Gegensatz zur ›Nastasja‹ dringend darum gebeten. Maxim Gorki erschien der Öffentlichkeit zwar als unbändiger Revolutionär, doch stießen ihn die ideologischen Geplänkel innerhalb der Parteien, vor allem der permanente Fraktionshader der Sozialdemokraten ab. Er konnte sich einfach nicht auf die »theoretischen Höhen programmatischer, taktischer und organisatorischer Probleme«[19] einlassen. 1904 wollte Gorki den Lenin-Leuten und seinen Bolschewiki[20] nur noch Geld geben, wenn die neue Fraktionszeitung ›Vpered‹, übersetzt ›Vorwärts‹, auf die kleinliche Polemik verzichte. Doch er kam nicht mehr dazu, seine Drohung wahrzumachen. Die politischen Ereignisse überrollten nicht nur das ganze Land, sondern auch ihn. Sie zwangen ihn in der Konsequenz in eine Rolle, die er bis zu diesem Zeitpunkt theoretisch zwar befürwortete, aber praktisch noch nicht umgesetzt hatte. Zum zweiten Mal war es das persönliche Erlebnis, das den Umschwung brachte.

Die drohende Niederlage im Krieg gegen Japan hatte das Russische Reich in eine schwere Krise gestürzt. Viele Soldaten waren in diesem Krieg gefallen, etliche Bauernhöfe damit ihrer

Zukunft beraubt. Die Kriegskosten verursachten Firmenzusammenbrüche und Arbeitslosigkeit, zugleich wurden die Arbeitsbedingungen verschärft. Der Rubel inflationierte, für mehr Geld konnten die Menschen immer weniger kaufen. Hungerunruhen und Streiks brachen fast überall im Lande aus. Sie wurden von den Militärs niedergeschlagen. Terroristen sprengten Brücken und öffentliche Gebäude, Attentäter erschossen Repräsentanten der zaristischen Politik und Verwaltung. Illegale Vereinigungen wucherten. Die Gefängnisse füllten sich mit politischen Häftlingen. Auf den Bahnhöfen sah man immer häufiger ganze Trupps zusammengeketteter Gefangener, die nach Sibirien deportiert wurden.

Der Priester Georgi Gapon gründete unter den Arbeitern von Petersburg eine nichtsozialistische Vereinigung. Es war eine von vielen Vereinigungen, die während der Unruhen entstanden, aber Gapon[21] übte einen so faszinierenden Einfluß aus, daß sich seine Anhängerschaft bald weit über die von ihm agitierten Arbeiter in den Fabriken hinaus zusammensetzte. Die Berichte über seine Ansprachen in den Fabriken entwickelten sich zur Flüsterpropaganda, bald liefen ihm Studenten, Schüler, Intellektuelle, Frauen und sogar wohlsituierte Vertreter des Mittelstandes haufenweise zu, angezogen vor allem von der Tatsache, daß Gapon Gewaltlosigkeit propagierte, das Zarentum akzeptierte und das Christentum integrierte, aber die staatskonforme Kirche ablehnte. Gapon forderte mehr Rechte für die Unterdrückten und eine Verbesserung der Lebens- und Arbeitsbedingungen. Im Januar 1905 rief er zu einer Demonstration auf. Man wollte dem Zaren eine Petition, eine Bittschrift überreichen, mehr nicht. Die Petition war von rund 135000 Menschen unterschrieben worden und begann mit den Worten: »Wir, die Arbeiter der Stadt St. Petersburg, unsere Frauen, Kinder und hilflosen greisen Eltern, sind zu Dir, Gossudar*, gekommen, um Gerechtigkeit und Schutz zu suchen. Wir sind verelendet, wir werden unterdrückt, über unsere Kraft mit Arbeit belastet, man verhöhnt uns, man läßt uns nicht als Menschen gelten. Man behandelt uns wie Sklaven... Despotismus und Willkür würgen uns, und wir ersticken. Unsere Kräfte versagen, Gossudar, unsere Geduld ist erschöpft. Wir sind bei dem furchtbaren Augenblick angelangt, in dem der Tod willkommener ist als die Fortsetzung der unerträglichen Qualen.«[22] Hinter dieser eindeutig zarentreuen Präambel aber standen die Forderungen, die einen totalitären Herrscher in seiner Macht bedrohen mußten: Freiheit und Sicherheit der Person; eine Presse ohne Zensur, Versammlungs- und Gewissensfreiheit; Einberufung einer Versammlung, die eine Verfassung ausarbeiten moge, genannt die Konstituierende Versammlung; Verantwortlichkeit der Minister, eine Verwaltung, die nach offiziellen Gesetzen zu arbeiten habe; Gründungsfreiheit für Arbeiterverbände, die Reduzierung der Arbeit auf einen Acht-Stunden-Tag oder eine angemessene Bezahlung der Überstunden, Entlastung der verschuldeten Kleinbauern, allmähliche Übergabe des landwirtschaftlich genutzten Bodens an das Volk, also Enteignung der Gutsherren, Volksbildung auf Staatskosten sowie Trennung von Kirche und Staat.[23] Der Innenminister und das Justizministerium erhielten eine Abschrift der Petition. Die Forderungen waren überzogen, das war völlig klar, doch es war ja nur eine Bittschrift. Aber der Zar ließ das Militär mobilisieren und reiste selbst aus Petersburg ab. Er war nicht bereit, sich dem demonstrierenden Volk zu zeigen oder gar die Petition entgegenzunehmen. Am Vorabend des 9. Januar begab sich eine Abordnung von Intellektuellen, unter ihnen Maxim Gorki, in die Privatwohnung des ehemaligen Innenministers Witte, dem Vorsitzenden des Komitees der Minister, und forderte von der Regierung, die Mobilisierung der Armee zurückzunehmen, die Sperre um das Winterpalais aufzuheben und den Zaren zu veranlassen, zurückzukommen und zum aufgeregten Volk zu sprechen. Ein Blutbad sei sonst unvermeidbar. Vergeblich.

Am nächsten Tag nehmen rund 140 000 Menschen an der Demonstration teil. Sie sind unbewaffnet, tragen Porträts des Zaren, Kirchenfahnen und Heiligenbilder vor sich her und singen Choräle. An der Spitze geht der Priester Gapon im Kirchengewand. Witte, der von seinem Balkon aus zuschaut, wird diese Manifestation später als ›Prozession‹ charakterisieren.[24] Als der Aufmarsch vor dem Winterpalais beendet ist und sich die Massen dort stauen, eröffnet das Militär das Feuer: »Bei jeder Salve fielen die Menschen haufenweise, einige mit dem Kopf nach vorn, als verneigten sie sich vor ihren Mördern. Fest eingebrannt in mein Gedächtnis« – so Maxim Gorki – »haben sich die kraftlosen Handbewegungen der am Boden liegenden Menschen«.[25] Die Soldaten stehen in geordneten Reihen vor dem Winterpalais und schießen, die Dragoner preschen auf ihren Pferden vor und säbeln auf die Menschen ein, jagen sie durch die Straßen, über die Brücken, in die Hinterhöfe, wo sie sie niedermachen: Ein Dragoner hieb einem rotblonden Arbeiter »mit dem Säbel ins Gesicht und durchschnitt es diagonal von den Augen bis zum Kinn. Ich sehe noch die unnatürlich geweiteten Augen des Arbeiters vor mir, ...erinnere... mich voll Grauen an das Winseln des Dragoners... Ermattet schwankte er auf dem tänzelnden Pferd und wischte zweimal den Säbel an der Kruppe ab wie ein Koch das Messer an seiner Schürze«.[26] Das Gemetzel war unglaublich, bis in die Nacht hinein wurden die Demonstranten verfolgt. Mehr als tausend Tote und über 2000 Verletzte gaben diesem Ereignis seinen grausigen Namen: im In- und Ausland sprach man nur noch vom ›Petersburger Blutsonntag‹.

Drei Tage später wurde fast die gesamte Delegation, die am Vorabend zu Witte gegangen war, verhaftet. Als Hauptschuldiger galt Maxim Gorki. Es ging um einen Augenzeugenbericht der Ereignisse, der mit einem Manifest schloß und zum Kampf gegen die Selbstherrschaft aufrief. Der »Nishni-Nowgoroder Handwerker Alexej Maximowitsch Peschkow, 35 Jahre alt«, habe – so der Wortlaut der Anklageschrift – »...zum Zwecke der Weiterverbreitung einen Aufruf verfaßt, der zum Umsturz der bestehenden staatlichen und sozialen Ordnung aufforderte«.[27] Ein Schrei der Entrüstung ging nicht nur durch Rußland. Diesmal reichte die Empörung über Gorkis Verhaftung weit über die Grenzen des Landes hinaus: in Frankreich,

Deutschland, Italien und in Amerika fanden Demonstrationen statt, erschienen Protestaufrufe in den Zeitungen, wurden Solidaritäts- und Grußadressen der Schriftstellerkollegen abgedruckt. Anzeigen, überschrieben mit »Freiheit für Maxim Gorki«, enthielten Unterschriftenlisten und forderten die Leser auf, sich daran zu beteiligen, wurden massenhaft an die russische Regierung geschickt. In New York setzte man im ›Metropolitan‹ das ›Nachtasyl‹ auf das Programm. Vorangestellt wurde dem Stück ein Prolog, in dem Gorki dargestellt wurde, im Gefängnis sitzend und an einem neuen Stück über die ›Barfüßler‹ schreibend. Die Sätze des Schauspielers waren Originalzitate aus Gorkis Werken. Als dann auch noch bekannt wurde, daß Gorki wieder Blut spuckte und lebensbedrohlich erkrankt war, gab es kaum eine europäische Regierung, die jetzt nicht auf diplomatischem Wege versuchte, Gorkis Freilassung zu erwirken. Zwei Monate später beugte sich der Zar dem internationalen Druck; Gorki wurde gegen eine Bürgschaft von 10000 Rubeln entlassen und erhielt die Erlaubnis, sich zur Kur nach Jalta zu begeben. Ab Mai 1905 durfte er überall wohnen, nur nicht in Petersburg. Er ging nach Kuokkola in Finnland, nicht zuletzt, weil er eine erneute Verhaftung befürchtete.

Die Reaktion des russischen Volkes auf den ›Petersburger Blutsonntag‹ war eindeutig: Das Ansehen der Sozialdemokraten, die das Blutbad vorausgesagt hatten, wuchs. Die Arbeiter rissen desillusioniert das Zarenporträt von den Wänden ihrer Wohnungen und bestreikten massenhaft die Betriebe, allein Ende Januar waren es bereits über 500000. Das Zarenreich begann zu wanken. Vorwurfsvoll sagte Zar Nikolaus II. im März 1905 zu seinem Innenminister, der eine verschärfte Überwachung der Fabrikarbeiter forderte: »Es sieht ja aus, als befürchten Sie den Ausbruch einer Revolution!« »Majestät«, konterte trocken der Minister, »die Revolution ist bereits im Gange.«[28]

Der Frieden von Portsmouth bestätigte, daß Rußland den Krieg gegen Japan verloren hatte. Im August 1905 unterschrieb der Zar ahnungsvoll das erste Verfassungsgesetz zur sogenannten Duma, der Volksvertretung. Aber das befriedete die Situation nicht mehr. Jetzt gründeten auch die bürgerlichen Gruppierungen ihre eigene Partei, die sogenannten ›Kadetten‹. Sie forderten eine weitergehende Verfassung und eine konstitutionelle Demokratie. Die Sozialdemokraten – Menschewiki wie Bolschewiki – aber wollten den Umsturz. Auf dem Land begannen Bauernunruhen, Gutshöfe wurden geplündert und angezündet, die Besitzer umgebracht.

Die Konservativen, die sogenannten Rechten, gründeten einen vaterländischen Verband, aus dem die ›Schwarzen Hundert‹ hervorgingen, eine Wach- und Schutztruppe, die den Auftrag erhielt, das Zarenreich gegen Staatsfeinde, Ausländer und Juden zu verteidigen. Die ›Schwarzhunderter‹, wie sie bald darauf genannt wurden, waren jedoch primär eine von kriminellen Elementen durchsetzte Terrorgruppe, die Pogrome organisierte und als Ouvertüre Wohnungen verwüstete, 3500 Menschen – meist Juden – umbrachte oder Arbeiterversammlungen überfiel. So starben in Tomsk rund 1000 Teilnehmer einer Versammlung im Gebäude der Eisenbahnverwaltung, das die Schwarzhunderter umstellt und angezündet hatten. Die Polizei sah bei allen Aktionen tatenlos zu, die zaristischen Behörden unterstützten die Schwarzhunderter mit Geld und Waffen. Rechtlosigkeit, Terror und Gegenterror bestimmten zunehmend die Monate nach dem ›Petersburger Blutsonntag‹. Das Manifest des Zaren, das eine gesetzgebende Reichsduma, Presse-, Rede- und Versammlungsfreiheit versprach, kam zu spät und galt als unzureichend. Ein Generalstreik und eine Meuterei u. a. auf dem Panzerkreuzer Potjomkin im Oktober 1905 waren der Auftakt zu jenen Ereignissen, die man später die Erste Russische Revolution nennen würde.

6000 Matrosen von Sewastopol ziehen die rote Fahne auf ihren Schiffen auf. Sie rufen den ›Sowjet der Matrosen-Deputierten‹ aus. Die Meuterei erstickt im Maschinengewehrfeuer des zaristischen Militärs. Gefangene werden getötet, später aufgegriffene Beteiligte ebenso wie Unbeteiligte von Hinrichtungskommandos gruppenweise in den Hinterhöfen füsiliert. Der

Generalstreik der Arbeiter in Moskau soll gleichfalls mit Waffen gebrochen werden, doch die Stadt ist größer als zwei Panzerschiffe und eine kleine Seefeste. Arbeiter und Bürger wehren sich gegen das drohende Schicksal. Überall in den Straßen entstehen Barrikaden, die den Vormarsch der zarentreuen Truppen verhindern sollen; die Fenster der Wohnungen werden vernagelt, Sandsäcke vor den Eingangstüren sollen die Gewehrschüsse abfangen, jedoch gegen die schwere Artillerie mit Mörsern, die der Zar nun einsetzt, schützen sie nicht. Das Volk ist über die Härte des Beschusses entsetzt. Der Widerstand wird zum Aufstand, Barrikadenkämpfe, Schußwechsel, Verhaftungen, standrechtliche Erschießungen überall; die Schwarzhunderter wüten, ihre Gegner schlagen zurück. Lenin, seit 1900 im Exil, kehrt zurück und springt auf den fahrenden Zug der Rebellion, seine Bolschewiki sind überall dort, wo gekämpft wird. Maxim Gorki kehrt zurück und wird Augenzeuge des Aufstands. Später wird er seine Eindrücke in seinem letzten Roman ›Klim Samgin‹ schildern. Authentisch sind aber nur seine Berichte über den Aufstand, nicht über den Zusammenbruch, da ist er schon kein Augenzeuge mehr. Doch das, was er in diesen wenigen Tagen der Ersten Russischen Revolution sieht, reicht völlig aus, zwingt ihn, nun auch im praktischen Handeln Partei zu ergreifen: würdige Professoren von der Universität hantieren ungeschickt mit Pistolen und schießen aus dem Fenster ihrer Wohnungen auf die herannahenden zaristischen Soldaten. Greise am Stock humpeln den Dragonern entgegen, um sie am Schießen zu hindern. Sie werden wie Hunde mit Gewehrkolben erschlagen. Hausknechte zerren Möbel auf die Straße und verschanzen sich dahinter. Dienstmädchen werfen sich schützend vor die Barrikade in ihrer Straße und sterben unter dem Feuer der Maschinengewehre. Kinder sitzen neben Revolutionären auf den Dachböden und reichen Munition nach, Hausbewohner organisieren unter sich Bewacher für die Straßensperren, Arbeiter besetzen ihre Fabriken und bilden schlagkräftige Bastionen. Alle sind dabei, und alle setzen ihren Freiheitswillen in die revolutionäre Tat um. »Mit Tränen löschst Du das Feuer nicht.« Dieser Satz zieht immer wieder durch Erzählungen, autobiographische Schriften und Romane von Maxim Gorki, wird im ›Klim Samgin‹ geradezu beschwörend häufig wiederholt.[29] Die Barfüßlererzählungen waren voll Mitleid, das ›Nachtasyl‹ eine Klage, der ›Sturmvogel‹ eine Hoffnung. Es waren bislang Worte geblieben. Ihr Schöpfer hatte nicht eingegriffen. Aber die grauenvollen Erlebnisse der Revolutionstage, die Erkenntnis, daß so viele unterschiedliche Menschen aus fast allen Schichten der Bevölkerung ihr Leben riskierten, erzwangen auch von Maxim Gorki die praktische Konsequenz. Seine Wohnung in Moskau wurde zum Widerstandsnest. Sie diente als Umschlagplatz für Waffen und Sprengstoff, als Krankenstation für die Erstversorgung von Verletzten, als Organisationszentrale zur Verpflegung der Barrikadenkämpfer. Bolschewiki fanden sich dort zu illegalen Treffen ein, in denen die Einsätze besprochen wurden. Kampfeinheiten gingen ein und aus, Anfänger veranstalteten in den Zimmern Schießübungen, Gewehre, Revolver und Granaten wurden in die Wohnung gebracht und von Kämpfern wieder abgeholt. Die Verletzten wurden bei zuverlässigen Leuten untergebracht. Gorki und Marija Andrejewa, nicht nur Schauspielerin, sondern längst auch Revolutionärin, kamen tagelang nicht zum Schlafen. Der Schriftsteller verfaßte kriegerische Botschaften und ließ sie in den Straßen verteilen, hektographiert in alle Teile des Landes verschicken, in denen das revolutionäre Feuer als Reaktion auf die Ereignisse in Moskau spontan wieder aufflackerte. Es erfaßte große und kleine Städte, Dörfer und Ortschaften, reichte bis nach Sibirien. Maxim Gorki rief zum Kampf – sollte »der Sturm nur rasend wüten!...«

Doch der Aufstand brach zusammen, die Menschen verbluteten nicht nur auf den Barrikaden in Moskaus Straßen, sondern im ganzen Land. »Auf den Sieg der Ordnungstruppen folgten standrechtliche Massenhinrichtungen, Verhaftungen und Deportationen. Längs der Eisenbahnlinie Moskau–Kasan wütete der weiße* Terror eines Garderegiments... Es wurde gehängt, erschossen und gemordet. Kollektivstrafen wurden angeordnet, ganze Dörfer niedergebrannt. Tausende von Menschen kamen bei diesen Strafexpeditionen ums Leben, Zehntausende wurden eingekerkert oder verbannt.«[30] Die Schwarzhunderter zogen in Rotten durch die Straßen der Städte, drangen in die Wohnungen ein, folterten und ermordeten Verdächtige. Der Zar hatte noch einmal gesiegt, zum letzten Mal. Lenin ging wieder ins Exil, Maxim Gorki, gegen den ein Haftbefehl vorlag, floh nach Finnland.

Sein revolutionäres Handeln blieb keine Episode. Er wurde Mitglied der sozialdemokratischen Partei, Fraktion Bolschewiki. Für Nikolaus Katzer hatte Gorki damit »innerhalb kürzester Zeit eine Entwicklung durchlaufen, die sich in dieser Form nicht als logische Fortführung seines Weges vor dem Jahr 1905 fassen läßt. Innerhalb eines Jahres hatte er den Schritt vom Sympathisanten und Mäzen zum bedingungslosen Parteianhänger vollzogen. Was für andere ein Zurückschrecken vor der Radikalität, eine Flucht vor den revolutionären Ereignissen nach sich zog, war für ihn das Signal zum aktiven Eingreifen in das Geschehen. Nach dem Erlebnis des ›Blutsonntags‹ ging es nicht mehr bloß um ›die Seite, auf der die meiste Aktivität‹ zu spüren war, sondern um die Organisation, die am bedingungslosesten auf den ›Tag der Vergeltung‹ zusteuerte. Die erwachte, zunächst noch sprachlose Kampfbereitschaft des Schriftstellers führte über die konspirativen Verwicklungen des Sommers 1905 zu jener Kompromißlosigkeit, die sich nach dem Oktobermanifest des Zaren in publizistischen Kampfschriften und aktiver Beteiligung am bewaffneten Aufstandsgeschehen von Moskau entlud. Der Schriftsteller trennte nicht mehr zwischen beiden Formen der ›Aktivität‹: Was er als Schriftsteller mit der Feder fördern wollte und was ihn zum Parteiliteraten machte, das sollte auch mit der Waffe durchgesetzt werden, womit er zum Parteikämpfer wurde.«[31]

Gorki erhält von Lenin den Auftrag, ins Ausland zu reisen, um dort Geld für die Partei zu sammeln, Sympathisanten für die Revolution zu gewinnen und allen, die ihm zuhören wollen, zu erzählen, was wirklich geschehen ist. Es wollen ihm viele zuhören: In Deutschlands Hauptstadt Berlin sind die Säle überfüllt und müssen geschlossen werden, Vorlesungsabende werden wiederholt, Fragen beantwortet, Geld gesammelt, revolutionäre Lieder gesungen. Hier in Deutschland trifft er auf die Sozialdemokraten August Bebel und Karl Liebknecht, ist entsetzt über ihre Selbstzufriedenheit, ihre betuliche Ausstrahlung und ihre spießbürgerliche Umgebung, die saubere Wohnung. All das ist für ihn Indiz, daß Deutschlands Revolutionären der anarchische Schub fehlen wird, einen Umsturz herbeizuführen. In Frankreich hat er nur einen Tag Zeit, erscheint dort inkognito, um Banketten, Volksaufläufen und zeitraubenden Ehrungen zu entgehen. Er versucht, die französischen Genossen davon zu überzeugen, nicht für eine Staatsanleihe Frankreichs an das Zarenreich zu stimmen. Aber dann Amerika, welch ein Empfang! Tausende hatten sich schon am Kai von New York zur Begrüßung eingefunden, jubelten, hielten Transparente hoch, warfen Konfetti. Für einen Teil der Menge, die vielen russischen Emigranten, erschien hier der Sturmvogel der Revolution; für den anderen Teil, die Bürger der Vereinigten Staaten, verkörperte er den amerikanischen Traum des beispiellosen Aufstiegs aus dem asozialen Nichts zur weltbekannten Persönlichkeit. Maxim Gorki und Marija Andrejewa wurden mit Einladungen und Ehren überhäuft, der Schriftstellerclub gab ein Bankett, Mark Twain hielt die Begrüßungsrede, die Journalisten umlagerten beide, füllten ihre Zeitungen mit begeisterten Artikeln, man sprach bereits von einem Besuch beim amerikanischen Präsidenten. Da platzte die Bombe. Die zaristischen Behörden teilten der amerikanischen Regierung und zugleich den wichtigsten Zeitungen in den USA mit, daß die begleitende Marija Andrejewa keineswegs die Ehefrau Gorkis sei, sondern seine Geliebte. Die öffentliche Meinung schlug um. Die Journalisten gaben sich empört. Sie schilderten in herzergreifenden Artikeln die verlassene Ehefrau Katharina Pawlowna, die mit den zwei unmündigen Kindern kummervoll auf die Heimkehr ihres Mannes warte, von dem sie ja schließlich nicht geschieden sei. Marija Andrejewa und Maxim Gorki mußten augenblicklich aus dem Hotel ausziehen, ihre Koffer standen schon auf dem Gang. Sie machten sich auf die Suche nach einem neuen Quartier, vergeblich, drei Hotelbesitzer wiesen sie mit harschen Worten ab. Verstört übernachteten sie zunächst im Schriftstellerclub, wurden dort aber gebeten, sich nicht am Fenster zu zeigen und so rasch wie möglich auszuziehen. Einladungen wurden zurückgenommen, Veranstaltungen abgesagt, Mark Twain ließ mitteilen, daß er kein Interesse an einem weiteren Gespräch habe.

Puritanismus und Pressehetze machten den so hoffnungsvoll begonnenen Amerika-Aufenthalt zum persönlichen Fiasko für Maxim Gorki. Die Journalisten veröffentlichten Fotos von seiner Frau nebst beiden Kindern und vermuteten, jene seien nun dem Hungertod preisgegeben. Als dann auch noch bekannt wurde, daß die kleine Katjuscha an Schwindsucht gestorben war, gab es eine neue Welle bösartiger Artikel. In diesem Klima entstand der Stoff zu Gorkis Satiren über ›Die Stadt des gelben Teufels‹, ›Das Königreich der Langeweile‹ und ›Mob‹. »Aus den Augen dieser Menschen leuchtet keine innere Freiheit«, heißt es über die amerikanischen Arbeiter, »keine Freiheit des Geistes. Diese Energie ohne Freiheit erinnert an den kalten Glanz eines Messers, das noch nicht stumpf geworden ist. Es ist die Freiheit blinder Werkzeuge in der Hand des Gelben Teufels, des Goldes«.[32] Nach Gorkis Auffassung dominiert in den amerikanischen Städten nichts als Materialismus und Langeweile, selbst im Vergnügungspark: »Schwangere Frauen tragen selbstzufrieden die Schwere ihrer Bäuche vor sich her. Kinder gehen schweigend vorüber, die Münder aufgesperrt und blicken... so angespannt und ernst um sich, daß sie einem beklemmend leid tun wegen dieses Blicks, der ihre Seele mit Häßlichkeit anfüllt, die sie für Schönheit halten. Die rasierten, bartlosen Gesichter der Männer, die einander sonderbar ähnlich sehen, sind solide unbeweglich... sie sind viel zu seriös, um ihre Gefühle auszudrücken, darum haben sie alle in gleicher Weise die dünnen Lippen zusammengepreßt und blicken mit verkniffenen Augen unter gesenkten Stirnen hervor...«[33] Die Zauberstadt des Vergnügungsparks entlarvt die Menschen: »In dem flimmernden Spinnennetz ihrer transparenten Bauten kriechen gelangweilt Zehntausende grauer Menschen mit farblosen Augen umher, wie Läuse in den Lumpen eines Bettlers. Gierig und gemein zeigen sie die abstoßende Nacktheit ihrer Lüge und die Naivität ihrer Schlauheit, ihre Heuchelei und die Unersättlichkeit ihrer Gier... Bloß eines ist gut in der Lichterstadt – man kann seine Seele fürs ganze Leben anfüllen mit Haß gegen die Kraft der Dummheit.«[34] Hier schrieb nicht mehr der mitleidige MENSCH, sondern der subjektive Parteimann. Daß er auch das andere, liberale Amerika erlebte, änderte wenig an seiner Einseitigkeit. Etliche Bürger hatten den beiden unerwünschten Russen Quartier angeboten. Gorki und Marija Andrejewa nahmen die Einladung des Ehepaars Martin an und wohnten monatelang in deren Villa in Staten Island an der Mündung des Hudson. Von hier aus bereiste Gorki die großen Städte und hielt wie geplant seine Vorträge, die stets mit dem Vorlesen des ›Sturmvogels‹ in englischer Sprache begannen, von der blutigen Herrschaft des Zaren Nikolaus II. berichteten und abschließend um ideelle wie finanzielle Unterstützung für den Widerstand warben. Der propagandistische und finanzielle Erfolg war allerdings mäßig. Hier in Staten Island schrieb Maxim Gorki seinen Roman ›Die Mutter‹ und von hier aus versandte er seine Proteste gegen die von Frankreich tatsächlich bewilligten Staatskredite für das Zarenreich nach ganz Europa: »Frankreich! Die Goldgier hat dich in Schande gestürzt, dein Verhältnis mit den Bankiers hat deine ehrliche Seele verdorben und ihr Feuer in Schmutz und Gemeinheit ausgelöscht... Du... hast den Vormarsch zur Freiheit um mehr als einen Tag aufgehalten. Mit Hilfe deines Goldes wird abermals das Blut des russischen Volkes vergossen. Möge dieses Blut die verfallenen Wangen deines falschen Gesichts mit der Flammenröte ewiger Scham übergießen. Du einst Geliebte! Ich speie dir mein Blut und meine Galle ins Gesicht!«[35] Mit diesen Formulierungen machte er sich nunmehr auch die europäische Presse zum Feind. Gorki und Marija Andrejewa gerieten zunehmend in Isolation. Je schärfer Gorki schrieb, um so mehr Menschen in Amerika und Europa wandten sich von ihnen ab, waren grenzenlos enttäuscht. Maxim Gorki – ganz aufgehend in seiner neuen Rolle als aktiver Propagandist – interpretierte die Abweisung als Ignoranz. Eigensinnig veröffentlichte er seine amerikanischen Skizzen noch im Land seiner Gastgeber. Der Pressewirbel, den diese Skizzen verursachten, muß nicht beschrieben werden. Sein Aufenthalt in Amerika war unmöglich geworden. Er verließ das Land in dem stolzen Bewußtsein des revolutionären Nonkonformisten. Diesen Kapitalistenknechten hatte er es gezeigt!

Aber 1929 wird er seinem Biographen Ilja Grusdew beschämt schreiben: »Einen zweiten Teil der ›Amerikanischen Skizzen‹ gab es nicht. Ich wäre froh, hätte es auch den ersten nicht gegeben.«[36]

10.
Der Traum vom anderen Ich: Maxim Gorki und Lenin

Was macht Maxim Gorki in Italien? Er träumt von Rußland. »Wenn ein aus dem Kiefer herausgeschlagener Zahn in der Lage wäre zu empfinden, dann würde er sich wahrscheinlich genauso einsam gefühlt haben wie ich«.[1] Das Heimweh ist so übermächtig, daß er in den sieben Jahren seines Exils auf der Insel Capri kaum mehr als Begrüßungs- oder Dankesfloskeln in der Sprache seines Gastlandes sprechen lernt. Statt dessen holt er sich seine Heimat ins Haus. Tagelang, wochenlang, mitunter monatelang leben mindestens drei, manchmal bis zu zehn ständige Gäste bei ihm auf Capri, fast alle aus Rußland: Maler, Schriftsteller, Sänger, Wissenschaftler oder Arbeiter. Entweder sind es Emigranten, die wie Gorki eine Rückkehr ins Zarenreich vermeiden, um nicht sofort an der Grenze verhaftet zu werden, oder legal Ausgereiste, von denen noch kein beschriebenes Blatt in den Aktenschränken der russischen Geheimpolizei liegt. Von deren Kommen hat Gorki gewußt, hat sie eingeladen. Ungezählt aber sind die vielen Überraschungsbesucher, die gar nicht erst eine Einladung abgewartet haben, sondern einfach mit dem Boot auf die Insel übersetzen und in der Tür stehen: Studenten auf der Durchreise zu ihrem Auslandsstudienort in Paris oder Berlin, Kaufleute, die auf der Suche nach neuen Geschäftspartnern den Westen bereisen, Gelehrte auf dem Weg zu Symposien, aber auch Weltenbummler, Entwurzelte, Lebenskünstler. Alle, die eingeladenen wie die unerwarteten Gäste, sitzen bei den täglichen Mahlzeiten mit am Tisch, der wegen der Besuchermassen bald zur großen Tafel wird. Jeder erhält ein Nachtlager entweder im Haus oder in einem Privatquartier des Dorfes. Marija Andrejewa achtet auf seine Gesundheit, organisiert den großen Haushalt, schreibt seine Texte auf der Schreibmaschine ab, fungiert als Dolmetscherin. Sie lenkt geschickt die Besucherströme in Bahnen, die Maxim Gorki noch eine Arbeit an seinen Manuskripten ermöglichen. Die Zeiten für die Gäste sind streng geregelt und von seinem Arbeitsrhythmus bestimmt. Der frühe Morgen und der Vormittag sind für andere tabu, Gorki sitzt in seinem Arbeitszimmer und beantwortet Briefe oder schreibt an seinen Werken. Dem gemeinsamen Mittagessen mit der Familie – auch der Sohn Max, der mit seiner Mutter in der Schweiz lebt, ist meistens in seinen Schulferien hier – folgt eine Ruhepause bis zum Nachmittagstee mit Gästen. Danach zieht sich Gorki wieder in sein Arbeitszimmer zurück und erscheint erst zum Abendbrot wieder. Der späte Abend und die Nacht gehören der Familie und den Besuchern.

Dort, wo Rußland nicht als Gast kommt, schreibt Gorki es sich heran. Manchmal bringt der italienische Briefträger an einem einzigen Tag über 60 Sendungen: Grußadressen, persönliche Schreiben, Bettelbriefe, Manuskripte mit der Bitte um Stellungnahme und Korrektur. Maxim Gorki beantwortet jeden Brief, nimmt Stellung zu angeschnittenen persönlichen und politischen Problemen, verschickt Buchpakete an Bittsteller, korrigiert die Erstwerke von Laienautoren und würdigt die Meisterwerke von jungen Literaten. Er fordert seine Briefpartner auf, ihm ausführlich aus Rußland zu berichten, von ihrer Arbeit, vom Leben in ihrem Dorf, von dem in der Stadt. Er bittet um aktuelle Zeitungen, die gebildeten Briefpartner um Bücher.

Maxim Gorki lebte auf Capri genauso wie in Rußland, mehr noch, er lebte so, als sei er in Rußland, schien nicht zu realisieren, daß er fern der Heimat war. Er nahm nicht den blühenden Garten seiner italienischen Villa in sich auf. Den herrlichen Meeresblick aus dem Fenster seines Arbeitszimmers assoziierte er mit dem Kaspischen Meer. Die italienischen Fischerboote mit den bunten Segeln erinnerten ihn intensiv an die russischen Fischer, die so ganz anders waren als die sorglosen

13 Wladimir Iljitsch Lenin, Freund und Feind zugleich, Gorkis Traum vom anderen Ich

italienischen Lebenskünstler, die ihn umgaben: »Das Volk ist ein Spitzbube, aber lieb, es ist schmutzig, aber schön, es liebt das Geld, aber wie ein Kind. Es braucht es vornehmlich zum Kartenspielen«,² schrieb er im November 1906 an seinen Freund Leonid Andrejew. Die vielen ›aber‹ symbolisierten seine Entwurzelung. Er war und blieb über die ganzen sieben Jahre, die sein Exil in Italien dauern sollte, fremd in diesem Land. So waren auch die sogenannten Italienischen Erzählungen, rund 25 Geschichten – die einzigen, die aus seinem unmittelbaren Lebensbereich stammten – auffallend kurz und inhaltsarm, obwohl sie von den Menschen handelten, die ihm täglich bei seinem Leben auf Capri, bei Wochenendausflügen nach Rom oder Reisen nach Florenz begegneten. Aber er sah sie eben nur, sprach kaum mit ihnen, und wenn, dann nur in der

14 Maxim Gorki nach einem Gemälde von Walentin A. Serow

Zeichensprache. ›Die Märchen von Italien‹, wie er sie nannte, enttäuschten ihn selber; mit Recht, sie waren – wie ein späterer Biograph feststellt – »farblos und konventionell wie ein Touristenführer«.[3]

Aber das Heimweh war auch produktiv. Nie wieder erschienen so viele Werke von ihm in so rascher Folge. Er schrieb Satiren, Erzählungen, Dramen und Romane. Sie spielten alle in Rußland. Mit ihnen holte er sich die verlorene Heimat fast beschwörend in seine Vorstellung zurück, die Ufer an der Wolga, den langen, harten Winter, die dürren Steppen, die lichten Birkenwäldchen, vor allem aber die russischen Menschen, denen nach wie vor sein größtes Interesse galt: der Mensch als Kleinbürger im ›Städtchen Okurow‹; der politisch rückständige Mensch als Feind der Gesellschaft im Drama ›Die

Feinde‹; die gejagte und gehetzte Kreatur, die zum ›Leben eines nutzlosen Menschen‹ führen kann, wie er seinen Roman ›Der Spitzel‹ zunächst nannte. Alle fiktiven Figuren reagierten in unterschiedlicher Weise auf die Gesellschaft, versuchten je nach charakterlicher Veranlagung das Leben entweder resignierend hinzunehmen oder schöpferisch zu gestalten. Die Klassenzugehörigkeit bei der Geburt spielte zwar eine disponierende, keineswegs aber eine entscheidende Rolle. Hier unterschied sich Gorkis Menschenbild deutlich von dem seiner sozialistischen Bekannten und Freunde, für die die klassenmäßige Herkunft eines jeden Menschen entscheidend war für seine Geisteshaltung während seines ganzen Lebens. Das Kind eines Bourgeois konnte nichts anderes werden als auch ein Bourgeois, die Geburt eines Arbeiterkindes war die Geburt eines potentiellen Revolutionärs. Gorki sah die individuelle Entwicklung der Menschen dagegen differenzierter, machte sie unabhängig von ihrer Herkunftsklasse, aber abhängig von ihrem Willen: »der Mensch... hat zwei Möglichkeiten zu enden: im hellen Feuer zu verbrennen oder in der Jauchegrube zu ertrinken«, schrieb er 1909 aus Capri an eine russische Briefpartnerin, »seien Sie mit denen, die das Feuer vorziehen, gehen Sie mit ihnen, sie sind die wahren Erbauer des Neuen im Leben...«[4] Diese Vision von den wahren Erbauern des Lebens bescherte ihm noch einmal – ein letztes Mal – literarischen Weltruhm, verursachte zum dritten Mal Euphorie, gekoppelt an Verehrung und Personenkult. Aber erneut war er – wie schon beim ›Nachtasyl‹ – äußerst unzufrieden gerade mit diesem Werk. ›Die Mutter‹ nannte er den Roman, den er noch in Amerika geschrieben hatte und der angedruckt wurde, als er bereits auf Capri lebte. Die Handlung sei ihm »überlang geraten und langweilig und liederlich geschrieben«,[5] gestand Maxim Gorki, »wirklich ein schlechtes Buch, geschrieben unter dem Unglücksstern von Depression und Gereiztheit nach den Ereignissen von 1906«,[6] womit er auf den Skandal um Marija Andrejewa während seines Amerika-Aufenthaltes anspielte.

15 Gorkis Roman ›Die Mutter‹ wurde 1906 zum Welterfolg. Die Hauptfiguren haben tatsächlich gelebt: A. K. Salomowa und ihr Sohn Pjotr Salomow aus Sórmowo, einem Industrievorort von Nischni Nowgorod

Der Roman schildert die Entwicklung der Arbeiterbewegung in Rußland. Er geht auf tatsächliche Ereignisse in Sórmowo, dem Industrievorort von Nischni Nowgorod, im Jahr 1901 zurück, wird aber allgemein von den Lesern als Schilderung des Jahres 1905 sowie als Prophetie zur bevorstehenden Revolution empfunden. Die beiden Hauptfiguren, der Arbeitersohn Pawel Wlassow und seine Mutter Pelageja Nilowna, leben das graue Leben aller Arbeiterfamilien: Die Mutter kocht und versorgt den kärglichen Haushalt, Pawel geht in die Fabrik und arbeitet bis zur völligen körperlichen Erschöpfung: »Die ... aufgespeicherte Müdigkeit hatte den Menschen die Eßlust geraubt, und um essen zu können, tranken sie viel und reizten den Magen mit scharf beizendem Branntwein«.[7] Ihr Leben »floß wie ein trüber Strom gleichmäßig und langsam ... dahin und wurde durch die starre, uralte Gewohnheit, Tag für Tag ein und dasselbe zu denken und zu tun, gänzlich in Fesseln gehalten. Und niemand hatte das Verlangen, eine Änderung zu versuchen«;[8] fast niemand: Pawel hört plötzlich auf, sich zu betrinken und nach der Arbeit mit Kumpanen herumzuprügeln. Statt dessen liest er an den Abenden verbotene Bücher: »Sie sind deswegen verboten, weil sie die Wahrheit über unser Leben, das Leben der Arbeiter sagen... Sie werden in aller Stille, heimlich gedruckt, und wenn man sie bei mir findet, komme ich ins Gefängnis... ins Gefängnis deshalb, weil ich die Wahrheit wissen will«,[9] erklärt er seiner angsterstarrten Mutter. Doch ihre anfängliche Furcht weicht bald der Entschlossenheit, diesen Sohn, der sich so zum Positiven verändert hat und überzeugt ist von seiner Mission, zu unterstützen. Sie hilft ihm auf ihre Weise. Sie lernt mühsam lesen, um die Propagandaschriften und Bücher zu verstehen, die jetzt in ihrem Haus lagern. Sie versucht, in ihrem Bereich zu agitieren, andere Arbeiterfrauen aufzuklären. Damit wird Pelageja Woche um Woche mehr in die Illegalität von Pawel und seinen Freunden hineingezogen. Bald schmuggelt sie Botschaften ins Gefängnis zu ihrem Sohn und seinen Genossen.

Bei beiden Hauptfiguren berief sich Gorki auf tatsächlich lebende Menschen und ihr politisches Schicksal: es waren Pjotr Salomow und seine Mutter Anna, die 1901 an Unruhen in Sórmowo aktiv beteiligt gewesen waren.[10] Bei der Darstellung der subversiven Tätigkeit der Pelageja aber summierte er die Berichte von mehreren Arbeiterfrauen aus der Illegalität, denn – so Gorki in einem Brief – »wenn ein Schriftsteller an einem Buch arbeitet, gestaltet er darin nicht das Bildnis dieses oder jenes ihm bekannten Menschen, sondern er bemüht sich, in einem Menschen viele diesem einen ähnliche Menschen darzustellen; gut und lebendig, wahrheitsgetreu, sagen wir, einen Popen beschreiben – das kann man nur dann, wenn man an die fünfzig Popen kennt und von jedem von ihnen Charakterzüge nimmt, die den Charakteren aller anderen Popen verwandt sind... Hat es Nilowna gegeben? An der...›Untergrundarbeit‹ nahmen auch Mütter teil. Ich kannte eine alte Frau, die Mutter eines Arbeiterrevolutionärs, die, verkleidet als Wall-

16 Illustration von Kurt Zimmermann zum Roman ›Die Mutter‹: Pawel und seine Mutter

fahrerin, revolutionäre Literatur in die Fabriken brachte. Nicht selten übergaben Mütter ihren Söhnen bei Gefängnisbesuchen kleine Briefe ›von draußen‹, von den Genossen. Die Mutter eines... Mitgliedes der bolschewistischen Partei bewahrte den Stempel des Komitees auf ihrem Kopf, in der Frisur, auf. Zweimal machten die Gendarmen in ihrer Wohnung Haussuchung, aber den Stempel haben sie nicht gefunden. Solche Mütter waren gar nicht so selten«.[11]

In dem Roman ›Die Mutter‹ wird Pawels Abschlußrede vor dem Gericht zur Proklamation der Freiheit: »Wir Arbeiter sind diejenigen, durch deren Arbeit alles geschaffen wird... wir sind diejenigen, die man des Rechtes beraubt hat, für ihre Menschenwürde zu kämpfen, uns will und kann jeder in ein bloßes Werkzeug verwandeln, um seine Zwecke zu erreichen. Wir wollen jetzt so viel Freiheit haben, daß wir durch sie die Möglichkeit erhalten, mit der Zeit alle Macht zu erobern. Unsere Losung ist einfach: Nieder mit dem Privateigentum, alle Produktionsmittel dem Volk, alle Macht – dem Volk, die Arbeit – eine Pflicht für alle!...«[12] – Und Pawels Mutter? Bei dem Versuch, nach seiner Inhaftierung einen Koffer voll Propagandamaterial in die Provinz zu schaffen, wird die alte Frau auf einem Bahnhof von einem Spitzel entlarvt, von Gendarmen blutig geschlagen und soll nun abgeführt werden, ins Gefängnis, wie ihr Sohn. Die unfreiwilligen Zuschauer der rüden Behandlung protestieren vergeblich. »Man stieß sie zur Tür hinaus. Sie riß ihre Hand los und klammerte sich an den Türpfosten. ›Selbst in einem Meer von Blut könnt ihr die Wahrheit nicht auslöschen...‹. Da schlug man sie auf die Hand. ›Ihr speichert nur Haß auf, ihr Wahnsinnigen! Auf euch fällt er zurück!‹ Der Gendarm packte sie am Hals und würgte sie. Sie röchelte. ›Ihr Unglücklichen...‹ Jemand antwortete ihr mit lautem Schluchzen«.[13]

›Die Mutter‹ war Ende 1906 zunächst in englischer Sprache in den USA als Fortsetzungsroman in einer amerikanischen Zeitschrift erschienen, wurde Anfang 1907 aufgrund des durchschlagenden Erfolges in New York und London als Buch gedruckt, dann erst auf russisch – aber quasi illegal in Berlin. In Rußland selbst hatten die Leser 1907 nur die Möglichkeit, stark zensierte Einzelkapitel im ›Wissen‹ zu lesen; zudem wurden die Fortsetzungen nach einigen Monaten endgültig verboten, weil es sich laut regierungsamtlicher Pressemitteilung bei dem Roman um ein Werk handelte, »das zu schweren Vergehen reizt, die Feindseligkeit der Arbeiter gegen die besitzenden Klassen schürt und zu Akten der Widersetzlichkeit und Rebellion aufruft«.[14] Doch die Zensur förderte nur das Interesse: Etliche russische Exemplare aus Berlin wurden von Kurieren in Säcken über die Grenzen getragen oder als Austernkisten getarnt mit dem Zug tranportiert. Da man zur Tarnung auch eine Schicht Austern auf die verbotenen Bücher legte, rochen diese Exemplare beim Lesen aufdringlich nach Muscheln. Doch ge-

17 Illustration von Kurt Zimmermann zum Roman ›Die Mutter‹: Pelageja Nilowna wird von den Gendarmen zusammengeschlagen und verhaftet

langten auf diesen subversiven Wegen natürlich nur wenige Exemplare ins Land, und die Russen mußten bis 1917 warten, bis auch in ihrem Land ›Die Mutter‹ ungekürzt als Buch erschien. Aber die gesamte westliche Arbeiterpresse, allen voran die deutsche, dann rasch auch die französische und italienische, verbreitete zwischen 1906 und 1909 den Roman massenhaft in Fortsetzungen. Gorki gewann Millionen von ausländischen Lesern. ›Die Mutter‹ wurde zum Handbuch des westlichen Proletariats. Es druckten u. a. das ›Appleton Magazine‹ in Amerika, der ›Vorwärts‹ in Deutschland, die ›Revue des Revues‹ in Frankreich oder der ›Il Secolo‹ in Italien.[15]

›Die Mutter‹ gilt als der erste und zugleich klassische Roman einer Literaturrichtung, die man später als ›Sozialistischer Realismus‹ bezeichnen würde und die bis in die achtziger Jahre des

20. Jahrhunderts als einzig akzeptable Literaturrichtung in allen Ostblockstaaten kreiert wurde. Das zog auch nach sich, daß sämtliche anderen Literaturrichtungen, wie z. B. der ›Kritische Realismus‹, der ›Naturalismus‹, der ›Idealismus‹, der ›Futurismus‹ oder der ›Symbolismus‹ als staatsfeindlich, dekadent oder bourgeois galten. Unter all diesen Ismen wurde der ›Sozialistische Realismus‹ zum inhaltlichen Programm, zum Dogma, dem sich alle Autoren jahrzehntelang anzuschließen hatten, wenn sie ihre Werke veröffentlichen wollten: Den Lesern sollte die Gewißheit vermittelt werden, »daß die revolutionären Arbeiter und die mit ihnen verbündeten werktätigen Menschen die Kraft besitzen, sich gegen die Verhältnisse aufzulehnen...«[16] Im Vordergrund hatte der Mensch zu stehen, der auf sein privates Glück zugunsten einer besseren Zukunft der Gesellschaft verzichtet. Und diese bessere Zukunft war allein der Sozialismus.

Wie bei den Barfüßlergeschichten teilte die Kritik die Euphorie der Leser nicht. Für die einen war die Gestalt der Mutter zu sozialromantisch, ausgeklügelt und zu unrealistisch, andere monierten die gesamte Handlung als plumpe und daher mißlungene Schwarz-Weiß-Malerei. Die Symbolisten sprachen sogar von einem ›Ende Gorkis‹, dem Versiegen seines Talents. Für den Dichter Alexander Block war »...es eine Schande, daß Gorki seinen zahllosen Feinden einen allzu deutlichen Beleg seines mangelnden Bewußtseins«[17] gab. Auf dieses mangelnde Bewußtsein spielte auch der Gründer der russischen Sozialdemokratie und Literaturkritiker Georgij W. Plechanow an: »Herr Gorki hält sich doch bereits für einen Marxisten; er ist... in seinem Roman ›Die Mutter‹ bereits als Verkünder... aufgetreten. Aber derselbe Roman hat auch gezeigt, daß Herr Gorki sich durchaus nicht für die Rolle... eignet, denn die Ansichten von Marx versteht er absolut nicht«.[18]

Aber ein anderer Vertreter der marxistischen Philosophie war hellauf begeistert von dem Roman, wenn auch nicht aus literarischer Sicht, sondern aus pragmatisch-propagan-

18 Der Dichter und sein Sohn Maxim 1912 in Paris. Zunächst verbrachte Maxim lediglich seine Schulferien beim Vater, als Erwachsener lebte er ständig mit ihm zusammen

distischen Gründen: Wladimir Iljitsch Lenin, der Führer der Bolschewiki. Obwohl sie sich 1905 in Petersburg einige Male kurz gesehen hatten[19] – Gorki unterstützte ja seit Jahren finanziell Lenins Fraktionszeitungen und hatte sehr viel Geld für die bolschewistische Partei gespendet –, fanden sie erst im Mai 1907 in London die Möglichkeit zu längeren persönlichen Gesprächen. Anlaß war der V. Parteitag der Russischen Sozialdemokratischen Arbeiter-Partei (RSDRP), zu dem Maxim Gorki als Ehrendelegierter eingeladen war. Maxim Gorki erinnert sich: »...dieser kahlköpfige, untersetzte, kräftige Mann, der das ›r‹ schnarrte, mit der einen Hand seine sokratische Stirn rieb, mit der anderen an meinem Arm zog, wobei die erstaunlich lebhaften Augen zärtlich glänzten, begann sofort, über die Unzulänglichkeiten der ›Mutter‹ zu sprechen... Ich sagte, daß ich mich beeilt hätte, das Buch zu schreiben, doch ich kam nicht dazu, zu erklären, warum, als Lenin schon bejahend mit dem Kopf nickte und selbst erklärte: sehr gut sei es, daß ich mich beeilt hätte, das Buch werde gebraucht, viele Arbeiter hätten an der revolutionären Bewegung unbewußt, spontan teilgenommen, und jetzt läsen sie ›Die Mutter‹ mit großem Nutzen. ›Ein Buch sehr zur rechten Zeit‹«.[20] Doch bei dem Gespräch über den Lenin so willkommenen Roman blieb es nicht. Wann immer sitzungsfreie Stunden zur Verfügung standen, verbrachten sie die beiden Männer zusammen. Sie gingen ins Theater, besuchten die Museen, besichtigten den Tower, vor allem aber sprachen sie lange miteinander, tauschten sich aus. In diesen Tagen legten die beiden Größen aus Politik und Literatur den Grundstein zu einer komplizierten Freundschaft, die vor allem Maxim Gorkis Leben schicksalhaft prägen sollte, die aber auch das politische Handeln von Lenin beeinflußte. Vielleicht war es die Gegensätzlichkeit der Charaktere, die beide Männer miteinander verband. Lenin, zwei Jahre jünger als Gorki, hieß richtig Wladimir Iljitsch Uljanow. Er war der Sohn eines kleinadligen Schuldirektors aus Astrachan, die Familie seiner Mutter stammte aus Deutschland. Neben dem frühen Tod des Vaters prägte die Hinrichtung des 21jährigen Bruders Alexander wegen Vorbereitung eines Attentates auf Zar Alexander III. im Jahre 1887 das Leben des jungen Wladimir Iljitsch. Bis zu diesem Zeitpunkt hatte keiner in der Familie gewußt, daß sich Alexander mit revolutionären Ideen beschäftigte, aber ab diesem Zeitpunkt wurde der 17jährige Vorzugsschüler Wladimir Iljitsch zum Gegner der Selbstherrschaft, später zum Revolutionär, wie im übrigen auch fast alle seine sechs Geschwister. Am konsequentesten in seiner revolutionären Gesinnung aber war der junge Wladimir. Zwar absolvierte er die Schule mit der höchsten Auszeichnung, bestand eine externe Juristenprüfung mit Glanz, aber er übte diesen Beruf nur kurz aus. Er las subversive Literatur und hielt sich vorwiegend in illegalen Kreisen auf. 1895 wurde er zum ersten Mal verhaftet und verbannt. Von da an verlief sein Leben zwischen permanenter Flucht, erneuter Verhaftung und Verbannung. Unter normalen Umständen wäre er vermutlich ein vorzüglicher Wissenschaftler geworden. Wissenshungrig, intelligent, fleißig und diszipliniert rang er um Erkenntnis, führte das Leben eines Intellektuellen. Nüchtern und kühl beschäftigte er sich jahrelang mit politischer Philosophie und Theorie, bis er im Marxismus jene Ideenwelt gefunden hatte, deren Schlußfolgerungen seinen revolutionären Zielen am dichtesten entsprachen. Jetzt war er eingeschlossen in ein starres System und nicht bereit, in bezug auf das revolutionäre Endziel und damit verbunden dem Aufbau einer sozialistischen Gesellschaft auch nur die kleinste Konzession zu machen. Anders verhielt es sich mit dem Weg zur sozialistischen Revolution. Alles, was diese Revolution unterstützte, wurde in Anspruch genommen, pragmatisch genutzt. Setzte er sich – wenn der Liberalismus in der Volksmeinung zu dominieren schien – heute für die Demokratie ein, so war es morgen die Diktatur. Unterstützte er heute die radikaldemokratischen Sowjets als ideale Selbstverwaltungsorgane, so konnte er sie morgen – sofern er die Macht dazu hatte – verbieten und unterdrücken lassen. 1905 stimmte er für die Konstituierende Versammlung, später würde er eben diese Konstituante mit Waffengewalt auseinandertreiben lassen. Der Zweck aller Mittel war der Sozialismus als Vorstufe zur kommunistischen Gesellschaftsordnung, und von diesem Ziel wich er zu keinem Zeitpunkt seines Lebens ab. So sah er auch in Maxim Gorki einen nützlichen Helfer, gerade nun, wo sich die ›Mutter‹ zum ›Handbuch des Proletariats‹ zu entwickeln schien. »Gorki... kann der Partei sehr von Nutzen sein«, sagte Lenin 1907 auf dem Londoner Parteikongreß zu dem Delegierten Gregor Alexinskij, »man muß mit seinem anarchistischen Geist rechnen und man kann ihn natürlich nicht wie die übrigen Genossen zur Ordnung rufen. Man muß ihm eine gewisse Freiheit lassen und seine Abweichungen tolerieren. Aber man muß ihn überwachen, damit er sich und die Partei nicht kompromittiert«.[21]

Der so zur Überwachung vorgesehene Maxim Gorki, der Mann aus dem Volke, der intuitiv lebende und schreibende

Autodidakt, gab sich ganz dem Gefühl hin, daß hier in London eine echte Freundschaft zu einer bewunderten Persönlichkeit entstand. Er, den sein Mitleid mit allen Menschen, gleich welcher Klasse sie entstammten und welche politische Richtung sie vertraten, häufig so zu Tränen rührte, daß er vor Schluchzen nicht mehr weitersprechen konnte, er, der gedankenlos sein letztes Geld hergab, wenn es darum ging, bei anderen Not zu beheben, er, der den Umsturz nicht darum wollte, weil er ideologisch notwendig war, sondern weil das Hungerelend, der harte Kampf ums Überleben beendet werden mußte, war seit 1905 und jetzt hier in London eher zufällig Sozialist. Es war ihm nie gelungen, in die Geheimnisse der marxistischen Lehre einzudringen, da hatten sowohl Plechanow als auch Lenin völlig recht. Daran änderten auch seine scharfen Formulierungen nichts, mit denen er das russische Herrscherhaus kennzeichnete, »dessen Mitglieder ›dumme Vielfraße und Syphilitiker‹ (seien),... die man entweder ›kurieren‹ oder ›wie tollwütige Wölfe, Hunde und Schweine vernichten‹ müsse«.[22] Gorki war und blieb emotional, ständig dem Eindruck seiner Erlebnisse und seinen Gefühlen unterworfen. Gerade deshalb zog es ihn zu dem Verstandesmenschen Lenin, dessen rationale Konsequenz und revolutionäre Energie er bewunderte. Lenin war eisenhart, rational und intellektuell; wenn es sein mußte – und es mußte nach seiner Ansicht oft sein – auch unbarmherzig. Gorki als Gefühlsmensch und Künstler unterlag seinen Stimmungen. Selbst in Situationen, wo revolutionäre Unbarmherzigkeit im Dienste der großen Befreiungsidee gefordert waren, vermochte er es nicht, sich von seinen Empfindungen zu lösen, blieb MENSCH.

Und Lenin? Obwohl er seine beginnende Freundschaft zu Gorki so kühl mit Nützlichkeitserwägungen ummantelt hatte, schien ihn doch die mächtige emotionale Ausstrahlung des anderen anzuziehen. In Gorkis Gegenwart zeigte er jene Seite seines Wesens, die er in der Öffentlichkeit verbarg, die angesichts seiner Mission längst verschüttet zu sein schien: Menschlichkeit und Gefühl. Als er einmal zusammen mit Gorki in Petersburg eine Beethoven-Sonate hörte, sagte er nachdenklich: »Ich kenne nichts besseres als die ›Apassionata‹, ich könnte sie jeden Tag hören. Eine erstaunliche, nicht mehr menschliche Musik... Doch ich kann die Musik nicht oft hören, sie greift die Nerven an, man möchte liebevolle Dummheiten sagen und den Menschen die Köpfe streicheln, die in einer widerwärtigen Hölle leben und so etwas Schönes schaffen können. Aber heutzutage darf man niemandem den Kopf streicheln – die Hand wird einem abgebissen, man muß auch auf die Köpfe einschlagen, mitleidslos einschlagen, obwohl wir, unserem Ideal nach, gegen jede Gewaltanwendung gegenüber den Menschen sind... ein teuflisch schweres Amt«.[23] In London kommt Lenin in das Hotel Maxim Gorkis, geht an ihm vorbei und befühlt das Bett. Gorki ist verwirrt: »›Was machen Sie denn da?‹ ›Ich gucke, ob die Laken feucht sind.‹ Ich verstand nicht sofort: Wozu will er wissen, wie in London die Laken sind? Als er meine Verwunderung sah, erklärte er: ›Sie müssen auf Ihre Gesundheit achtgeben.‹«[24]

Die Freundschaft zwischen den beiden so gegensätzlichen Menschen Lenin und Gorki offenbarte den Traum vom anderen Ich, die Sehnsucht nach einer verschütteten oder auch unterentwickelten Komponente des eigenen Wesens. Beide suchten und fanden im anderen die eigene unterdrückte Seite. Lenin war unerwartet menschlich, wenn er mit Gorki zusammentraf oder mit ihm korrespondierte, Gorki überraschend rational und revolutionär, wenn er mit Lenin zusammentraf oder ihm schrieb. Jeder bewunderte zugleich im anderen die Beharrlichkeit der dominierenden Persönlichkeitsmerkmale. Die Freundschaft der beiden konnte bei der Gegensätzlichkeit der Charaktere nur Bestand haben, wenn auf beiden Seiten der Wille zur Toleranz vorhanden war, denn Rationalität und Emotion waren nicht miteinander zu verbinden. Die Logik der geistigen Idee war oft unbarmherzig, das Gefühl häufig unlogisch. Es sollte sich bald zeigen, welcher der beiden Charaktere unterliegen würde.

Die erste ernsthafte Krise entstand auf Capri. Nach dem

Londoner Parteitag hatte Gorki dort zusammen mit einigen Bolschewisten, unter denen neben Gorki der Philosoph Alexander Bogdanow und der Schriftsteller Anatoli W. Lunatscharski die größten Persönlichkeiten waren, eine Parteischule gegründet, die zunächst auch von Lenin unterstützt wurde. Begabte junge Russen sollten dort in der Geschichte der Sozialdemokratie, Philosophie, Agitation, Kunstgeschichte und Literatur ausgebildet werden, um dann als politisch geschulte Genossen nach Rußland zurückzukehren. Die ersten 20 Studenten – sorgfältig aus dem Kreis begabter Arbeiter in Rußland ausgewählt – kamen im Sommer 1909 nach Capri. Aber Lenin entdeckte vor allem in Bogdanow einen ideologischen Gegner. Bogdanow vertrat die Philosophie, daß in Ermangelung einer Religion, die jedes Volk als Basis für moralisches Handeln benötigte, der Sozialismus als neue Religion, wenn auch ohne transzendenten Schöpfer, kreiert werden müsse, um die gottgläubigen Massen für die Revolution zu begeistern. Der Atheist Lenin, dem jeder Glaube, jede Religion als ein System von unbeweisbaren Behauptungen widerstrebte, begann augenblicklich, dieses ›Gottbauertum‹ und ›Gottsuchertum‹, wie eine Variante der neuen philosophischen Richtung der Lehrer auf Capri genannt wurde, zu bekämpfen. Die Speerspitze seiner Zeitungsartikel richtete er auf Bogdanow, aber auch Maxim Gorki unterliege dem Einfluß dieser parteischädlichen Gruppe. Sein neuer Roman ›Eine Beichte‹ lege Zeugnis davon ab, sei nichts als eine gefährliche Mischung aus Sozialismus und Mystik, aus Politik und Religion.

In der ›Beichte‹ trifft das Findelkind Matwej, das nach einem Lebensziel sucht, auf einen Pilger, der ihn davon überzeugt, daß es einen Gott noch nicht gebe, weil das Leben für die Masse des Volkes nichts als Elend sei. So viel Armut und Ungerechtigkeit in der Welt könne nicht von einem Allmächtigen stammen. Die Menschen müßten sich selbst ihren Gott erschaffen. Ihre wahre Bestimmung besteht darin – so der Pilger –, daß »alle zur Höhe emporsteigen und jeder mit eigenen Augen die Wege des Lebens prüft. Der Tag, an dem sich das Volk der

Notwendigkeit bewußt wurde, daß alle Menschen gleich sind, war auch der Tag der Geburt Christi«.[25] Damit war dem Pilger zufolge der Erlöser vom Volk geboren worden und nicht von einem Allmächtigen auf die Erde geschickt. Jedes Volk schaffe sich einen eigenen Gott und Herrn. Erleuchtet von dieser Weisheit macht sich Matwej auf einen dornenvollen und langen Weg, eben diesen Gott zu suchen. Er findet ihn bei den Fabrikarbeitern, die von einer besseren Zukunft träumen und sie in ihrem Glauben an das Gute zu gestalten anfangen. Der Mensch und nur er ist in der Lage, sein Geschick zu ändern, er wird damit selbst zum Gott. Den Abschluß des Romans bildet ein ›Wunder‹. Ein gelähmtes Mädchen, das im Zuge einer Prozession von der Masse der anderen Pilger geradezu hypnotisiert wird von seiner Bahre aufzustehen, erhebt sich tatsächlich und kann nach Jahren der Krankheit wieder laufen. Für Matwej ist diese Heilung der Beweis, daß nur die »Menschen die Seelen ihrer Nächsten aus der Gefangenschaft der Finsternis und des Aberglaubens« zu befreien in der Lage sind. Das Volk könne dem kranken oder zögernden einzelnen Mitmenschen den richtigen »Weg zu weisen, der zur Vereinigung aller führt um der großen Sache, der Erschaffung des Weltgottes willen«.[26]

Lenin ist wütend. Das ist nicht das, was er unter wissenschaftlichem Sozialismus versteht, sondern klerikale Parteischädlichkeit, zweifellos entstanden unter dem Einfluß dieser ›Gottbauer‹ und ›Gottsucher‹ auf Capri. Um die ideologische Einheit der Partei fürchtend, veröffentlicht Lenin Artikel um Artikel gegen Bogdanow, Lunatscharski und die anderen Lehrer; der Name Gorki taucht allerdings nicht auf. Als sich der propagandistische Erfolg nicht einstellt und die Schule nach wie vor ihre Kurse durchführt, gründet Lenin in Paris eine eigene Parteischule. In persönlichen Briefen warnt er die Arbeiterstudenten auf Capri: »Es gibt keine Bolschewiken unter Euren Lehrern. Die Insel Capri ist selbst in der allgemeinen russischen Literatur als das literarische Zentrum der Gottschöpfer bekanntgeworden. Wer wahren Sozialdemokratismus studieren will, muß nach Paris gehen... Wer nach Capri geht,

kann nur eine *spezielle* parteiische ›Wissenschaft‹ studieren...
Die Schule wurde in Capri zu dem ausgesprochenen Zweck organisiert, ihren parteiischen Charakter zu *verhehlen*, die Schule der Partei zu entziehen«.[27] Der große Plechanow leistet Lenin Schützenhilfe, schießt sich auf die ›Abweichler‹ in Italien ein. Die Auseinandersetzungen führen zum Parteihader, Fraktionen entstehen, selbst auf Capri bricht Streit aus. Einige Studenten wechseln auf Lenins Parteischule nach Paris, die übrigen diskutieren und zanken, bis ein ordentlicher Lehrbetrieb nicht mehr möglich ist. Gorki unterstützt seine Dozenten, will mit ihnen zusammen den neuen religions- und kulturphilosophischen Weg gehen und wird damit zum ideologischen Gegner seines Freundes Lenin. Doch dessen Zersetzungsarbeit ist erfolgreich. Der Fraktionsstreit der Bolschewiki wird auf dem Rücken der verunsicherten Schüler ausgetragen. Sie werden sogar mit Parteiausschluß bedroht und sind dem permanenten Sperrfeuer der Artikel und offenen Briefe nicht gewachsen. Kurz bevor die Schule schließen muß, schreibt Gorki noch einen Brief an Lenin: »Wissen Sie was, lieber Freund? Kommen Sie hierhergefahren, solange die Schule noch nicht geschlossen ist, werfen Sie einen Blick auf die Arbeiter, unterhalten Sie sich mit ihnen. Es sind nur wenige. Ja, aber sie sind es wert, daß Sie sie besuchen. Es ist ein Fehler, sie abzustoßen, mehr als ein Fehler... Noch einmal – fallen Sie nicht über sie her. Machen Sie den Streit unter sich aus – das tun Sie ja gern, aber – lassen Sie sie ungeschoren...«[28]

Mit dem Zusammenbruch der Schule auf Capri zerbrach auch Maxim Gorkis idealistisches Bild von der Partei. Jetzt sah er in ihr eine Organisation, die »vom Gift des Ehrgeizes und Kampfes um die Macht befallen«[29] war. Die Reflexionen über seinen Freund Lenin lösen in ihm »unzählige, traurige Gedanken aus«.[30] Dessen Brief sollte ihn besänftigen, vielleicht sogar vergessen lassen, wer der Urheber der parteitaktischen Grabenkämpfe gewesen war: »Aus den Worten Michails entnehme ich, lieber A. M., daß Ihnen jetzt sehr schwer ums Herz ist. Sie mußten die Arbeiterbewegung und die Sozialdemokratie

gleich von einer solchen Seite, in solchen Erscheinungen...
kennenlernen, die in der Geschichte Rußlands und Westeuropas schon mehr als einmal kleingläubige Intellektuelle dahin gebracht haben, an der Arbeiterbewegung und an der Sozialdemokratie zu verzweifeln... Ich drücke Ihnen und Marija Fjodorowna fest die Hand, denn jetzt habe ich die Hoffnung, daß wir noch einander nicht als Feinde begegnen werden«.[31]

Nein, als Feinde begegnen sich der Schriftsteller und der Berufsrevolutionär nicht, noch nicht. Aber die ›unzähligen traurigen Gedanken‹ Gorkis führen doch zu einer Reaktion. Ende März schreibt Lenin an einen Bekannten: »...Mit Gorki stehen wir nicht in Briefwechsel. Wir haben gehört, er sei von Bogdanow enttäuscht und habe begriffen, wie falsch dessen Haltung ist. Haben Sie Nachrichten aus Capri?...«[32]

11.
Die große Enttäuschung

Nach Monaten des Schweigens nimmt Maxim Gorki den Kontakt zu Lenin wieder auf. Beide machen sich offensichtlich Konzessionen. Lenin gesteht, daß er zu hart geurteilt habe, Gorki räumt ein, daß es ihm nicht ausschließlich um die ›Gottsucher‹ und ›Gottbauer‹ gegangen sei, er diese Lehre zudem niemals so vehement, wie von Lenin behauptet, unterstützt habe. Bogdanow bestätigt dies. Lenin spricht von Irrtümern und ist offensichtlich froh über die Wende. Im Frühjahr 1910 trifft Maxim Gorki Lenin in Paris. Im Sommer 1910 besucht Lenin den Schriftsteller 14 Tage lang auf Capri, geht mit ihm zusammen fischen, spielt Schach, hört Musik; 1911 und 1912 besucht Gorki seinerseits Lenin in Paris; zwischen den Zeiten, in denen sie sich nicht sehen, schreiben sie sich viele Briefe. Die Freunde finden wieder zusammen. Und als Gorki anklingen läßt, daß es ihm nicht gut geht, antwortet Lenin mit einem besorgten Brief: »Lieber A. M.! Was machen Sie nur für Dummheiten, mein Lieber? Sie sind überarbeitet, übermüdet, haben Nervenschmerzen. Das ist ganz und gar nicht in Ordnung. Auf Capri, noch dazu im Winter, wenn der ›Besucherstrom‹ doch wahrscheinlich abgeebbt ist, müßte man ja ein geregeltes Leben führen. Ohne Aufsicht haben Sie sich wohl gehenlassen? Wahrhaftig, das ist nicht schön. Nehmen Sie sich zusammen, und führen Sie ein recht strenges ›Regiment‹ ein, wirklich! Heutzutage krank sein ist absolut unzulässig. Haben Sie etwa angefangen, nachts zu arbeiten? Als ich auf Capri war, hieß es doch, nur ich hätte Unordnung hereingebracht, vorher seien Sie rechtzeitig schlafen gegangen. Sie müssen sich ausruhen und ein strenges Regime einführen, unbedingt...«[1]

Gorki erlebte trotz seiner immer wieder aufflackernden Tuberkulose tatsächlich auf Capri eine relativ ruhige Zeit. Er hielt sich aus dem Parteigeschehen heraus und schrieb lediglich einige feuilletonistische Artikel für Lenins Zeitschrift ›Der Stern‹.

Der Roman ›Matwej Koshemjakin‹ erschien, ein Buch, das nicht sonderlich beachtet wurde, obwohl es besonders deutlich eine Wende in Gorkis Schaffen markierte, die sich bereits im Roman ›Das Städtchen Okurow‹ angekündigt hatte. ›Die Mutter‹ war parteiisch und fast programmatisch geschrieben, darauf beruhte auch ihre ungeheure Auswirkung auf die Arbeiterbewegung. ›Das Städtchen Okurow‹ war schon differenzierter, wenn es auch eine gezielte Kritik am Kleinbürgertum enthielt. ›Matwej Koshemjakin‹ aber beeindruckte – obwohl hier auch Kleinstadtleben geschildert wurde – durch die einfühlsame Schilderung eines Menschen, der von seiner Umwelt stets verkannt wird, obwohl er immer nur das Gute will. Matwej wird verspottet, geächtet und ausgenutzt. Der von allen anderen gleichfalls verachtete Tatar Schakir, einst Knecht in seinem Hause, später Verwalter, bleibt sein einziger Freund. Nacht für Nacht schreibt Matwej Koshemjakin seine Gedanken nieder. Ursprünglich hatte er das Heft tagebuchähnlich mit den Ereignissen gefüllt, die im Städtchen vorkamen: »Zur unvoreingenommenen Lektüre und Einsicht in das traurige Dasein einer russischen Kreisstadt«.[2] Zunehmend aber wird sein Notizbuch zum Ersatz für menschliche Kontakte, dient dazu, seine Enttäuschung und Vereinsamung aufzufangen: »...er schrieb in den Nächten, in absoluter Stille, die aufmerksam seinem Geflüster lauschte, wenn er das treffende Wort suchte. Das Kratzen seiner Feder wurde für ihn zur Musik, sie beruhigte sein verbrauchtes, unregelmäßig arbeitendes Herz, und so manches Mal weinte er vor Freude, wenn er die Sätze sah, die er wohlgerundet soeben zu Papier gebracht hatte und die noch feucht waren.«[3] Aber ihm kommen auch Zweifel an sich selbst: »Ich habe nicht die Wahrheit geschrieben, stellte er im stillen fest. Wann habe ich versucht, gegen den Strom zu schwimmen? Das ist nie geschehen.«[4] Doch die Handlung des Romans steht gegen seine selbstkritischen Fragen: Matwej erkennt seine Unbildung und versucht sie durch die Lektüre von Büchern zu beheben, ihm fehlt jedoch die Anleitung. Er liest die falschen Bücher und kommt nicht weiter. Matwej finanziert auf seinem Hof eine Schule für Dorfkinder und scheitert damit; er möchte sich an politischen Diskussionen beteiligen und wird als Tölpel ausgelacht. Er stellt sein Haus subversiven Verschwörern zur Verfügung und wird zugleich von deren ideologischer Einseitigkeit und Grausamkeit zurückgestoßen. Er möchte seinen ganzen Reichtum gemeinnützigen Zwecken opfern und gerät in die Fänge eines geldgierigen Kaufmanns, der ihn ruiniert. Er will sein Leben Gott weihen und stellt fest, daß auch im Kloster Lasterhaftigkeit, Lüge und Habgier vorherrschen. In seinen letzten Lebenstagen keimt jedoch Hoffnung auf, aber sie ist auffallend diffus, unkonkret und gilt der Jugend: Sie »ist das Herz der Welt, glaube dem, was es in seiner unverfälschten Ursprünglichkeit und in seinem Streben nach dem Guten sagt, dann wird unser Tag ewig hell bleiben und die ganze Erde sich in Freude und Licht kleiden, und wir werden dieser Verkörperung des weltumspannenden Guten dankbar sein.«[5] Einsam und traurig stellt Matwej Koshemjakin am Ende seines Lebens fest, daß es ihm trotz aller Mühen nicht gelungen ist, ein für die Gemeinschaft wichtiges Leben zu führen: »Der Mensch ward von Gott auf diese Erde gesandt, auf daß er Gutes tue und die Erde mit Freuden verschöne. Aber wozu haben wir gelebt und wo sind unsere Taten, die des Lobes der Menschen und eines dankbaren Lächelns der Gottheit würdig wären?«[6]

Was für ein Unterschied besteht zwischen der Figur des demütig-gläubigen Matwej Koshemjakin und der des heldenhaft-kämpferischen Pawel Wlassow in dem Roman ›Die Mutter‹! Matwej ist kein Kämpfer, kein Held, aber er ist mit all seinen Unzulänglichkeiten viel menschlicher als Pawel Wlassow, der keine Angst und keine Selbstzweifel kennt. Pawel kämpft gegen ein politisches System. Matwej versucht als Individuum gegen eine ihm feindliche Menschenmasse zu bestehen. Überle-

19 1917 kam es zu blutigen Kämpfen zwischen den Revolutionären und zarentreuen Truppen, hier eine historische Aufnahme aus Petrograd

bensfähig ist nur, wer sich bedingungslos anpaßt, mit den Wölfen heult. Einzelgänger wie Matwej Koshemjakin werden ausgestoßen. Jahre später wird Maxim Gorki in seinem autobiographischen Roman ›Unter fremden Menschen‹ schreiben: »Schrecklich, daran zu denken, wie viele gute Menschen ich im Laufe meines Lebens sinnlos zugrunde gehen sah! Alle Menschen nutzen sich ab und sterben, das ist nur natürlich, aber sie nutzen sich nirgends so furchtbar rasch, so sinnlos ab wie bei uns in Rußland.«[7]

Die Freundschaft zwischen Lenin und Gorki bleibt ungetrübt, selbst dort, wo Lenin seinen Briefpartner milde maßregelt: »...Ihren Brief... habe ich erhalten. Meine Adresse ist jetzt nicht Paris, sondern Krakau... Mir ist nicht ganz klar, aus welcher Partei Sie mich eigentlich hinausjagen wollten – doch nicht etwa aus der sozialrevolutionären? Nein, ohne Scherz, eine unschöne Manier haben Sie sich angewöhnt, eine spießige, eine Bourgeoismanier – alles abzutun mit der Bemerkung: ›Ihr seid ja alle Querulanten‹... Über ›Gezänk‹ bei den Sozialdemokraten schreien mit Vorliebe die Bourgeois, die Liberalen und die Sozialrevolutionäre... Der Unterschied zwischen den Sozialdemokraten und ihnen liegt darin, daß sich bei den Sozialdemokraten hinter dem Gezänk der Kampf zwischen Gruppen verbirgt, ein Kampf, der *tiefgehende* und klare ideologische Wurzeln hat...«[8]

1912 schreibt Lenin an Gorki: »In Rußland... haben wir einen *revolutionären* Aufschwung, nicht irgendeinen anderen, sondern eben einen revolutionären. Und es ist uns... gelungen, eine Tageszeitung, die ›Prawda‹,* herauszubringen...«[9]

1913 erließ Zar Nikolaus II. anläßlich der 300jährigen Thronbesteigung der Romanows* eine Amnestie, die auch Gorki Straffreiheit zusicherte. Lenin befürwortete seine Rückkehr aber »...selbstverständlich erst, nachdem Sie in Erfahrung gebracht haben, ob man Sie nicht wegen der ›Schule‹ usw. am Schlafittchen kriegen wird... ein Revolutionär kann heutzutage von Rußland aus mehr tun... Für einen revolutionären Schriftsteller bedeutet doch die Möglichkeit, Rußland... zu durchstreifen, die Möglichkeit, danach einen hundertfach wuchtigeren Schlag gegen die Romanow & Co. zu führen...«[10]

Gorki kehrte zurück. Er wurde voller Hoffnung begrüßt, ungezählte Briefe erreichten ihn. »Sie sind zu uns zurückgekehrt unmittelbar vor unserem Erwachen aus einem langen und quälenden Traum«, schrieb zum Beispiel ein Student, ...»die Hoffnung wächst, daß sich der Vorabend des Frühlings ankündigt, und wir wollen hoffen, daß wir ihn mit Ihnen zusammen empfangen werden«.[11] Doch der Vorabend des Frühlings ließ noch auf sich warten, und Gorki mußte sehr vorsichtig sein. Er wurde ständig von Polizeispitzeln beschattet, seine Korrespondenz überwacht, seine Zeitungsartikel zensiert. Aber auch er war überzeugt von einem bevorstehenden Wandel: »Es ist nicht zu leugnen, daß sich erneut Wolken über Rußland zusammenballen, die große Gewitter und Stürme versprechen.«[12]

Die Vorboten des Sturmes kamen von außen: 1914 brach nach dem Attentat auf den österreichischen Thronfolger der I. Weltkrieg aus. Sofort verschärfte sich die Zensur in Rußland

20 Der Sturm der Bolschewiki im Oktober (November) 1917 auf das Winterpalais in Petrograd brachte Lenin an die Macht

wieder, füllten sich die Gefängnisse mit politischen Häftlingen. Andere, lediglich verdächtige Personen wurden an der Front als Soldaten gezielt auf besonders lebensbedrohenden Abschnitten eingesetzt. ›Himmelfahrtskommando‹ nannte man zynisch diese Einsätze, die den sicheren Tod bedeuteten.

Die politische Szene in Rußland spaltete sich in ihrer Einschätzung des Krieges. Die liberalen ›Kadetten‹ und die überwiegende Mehrheit der Bevölkerung, aber auch Marxisten wie Plechanow oder Anarchisten wie der Fürst Kropotkin stellten ihre Kritik am Zarismus ein. Der innerrussische Streit hatte jetzt zurückzustehen. Hauptaufgabe war das Niederwerfen des Deutschen Reiches und seines Bündnispartners Österreich–Ungarn. Sie stimmten euphorisch für die nationale Einheit und Geschlossenheit. Die Bolschewiki unter Lenin trachteten, den Krieg der Staaten in einen Bürgerkrieg umzuwandeln. In jedem Land sollten sich die proletarischen Massen bewußt werden, daß sie nur als Instrumente im imperialistischen Machtkampf mißbraucht wurden. Die Soldaten sollten gegen ihre Generäle meutern, die Arbeiter ihre Betriebe bestreiken. Der Krieg würde damit unmöglich gemacht werden, der Bürgerkrieg aber in den anderen Ländern die europäische Revolution auf breitester Ebene vorantreiben. Und wenn sich die Hoffnung auf einen internationalen Bürgerkrieg nicht durchsetzte, so würde das kaiserliche Deutschland aufgrund seiner Stärke militärisch siegen, das zaristische Rußland den Krieg verlieren. Als Folge einer Niederlage des Zarenregimes würde sich die Revolution in Rußland von ganz allein ergeben, denn es sei dann leicht, Arbeiter, Soldaten und Bürger unter diesen Voraussetzungen zu unterwandern. So Lenins Plan. Die Bolschewiki unterlagen mit ihrer Auffassung allerdings auf der ›Zimmerwalder Konferenz‹.[13] Menschewiki, Sozialrevolutionäre, Anarchisten und sonstige Oppositionelle meldeten sich nach der Konferenz massenhaft zum Einsatz an der Front. Maxim Gorki vertrat nur teilweise die Auffassung von Lenin und seinen Bolschewiki. Auch für ihn war der Krieg ein sinnloses Massaker: »Die Presse muß unbedingt den Leuten wiederholt einprägen, daß jeder Krieg – mit Ausnahme des Krieges gegen die Dummheit – ein Unglück ist, das nur mit der Cholera vergleichbar ist«.[14] Im Gegensatz zu Lenin aber hoffte er nicht auf den Sieg der Deutschen. Jeder ideologische Streit der Russen untereinander müsse ruhen, bis der Krieg beendet sei. Zum Unmut der Bolschewiki befand er sich damit genau in der Mitte zwischen den beiden politischen Richtungen. Er gründete die Petersburger Zeitschrift ›Annalen‹ und veröffentlichte in ihr – die Zensur war allgegenwärtig – vorsichtig formulierte Artikel. Mitarbeiter waren unter anderem die ehemaligen Dozenten auf Capri, außerdem die größten Schriftsteller wie z. B. Wladimir Korolenko, Iwan Bunin, Wladimir Majakowski und Alexander Block, aber auch Revolutionäre wie Lenin, der aus seinem ausländischen Exil Artikel um Artikel schrieb und sie von zuverlässigen Kurieren auf verschlungenen Wegen nach Petersburg bringen ließ. Der Postweg war wegen der permanenten Überwachung der

21 Die Zarenfamilie sonnt sich in Jekaterinenburg auf dem Vorbau eines Hauses, in dem sie gefangengehalten wird. Es ist eine der letzten Aufnahmen vor ihrer Ermordung im Juli 1918

Redaktionskorrespondenz ausgeschlossen. Aber Lenins Artikel waren häufig zu scharf, zu gefährlich für die Existenz der Zeitschrift. Aus Furcht vor der zaristischen Überwachung zensierten die Redakteure entweder ihrerseits vorsorglich oder baten einen Autor, wie jetzt auch Lenin, um unverfängliche, sanftere Töne. Lenin empfand die Situation als grotesk: »Mein Manuskript über den Imperialismus gelangte bis nach St. Petersburg, und nun gibt man mir zu verstehen, daß der Chefredakteur (das ist Gorki! O das Kalb!) mit meinen Anklagen... unzufrieden ist. Anscheinend möchte er mir in dieser Angelegenheit schreiben, das ist traurig und lächerlich!«[15] Was für Gorki politische Vorsicht war, galt Lenin als ideologischer Wankelmut: »In der Politik hat Gorki immer einen völligen Mangel an Charakter bewiesen; er läßt sich vom Gefühl und von der Stimmung treiben.«[16]

Als Schriftsteller arbeitete Gorki in dieser Zeit zwischen 1914 und 1917 – gemessen an seiner intensiven Schaffensperiode auf Capri – relativ wenig. Seine dichterische Arbeit mußte hinter der journalistischen zurückstehen, denn »...noch nie fand ich mich für das russische Volk so unentbehrlich und seit langem habe ich keine solche Unverzagtheit gespürt wie im Augenblick...«[17] In den ›Annalen‹ erschienen zwar seine autobiographischen Romane ›Meine Kindheit‹ und ›Unter fremden Menschen‹, aber sie wurden von der nationalen und internationalen Kritik zunächst wenig gewürdigt, die Welt hatte andere Sorgen. Hatte er vielleicht recht mit seiner Einschätzung, daß der Öffentlichkeit momentan der Journalist Gorki wichtiger war als der Dichter? Er gründete und finanzierte jedenfalls noch eine Zeitschrift, nannte sie ›Der Schleier‹ und veröffentlichte auch hier Feuilletons und politische Traktate.

Bereits 1915 kommt es zu den ersten militärischen Niederlagen der Russen gegen ihre Kriegsgegner. 1916 flammen die Streiks wieder auf, Bauernunruhen schließen sich an, eine Hungersnot droht. Gorki schreibt an seine erste Frau Katharina Pawlowna: »Ich rate Dir, zehn Pfund Brot zu kaufen und es zu verstecken. In der Umgebung von Petrograd* sieht man gutgekleidete Frauen herumgehen, die betteln. Es ist sehr kalt. Es fehlt an Heizmaterial für die Öfen. Ab und zu werden in der Nacht Zäune eingebrochen... Man begegnet erschreckend vielen minderjährigen Prostituierten. Kehrt man nachts nach Hause zurück, gehen sie auf dem Trottoir auf und ab, sind blaugefroren vor Kälte und ausgehungert. Letzten Dienstag habe ich mit einer von ihnen gesprochen. Ich habe ihr Geld in die Hand gedrückt und mich davongeschlichen. Ich mußte weinen und war so traurig, daß ich am liebsten mit dem Kopf an die Wand gerannt wäre.«[18]

Anfang 1917 spürt man in Rußland nichts mehr von der nationalen Einheit und der Solidarität mit dem Kaiserhaus, die Gesellschaft spaltet sich wieder in Herrscher und Beherrschte, Satte und Hungrige. Streiks überziehen das ganze Land, denen ein Massenaufstand der Arbeiter in Petrograd, Moskau und weiteren großen Städten folgt. Soldaten desertieren, Matrosen meutern, die Offiziere stehen der demoralisierten Armee hilflos gegenüber. Die zaristische Regierung ist unfähig, die Unruhen einzudämmen, und verharrt in entsetzter Untätigkeit. Menschenmengen versammeln sich diskutierend und protestierend auf öffentlichen Plätzen; die Polizei sitzt auf den Dachböden der Häuser und schießt mit Maschinengewehren auf Soldaten und Zivilisten. Plünderungen sind an der Tagesordnung. Die hungernden Menschen zerbrechen Türen und Fenster der Läden, holen sich dort, was ihnen ihrer Meinung nach böswillig vorenthalten wird: Brot, Mehl, Zucker, Fleisch und Konserven, aber auch Tabak und Schnaps. Bald zieht ein betrunken grölender Mob durch die Straßen und macht die Gegend unsicher. Eine Großdemonstration löst die nächste ab. Es kommt ständig zu Auseinandersetzungen mit der Polizei. Der Zar telegraphiert dem Stadtkommandanten von Petrograd: »Ich befehle, schon morgen die Unruhen in der Hauptstadt, die in der schweren Zeit des Krieges gegen Deutschland und Österreich nicht geduldet werden können, zu liquidieren.«[19] Aber die Kosaken weigern sich diesmal, noch einmal als Vollstrecker des kaiserlichen Willens zu dienen. Statt dessen verjagen sie unter dem Jubel der Menschenmenge mit Gewehrschüssen die berittene Polizei. Ein Garderegiment meutert und erschießt seinen fliehenden Kommandanten, weitere Garderegimenter folgen dem Beispiel. Die Offiziere werden entwaffnet, die Munition an die Aufständischen und Demonstranten ausgegeben. Trupps von desertierten Soldaten fahren mit roten Fahnen am Auto durch Moskau und Petrograd, überall werden Barrikaden errichtet, wird geschossen, erschossen und erschlagen. Menschen hetzen keuchend durch die Straßen, um ihren Verfolgern zu entkommen, Offiziere reißen sich ihre Rangabzeichen von den Uniformen, um nicht als hohe Charge erkannt zu werden. Einfache Soldaten verstecken sich, wenn sie einen ihrer Offiziere sehen, Arbeiter verschwinden in den Hinterhöfen, wenn ein Trupp Soldaten naht. Das Chaos ist vollkommen. Die Läden machen dicht. Die Polizei traut sich nicht mehr auf die Straße, überall schlagen Granaten ein, donnern Geschütze und knattern Maschinengewehre, aber keiner weiß mehr, wer jetzt gerade gegen wen kämpft. Das ist das Ende der Romanows.

Im März 1917 verzichtete der Zar zugunsten seines Bruders, des Großfürsten Michail auf den Thron. Der aber winkte dankend ab und empfahl der Nation, sich der noch vom Zaren ernannten ›Provisorischen Regierung‹ unter Fürst Lwow zu unterwerfen. Fürst Lwow ernannte ein Kabinett, das überwiegend aus den liberalen ›Kadetten‹ bestand, unter ihnen der parteilose Rechtsanwalt Alexander Kerenski. Zeitgleich wurden von all jenen, die sich nicht mit der Provisorischen Regierung identifizieren wollten, zunächst in Petrograd, rasch auch in anderen Städten und Regierungsbezirken, Arbeiter- und Soldaten-Sowjets gegründet. Es waren vor allem Parteilose, aber auch Menschewiki, Bolschewiki und Sozialrevolutionäre. Die Sowjets wurden von Exekutivkomitees geleitet, deren Funktion der einer Regierung entsprach. Die direktdemokratisch gewählten Sowjets sahen ihre Aufgabe darin, die Verfügungen der Provisorischen Regierung zu kontrollieren und gegebenenfalls auszusetzen. Alle Befehle aus dem Kabinett des Fürsten Lwow mußten von den Sowjets bewilligt werden. So war die neue Macht in Rußland von Anfang an geteilt. Die Provisorische Regierung gewöhnte es sich rasch an, vor Verkündung eines neuen Gesetzes die Sowjets zu konsultieren.

Gorki, geschockt vom Blutvergießen und vom Terror des grausam wütenden Mobs, wünscht nichts anderes als eine Beendigung der Unruhen, des Hungers und des sinnlosen Krieges, aber die Volkswut entwickelt jetzt eine Eigendynamik. Rotten von Soldaten verlassen ihre Kasernen und ziehen, wild um sich schießend, durch die Stadt. Der Pöbel plündert ungestraft. Der Mob lyncht Menschen, die er als Polizeispitzel verdächtigt. Die öffentliche Versorgung bricht zusammen. Kein Zug fährt mehr, kein Postamt ist geöffnet, der Unrat bleibt in den Straßen liegen. Die Krankenhäuser sind mit Verwundeten und Sterbenden überfüllt, den Ärzten fehlen Verbandsmaterial und Narkosemittel, operiert und amputiert wird bei vollem Bewußtsein der Patienten. Die Läden bleiben geschlossen, ihre Besitzer verbarrikadieren die Schaufenster und Eingangstüren. Die Fabriken werden bestreikt oder stellen vorsorglich die

22 Gorki und Lenin im Jahre 1920

Produktion ein. Der Schwarzhandel blüht. Nur, wer noch etwas zu verkaufen hat, kann auch Lebensmittel einkaufen. Vor allem die Arbeiter und ihre Familien hungern, sie haben weder Pelze, noch Silber oder teure Gemälde auf dem Schwarzmarkt anzubieten. Pferde, Hunde, Katzen, sogar Ratten werden geschlachtet und verzehrt. Überall entstehen Bürger- und Arbeiter-Komitees, die versuchen, die öffentlichen Aufgaben zu übernehmen, Bürgermilizen für den persönlichen Schutz aufzustellen, den Müll in den Straßen abzufahren, die Barrikaden und Trümmer der Straßenkämpfe zu beseitigen, den öffentlichen Verkehr wieder herzustellen. Aber da sie von niemandem bestätigt werden, befolgt man auch ihre Befehle nicht.

Alexander Kerenski als Justizminister des Kabinetts Lwow ergreift angesichts der allgemeinen Anarchie die Initiative und kehrt mit eisernem Besen. Er erläßt Notstandsmaßnahmen und ermöglicht Standgerichte für Plünderer. Er zwingt die Arbeiter sowohl mit Versprechen als auch mit Drohungen, die Streiks zu beenden. Die Lebensmittelläden müssen zugänglich gemacht werden und dürfen ihre Waren nur an die Bewohner ihrer Straße verkaufen. Die Bahnhöfe werden wieder geöffnet, die Züge von Militärs bewacht. In den Straßen herumlungernde Arbeitslose werden mit vorgehaltener Waffe entweder zur Armee eingezogen oder zur Erledigung einer öffentlichen Aufgabe wie z. B. zur Müllabfuhr zwangsverpflichtet. Aber meistens bedarf es der Bedrohung gar nicht, die Hungernden sind froh, am Abend ihres Einsatzes eine warme Mahlzeit zu erhalten. Mit drakonischen Strafen und energischem Durchgreifen hat Kerenski zunächst Erfolg. Erlaß um Erlaß stellt die öffentliche Ordnung notdürftig wieder her. Die Situation entspannt sich, aber der Weltkrieg geht weiter.

Maxim Gorki beginnt in der Tageszeitung ›Novaja Zizn‹, übersetzt ›Neues Leben‹, mit einer Leitartikelserie, für die er eine eigene Rubrik, genannt ›Unzeitgemäße Gedanken‹ geschaffen hat. Sie sind in der Tat unzeitgemäß, diese Gedanken, denn ungeachtet der allgemeinen Euphorie über das Ende des Zarentums, greift er die neuen Machthaber, die liberale Provisorische Regierung ebenso an, wie die sozialistischen Sowjets. Hier nur einige seiner Themen:
– Von der Provisorischen Regierung werden Schauspieler handstreichartig auf der Bühne zusammengetrieben, rekrutiert und in die Schützengräben geschickt. Maxim Gorki ist entsetzt: »Alle diese Menschen kennen den Kriegsdienst nicht und haben das Soldatenhandwerk nicht gelernt. Sie können nicht schießen, man hat sie heute zum erstenmal auf den Schießplatz geführt und am Mittwoch müssen sie schon fahren. Diese wertvollen Menschen werden somit in den Kampf gehen, ohne sich verteidigen zu können... hochbegabte Künstler in den Krieg zu schicken, ist ebenso Verschwendung und Dummheit wie goldene Hufeisen für ein Zugpferd. Das Todesurteil über unschuldige Menschen ist

bereits gefällt, wenn man sie ohne militärische Ausbildung in den Krieg schickt.«[20]
- Gorki verurteilt die plumpe Kriegspropaganda, die den russischen Soldaten als braves Lamm hinstellt, den deutschen Landser aber als bestialisches Vieh;
- Er beschreibt den Besuch einer ehemaligen, jetzt völlig verängstigten und verzweifelten Geheimdienstagentin, will und kann sie nicht unterstützen: »Aber ich fühle mich an eine verfallene Mauer genagelt, gekreuzigt mit den scharfen Gedanken an den vergewaltigten Menschen, dem ich nicht helfen kann, mit nichts...«[21]
- Gorki begrüßt eine Freie Vereinigung zur Förderung und Vereinigung der Naturwissenschaften und warnt – wohl ahnend, was noch kommen wird – vor der Politisierung der Naturwissenschaften.
- Er kritisiert die Unsachlichkeit der parteiischen Presse, gleichgültig ob konservativ oder revolutionär: »Die Zeitungen haben sich ineinander verbissen und wälzen sich wie ein Knäuel giftiger Schlangen durch die Straßen; sie vergiften und erschrecken die Bürger mit ihrem gehässigen Zischen und lehren sie..., wie man die Freiheit, die Wahrheit entstellt und wie man die Freiheit verleumdet.«[22]
- Gorki plädiert dafür, daß die Ausfuhr von Kunstgegenständen und der Verkauf von russischen Antiquitäten nur auf gesetzlicher Basis vorgenommen werden dürfe;
- Der Schriftsteller wendet sich leidenschaftlich gegen den aufkeimenden Antisemitismus, der nicht nur dumm und unmenschlich ist, sondern auch die Moral des gesamten russischen Volkes auf Dauer zerstört;
- Gorki ruft zu Spenden auf, die ein Sanatorium für Tuberkulosekranke ermöglichen sollen;
- Er verlangt Mitgefühl, nachdem eine Boulevardzeitung einen zynischen Haßartikel über die internierte russische Zarin veröffentlicht hat, wie sie schwarz gekleidet und völlig abgemagert in einem Rollstuhl sitzend, von lachenden Zuschauern umringt wird. Gorki korrigiert die Spötter: »Über

einen kranken und unglücklichen Menschen zu lachen, wer er auch sei, ist schuftig und gemein...«[23]

Maxim Gorki hat wieder eine überraschende Wende vollzogen. Er schreibt nicht mehr als Bolschewik, sondern wird zum parteiunabhängigen Gewissen der Nation. Jeder Artikel enthält eine eindeutige Stellungnahme, appelliert an die Vernunft und an die Menschlichkeit.

Mit Unterstützung des Deutschen Reiches, das sich von dieser Unterstützung eine Schwächung des russischen Kriegsgegners erhoffte, kehrte Wladimir Iljitsch Lenin aus seinem Exil in der Schweiz zurück. Er wurde von einer jubelnden Menge begrüßt und begann augenblicklich, den bewaffneten Aufstand vorzubereiten.

Im Juli 1917 probte Lenin diesen Aufstand gegen die Provisorische Regierung. In Moskau und Petrograd kam es zu blutigen Gefechten. Doch der große taktische Fehler der Aufrührer bestand darin, daß sie die sozialistischen Arbeiter in den Betrieben nicht von dem Putsch informiert hatten. Sie fühlten sich überrumpelt, glaubten den bewaffneten Propagandisten nicht und verweigerten die Gefolgschaft. Und das Volk – froh über die gerade beendete Anarchie – machte bei dem Aufstand auch nicht mit. So wurden die relativ kleinen bewaffneten Trupps der Bolschewiken von den Truppen Alexander Kerenskis niedergekämpft. Lenin floh, weil ein Haftbefehl der Provisorischen Regierung gegen ihn vorlag. Gorki wußte noch nicht, wer die Urheber des Aufstandes gewesen waren. Er führte die Toten auf einige Abenteurer und eine Massenpanik nach den ersten Schüssen zurück, nahm die Bolschewiki in Schutz: »...Ich bin kein Detektiv, ich weiß nicht, wer an dem scheußlichen Drama die größte Schuld trägt. Ich habe auch nicht die Absicht, Abenteurer zu rechtfertigen; Menschen, die die dunklen Instinkte der Massen wecken, sind mir verhaßt und zuwider... Aber ich halte weder die ›Leninisten‹ noch die Deutschen, noch Provokateure und zwielichtige Konterrevolutionäre für die Hauptanstifter des Dramas, sondern einen schlimmeren, noch stärkeren Feind – die bedrückende russische Dummheit...«[24]

Aber Lenin gibt seine Umsturzpläne nicht auf. Im Oktober des gleichen Jahres kehrt er illegal nach Petrograd zurück. Er überzeugt seine Bolschewiki in geheimen Sitzungen, daß jetzt – angesichts der relativen Ruhe im Land – der letzte Moment für einen Putsch gekommen sei. Würde sich die Provisorische Regierung weiterhin an der Macht halten, müßte die Revolution auf Jahre vertagt werden. Lenin entwirft eine Strategie des bewaffneten Aufstandes: Die Bolschewiki haben Kontakt zu allen revolutionären Kadern aufzunehmen, die unzufriedenen Arbeiter in den Betrieben und die einfachen Soldaten in den Kasernen zu instruieren, Waffen zu sammeln, Depots zu errichten. Erst wenn dies geschehen sei, könne man zu Kampfhandlungen übergehen. Er benennt die wichtigsten strategischen Punkte, die sofort zu besetzen sind: Brücken, Bahnhöfe, Telegrafenämter, Kasernen, Fabriken und Polizeistationen. Ist dies geschehen, gilt nur noch eines: »Petrograd umzingeln und abschneiden, es durch einen kombinierten Angriff der Flotte, der Arbeiter und der Gruppen einnehmen, – das ist (die)... Aufgabe...«[25] Die Angriffspläne sickern durch, Gerüchte verunsichern die Öffentlichkeit.

Zu diesem Zeitpunkt weiß Gorki inzwischen, daß die Leninisten die Urheber der Juli-Unruhen gewesen waren. Und er weiß natürlich, daß Lenin illegal zurückgekehrt ist. Er ahnt, daß die Umsturzgerüchte nicht aus der Luft gegriffen sind.

Lenin war seit 1905 immer für die Demokratie eingetreten, weil »es keinen anderen Weg zur wirklichen Freiheit des Proletariats und der Bauernschaft gibt und geben kann als den Weg der bürgerlichen Freiheit und des bürgerlichen Fortschritts. Wir dürfen nicht vergessen, daß es... ein anderes Mittel weder gibt noch geben kann, um den Sozialismus näherzubringen, als die volle politische Freiheit; ...die demokratische Republik«.[26] Er hatte sich bislang auch gegen Gewalt und Terror jeder Art ausgesprochen. Beides war für ihn der Ausdruck der »leidenschaftlichen Empörung der Intellektuellen, die es nicht verstehen..., die revolutionäre Arbeit mit der Arbeiterbewegung zu einem Ganzen zu verbinden. Wer den Glauben an diese Möglichkeit verloren oder nie besessen hat, dem fällt es tatsächlich schwer, für sein Gefühl der Empörung und seine revolutionäre Energie einen anderen Ausweg zu finden als den Terror.«[27] Doch Lenins verschiedene Schriften von 1917 dokumentierten einen radikalen Umschwung der bolschewistischen Haltung: Abgelehnt wurde die Provisorische Regierung, abgelehnt eine Konstituierende Versammlung zur Ausarbeitung einer Verfassung, abgelehnt sogar die parlamentarische Republik, sie wäre ein Rückschritt, denn »das Volk hat das Recht und die Pflicht... nicht durch Abstimmungen, sondern durch Gewalt zu entscheiden«.[28] Lenin bezeichnete plötzlich das »...allgemeine Stimmrecht als Werkzeug der Herrschaft der Bourgeoisie...«[29] und befürwortete hingegen den »bewaffnete(n) Aufstand... (als) eine BESONDERE Form des politischen Kampfes«.[30]

Gorki fühlte sich politisch von Lenin getäuscht und war damit auch persönlich tief betroffen. Bis zu diesem Zeitpunkt hatte er Lenin zwar als willensstarken, auch harten, aber doch in seiner politischen Meinung aufrichtigen Führer der Bolschewiki eingeschätzt. Jetzt aber begriff er, daß ein Diktator sich anschickte, Rußlands Geschick zu bestimmen, daß seine Theorien über Freiheit, Gleichheit und Demokratie lediglich taktischer Natur gewesen waren. Gorki wußte nun, daß Lenin unbarmherzig jeden seiner politischen Gegner verfolgen würde, ahnte, daß die Zeiten des Terrors und der Anarchie noch lange nicht vorbei seien, fürchtete, daß der offensichtlich bevorstehende Putsch in einem Meer von Blut und Tränen enden würde. Das Wissen um die wahren Ziele seines Freundes war des Schriftstellers große Enttäuschung. Er traf daraufhin eine grundsätzliche Entscheidung, die das zu verdrängen schien, was die Beziehung zu Lenin seit der Krise auf Capri auszeichnete: die Privatheit ihrer Differenzen, die sie in persönlichen Gesprächen und in ihren Briefen ausgetragen hatten. Angesichts der drohenden Gefahr für Rußland ging Gorki an die

Öffentlichkeit und distanzierte sich von seinem Freund. Er kämpfte mit dem einzigen Mittel, das er wirklich beherrschte, mit dem geschriebenen Wort. Sein Journalismus wurde zur Waffe. Erneut standen sich der Machtmensch und der Literat gegenüber.

Gorki eröffnet die Fehde mit einem Leitartikel unter der bezeichnenden Überschrift ›Man darf nicht schweigen!‹ Noch ist nichts geschehen, aber »immer hartnäckiger verbreitet sich das Gerücht, daß am 20. Oktober eine ›Aktion der Bolschewiken‹ bevorstehe – mit anderen Worten: Vielleicht eine Wiederholung der abscheulichen Vorgänge vom... Juli. Das bedeutet: Wieder Lastwagen, vollgestopft mit Menschen, die Gewehre und Revolver in den vor Furcht zitternden Händen halten und auf Schaufenster, Menschen und alles, was sie gerade treffen, schießen... Sie werden zu wüten beginnen und die Menge, die ohnedies aufgebracht ist über den Zusammenbruch des Lebens, über die Lüge und den Schmutz in der Politik, mit Bosheit, Haß und Rachsucht verseuchen und alle dunklen Instinkte der Masse aufpeitschen. Die Menschen werden sich gegenseitig umbringen... Eine unorganisierte Menge, die kaum weiß, was sie will, wird sich auf die Straße wälzen, und in ihrem Gefolge werden Abenteurer, Diebe und professionelle Mörder ›die Geschichte der russischen Revolution machen‹...«[31]

Eine Woche nach Erscheinen dieses Artikels ist ›die Geschichte der russischen Revolution‹ um ein Kapitel reicher geworden. Die Bolschewiki unter Lenin und Trotzki haben ein zweites Mal den bewaffneten Aufstand gewagt und diesmal gesiegt. Die Provisorische Regierung wird in einem Handstreich geschlossen verhaftet. Lediglich Alexander Kerenski, inzwischen Oberkommandierender und Ministerpräsident, kann fliehen. Zaristische Generäle scharen kaisertreue Truppen um sich und ziehen sich zunächst ins Hinterland zurück, um bald darauf mit großangelegten Offensiven den Bürgerkrieg zu eröffnen. In Petrograd aber wird eine Sowjetregierung ausgerufen. Ihre erste Bekanntmachung erscheint noch in der Nacht des Umsturzes: »An die Bürger Rußlands. Die Provisorische

Regierung ist abgesetzt. Als Organ des Petrograder Sowjets der Arbeiter- und Soldaten-Deputierten hat das Militärisch-Revolutionäre Komitee, welches an der Spitze des Proletariats und der Garnison von Petrograd steht, die Staatsgewalt übernommen. Die Sache, für die das Volk kämpfte: sofortiger Vorschlag eines demokratischen Friedens, Abschaffung des gutsherrschaftlichen Grundeigentums, Kontrolle der Produktion durch die Arbeiter, Einsetzung einer Sowjetregierung – diese Sache ist gesichert. Es lebe die Revolution der Arbeiter, Soldaten und Bauern!... 25. Oktober 1917, 10 Uhr morgens.«[32]

›Sowjet der Volkskommissare‹ nannte sich die neue Regierung. Lenin wurde Vorsitzender, Leo Trotzki Volkskommissar für Kriegswesen. Abends um 21 Uhr erschien Lenin am Rednerpult. Der Jubel und die Ovationen wollten nicht enden. »Unbeweglich stand er da, nicht mit der leisesten Gebärde verratend, wie ihm in diesem Augenblick zumute war, der die Krönung seines mehr als zwanzigjährigen revolutionären Kampfes bedeutete. Als der Sturm des Beifalls sich gelegt hatte, sagte er einfach: ›Wir beginnen jetzt mit dem Aufbau der sozialistischen Ordnung‹.«[33] Der Aufbau begann mit Zwangsmaßnahmen: Nur Bolschewiki durften der neuen Regierung angehören, die Redefreiheit wurde aufgehoben, sämtliche Versammlungen verboten. Überall wurden Gegner der Bolschewiki aus ihren Wohnungen geholt, verhaftet und ins Gefängnis geworfen.

Knapp vierzehn Tage später – eine Pressezensur gab es noch nicht – verfaßte Maxim Gorki in seiner Zeitung ›Neues Leben‹ einen beschwörenden Leitartikel. Vehement setzte er sich für die ins Gefängnis geworfenen Minister und Abgeordneten der Provisorischen Regierung ein. Lenin hatte lediglich die sozialistischen Regierungsmitglieder rasch wieder aus der Haft entlassen: »Die sozialistischen Minister, die von Lenin und Trotzkij aus der Peter- und Pauls-Festung entlassen wurden, sind nach Hause gefahren und haben ihre Genossen... in der Gewalt von Menschen gelassen, die keinerlei Vorstellung von der Freiheit der Person und den Menschenrechten haben...

Warum sitzen... Mitglieder der Koalitionsregierung in der Festung? Sind sie etwa auf irgendeine Weise schuldiger als ihre sozialistischen Genossen, die Lenin befreit hat? Die einzige ehrliche Antwort... muß die unverzügliche Forderung nach Befreiung der Minister und anderer unschuldig Verhafteter sein...«[34] Gorki nannte Namen und schleuderte seinen Bannfluch: »Lenin, Trotzkij und ihre Gefährten sind bereits vom faulen Gift der Macht infiziert, davon zeugt schon ihre schädliche Einstellung zur Redefreiheit, zur Person und zu allen Rechten, für deren Sieg die Demokratie gekämpft hat. Blinde Fanatiker und gewissenlose Abenteurer rasen Hals über Kopf angeblich der ›sozialen Revolution‹ entgegen. In Wirklichkeit aber ist dies der Weg in die Anarchie, in den Untergang des Proletariats und der Revolution. Auf diesem Wege halten es Lenin und seine Mitkämpfer für möglich, Verbrechen aller Art zu verüben...«[35] Dann aber sprach er nur noch von seinem Freund Lenin: »Die Arbeiterklasse wird begreifen müssen, daß Lenin auf ihrer Haut und mit ihrem Blut nur ein Experiment macht und versucht, die revolutionäre Stimmung des Proletariats zum Äußersten zu treiben, um zu sehen, was dabei herauskommt... Lenin (ist)... ein kaltblütiger Gaukler..., der sich weder um die Ehre noch um das Leben des Proletariats kümmert...«[36]

Gerade dieser erste Artikel nach der bolschewistischen Machtübernahme zeugte von Gorkis Mut. Er konnte nicht wissen, wie Lenin auf diese ätzenden Zeilen reagieren würde, die zugleich auch eine Aufkündigung der persönlichen Freundschaft signalisierten. Doch Lenin nahm den Angriff ohne sichtbare Reaktion hin und überließ dem jungen Bolschewiken Joseph Stalin die kämpferische Verteidigung in einer anderen Zeitung.

Gorki war kein Gegner der Revolution, aber ein Gegner der gewaltsamen Revolution. Daß dies ein Widerspruch war, eine Revolution ohne Blutvergießen kaum möglich, realisierte er nicht. Er selbst hat es nie so formuliert, aber am konkretesten wäre seine politische Zielvorstellung jener Jahre mit dem Wunsch nach einem friedlich verlaufenden Umsturz zu umschreiben, lediglich eine Wachablösung in der Spitze des Staates also. Dort aber, wo Menschen starben, war für ihn der Umsturz schon verraten, denn »...Mord und Gewalt sind die Argumente des Despotismus... Das große Glück der Freiheit darf nicht durch Verbrechen gegen die Person verfinstert werden, da wir sonst die Freiheit mit unseren eigenen Händen erschlagen«.[37] Gorki war entsetzt über die acht blutigen Tage, die der Machtübernahme folgten, denn Kerenski hatte Truppen um sich geschart und versuchte, die Bolschewiki zu überrennen. Es gelang jedoch den Bolschewiki, Kerenski zu schlagen und in die Emigration zu treiben.

Was für die Bolschewiki ein Verteidigungskampf der Revolution bedeutete, war für Gorki nichts anderes als Chaos und Anarchie, getragen von Menschen, die nur das Abenteuer im Sinn hatten, nicht aber eine wirkliche Revolution; aber auch ertragen von Menschen, die keine Ahnung von Politik hatten: »Runde, ekelhafte Schrapnellkugeln prasseln wie ein Hagel auf die eisernen Dächer und fallen auf das Straßenpflaster; die Zuschauer wollen sich diese Kugeln ›zum Andenken‹ aufheben und kriechen im Schmutz umher. In der Nähe des Kremls sind einige Häuserwände von Geschossen durchlöchert; in diesen Häusern sind wahrscheinlich Dutzende völlig unschuldiger Menschen umgekommen. Die Geschosse flogen völlig sinnlos umher; ebenso sinnlos war dieses ganze sechs Tage dauernde Gemetzel und die Zerstörung Moskaus... Ich weiß, daß den wahnsinnigen Dogmatikern die Zukunft des Volkes gleichgültig ist: sie betrachten es als Material zu sozialen Experimenten; ich weiß, daß ihnen alle Gefühle und Gedanken, die jedem aufrechten Demokraten das Herz zerreißen, fremd sind; ich wende mich auch nicht an diese Leute. Aber ist denn wirklich unsere ganze Demokratie wahnsinnig geworden? Gibt es wirklich keine Menschen mehr, die sich bewußt sind, daß hier Schreckliches geschieht, und die bereit sind, die toll gewordenen Sektierer zu verjagen?«[38]

Gorki veröffentlicht Artikel um Artikel gegen Lenin und die Bolschewiki, vor allem aber gegen Lenin, seinen Freund:

- »Vladimir Lenin führte in Rußland die sozialistische Regierungsform nach der Methode... ein: ›Mit Volldampf durch den Sumpf‹... (die Bolschewiki) entehren... kaltblütig die Revolution, entehren die Arbeiterklasse, indem sie die Arbeiter zwingen, blutige Gemetzel und Pogrome zu veranstalten und völlig unschuldige Menschen... ins Gefängnis zu werfen...«[39]
- »Lenin selbst ist natürlich ein Mensch von außergewöhnlicher Kraft...; er ist eine der bedeutendsten und markantesten Figuren der internationalen Sozialdemokratie; er ist ein sehr begabter Mensch und besitzt alle notwendigen Eigenschaften eines ›Führers‹. Außerdem zeichnen ihn auch das für diese Rolle notwendige Fehlen jeglicher Moral und ein ausgesprochen herrisches, mitleidloses Verhältnis zum Leben der Volksmassen aus. Lenin ist Führer UND russischer Adliger, und gewisse seelische Eigenschaften dieses ins Nichts verschwundenen Standes sind ihm nicht fremd; deshalb hält er sich für berechtigt, mit dem russischen Volk ein grausames Experiment zu machen, das schon im voraus zum Scheitern verurteilt ist... Die klassenbewußten Arbeiter, die Lenin folgen, müssen begreifen, daß mit der russischen Arbeiterklasse ein erbarmungsloses Experiment gemacht wird, das die besten Kräfte der Arbeiter vernichten und die normale Entwicklung der russischen Revolution für lange Zeit hemmen wird.«[40]
- »Die Massenvernichtung Andersdenkender ist eine alte, erprobte Methode der russischen Innenpolitik. Von Iwan dem Schrecklichen bis zu Nikolaus II. haben unsere politischen Führer diese einfache und bequeme Methode... großzügig angewandt. Warum sollte Wladimir Lenin auf diese höchst einfache Methode verzichten? Er tut es auch nicht, er erklärt offen, er werde vor nichts zurückschrecken, um seine Feinde zu vernichten Das droht Rußland, wenn anarchistisch – kommunistische Parolen simplifiziert... werden.«[41]

Das sind nur einige der persönlich auf Lenin bezogenen Zitate, aber Gorkis journalistisches Spektrum erfaßt alle Bereiche des nun beginnenden revolutionären Terrors der Roten:
- Gorki wendet sich gegen die Abschaffung der Pressefreiheit;
- Gorki protestiert gegen die Inhaftierung von bürgerlichen Intellektuellen und nichtbolschewistischen Arbeitern;
- Gorki schreibt gegen Vandalismus und Plünderung von Schlössern, Villen, Kulturstätten, dem Winterpalais und Bibliotheken;
- Gorki ist empört über die bevorstehende Vertreibung der ›Kadetten‹ aus der ›Konstituierenden Versammlung‹, die eine Verfassung ausarbeiten soll;
- Gorki prangert die von der Sowjetregierung geduldete Selbst- und Lynchjustiz der Bevölkerung an;
- Gorki beschreibt den roten Mob, der in Weinkeller eindringt und die Flaschen zerschlägt, anschließend volltrunken durch die Straßen randaliert;
- Gorki protestiert dagegen, daß jetzt auch Menschewiki im Gefängnis landen;
- Gorki klagt die Bolschewiki an, auf Arbeiter geschossen zu haben, weil sie für die Einberufung der Konstituierenden Versammlung eintraten;
- Gorki prognostiziert den Untergang des Proletariats, weil es sich immer weiter von der Demokratie entfernt;
- Gorki klagt die Volkskommissare an, Andersdenkende zu verleumden, zu verfolgen und zu ermorden;
- Gorki bezeichnet den Bolschewismus als nationales Unglück, der jeden Keim einer russischen Kultur erstickt;
- Gorki äußert sich entsetzt über Ankündigungen in einer Sonderversammlung, für jeden während des Bürgerkriegs ermordeten Genossen ›hunderttausend Reiche‹ umzubringen;
- Gorki kritisiert Terrorurteile, in denen z. B. ein 17jähriger Arbeiter zu siebzehn Jahren Arbeitslager verurteilt wurde, weil er sich kritisch über die Bolschewiki geäußert hatte;
- Gorki beklagt das Verbot von einigen nichtbolschewistischen Zeitungen;

- Gorki setzt sich für die Demokratie als Staatsform ein und verurteilt die Diktatur;
- Gorki geißelt die ungesetzlichen ›Kontributionen‹ durch Rotarmisten in den Dörfern bei wohlhabenden Bauern;
- Gorki berichtet über bürgerliche Ärzte und Wissenschaftler, die zu Hause verhungern, weil sie keine Lebensmittelrationen erhalten. Er ruft zu Spenden für sie auf;
- Gorki regt angesichts der Hungersnot die Einrichtung von Speisehallen an;
- Gorki wendet sich erneut gegen antisemitische Hetze, die jetzt auch von den Bolschewiki fortgesetzt wird;
- Gorki schildert verhungernde ehemalige Offiziere und beklagt die Bevorzugung der Bolschewiki bei den Lebensmittelzuteilungen;
- Gorkis letzter Artikel in der Novaja Zizn vom 2.7.1918 bezieht sich auf die Zeitung selbst: Gorki beantwortet die Fragen der ›Prawda‹ nach der Finanzierung der Zeitung.

Das alles war furchtlose Opposition gegen bestehende Zustände. Aber ein Wandel kündigte sich an. Auffallend war zunächst, daß Gorkis persönliche Angriffe auf Lenin immer seltener wurden. Im Vordergrund seiner Artikel von 1918 stand zunehmend die Kritik an politischen Einzelentscheidungen der Bolschewiki.

Die innen- und außenpolitische Situation bewegte Gorki offensichtlich jetzt zu einer radikalen Veränderung seines politischen Verhaltens. Seine russische Heimat war seit Anfang 1918 von drei Seiten zugleich bedroht: In den Zentren wütete der rote Terror der Bolschewiki. Der Bürgerkrieg der zaristischen Generäle gefährdete den Machtwechsel. Daß auch die ›Weißen‹ vor Terror und Diktatur nicht zurückschrecken würden, war angesichts der Bürgerkriegsgreuel völlig klar. Ein Sieg der zaristischen Generäle würde zudem die Wiedereinführung der verhaßten Monarchie nach sich ziehen. Die dritte Bedrohung kam von den Alliierten: Sie verbündeten sich mit den zarentreuen Generälen und unterstützten sie mit Waffen und Nahrungsmitteln, zugleich marschierten die Tschechen in Rußland ein und verstärkten mit ihren Truppen die Schlagkraft der ›Weißen‹. Die Zaristen und die Alliierten erschienen Gorki als Pest und Cholera, die Bolschewiki standen ihm – trotz des beklagten Terrors – politisch am nächsten. Von ihnen erwartete er, daß sie den Umsturz manifestierten. Gorki mußte sich entscheiden, ob er sein bedrängtes Vaterland angesichts der Bedrohung der ›Weißen‹ von innen und der internationalen Mächte von außen durch seine Kritik an den Bolschewiki noch zusätzlich schwächen wollte.

Anfang Juli 1918 schreibt Maxim Gorki an seine getrennt von ihm lebende Frau Katharina Pawlowna einen Brief, in dem er von völliger Erschöpfung, dem Überdruß an seiner journalistischen Rolle und einer grundlegenden Kehrtwendung berichtet: »Ich habe die ganze Zeit gelegen und bin erst gestern aufgestanden, ich habe Kopfschmerzen und kann nicht laufen... Ich beachsichtige, mit den Bolschewiken zusammenzuarbeiten – auf autonomer Basis. Ich bin der kraftlosen akademischen Opposition von ›Novaja Zizn‹ überdrüssig. Man muß dort untergehen, wo es am heißesten ist – inmitten der Revolution. Allgemein gesagt: um unsere russische Sache steht es außerordentlich schlecht.«[42]

Ein wichtiges Motiv zu Gorkis Umkehr war also die bedrängte Lage der Nation gewesen, das zweite Motiv betraf seinen Journalismus. Was konnte ein Schreiber wie Maxim Gorki noch für sein Land tun? Nicht mehr viel, denn im Februar 1918 war die ›Novoja Zizn‹ von den Bolschewiki für acht Tage verboten worden; seit dem Frühjahr erhielt sie keine Papierlieferungen mehr. Mit seinem Privatgeld importierte Gorki Papier aus Finnland; im Juni 1918 ereilte das ›Neue Leben‹ erneut ein achttätiges Publikationsverbot. Die ›Prawda‹ und andere Zeitungen der Bolschewiki starteten eine Pressekampagne gegen das Blatt; Anfang Juli wurde die Zeitung wieder verboten. Mitte Juli 1918 schrieb Gorki einen Brief an Lenin: »...Die Frage, was aus der ›Nowaja shisn‹ wird, hat eine sehr scharfe Form angenommen, die Arbeiter und Angestellten fordern eine klare Antwort... Ich bitte Sie sehr – antworten Sie möglichst schnell, ob Sie die Zeitung genehmigen oder nicht. Ein Tag kostet uns Zehntausend. Diese Notiz überbringt Ihnen mein Sohn... A. Peschkow.«[43]

Lenin lehnt ab. Am 16.7.1918 wird die Zeitung endgültig von den Bolschewiki verboten. Die anklagende Stimme Maxim Gorkis verstummt. Aber es sei noch einmal wiederholt: Den Brief an seine Frau vom Wandel seiner politischen Taktik schrieb er bereits Anfang Juli. Doch der zitierte Brief ist in keiner Quelle auf den Tag genau datiert. Offen bleiben muß daher: was war Ursache, was Wirkung?

Am 30.8.1918 verübt die Sozialrevolutionärin Fanny Kaplan ein Pistolenattentat auf Lenin und verletzt ihn schwer. Gorki und seine Lebensgefährtin Marija Andrejewa schicken ein Telegramm an Lenin: »Wir sind furchtbar erschüttert und besorgt, wünschen von Herzen baldigste Genesung, verlieren Sie nicht den Mut.«[44]

Einige Tage später besucht der Schriftsteller Maxim Gorki den Berufsrevolutionär Lenin. Eineinhalb Jahre lang hatten sie sich gemieden. Jetzt aber steht der MENSCH Gorki erschüttert am Krankenbett des verletzten Freundes: »Unser Zusammentreffen war sehr freundschaftlich, doch selbstverständlich betrachteten die durchdringenden, alles sehenden Äuglein des lieben Iljitsch mich, den ›vom rechten Wege Abgekommenen‹, mit offensichtlichem Bedauern. Nach einigen Minuten sprach Lenin voller Leidenschaft: ›Wer nicht mit uns ist, ist gegen uns. Menschen, die von der Geschichte unabhängig sind, existieren nur in der Phantasie... Alle, bis auf den letzten Mann, sind von dem Wirbel der Wirklichkeit erfaßt, die so verworren ist wie nie.‹«[45] Lenin schlägt einen Waffenstillstand vor. Gorki wird sich ab sofort für die bedrohte Revolution einsetzen, insbesondere ein Bündnis aller Intellektuellen mit der Arbeiterklasse befürworten. Dafür wird man auch ihm gewisse Konzessionen machen.

Gorki hat gar keine andere Wahl; seine ›Nowaja Zizn‹ bleibt verboten, andere Oppositionszeitungen gibt es längst nicht mehr. Vielleicht kann nur ein Schreiber nachvollziehen, was es für einen Autor bedeutet, nicht mehr veröffentlichen zu dürfen. Die Schere Lenins hat des Journalisten Papier zerschnitten. Maxim Gorki bleibt nur noch die Möglichkeit praktisch zu handeln, wenn er etwas verhindern oder etwas bewirken will. Denn mit Tränen kann auch er das Feuer nicht löschen. Der Schriftsteller betritt ein ihm fremdes Terrain und begibt sich auf den Marsch durch die Institutionen. Würde sich Lenin, dieser Felsen der Macht, von Maxim Gorki bewegen lassen?

12.
Auf Wiedersehen im März

»Die Arbeiterklasse begrüßt die Rückkehr ihres geliebten Sohnes«, jubelte die ›Rote Gazette‹ am 6. Oktober 1918, »Maxim Gorki gehört wieder zu uns. Er ist zurückgekehrt, und in aller Stille und Heimlichkeit hat er sich angeschickt, die Arbeit seiner Väter, des russischen Proletariats, fortzuführen«.[1] Doch es war nicht das Proletariat, für das sich Gorki jetzt in erster Linie einsetzte, sondern die bürgerliche Intelligenz. Die Sowjetregierung, vor allem der Volkskommissar für öffentliche Bildung, Anatol Lunatscharski, bekämpften und verfolgten alle Künstler, Schriftsteller und Gelehrten, die sich nicht demonstrativ zu den Bolschewiki bekannten. 1 700 000 Verhaftete wurden von der bolschewistischen Geheimpolizei in den ersten Jahren der Revolution erschossen, unter ihnen waren 350 000 Intellektuelle.[2] Angesichts dieser schwindelerregenden Zahlen des terroristischen Wahnsinns erschien Gorkis nun beginnender Kampf für jeden einzelnen Geisteswissenschaftler lächerlich und fruchtlos. Doch für ihn war jeder erschossene oder verhungerte Intellektuelle ein Mensch zuviel, der starb. Er konnte sich mit seiner Person nur für Einzelfälle einsetzen, denn ihm standen für seine Interventionen nicht mehr die Öffentlichkeit durch eine Zeitung zur Verfügung, sondern nur noch persönliche Gespräche mit den Verantwortlichen, Zuschriften an sie oder offizielle Eingaben an Institutionen. Seine im Brief an Katharina Pawlowna zitierte und von der ›Roten Gazette‹ öffentlich gemachte Wende verlangte von ihm zunächst ein ungeheures Maß an Selbstüberwindung. Die Frau des Schriftstellers Mereschkowski, Sinaida Hippius, erlebte Gorki bei gemeinsamen Freunden: »Er hat einen schrecklichen Eindruck auf mich gemacht. Er wirkt finster, düster... Wenn er spricht, wirkt das wie lautloses Bellen. Er weigert sich, bei den bolschewistischen Ministern vorzusprechen. ›Ich kann mit Lenin und Trotzki, diesen Kanaillen, nicht reden‹, sagt er. ›Das ist bei mir organisch‹«.[3]

Aber Gorki mußte sich bezwingen, wenn er noch irgend etwas erreichen wollte. Kriegslasten, Kälte, Versorgungsmängel und der Hunger in den großen Städten nahmen fürchterliche Ausmaße an. Seit Anfang 1919 brachen in den Straßen die entkräfteten Menschen zusammen, sie erfroren in den Betten ihrer ungeheizten Wohnungen, vor allem aber verhungerten sie zu Tausenden. Die Lebensmittelzuteilungen wurden nur noch alle vierzehn Tage ausgegeben und lediglich an Menschen, die politisch zuverlässig waren. »...Man stand stundenlang an, um eine Brotkante zu ergattern. Die gefrorenen Bürgersteige waren unbegehbar. Es gab keine Straßenbahnen mehr, keine Autos, nur noch Fußgänger... Wenn an einer Ecke ein Pferd zusammenbrach, bildete sich sofort eine Gruppe, die auf seinen Tod wartete, um sein Fleisch untereinander aufteilen zu können. Da das ganze Kanalisationssystem eingefroren war, gab es keine Toiletten mehr. Die Exkremente wurden in Eimern auf den Hof gestellt... Die Männer waren impotent geworden, die Frauen hatten keine Regel mehr... Man starb einfach, und das immer schneller«.[4] Die Kopfarbeiter waren in dieser allgemeinen Not jene, die am wenigsten Chancen zum Überleben hatten. Sie gehörten weder zu den bei den Lebensmittelzuteilungen bevorzugten Bevölkerungsgruppen, wie Arbeiter oder Soldaten, noch hatten sie etwas auf dem Schwarzmarkt zu verkaufen wie die Industriellen, die Reichen oder die kleinen Geschäftsleute. Bücher kaufte in dieser Zeit niemand. Die Intellektuellen konnten sie lediglich verheizen, um wenigstens nicht zu erfrieren; sie warfen bald auch ihre Notizen und wissenschaftlichen Arbeiten, ihre Manuskripte ins Ofenfeuer. Doch wie rasch brannten Arbeitspapiere und Bücher herunter und wer hatte schon bibliophiles Heizmaterial für einen ganzen Winter!

23 Der inzwischen weltberühmte Schriftsteller im Schaukelstuhl

Gorki überwand seine ›organischen‹ Widerstände. Er sprach mit Lenin, Lunatscharski und Trotzki. Er schrieb Briefe an sie und an wichtige Bürokraten. Er verfaßte Eingaben an das Politbüro, an das Volkskommissariat für Ernährungswesen, an den Rat der Volkskommissare, an das Präsidium des Petrograder Deputiertensowjets, an das Hauskomitee der Armen. Er reiste im Land umher, telegraphierte und intervenierte, wo immer es ihm möglich war. Er gab sein Privatleben und seine schriftstellerische Arbeit völlig auf und war bis zu achtzehn Stunden täglich auf den Beinen. Er schuf Institutionen, die es den Intellektuellen ermöglichten, Geld zu verdienen und damit zu überleben, denn die Gespräche, Telefonate und Briefe bezogen sich meist auf Einzelfälle. Mit den Arbeitsbeschaffungsmaßnahmen versuchte er, seine Lenin abgetrotzte Mission zu erfüllen und die gesamte Schicht der Intelligenz vor dem Untergang zu bewahren. Gorki »wurde zu einem Großunternehmer auf dem Gebiete der Kultur, Gönner aller Künste und Beschützer derer, die sie ausübten, Impresario von Theatern und Konzerthallen, Verleger mit etlichen Verlagshäusern unter seiner Leitung, Obmann einer Kommission für die Verbesserung der Lebenshaltung Intellektueller und Gelehrter, aufdringlicher Streiter für höhere Lebensmittelrationen, mehr Heizung, mehr Licht, mehr Wohn-, Werks- und Laboratoriumsraum (und) Organisator von Herbergen und Anstalten«.[5] Jeder Brief Maxim Gorkis aus Petersburg an Wladimir Iljitsch Lenin in Moskau enthielt eine Kaskade von Wünschen und Forderungen: »... *Wie steht es mit den Wissenschaftlern? Wird man 1800 Verpflegungsrationen belassen? Ich bitte dringend – belassen Sie es so – das ist unbedingt notwendig... Ferner bitte ich Sie: rufen Sie Feliks Dzierzynski* an und sagen Sie ihm, daß er den Chemiker Saposhnikow möglichst rasch freiläßt. Der letztere hat eine Methode erfunden, aus Gasteer – mit dem man die Straßenbahnschienen an den Kurven und Weichen schmiert... Für uns ist dieses Erzeugnis ganz unentbehrlich... Und außerdem: Manuchin** muß man unbedingt die Möglichkeit geben, daran zu arbeiten, einen Impfstoff gegen Flecktyphus zu entwickeln... Entschuldigen Sie, daß ich Ihnen lästig falle, aber diese Dinge sind äußerst wichtig... Alles Gute! A. Peschkow*«.[6] Lenin schien nicht sofort auf Gorkis Bitte, den Chemieprofessor freizulassen, reagiert zu haben, denn Gorki schrieb erneut in dieser Sache an den Vorsitzenden der Sowjetregierung. Diesmal lobte er des Chemikers Erfindung eines Desinfektionsmittels, aber man werde sie nicht nutzen können, denn: »Saposhnikow sitzt schon einige Monate im Gefängnis, verurteilt zu Haft bis Ende des Bürgerkrieges, weil man in seiner Wohnung die Waffen seiner beiden Söhne gefunden hat, die vor langer Zeit als Weißgardisten erschossen wurden. Als ich in Moskau war, habe ich darüber mit Dzierzynski gesprochen, er hat mir gesagt, daß er nichts gegen eine Entlassung Saposhnikows habe... Seitdem sind neun Wochen vergangen... Saposhnikow sitzt bis zum heutigen Tag... Daß wir eine gewaltige Menge Desinfektionsmittel benötigen, brauche ich nicht erst zu sagen...«.[7] Nach mehrmaligem Drängen wurden die Bitten Gorkis von Lenin erfüllt. Die Verpflegungsrationen wurden nicht gekürzt, sondern sogar auf 2000 erhöht; Dr. Manuchin erhielt die Genehmigung, ein Auslandsstipendium wahrzunehmen und auszureisen; der Chemieprofessor wurde aus der Haft entlassen und konnte im von Gorki eingerichteten ›Haus der Künste‹ seinen Forschungen nachgehen.

Mitunter schickte Gorki Telegramme: »Dringend. Moskau. Kreml. An Lenin. 12. April 1919. In Maloarchangelsk... wurde mein Kamerad, der Schriftsteller Iwan Wolnyj, verhaftet. Seine politische Loyalität ist für mich unbestritten. Ich fürchte sehr übereilte Handlungen. Bitte telegrafieren Sie, daß Untersuchung der Verhaftungsgründe vorurteilsfrei erfolgt, er entlassen und unter Aufsicht gestellt wird. M. Gorki«.[8] Lenin telegraphierte und intervenierte diesmal sofort. Wolnyj wurde bis zu seinem Prozeß freigelassen. Unbekannt blieb, was aus Gorkis Bitte für ein ›Kind‹ wurde: »Lieber Wladimir Iljitsch! Hier ist als linke Sozialrevolutionärin *Natalja Schklowskaja* verhaftet worden... eine *siebzehnjährige*, sehr *exaltierte* Dichterin. Ich kenne sie, sie war Sekretärin des *Dichters A. A. Blok* – ihre Teilnahme an Abenteuern der linken Sozialrevolutionäre ist mehr als zweifelhaft. Verhaftet wurde sie auf der Straße, mit einem Revolver, aber der Revolver ist für sie ein Spielzeug, sicherlich kann sie gar nicht schießen. Ich fürchte jedoch, ihre Exaltiertheit kann dieses Kind ins Verderben stürzen, aus lauter Romantik wird sie allerlei Unsinn über sich selber zusammenschwatzen, und man wird sie töten. Ich bitte Sie sehr – lassen Sie das Mädchen frei, denn ich bin fest überzeugt, sie kann an nichts schuld sein. Aber sie ist talentiert. Lassen Sie mich hoffen, daß sie diese Bitte erfüllen werden... A. Peschkow«.[9]

Häufig fuhr Gorki zu Lenin nach Moskau, um im persönlichen Gespräch zu erzwingen, was er in Telegrammen oder Briefen nicht erreicht hatte. Gorki berichtete – nur leicht verdeckt – seinem Freund und Biographen, dem Schriftsteller Konstantin Fedin über diese Gespräche: »Nicht erst seit diesem Jahr erkläre ich, daß gewisse wenig weitblickende Leute die Verfolgung der Intelligenz noch bedauern werden... Jedesmal, wenn ich davon zu reden anfing, rannte man um den Tisch, schlug mit der Faust darauf und schnaubte. Aber es ist offensichtlich geworden, daß ohne die Intelligenz nichts zu erreichen ist...«[10] Lenin konnte sich selten der Suggestion seines wiedergewonnenen Freundes entziehen, der da bei ihm im Kreml vorsprach und eindringlich an seine Menschlichkeit appellierte. Aber manchmal ließ sich der Führer des Sowjetstaates auch auf ein hinterhältiges Spiel ein, nur um den lästigen Moralisten für den aktuellen Moment zufriedenzustellen. So gab er Gorki bei einem seiner Besuche die schriftliche Bestätigung, daß die Hinrichtung von drei Großfürsten der Romanows aufgeschoben werde. 1918 waren bereits der Zar, die Zarin und alle Kinder des Kaiserpaares von den Bolschewiki in Jekaterinenburg erschossen worden. Im Jahr 1919 verhaftete man fast alle übrigen Verwandten der Romanows, unter ihnen die drei Großfürsten. Gorki konnte sich mit bestem Gewissen für diese Mitglieder des Zarenhauses einsetzen, denn sie waren ausschließlich Wissenschaftler oder Künstler und hatten sich zeit ihres Lebens von jeglicher Politik ferngehalten. Das Todesurteil über sie resultierte lediglich aus der engen Verwandtschaft mit dem Kaiserhaus. Glücklich über den Gnadenerlaß hetzte Gorki mit dem lebensrettenden Dokument in der Tasche zum Moskauer Bahnhof, um Lenins Befehl der Petrograder Geheimpolizei zu überbringen. Auf dem Bahnsteig kaufte er sich eine Zeitung, überflog die Schlagzeile und erstarrte: »Alle Romanows erschossen«, stand da. Auch die drei Großfürsten waren hingerichtet worden. Wieviel Verbitterung, Trauer, Zorn und Enttäuschung über Lenin muß Maxim Gorki in diesem Moment empfunden haben!

Das Drama hatte Konsequenzen für seine Taktik. Seine Popularität in Rußland und seine Freundschaft zum höchsten Machthaber ausnutzend, sehr wohl wissend, daß Lenin und daher auch der Geheimpolizei seine Wohnung als unantastbar galt, nahm Gorki ab jetzt etliche bedrohte Regimegegner bei sich zu Hause in Petersburg auf. Der letzte der Romanow-Fürsten zog bei ihm mit Frau, Stubenmädchen und äußerst giftiger

24 Maxim Gorki im Jahre 1919; Zeichnung von Rowinskiw

Bulldogge ein. Es wurden aber ebenso gefährdete Sozialrevolutionäre, menschewistische Übersetzer oder regierungsfeindliche Intellektuelle in seinem Hause aufgenommen. Unter ihnen war der Schriftsteller Chodassewitsch, der die Bolschewikenherrschaft ebenso ablehnte, wie er einst die Zarenherrschaft bekämpft hatte. Nun lebten all diese Flüchtlinge sämtlicher politischer Schattierungen auf engstem Raum zusammen. Sie gingen sich so weit wie irgend möglich aus dem Wege, aber bei den Mahlzeiten saßen sie gemeinsam an einem Tisch, löffelten ihre Suppe, hatten sich natürlich wenig zu sagen. Die Bulldogge war solidarisch mit ihrem blaublütigen Besitzer und mußte ob ihrer Beißlust anderen gegenüber während des Essens in einem Teppich verschnürt werden. Endgültig verstummte das Gespräch unter den politischen Kontrahenten, wenn die Inkarnation des Feindes aller Feinde, ein Bolschewik, zufällig zu Besuch kam und sich mit an den Tisch setzte. Dann klapperten nur die Löffel und die Bulldogge knurrte gedämpft in ihrer Teppichrolle. Marija Andrejewa, der mit Gorki befreundete Sänger Fedor Schaljapin, der Hausherr Maxim Gorki und sein Sohn versuchten krampfhaft, eine lockere Stimmung zu erzeugen, aber der Rest der großen Tischgesellschaft schwieg eisig vor sich hin. Sowohl für den Schriftsteller Chodassejewitsch als auch für den letzten Romanow erkämpfte Gorki übrigens die Ausreise ins Exil.

Fast drei Jahre lang setzte sich der Schriftsteller für die Intellektuellen seines Landes ein; Scharen von hungernden Philologen erhielten als Übersetzer in seinen Verlagen Lohn und Brot, berühmte Wissenschaftler wie z. B. der Zoologe Iwan Pawlow ein Forschungslabor und Versuchstiere, um seine Experimente fortzusetzen, Kunsthistoriker den Auftrag, die von der Sowjetregierung beschlagnahmten Antiquitäten zu schätzen und ihren Preis für den Verkauf ins Ausland festzusetzen. Maler illustrierten Bücher, Historiker schrieben die Geschichte Rußlands, Ökonomen entwickelten Modelle zur Volksversorgung. Gorki wurde zur zentralen Stelle der Arbeitsvergabe, zugleich zum Helfer gegen Willkür und Bürokratismus. Er protestierte gegen Zwangseinweisungen des ›Hauskomitee(s) der Armen‹ in Wohnungen der Wissenschaftler. Er nannte in seinen Eingaben skandalöse Einzelbeispiele. So wurden vier von fünf Zimmern einer Statistikerin mit einer mehrköpfigen Familie belegt, als sich die Wohnungsinhaberin auf einer Forschungsreise befand. Ihre Schränke wurden ausgeräumt, der Inhalt in einem Kabuff, das der Wissenschaftlerin jetzt als Lebensraum angewiesen wurde, zu einem unübersichtlichen Haufen aufgetürmt, ihre Bücher in den Keller getragen. Einem Geologen – nur einige Tage fort – erging es noch schlimmer. Seine Wohnung war bis auf den letzten Raum besetzt, der Schreibtisch aufgebrochen, sämtliche Arbeitspapiere und Manuskripte herausgerissen und auf dem Boden verstreut. Das Komitee befahl ihm lapidar, sich eine neue Wohnung zu suchen. Wieder hatten

Gorkis Proteste über diese Mißstände bei Lenin Erfolg. Der Sowjetführer schrieb einen pädagogisch geschickt formulierten Bittbrief an das Präsidium des Petrograder Deputiertensowjets, der aufgrund der Autorität Lenins aber als eindeutiger Befehl aufgefaßt werden mußte: »Werte Genossen! Meiner Ansicht nach ist es wahrhaftig keine Sünde, in Petrograd < einer in puncto Wohnungen besonders freien Stadt > Wissenschaftlern einen zusätzlichen Raum als Arbeitszimmer und als Laboratorium zu geben. Sie hätten sogar selbst die Initiative hierzu ergreifen sollen. Ich bitte Sie sehr, diese Angelegenheit voranzubringen, und wenn Sie damit nicht einverstanden sind, dann seien Sie bitte so freundlich, mir sofort ein paar Zeilen zu schreiben, damit ich sehe, wo das Hindernis liegt. Mit kommunistischem Gruß! W. Uljanow«.[11]

Gorki wußte angesichts der vielen Bittsteller und anfallenden Aufgaben bald nicht mehr, wo ihm der Kopf stand. Er mußte sich zeitraubend auch für Banalitäten einsetzen, die einzeln gesehen jedoch sehr wichtig für die Betroffenen waren. Er organisierte ein Milchfläschchen mit Sauger für den Säugling einer Dichterin, Feuerlöscher für das Haus der Künste, Schreibpapier für einen Dichter, falsche Zähne für einen Alten, ein Pfund Mehl für einen Hungernden, einen Milchberechtigungsschein für eine junge Mutter, fünf Reagenzgläser für einen Chemiker, ein paar Schuhe für einen Assistenten, zwei Glühbirnen für ein Labor, eben »alles, was ohne Protektion nicht erhältlich war«, erinnert sich Chodassewitsch und der Schriftsteller Wladimir Tschukowski: »würden wir von allen Institutionen alle die Briefe sammeln, in welchen Gorki zu jener Zeit... intervenierte, müßten wir weitere sechs Bände zu seinen Prosaschriften hinzufügen«.[12] Gorki schilderte seinem Biographen Kaun einen Tag seines Lebens aus dieser Zeit: »Morgens: Skorbut, deine Zähne sind locker, du kannst dich nicht entschließen aufzustehen. Du gehst hinunter ins Eßzimmer und findest dort zwei, drei Dutzend klagender, frierender und hungriger Menschen. Du besuchst die Gelehrtenheime oder die Kommission der Sachverständigen für Kunstschätze*... Du sitzest im Rinnstein und bleibst dort eine halbe Stunde, vierzig Minuten... nur um von der verdammten Schweinerei etwas länger fernbleiben zu können«.[13]

»Mehr als einmal wunderte ich mich: wieviel Stunden hat der Tag dieses Mannes...?«,[14] fragte sich ein Betroffener. Aber ›die verdammte Schweinerei‹ untergrub zunehmend Gorkis Gesundheit, sein Kreislauf sank, er brach wiederholt zusammen, hatte häufig Fieber, sein Körper reagierte auf den Kräfteverschleiß und den permanenten Streß mit Migräneanfällen, die über Tage anhielten. Hinzu kam, daß Lenin ungeduldig wurde. »Meinen Sie nicht, daß Sie sich mit Unsinn, mit Kleinigkeiten abgeben?«[15] nörgelte er unwillig, nachdem Gorki wieder einmal als Fürsprecher für andere Menschen an seinem Schreibtisch gesessen – und mit ihm gestritten hatte. Bereits Mitte 1919 hatte er Gorki geraten, sich von der »geifernden Wut der hauptstädtischen Intelligenz« zu distanzieren... »Ändern Sie radikal die Umgebung, das Milieu wie auch den Wohnort und die Beschäftigung, sonst könnte Ihnen das Leben endgültig zuwider werden«.[16] Im Herbst 1919 wiederholte Lenin seine Kritik, appellierte an die Berufung Maxim Gorkis als Schriftsteller: »...Sie schreiben ja nicht! Sich durch das Gewinsel verrotteter Intellektueller aufreiben lassen und nicht schreiben – ist das etwa nicht der Untergang für einen Künstler...?«[17] Damit hatte er zweifellos recht. Der Künstler Maxim Gorki existierte in diesen Jahren nicht und der MENSCH Maxim Gorki überforderte sich völlig. Anfang 1921 brach die Tuberkulose wieder auf. Gorki saß entsetzt am Schreibtisch und bemerkte den metallenen Geschmack von Blut in seinem Mund. Einige Tage später kam es zu Blutstürzen. Alles hatte er ertragen, sogar den Verzicht auf seine Schriftstellerei, aber jetzt wußte er, daß seine Grenze erreicht war. Er konnte einfach nicht mehr, mußte eine Pause einlegen, vor allem sofort in ärztliche Behandlung, um zu überleben.

Lenin drängte auf eine Kur im Ausland, beschwor das heilende Klima des sonnigen Südens. Ihm konnte an einer Ausreise Maxim Gorkis nur gelegen sein. Auf der einen Seite entledigte er sich damit des ständig bohrenden und beharrlichen Fürsprechers für eine Menschengruppe, deren Untergang die Bolschewiki beschlossen hatten; auf der anderen Seite aber rettete er den Freund. So betrieb er vehement Gorkis Kur. Er garantierte Parteigelder für die Lebenshaltungskosten und Sanatoriumsaufenthalte; er ließ erkunden, welches westliche Land dem kranken Schriftsteller einen längeren Aufenthalt genehmigen würde.

Daß Lenin Gorki zum Exil zwang, ist bislang nicht bewiesen worden; daß er ein Interesse daran hatte, belegen seine Briefe an Gorki und an sowjetische Funktionsträger: »Gen. Menshinskij! Gorki war gestern bei mir und sagte, daß Sie ihm, wohl für die Expertenkommission, Hilfe versprochen haben. Er bittet um zwei Kraftwagen. Sind Sie wirklich nicht imstande, ihm eine solche Kleinigkeit von der Petrograder Gouvernements-Tscheka zu besorgen?... Man *muß* Gorki helfen und *schnell*, denn er fährt deswegen nicht ins Ausland. Aber er spuckt Blut! Also, treffen Sie schnellstens Ihre Anordnungen, zeigen Sie Ihre Macht, setzen Sie die *Ausführung* durch... Lenin«.[18] Aber Gorki will offensichtlich seine Arbeit nicht im Stich lassen, Lenin appelliert an seine Vernunft: »Alexej Maximowitsch! ...Sie husten Blut und fahren nicht!! Das ist doch aber wirklich gewissenlos und unvernünftig. In Europa werden sie sich in einem *guten* Sanatorium kurieren lassen und dreimal soviel schaffen. Ganz bestimmt. Aber bei uns ist weder an eine Kur noch an wirkliche Arbeit zu denken – nichts als *Geschäftigkeit*, NUTZLOSE GESCHÄFTIGKEIT. Fahren Sie, lassen Sie sich auskurieren. Seien Sie nicht so dickköpfig, ich bitte Sie. Ihr Lenin«.[19]

Gorki fährt. Er schreibt an Lenin einen letzten sorgenvollen Brief aus Petersburg: »Lieber Wladimir Iljitsch! Ich fahre weg und hinterlasse drei Institutionen, die ich organisiert habe, die mir teuer, und, wie ich zu glauben wage, von höchster staatlicher Bedeutung sind. Die erste... ist die Expertenkommission. Da ich fürchte, man könnte sie in den drei Monaten meiner Abwesenheit ausplündern, bitte ich Sie inständig, als meinen Stellvertreter in der Kommission A. P. Dideriks zu bestätigen, einen Mann, dem ich bedingungslos vertraue... Zweitens: die ›Kommission zur Verbesserung der Lage der Wissenschaftler‹ – hier bleibt mein Stellvertreter A. P. Pinkewitsch, ein guter Mensch, der energisch arbeitet... Drittens: die ›Wsemirnaja literatura‹*. Mein Stellvertreter dort, A. N. Tichonow, fährt dienstlich nach Deutschland, und meine Stelle wird da der genannte Pinkewitsch übernehmen. Ich bitte Sie sehr, bewahren Sie diese Institution, damit sie nicht von jungen, aber stümperhaften Reformern verdorben wird – ich habe Angst vor Menschen, deren Energie ihrer Unwissenheit ebenbürtig ist... Auf Wiedersehen Ende März. A. Peschkow«.[20]

Zwei Sätze in diesem Brief machen stutzig: Gorki spricht von ›den drei Monaten seiner Abwesenheit‹ und verabschiedet sich mit einem ›Auf Wiedersehen Ende März‹ von Lenin. Gorki rechnete also fest mit seiner baldigen Rückkehr. Nachdem die italienische Regierung einen Kuraufenthalt abgelehnt hat, sucht er ein deutsches Schwarzwaldsanatorium auf. Die Behandlungs- und Aufenthaltskosten zahlt die Partei. Gorki wohnt nach der Kur in Berlin, 1922 in Heringsdorf an der Ostsee, dann wieder in Berlin. Dort setzt er sich für die Sowjetregierung ein, verfaßt u. a. dramatische Appelle an die Weltöffentlichkeit gegen die Hungersnot in Rußland. Er beherbergt in seiner Mietvilla sowohl Regimegegner als auch sowjetkonforme Bolschewiki. Er versucht, die politischen Kontrahenten durch die Gründung einer Zeitschrift ›Das Gespräch‹ miteinander zu versöhnen, den gegensätzlichen Auffassungen zumindest damit ein Podium zu bieten. Doch nach nur sechs Ausgaben stellt die Zeitschrift ihr Erscheinen ein; die sozialistischen Emigranten wollen weder mit zarentreuen Schriftstellern noch mit bolschewistischen Autoren ein Forum bilden, ihre Abneigung wird von der gegnerischen Gruppe geteilt.

Mitte 1922 rechtfertigt Gorki in verschiedenen europäischen Zeitungen den bolschewistischen Terror. Die Emigranten in Paris antworten mit wütenden Artikeln gegen Gorki, distanzieren sich jetzt endgültig von ihm. – Aber er kehrt nicht nach Rußland zurück.

1923 beantragt er eine Aufenthaltserlaubnis für Südfrankreich. Sie wird abgelehnt.

Anfang 1924 beantragt er zum zweiten Mal eine Aufenthaltserlaubnis für Italien. Ausgerechnet der dort an die Macht gekommene Faschist Mussolini genehmigt sie!

Was ist hier geschehen? Warum rechtfertigt Gorki zum erstenmal den bolschewistischen Terror? Warum kehrt er nicht nach Rußland zurück, zieht statt dessen ein jahrelanges Leben – er wird erst 1928 wieder russischen Boden betreten – in einem heißen, südlichen und ihm in keiner Weise entsprechenden Land vor?

Hier fehlen Erklärungen und hier fehlen Briefe sowohl Lenins als auch Gorkis, vor allem aber Gorkis. Beide schreiben sich im Dezember 1921 angeblich zum letztenmal[21] und beider Briefe sind freundlich und inhaltlich völlig unverdächtig. Plötzlich aber das endgültige Schweigen zwischen ihnen? Lenins Vitalität war 1921 bis Mai 1922 noch ungebrochen, bis zum November 1922 hielt er trotz seiner Krankheit Vorträge, verfaßte politische Schriften und trat öffentlich auf, bis Anfang 1923 konnte er noch selber schreiben, danach diktierte er seine Befehle und Erlasse. Maxim Gorkis Briefe an andere Menschen in Rußland zwischen 1921 und 1924 – dem Todesjahr Lenins – sind Legion. Beide hätten also Kraft, Zeit und sicherlich auch Gründe gehabt, einander zu schreiben. Haben sie sich geschrieben? »Als ihm 1921 Lenin riet, aus gesundheitlichen und politischen Gründen in den Westen zu reisen«,[22] orakelt Troyat, habe Gorki zunächst gezögert, dann aber doch seine Reise angetreten, »hin und hergerissen zwischen Traurigkeit, Neugier, Erleichterung und Bitterkeit, wie lange dieses Mal sein Exil dauern würde«.[23] Zum einen belegt Troyat nicht, woher er seine These nimmt, Lenin habe auch politische Gründe genannt, zum anderen steht dem Gorkis ›Auf Wiedersehen im März‹ sowie sein Hinweis auf die dreimonatige Abwesenheit entgegen. Bertram D. Wolfe behauptet, daß sich die Kluft zwischen Lenin und Gorki nach dem Kronstädter Aufstand*[24] vertieft habe. Gorki habe sogar flüchtige Matrosen in seiner Wohnung versteckt und Lenin in Petitionen um Gnade für sie gebeten,[25] aber Belege und Zitate dafür liefert auch er nicht. Kein Biograph Maxim Gorkis hat zudem den Widerspruch zwischen Gorkis Glauben, nur für drei Monate fortzureisen und seinem darauf folgenden jahrelangen Auslandsaufenthalt aufgedeckt, keiner den völlig überraschenden Abbruch des Briefwechsels zwischen Lenin und Gorki gewürdigt; keiner eine Erklärung dafür gefunden, daß Gorki – entgegen aller bisherigen Äußerungen – plötzlich ausgerechnet den Blutterror der Bolschewiki rechtfertigt; kaum einer hinterfragt, warum sich Gorki jetzt an verschiedene Staaten um eine dauerhafte Aufenthaltsgenehmigung bemüht.

Haben sich Lenin und Gorki tatsächlich nicht mehr seit dem 25.12.1921 geschrieben? Gibt es Quellen und Briefe, die der Öffentlichkeit noch vorenthalten werden? Ist es vielleicht Gorkis Brief an den französischen Schriftsteller Anatole France gewesen, der Lenins Toleranz erschöpfte? Noch aus der Kur im Juli 1922 hatte Gorki einen Prozeß gegen Sozialrevolutionäre »als Vorbereitung zur Ermordung von Leuten, die aufrichtig der Sache der Befreiung des russischen Volkes dienten«,[26] bezeichnet. Er appellierte an France, sich für die Angeklagten bei der Sowjetregierung einzusetzen, um »ein Verbrechen«[27] zu verhindern. Eine Kopie dieses Briefes schickte er in die Sowjetunion und an die Berliner Zeitschrift der Weißemigranten, den ›Sozialistischen Boten‹. Lenin bezeichnete das dort veröffentlichte Schreiben Gorkis als »ekelhaften Brief«,[28] und bat – wohl, um sich zu vergewissern, den in Deutschland lebenden Bolschewiken Krestinskij um das Original.[29] Er wird es sicher bekommen haben. War dieser Brief für Lenin ein Alarmsignal, daß Gorki – in der Sowjetunion journalistisch kaltgestellt – sich nunmehr anschickte, von außen und nach außen die Bolschewiki zu kritisieren? Hat Lenin daraufhin mit Gorki korrespondiert, ihn möglicherweise unter Druck gesetzt? War das der endgültige Abbruch ihrer Beziehungen? Wir wissen es nicht.

Erklärungen, Interpretationen müssen so lange Spekulation bleiben, bis es gelingt, aus den russischen Geheimarchiven alle Briefe Gorkis und Lenins einzusehen. Das ist bis heute nicht möglich. Nikolaus Katzer beklagt mit Recht, daß es in der sowjetrussischen Forschung über Gorki unübersehbare »weiße Flecken« gibt, »man sich bei den publizierten Briefen (nicht hat) dazu durchringen können, auf bedeutsame Auslassungen zu verzichten«.[30] Es ist nur zugänglich, was den alten wie neuen Sowjetregierungen bis hin zu Gorbatschows Herrschaft und der heutigen GUS* opportun erscheint.[31]

Denkbar wäre:
- Lenin läßt Gorki wissen, daß seine Rückkehr nach Rußland grundsätzlich unerwünscht ist, er des Schriftstellers Unversehrtheit angesichts der politischen Verfolgungen nicht mehr garantieren könne. Gorki – dem jeder Auslandsaufenthalt verhaßt ist – greift zu seinem letzten Mittel und befürwortet den Terror der Bolschewiken, um Lenin und seine Partei milde zu stimmen; sich die Rückkehr in die Heimat damit zu erkaufen;
- Gorki wird zugetragen, daß seine neue Lebensgefährtin, die Baronin Marija Ignatjewna Budberg, als Adlige bei ihrer Rückkehr verhaftet werden wird;[32] aus diesem Grund kehrt er nicht nach Rußland zurück;
- Lenin signalisiert Gorki, daß er bei seiner Rückkehr nicht mehr für die bürgerliche Intelligenz eintreten darf; nach Gorkis Abreise begann eine umfassende Säuberungswelle. Gorki sieht ein, daß seine Mission beendet ist und zieht der Tatenlosigkeit in Rußland eine neue Mission in Italien vor, in der Hoffnung, von hier aus besser wirken zu können.

Diese Erklärungsversuche setzen die Aktivität Lenins voraus. Denkbar wäre jedoch auch, daß Gorki ohne Lenins Einfluß auf eine Rückkehr in die Sowjetunion verzichtet hat.

Vorstellbar wäre:
- Nach Lenins erstem Schlaganfall Ende Mai 1921 geht Gorki davon aus, daß Lenin nicht mehr lange leben – und ihn beschützen wird. Das könnte nach sich ziehen, daß er auch für die Geistesarbeiter in Rußland nichts mehr tun kann. Vielleicht fürchtet er angesichts einer bevorstehenden neuen sowjetischen Führung auch um das eigene Leben;
- Angesichts eines 1923 noch unter Lenin verfügten Erlasses über einen Index von verbotenen Büchern befürchtet Gorki, daß auch er in Rußland mit seinen schriftstellerischen Arbeiten bald der Zensur unterliegen wird, sofern er nicht systemkonform schreibt. Er zieht den Auslandsaufenthalt vor, um dort auf bessere Zeiten für russische Schriftsteller zu warten. Auf diesem Index befanden sich neben Fachschriften über Religion und bürgerliches Recht, neben philosophischen Abhandlungen von Plato, Kant oder Nietzsche auch dichterische Werke von Tolstoi, Lesskow und Solovjev. Die verbotenen Bücher wurden aus den öffentlichen Bibliotheken entfernt. Gorki bezeichnete die Zensurliste als »intellektuellen Vampirismus«,[33] und hatte zunächst sogar vor, auf die russische Staatsbürgerschaft zu verzichten.

Das alles ist Spekulation und muß so lange Spekulation bleiben, bis die ›weißen Flecken‹ durch Sachinformationen und vollständige Quellen ersetzt werden.

Fest steht eines: Gorki läßt sich auf Jahre im Seebad Sorrent nieder. Seit diesem Zeitpunkt gilt er als unkritischer Befürworter der bolschewistischen Diktatur in Rußland. Und das paßt weder in den einen, noch in den anderen Erklärungsversuch. Denn wäre er es gewesen, hätte er getrost nach Rußland zurückkehren können. Aber die Rückkehr in die geliebte Heimat findet nicht statt. Das Irritierende ist, daß Gorki sich in seinen nun folgenden Jahren in Vorträgen und Zeitungsartikeln tatsächlich jeder Kritik am Bolschewismus enthält, mehr noch, später sogar den Terror unter Lenin und darauf folgend Stalin tatsächlich rechtfertigt; dies aber nur in Artikeln und öffentlichen Reden. Seine im Laufe der folgenden Jahre entstehenden schriftstellerischen Werke sprechen gegen seine offiziellen Verlautbarungen. Der Mensch Gorki ist ab jetzt äußerlich gesehen schizophren: Der Propagandist befürwortet ein System, das der Schriftsteller ablehnt. Ob gegen Lenin, durch Lenin oder mit den stalinistischen Bolschewiki: Der Mensch Maxim Gorki scheint zu versagen, sich opportunistisch dem politischen Druck zu beugen. Der Schriftsteller Maxim Gorki betritt den Weg nach innen.

13.
Ein entwurzelter Slawe im heißen Süden

Im Januar 1924 stirbt Lenin, der Gehaßte, der Geliebte, des Schriftstellers anderes Ich. Maxim Gorki ist erschüttert: »So habe ich nicht einmal um Tolstoi getrauert... ich schreibe, und die Hand zittert... Das Hinscheiden Iljitschs ist Rußlands größtes Unglück seit hundert Jahren. Ja, sein größtes...«[1] Lenins Frau, Nadeshda Krupskaja, berichtet Gorki über die letzten Tage des Freundes: »Einmal war er sehr beunruhigt, als er in der Zeitung las, Sie seien krank. Immer wieder fragte er bewegt. ›Nun, wie mag es ihm gehen?‹ An den Abenden las ich ihm Bücher vor, die er aus den Paketen der Stadt auswählte. Er suchte Ihr Buch ›Meine Universitäten‹ heraus... In Guilbeaux' Büchlein fand er einen Hinweis auf Ihren in der ›Kommunistischen Internationale‹ veröffentlichten Artikel über Lenin aus dem Jahre 1918, und er bat, ihm diesen Artikel noch einmal vorzulesen... Vor meinen Augen sehe ich Iljitschs Gesicht, wie er zuhörte und zum Fenster hinaus in weite Fernen schaute – er zog das Fazit seines Lebens und dachte dabei an Sie...«[2] Bleibt noch anzumerken, daß Lenin über dieses Porträt seinerzeit so entrüstet war, daß er das Politbüro veranlaßte, derartige Artikel in Zukunft streng zu untersagen.[3]

Im Frühjahr 1924 zieht Maxim Gorki nach Sorrent in Italien. Fast alles ist wie auf der Insel Capri: die große Mietvilla am Meer, der Ansturm der eingeladenen und unerbetenen Gäste, die Briefflut, die so anschwillt, daß die tägliche Post nunmehr mit einem Pferdewagen herangekarrt werden muß, die mehrköpfige Familie. Sohn Max mit seiner schwangeren Frau, die exzentrische Baronin Budberg als Lebensgefährtin und alles überblickende Hausfrau, mitunter auch Marija Andrejewa und seltener Gorkis erste Frau Katharina Pawlowna. Auch sein Adoptivsohn Sinowi kommt häufig aus Frankreich zu Besuch. Dann noch der Gärtner, der Arzt, die Krankenschwester, die Köchin. Später leben auch die beiden Kinder der Baronin Budberg aus erster Ehe in Sorrent. Ein großer Haushalt also, sichtbar repräsentiert durch die tägliche Mittagstafel mit Anverwandten und den vielen Gästen, die auch hier in Sorrent wie auf Capri in kleinen Pensionen untergebracht werden müssen, weil selbst die weiträumige ›Villa il Sorito‹ dem Ansturm nicht gewachsen ist.

Vor allem die Emigranten geißelten in Zeitungsartikeln den aufwendigen Lebensstil des Sozialisten Maxim Gorki. Sie zählten süffisant die Zahl der dienstbaren Geister, beschrieben den Prunk der Villa, die mit fernöstlichen Antiquitäten und teuren Möbeln vollgestopft sei, schätzten den Kaufpreis der Gemälde an den Wänden. Und während die Bevölkerung in Rußland hungere, brause Gorkis Sohn Max in teuren Autos durch die Straßen Neapels, gebe sich dem Sport der Bourgeoisie, dem Tennis hin, sei wie sein Vater ein von der bolschewistischen Partei ausgehaltener und korrumpierter Müßiggänger.

Zumindest der letzte Vorwurf war unberechtigt. Gorki hatte jede finanzielle Hilfe der Partei schon 1922 kategorisch abgelehnt. »Unterstützungen und Darlehen wird Alexej nicht annehmen. Er ist weggefahren, ohne auch nur eine Kopeke zu nehmen. Alles, was er bei sich hatte, ist ausgegeben...«,[4] schrieb die ehemalige Lebensgefährtin Marija Fjodorowna Andrejewa an Lenin. Im Februar 1922 sorgte Lenin dafür, daß die Sowjetunion die Autorenrechte für Gorkis Werke erwarb. Die Tantiemen waren Gorkis Einnahmen und Lebensunterhalt.

›Il Russo‹, wie Gorki von den Italienern genannt wurde, war beim Volk so beliebt, daß ihn der Personenkult seiner ersten schriftstellerischen Erfolge wieder einholte. Kaum zeigte sich Gorki in Neapel auf der Straße, wurde er von einer Gruppe von Menschen umringt, die ihn ansprachen, ihn umarmten, seine Hände, den Saum seines Mantels küßten, ihm kleine Geschenke überreichten, sogar einmal die Pferde aus den Deichseln der Kutsche zerrten und sich selbst vor den Wagen spannten, um den berühmten Dichter zu seinem Ziel zu bringen. Wo immer er erspäht wurde, fanden sich Bewunderer, die ihm mit südländischem Temperament den Weg ebneten, Menschen, Hunde und Hühner von der Straße scheuchten, damit ihr Idol leichten Schrittes vorwärtskäme. Aber natürlich zog dieses Spektakel noch mehr Neugierige an, die nunmehr mit begeisterten Rufen: »Viva Gorki! Caro! Carino! Che bello!«[5] neben dem Dichter herliefen. Mitunter entkam Gorki seinen Verehrern nur, wenn er im Auto mit verhängten Fenstern durch die Straßen fuhr. So wurden kleine Einkaufsbummel fast unmöglich und große Ausflüge unternahm er nicht mehr; es ging ihm gesundheitlich nicht gut.

Trotz des Trubels um ihn herum, trotz seiner großen Familie und trotz der vielen Gäste: ein Verlassener lebte da jetzt in Italien, einem Land, das ihm nach wie vor fremd blieb. Ein deutscher Tourist erinnerte sich: »Da sah ich eine einsame Erscheinung: an einen Felsen gelehnt saß, in ein weißes Laken gehüllt, ein hagerer, großer Mann am Meer. Sein Schädel war völlig kahl rasiert, buschige Augenbrauen über einer flachen Nase, der Mund von einem Nietzschebart verdeckt. Der Einsame stand in seltsamem Kontrast zur sonnigen Umwelt. Vorstehende Backenknochen und schräge Augen verrieten sofort den Slaven. Er mochte an die 70 Jahre zählen...«[6] Gorki war entwurzelt, dies um so mehr, als der Faschismus immer deutlicher sein gewalttätiges Gesicht zeigte, vor Terror und Morden nicht zurückschreckte. Daß die Faschisten ihn überhaupt bei sich duldeten, war wohl nur auf seine große Popularität zurückzuführen; aber jeder seiner Schritte, jeder Brief, der ankam oder der fortgeschickt wurde, unterlagen der Überwachung: »Die italienische Postverwaltung öffnet alle Bücherpakete, die ich bekomme, die Briefe natürlich auch, vor allem die offiziellen. Das ist unvermeidlich. Aber ich weiß nicht, welcher Dummkopf die Stellen anstreicht, die abgeschrieben werden sollen, und dann vergißt, die Striche auszuradieren«.[7] Gorki war krank vor Heimweh, bat seine Briefpartner um detaillierte

Berichte aus Stadt und Land, sprach vor Besuchern immer nur von Rußland – aber er blieb in Italien.

Der Dichter wollte oder konnte sich nicht mehr für die bedrohten Intellektuellen seines Heimatlandes einsetzen. Er zog sich völlig aus der Politik zurück, schrieb bis zu seiner Rückkehr im Jahre 1928 lediglich einen Artikel gegen die allgemeine Aufrüstung in Europa und verfaßte einen Solidaritätsbrief für den angeklagten deutschen Kommunisten und Schriftsteller Johannes R. Becher, der später als Minister für Kultur in der ehemaligen Deutschen Demokratischen Republik Karriere machte. Statt dessen nahm er sich endlich wieder Zeit für seine schriftstellerische Arbeit, so zumindest im ersten Jahr in Sorrent. Der seit Jahren bearbeitete Kaufmannsroman ›Das Werk der Artanomows‹ wurde 1924 fertig geschrieben und 1925 veröffentlicht. Das Buch fand im Ausland eine bessere Aufnahme als in der Sowjetunion. Positiver wurden in seiner Heimat die literarischen Porträts über ›Sofja Andrejewna Tolstaja‹, die Frau des großen Schriftstellers, über ›Sawwa Morosow‹, jenen Industriellen, der die Bolschewiki unterstützte und sich umbrachte, als die Arbeiter seine Fabrik bestreikten, und vor allem über ›Wladimir Iljitsch Lenin‹ beurteilt. Aber diese 1924 anläßlich des Todes von Lenin geschriebene Fassung sollte nicht das letzte Wort Gorkis bleiben. Ein erstes Porträt hatte er bereits 1917 geschrieben und es 1918 abgeändert, die härtesten persönlichen Angriffe gestrichen. Einzelne Textpassagen der frühen Fassungen flossen in das Porträt von 1924 ein. Neue Facetten und Änderungen würde er noch 1930 hinzufügen. Und mit jeder Änderung wurde das Bild des verstorbenen Freundes positiver. Aber es blieben doch entlarvende Sätze auch in der letzten Fassung erhalten: »Scharfsinnig und weise war dieser Mensch, doch ›viel Wissen bringt viel Leid‹«,[8] und »Die Aufgabe der ehrlichen Führer eines Volkes ist unmenschlich schwer. Ein Führer, der nicht bis zu einem gewissen Grade Tyrann wäre, ist undenkbar. Wahrscheinlich wurden zu Lenins Zeiten mehr Menschen getötet als unter Thomas Münzer* ...Zudem muß man in Betracht ziehen, daß sich mit der Ent-

25 *Anläßlich des 40jährigen Schriftstellerjubiläums von Maxim Gorki im September 1932 verbreiteten die russischen Presseagenturen ein zeitlich überholtes Foto von dem Schriftsteller*

wicklung der ›Zivilisation‹ der Wert eines Menschenlebens offensichtlich verringert...«[9] Und wenn Lenin auf Versammlungen sprach, erinnerten seine »Worte... mich immer an den kalten Glanz von Eisenspänen«.[10] Zwischen diesen Sätzen standen Einschränkungen, das Eingeständnis von Irrtümern, aber die zitierten harten Beurteilungen wurden auch 1930 nicht gestrichen, denn: »Was die Feder geschrieben hat, schlägt auch das Beil nicht weg«.[11] Andere Textpassagen hatte Gorkis Beil allerdings doch weggeschlagen, warum wohl nicht auch diese?

Schon 1925 wurde die kreative Phase Gorkis unterbrochen, seine Zeit zur eigenen schriftstellerischen Tätigkeit wieder knapp bemessen, denn »An Gorki schrieb Rußland, das alte und das junge, schrieb die Sowjetunion in den verschiedenen

Sprachen ihrer neuentstandenen Republiken; es war, als sähen alle, die eine Beziehung zur Kultur oder doch wenigstens zur Kunst des Lesens und Schreibens hatten, es als notwendig an, mit Gorki zu reden«.[12] Gorki erhielt allein zwischen 1917 und 1936 etwa 13000 Briefe, das sind rund zwei pro Tag, die er sicher hätte beantworten können. Aber das war ja nur der Durchschnitt über alle 19 Jahre. In Sorrent erhielt er täglich bis zu 50 Briefe, oft waren ihnen dicke Manuskripte beigelegt, mit der Bitte um Lektüre und ausführliche Stellungnahme natürlich. Bis zu seinem Aufenthalt in Sorrent hatte Gorki fast jedes Schreiben selbst beantwortet, jetzt aber ging es nicht mehr bei allen Briefpartnern: Sohn Max oder die Baronin Budberg formulierten einige Antworten, tippten sie in die Schreibmaschine und legten sie Gorki zur Unterschrift vor. Fast immer aber las er die mitgeschickten Manuskripte und gab sich unendlich viel Mühe mit den Korrekturen, stets darauf bedacht, die Autoren nie zu entmutigen, auch wenn er sie kritisierte. Seine verschiedenen Anmerkungen zu den Werken von Schriftstellern oder aber Laien ergäben zusammengefaßt ein hervorragendes Lehrbuch für künftige Autoren: »... gestatten Sie, auf einige Mängel des Buches hinzuweisen. Dazu rechne ich in erster Linie die Sprache, die viel zu aufgeputzt, zu anspruchsvoll und zu wenig ernst ist. Stellenweise schreiben Sie mit den schönen Schnörkeln eines Kompanieschreibers. Und fast überall unökonomisch, manchmal sogar unklar. Beispiele: ...›mit schweren Eichenmöbeln verschiedener Stile...‹ Das ist falsch. Die meisten Stile der letzten Zeit vertragen weder Schwere noch Eiche. Im Zusammenhang mit Gromada erwähnen Sie verschiedentlich ›die letzten Blutstropfen auf seinen Backenknochen‹. Ebenso ist es mit Daschas Brüsten. Und noch mit vielem anderen – Wiederholungen, Wiederholungen. ›Dascha *mit den Augenbrauen* trat festen Schrittes an den Tisch‹ – das ist nicht schön. Einen einarmigen Menschen nennen Sie armlos. ›Polja mißglückte es zum Lachen‹ – das ist unklar und doppeldeutig. Mit solchen Schnitzerchen ist Ihr ganzes Buch übersät...«,[13] schrieb Gorki an den Lehrer Fedor Gladkow, der sich – systematisch durch Gorki betreut – zu einem bekannten sowjetischen Schriftsteller entwickelte. Beim nächsten Briefpartner monierte er gleichfalls sprachliche Ungenauigkeiten, »so S. 13: eine ›behämmerte‹ Blechplatte, S. 71: das ›unstehlbare‹ Patent, S. 309: ›stachlige Kälte‹ – das alles ist fragwürdig; S. 326: ›er quiekte wie ein Abgestochener‹ – einem Abgestochenen geziemt es nicht zu quieken, das kann nur einer, der noch nicht ganz abgestochen ist!«.[14] Der nächste Autor mußte zunächst einen grundsätzlichen Rüffel hinnehmen, bevor Gorki ins einzelne ging: »Ihre Erzählung habe ich gelesen. Sie haben mir zwei Konzepte geschickt. Beide sind ›mit flüchtiger Hand geschrieben‹, schlecht durchdacht und obendrein oberflächlich... Schlimmer noch, in den Erzählungen... spürt man weder Liebe zur literarischen Arbeit noch Achtung gegenüber dem Leser. Wenn Sie aber weder das eine noch das andere besitzen, werden Sie nie schreiben lernen... Sie beginnen die Erzählung mit dem Satz ›Der Abend glänzte nicht mit Schönheit‹. Der Leser erwartet mit Recht, daß der Autor ihm den Sinn dieses seltsamen Satzes erklärt, daß er ihm sagt, warum der Abend ›nicht glänzte‹. Sie aber sprechen, ohne noch ein Wort über den Abend zu verlieren, einige Zeilen lang von dem Dorf, dem ›sein geringer Anteil am lockigen Frühling nicht zugefallen war‹. Jeder Satz, jedes Wort muß einen klaren und dem Leser verständlichen Sinn haben. Aber ich, der Leser, begreife nicht: Warum ist dem Dorf ›sein geringer Anteil am Frühling nicht zugefallen‹? Wieso, haben die anderen Dörfer den Frühling mit Beschlag belegt? Und – verteilt sich der Frühling etwa nicht gleichmäßig auf die Dörfer des Gebietes von Iwanowo-Wosnessensk? Sechs Zeilen weiter schreiben Sie: ›Die unerträgliche Stille wurde vom blauschwarzen Himmel niedergedrückt und erstickte in der Enge.‹ Warum und für wen ist die Stille ›unerträglich‹? Das haben Sie vergessen zu sagen. Was heißt das: ›Die Stille erstickte in der Enge‹? ...Alle neun Seiten der Erzählung sind in solch einer unsinnigen Sprache geschrieben«.[15] Gorkis Förderer Wladimir Korolenko hatte vor Jahren am jungen Autor Alexej Peschkow beanstandet:

»Sie schreiben viel und hastig. In Ihren Erzählungen ist viel Unfertiges und Verschwommenes«.[16] Jetzt ist der einst Kritisierte selbst Mentor und schreibt an den Schriftsteller Jefim Sosulja: »Fast in jeder Erzählung findet man Nachlässigkeiten, deren Ursache offensichtlich die ›Schnellschreiberei‹ ist...«[17]

Wie sich die Zitate gleichen! Von Korolenko weiß man, daß er rund 4500 Manuskripte anderer Autoren gelesen und beurteilt hat,[18] aber sein Schüler Maxim Gorki war sicher nicht weniger fleißig. Allein die Namensliste seines Briefwechsels mit sowjetischen Schriftstellern liest sich wie ein Almanach der Sowjetliteratur; in ihm befinden sich unter anderem berühmte Namen wie Isaak Babel, Fjodor Gladkow, Boris Pasternak, Boris Pilnjak, Michail M. Prischwin, Michail A. Scholochow, Michail Slominski, Michail M. Sostschenko, Alexej Tolstoi und Iwan J. Wolnow. Zum Zeitpunkt ihres Briefwechsels mit Gorki waren lange noch nicht alle anerkannt, etliche von ihnen baten Gorki um Kritik. Hinzu kamen die vielen Autoren, von denen wir heute wissen, daß ihnen der Durchbruch nicht gelang. Auch sie schickten ihre Texte nach Sorrent, und Gorki widmete sich auch diesen Versuchen mit der gleichen Aufmerksamkeit. Spötter sprachen von talentlosen ›literarischen Babies‹, die von Gorki zeitaufwendig und erfolglos mit fruchtlosem Lob gepäppelt würden. Gorki aber machte bewußt keine Unterschiede zwischen eindeutig Begabten und vielleicht Unbegabten, aber dennoch zielstrebigen Menschen: »Zu Ihren Worten über die ›Aufdringlichkeit‹ mit der mich die literarischen Babies belästigen«,[19] schrieb er an den Schriftsteller W. Ja. Sasubrin, »erlauben Sie mir folgendes zu sagen... Wenn Sie nur wüßten, ... wie vielen hervorragend begabten Menschen ich auf meinen Wegen begegnet bin, die nur deshalb zugrunde gingen, weil sie in dem Moment der höchsten Anspannung ihres Strebens keine Stütze, keinen Rückhalt fanden. Gerade daher rührt meine Einstellung zu den ›literarischen Babies‹, die mir zwiefach verwandt sind – als Menschen, die dem Besten zustreben, und als Menschen, die einen Weg gehen möchten, den ich schon durchschritten habe... Ich erwarte mit Bestimmtheit, daß sehr bedeutende und sogar geniale Künstler in unserer Welt hervortreten werden, und vergesse dabei nicht, daß Puschkin und Tolstoi Babies waren...«[20]

Gorki hatte in seinem Leben immer wieder wichtige Menschen getroffen, die ihn unterstützten, ihm weiterhalfen. Jetzt war er selbst in der Rolle eines wichtigen Menschen. Er korrigierte die unbeholfenen Verse eines Fischers, besprach den Lebensroman einer Kleinbürgerin, hoffte auf den zweiten Band der Gedichtsammlung eines Gymnasiasten, ermunterte den Eisenbahnangestellten, auch weiterhin kleine Erzählungen zu schreiben. Und sie schrieben und schickten, bis selbst der fleißige Gorki unter der Last zu wanken begann. Seine eigene schriftstellerische Tätigkeit drohte darüber zu erliegen. Dabei arbeitete er seit dem Frühjahr 1925 an seinem umfangreichsten Werk, dem Roman ›Klim Samgin‹ mit dem Untertitel ›Vierzig Jahre‹. Es ist ein Buch, das der Literaturkritik bis heute Rätsel aufgibt, nicht zuletzt, weil Gorki darüber starb und es Fragment geblieben ist. Den dritten Teil hatte er noch überarbeiten wollen, zunächst aber zur Veröffentlichung freigegeben. Der vierte Teil wurde von russischen Literaturwissenschaftlern unter den argwöhnischen Augen der stalinistischen Geheimpolizei anhand der vorliegenden, teilweise ungeordneten Textpassagen, Notizen und Entwürfe zusammengestellt und ein Jahr nach Gorkis Tod veröffentlicht, dies aber unter zahlreichen Auslassungen – bis heute![21] Für die Veröffentlichung des ersten Buches von ›Klim Samgin‹ schrieb Maxim Gorki 1926 eine Notiz – heute würde man sagen, einen Waschzettel – für die ausländische Presse: »In seinem neuen Roman stellt sich M. Gorki die Aufgabe, vierzig Jahre russischen Lebens möglichst in ihrer ganzen Fülle zu schildern, und zwar von den 80er Jahren bis zum Jahr 1918. Der Roman soll den Charakter einer Chronik haben, die alle wichtigen Ereignisse dieser Jahre bringt, besonders aber die Regierungszeit Nikolai II. Ort der Romanhandlung ist Moskau, Petersburg und die Provinz; im Roman wirken Vertreter aller Klassen mit. Der Autor will eine Reihe von russischen Revolutionären, Sektierern, deklassierten Menschen usw. zeichnen. Im Mittelpunkt des Romans steht die Gestalt eines ›Revolutionärs wider Willen‹, eines ›Revolutionärs‹ aus der Furcht vor der unvermeidlichen Revolution, die Gestalt eines Menschen, der sich als ›Opfer der Geschichte‹ fühlt. [Durch das Prisma seiner Lebensauffassung werden die Ereignisse gezeigt.] Diese Gestalt hält der Autor für typisch. Im Roman sind viele Frauen, eine Reihe kleiner persönlicher Dramen, Bilder der Chodynka-Katastrophe*, der 9. Januar 1905 in Petersburg, der Moskauer Aufstand usw. hin bis zum Marsch des Generals Judentisch** auf Petersburg. Zu den episodisch auftretenden Gestalten gehört Zar Nikolai II., Sawwa Morosow, einige Künstler, Literaten, was dem Roman auch nach der Meinung des Autors teilweise den Charakter einer Chronik verleiht«.[22]

Mit dieser Kurzbeschreibung von Gorki ist der Handlungsablauf des fast 2000seitigen Romans erfaßt, nicht jedoch die Hauptperson, der Intellektuelle Klim Samgin. Gorki hatte vorgehabt, eine Negativfigur zu schaffen, »einen Intellektuellen von mittelmäßigen Qualitäten..., der eine ganze Reihe von Stimmungen durchlebt und nach einem möglichst unabhängigen Platz im Leben sucht, der ihm äußerliche und innerliche Bequemlichkeiten garantiert«,[23] so formulierte er es noch 1931. Klim gegenübergestellt werden sollte als Symbol des Positiven und der Zukunft der Berufsrevolutionär Stepan Kutusow, der, menschlich unantastbar, zugleich unbeirrbar seine revolutionären Ziele verfolgt. Doch im Verlauf des Romans geschieht etwas Merkwürdiges: Die Figur des Klim entspricht immer weniger dem von Gorki formulierten Konzept. Sie hat sich offensichtlich beim Schreiben gegen das erklärte Ziel entwickelt, verselbständigt. Klim erhält weitaus mehr humane und positive Züge als sein literarischer Gegenspieler Kutusow, der als unnahbar, klug und hartherzig dargestellt wird. Wann immer Kutusow an den Brennpunkten des politischen Geschehens auftaucht, äußert er hohle revolutionäre Floskeln: »Die Welt ist schwerkrank, und es ist ganz klar, daß sie mit der süßlichen Humanismus-Mixtur der Liberalen nicht zu heilen ist...

Ein chirurgischer Eingriff ist notwendig, die reifen Geschwüre müssen geöffnet, die fauligen Geschwülste herausgeschnitten werden«.[24] Das waren für Klim nichts als dürre »Apostelbotschaften«,[25] aber trotzdem war Kutusow »imstande, ... sich (Klim) geistig untertänig zu machen. Kutusow zu widersprechen war schwierig, er schaute einem gerade in die Augen, sein Blick war kalt, in seinem Bart regte sich ein beleidigendes Lächeln... Dann begann Kutusow langweilig von Agrarpolitik, von der Adelsbank, vom Wachstum der Industrie zu sprechen. Klim fühlte bedrückt, daß Kutusow sein Selbstvertrauen... ins Wanken brachte, daß dieser Mensch ihn vergewaltigte, indem er ihn zwang, sich mit Schlußfolgerungen einverstanden zu erklären, denen er, Klim Samgin, nur die Worte ›Ich will nicht‹ hätte entgegenstellen können. Aber es fehlte ihm der Mut, diese Worte auszusprechen«.[26] Die Vertreter der Intelligenz waren für Kutusow »Revolutionäre aus Langeweile am Leben, aus Verwegenheit, aus Romantik, nach dem Evangelium, das alles ist schlechtes Pulver. Der Intellektuelle, der sich rächen will für die Mißerfolge seines persönlichen Lebens, dafür, daß er nirgends einen Platz für sich finden kann...«[27] »Das ›Kutusowtum‹ war unangenehm, Kutusow selbst aber zog (Klim) durch irgend etwas an, das es bei anderen Menschen nicht gab«.[28] »Samgin... dachte: Er ist empörend selbstbewußt«.[29]

Es bedarf wohl keiner weiteren Zitate, um deutlich zu machen, wer in der Romanfigur des Stepan Kutusow abgebildet wird: Wladimir Iljitsch Lenin, der Freund, der Gegner, das andere Ich. Für Zweifler gibt es im Klim Samgin sogar die Parallele zu Lenins Empfindsamkeit beim Hören von Musik. Lenin[30] lehnte es ab, häufig Musik zu hören, weil sie ihn sentimental und milde mit den Menschen stimme, was aber in diesen Zeiten unangebracht sei, weil man die Menschen schlagen müsse, unbarmherzig schlagen. Kutusow im Roman geht nicht mehr auf die Jagd: »›Ich zerschoß einem Wolf das Rückgrat, das Tier tat mir leid, es quälte sich entsetzlich. Ich mußte ihm den Rest geben, und das ist schon ganz schlimm‹... Samgin gab seinem Ärger nach und sagte: ›Die Wölfe tun Ihnen leid, über die Menschen aber denken Sie sehr vereinfacht und erbarmungslos.‹ Kutusow lächelte, sich Rotwein eingießend... ›Die Menschen? Die haben selbst ihre gegenseitigen Beziehungen idiotisch erbarmungslos gestaltet, das werden sie auch grausamst zu bezahlen haben.‹«[31] So weit zu Kutusow/Lenin.

Aber wer ist Klim, dieser Intellektuelle, der, geschüttelt von den geschichtlichen Ereignissen nichts als die Wahrheit sucht, die Erkenntnis, das Ziel, um das es sich zu leben lohnt? Wer ist diese Figur, die Gorki so aus dem Konzept heraus gerät, so unendlich menschlich und nachvollziehbar wird, die sich immer wieder »schmerzend scharf betrogen (fühlt), einsam und dazu verurteilt, über alles nachzudenken«?[32] Ein Mensch, für den die »Revolution... (eine) Tragödie«[33] ist, der sich aber »an der Revolution aus eigenem Willen (beteiligt), ungebunden, ohne darauf zu hoffen, etwas zu profitieren, und nicht als Politiker. Ich weiß, daß die Zeiten Gideons vorbei sind und daß dreihundert Krieger nicht imstande sind, das Jericho des Kapitalismus zu zerstören«.[34] Klim Samgin sympathisiert mit der Revolution. Er sieht ihre Notwendigkeit ein, schreckt aber vor der mit ihr verbundenen kollektiven Grausamkeit zurück. Keine der zahlreichen Ideologien vermag ihn zu fesseln, alle empfindet er als zu schlicht und zu banal, um eine neue geistige Lebensgrundlage zu bilden. Das Volk würde nicht einem differenzierten Philosophen folgen, sondern jenem Führer, der am ehesten die dunklen Instinkte der aufgestauten Agressivität zu befriedigen vermochte. Im Zwiespalt zwischen dem Ekel vor einem entfesselten revolutionären Mob und dem Wunsch nach dem Umsturz, »empfindet (er) das Leben als Schmerz... Ich glaube, daß die meisten Intellektuellen sich so fühlen... bin aber nicht fähig, mir selbst Gewalt anzutun. Ich kann mich nicht zwingen, an die Heilsamkeit des Sozialismus und... dergleichen zu glauben... Darum bin ich ein Fremder unter Leuten, die sich Parteien oder Gruppen anschließen, sich überhaupt anschließen oder zusammenschließen«.[35] Er ist völlig zwiegespalten, möchte einerseits den von Polizisten verprügelten Studenten helfen und hat andererseits animalische Angst vor dem damit verbundenen Gemetzel. Er läßt sich bereitwillig aus dem Schlachtengetümmel herausführen, empfindet dabei zugleich das »kränkende... Bewußtsein irgendeines Verrats seiner selbst...«[36] Er wird mit diesem Widerspruch nicht fertig: »In meinem Leben ist irgend etwas... nicht in Ordnung«.[37] Aber er hat keine Alternative, dieses »Leben ist eine ununterbrochene Vergewaltigung des Menschen«,[38] zwingt ihn ständig in eine Rolle, die er eigentlich gar nicht spielen möchte. Sein Traum: »Ich sollte mich in irgendein Provinznest verkriechen, einsam leben, zu schreiben versuchen«.[39] Aber man läßt ihn nicht, immer wird er von der Geschichte und der mit ihr verbundenen Gesellschaft weitergestoßen, zu politischen Stellungnahmen aufgefordert, gleich darauf für sie getadelt, weil es nicht die richtigen sind. Es war alles in allem »ein unsinniges Leben«.[40] Kutusow hatte logisch und ideologisch gesehen immer recht, er und seinesgleichen waren Menschen, »deren Verstand dem Gefühl widersprach, aber diese Menschen waren dennoch nicht so gespalten wie er, ein Mensch, dessen Gefühl und Verstand von irgendeiner unfaßlichen dritten Kraft gequält wurden, die ihn anders zu leben zwang, als er wollte«.[41] Und Samgin fand »keinen Menschen..., mit dem er offen über sich selbst hätte sprechen können«.[42] Er fühlte sich wie jemand, »der zufällig hinter die Kulissen eines Theaters, mitten unter drittklassige Schauspieler geraten ist, die in dem Drama auf der Bühne nicht mitspielen und seine Bedeutung nicht verstehen. Als er auf sein Bild im Spiegel, seine dürre Gestalt, das graue bedrückte Gesicht sah, fiel ihm die Formulierung aus einem französischen Roman ein. ›Auserlesene Lebensqual‹«.[43] »Sein ganzes Leben lang hatte diese verdammte... Wirklichkeit ihn daran gehindert, sich selbst zu finden, indem sie in ihn hineinsickerte und ihn zwang, über sie nachzudenken, ihm jedoch nicht erlaubte, als ein von ihren Gewalttaten freier Mensch über ihr zu stehen«.[44]

Wieviel Autobiographie[45] steckt allein in diesen Zitaten und welch persönliche Tragik verbindet sich mit ihnen! Politisch und journalistisch kaltgestellt saß ein entwurzelter Slawe im sonnigen Italien und schrieb sich das von der Seele, was er nicht mehr wagte, öffentlich zu äußern. Sein Verstand hatte ihm das Konzept diktiert, aber sein Gefühl verstieß permanent gegen seinen Entwurf. Der Künstler Gorki schrieb ein Buch, das nicht mehr im Einklang stand mit dem, was er eigentlich damit beabsichtigt hatte. Das irritierte ihn zunehmend. Er konzipierte, schrieb, strich und verwarf, arbeitete täglich länger an diesem Buch, mitunter bis zu zehn Stunden. Aber die Gestalt des Klim Samgin wurde zu seinem Schatten. Er konnte ihm nicht entkommen, es sei denn, er hörte auf, an dem Buch zu arbeiten. Aber genau das brachte er bis zum Ende seines Lebens nicht über sich. So mußte er weiter mit seinem Schatten leben. In einem Brief an Konstantin Fedin hatte er bereits 1925 geschrieben: »Der Künstler führt mich in die Freiheit zurück. Das ist es«.[46]

14.
Eine Nation jubelt:
Ihr Idol kehrt zurück

Mehr als auf Capri litt Gorki in Sorrent unter Heimweh nach Rußland. In Neapel und Rom kam es zu pompösen Aufmärschen, zu Straßenschlachten und Terror. Die Faschisten unter Benito Mussolini überwachten zunehmend Einheimische und Fremde. Auch Maxim Gorki war davon betroffen. Bereits 1925 hatte eine Hausdurchsuchung in Sorrent stattgefunden; seitdem hatte der Schriftsteller erneut mit – diesmal italienischen – Spionen zu leben. Wie einst in Rußland unter dem Zaren standen auch sie als zufällige Passanten vor der Gartentür, hockten schlecht versteckt stundenlang im Gebüsch unter seinem Fenster, schlichen ihm bei seinen Spaziergängen hinterher, saßen am Nachbartisch in der Taverne und lauschten jedem Wort. Sie schleusten Spitzel in sein Haus ein und befragten Nachbarn. Die Behörden öffneten seine Post und schrieben sich verdächtige Passagen ab, zunehmend unterschlugen sie sogar Bücher und Zeitungen, die ihm aus Rußland geschickt wurden. Zollbeamte durchsuchten seine Lebensgefährtin Baronin Budberg an der Grenze, als sie zu ihrem kranken Kind Pawel fuhr, das in Berlin operiert werden mußte. Sie nahmen ihr alle Briefe von Gorki fort und ließen sie erst nach einem ausführlichen Verhör weiterreisen. Sein Protest beim italienischen Landesoberhaupt blieb unbeantwortet. Das politische Klima wurde immer gefährlicher für den geduldeten Sozialisten. »Im allgemeinen sind die Italiener ein amüsantes Volk, ... aber als Faschisten wirken sie abstoßend«, dämpfte Gorki die Lobeshymnen des Schriftstellers Wsewolod Iwanow, der ihn in Sorrent besuchte und sich begeistert über das italienische Volk äußerte: »Es wird immer schwieriger, unter ihnen zu leben. Ich bete darum, ... daß man mich in meine Heimat zurückkehren läßt. Es ist beängstigend, hier zu leben, und das italienische Klima behagt mir nicht«.[1] In einem Brief an den Schriftsteller Michail M. Prischwin vom 25.1.1927 klagte er: »... Weiterzuleben wird ein bißchen schwierig, zu gleichgültig sind die Menschen hier geworden...«[2] und fast zeitgleich an den Schriftsteller Alexej P. Tschapygin: »... Überhaupt ist es hier stickig und wie tot...«[3] Neben dem Heimweh, neben der bedrückenden politischen Situation in Italien hatte Gorki 1926 zum erstenmal seit rund 25 Jahren wieder Geldsorgen. Der Moskauer Literaturkritiker und Schriftsteller Alexander Woronski bemühte die Schwester Lenins um Unterstützung. Sie sorgte sofort für einen Vorschuß von der Zeitung ›Prawda‹, den Gorki abzuarbeiten versprach. Außerdem formulierte sie zusammen mit Woronski einen Antrag an »höchste Instanzen«,[4] dem Schriftsteller ohne weitere Gegenleistung 5000 bis 7000 Rubel zukommen zu lassen. Diese Unterstützung lehnte Gorki allerdings ab, denn Rußland schickte sich an, seine gesamten Werke neu aufzulegen, und er konnte auf Tantiemen hoffen.

Heimweh, Überwachung, Angst vor den Faschisten und Geldsorgen; was oder wer hinderte Gorki an einer Rückkehr in die Heimat? Politisch konnte nichts gegen ihn vorliegen. Er hatte sich systemkonform gegeben, sich jeder Kritik an der Sowjetunion unter Stalin enthalten, sogar anläßlich des Todes des verhaßten Geheimdienstchefs Feliks E. Dzierzynski bedauernde Worte gefunden, die ihm nicht nur weiteren Haß der Emigranten, sondern auch Fassungslosigkeit und Entsetzen bei seinen Freunden eintrugen.

Seine erste Frau Katharina Pawlowna und seine einstige Lebensgefährtin Marija Andrejewa sowie weitere Freunde drängten auf Rückkehr. Auch Sohn Max – seit langem Bolschewik und längst überzeugter Stalinist – verstand des Vaters Zaudern nicht. Aber war es ein Zaudern, das ihn weiterhin unter der permanenten faschistischen Bedrohung ausharren ließ? Die Worte an Iwanow seien noch einmal wiederholt: »Ich bete darum, daß man mich in meine Heimat zurückkehren läßt.«

26 Gorkis Ankunft in Moskau

›Man‹ war kein anderer als Josef Stalin. Gorkis Briefe an ihn ruhen nach wie vor in den geheimen Archiven, sind bis auf einen einzigen immer noch nicht veröffentlicht.[5] Aber es ist anzunehmen, daß sie existieren oder zumindest existiert haben. Hat Gorki in diesen Briefen vergeblich um seine Rückkehr gebeten? Wir wissen es nicht, aber es spricht vieles dafür. Stalin war der einzige Mensch, der die Rückkehr des unbequemen Schriftstellers verhindern konnte und vermutlich bislang auch verhindert hatte, denn wer sonst in Rußland wäre dazu in der Lage gewesen?

Josef Stalin, der seine tatsächlichen und vermeintlichen politischen Gegner zunehmend verfolgte und erschießen ließ, der ganze Regionen seines Landes durch Terror entvölkerte, der Konzentrationslager, die ›Gulags‹ einrichtete, in denen Millionen russischer Zwangsarbeiter jämmerlich zugrunde gingen, schien den weltberühmten Autor jetzt aber plötzlich zu brauchen, um sein nationales wie internationales Ansehen zu heben, und Gorkis Popularität für seine Zwecke auszunutzen. Es sieht so aus, als habe er den Schriftsteller spätestens seit Mitte 1927 aufgefordert, nach Rußland zurückzukehren. Wie gesagt, es fehlen uns nicht nur Gorkis Briefe an Stalin, sondern auch Stalins Schreiben an Gorki, um diese Behauptung zu belegen, aber aus Rußland erreichten ihn ab 1927 Briefe, in denen Freunde, Bekannte, Intellektuelle und Gelehrte, Arbeiter, Bauern, also auch unbekannte, einfache Menschen ihn aufforderten, Italien zu verlassen und endlich nach Hause zu kommen. Angesichts der Tatsache, daß nicht nur die italienischen Behörden Gorkis Post überwachten, sondern auch die russische Geheimpolizei jedes aus- und eingehende Schreiben kontrollierte, in vielen Fällen vermutlich sogar diktierte, mußte der Schriftsteller davon ausgehen, daß hinter diesen Bitten Stalins Wille stand.

Doch Maxim Gorki traute der überraschenden Freizügigkeit des Diktators offensichtlich nicht. Erst als Gorkis erste Frau Katharina Peschkowa eine schriftliche Unbedenklichkeitserklärung des Kreml persönlich von Rußland nach Sorrent trug, betrat der Schriftsteller im Mai 1928 nach fast siebenjähriger Abwesenheit wieder den Boden seiner russischen Heimat.

›Betreten‹ ist nicht der passende Ausdruck: Gorki schwimmt auf einer Woge der Begeisterung. Tausende von Menschen stehen Kopf an Kopf auf den Bahnsteigen der Stationen, durch die der Zug fährt. Sie jubeln, schwenken rote Fahnen, singen die Internationale, applaudieren und halten Begrüßungstransparente hoch, auch dort, wo der Zug, ohne zu halten, nur durchbraust. Gorki, der sich hinter der russischen Grenze kaum noch vom Zugfenster wegtraut, um die seit Stunden wartenden Massen, die ihn nur sekundenlang sehen können, nicht zu enttäuschen, weint ergriffen. Kapellen spielen, Bahnbeamte salutieren, Polizisten bilden Ketten und drängen die Menschen auf dem Bahnsteig zurück, damit die Begeisterten nicht unter die Räder des Zuges geraten. Und dann Moskau: Stundenlang dauert die Begrüßungszeremonie. Umgeben von berittener Miliz, begleitet von den Fanfarenstößen der Militärkapellen, umrauscht von den Begeisterungsrufen der vieltausendköpfigen Menge auf den Straßen, kommt Gorki, begleitet von seinem Sohn Max und seinem Privatsekretär Pjotr Krjutschkow, nur schrittweise voran. Immer wieder muß er Hände schütteln, sich umarmen und küssen lassen. Dort, wo es im Gedränge nicht möglich ist, die ausgestreckten Hände in den hinteren Reihen zu fassen, bleibt er stehen, winkt den Menschen zu, fängt ihm zugeworfene Blumensträuße und kleine Willkommensgeschenke geschickt auf, reicht sie an Max und Krjutschkow weiter, die unter der Last schier zusammenbrechen und zumindest die Blumen einige Minuten später zurück in die begeisterte Menge werfen. Manchmal gelingt es einigen aus der Masse, die Absperrungen zu durchbrechen. Sie stürmen nach vorne und halten den Troß auf oder bekunden tanzend ihre unbändige Freude mit einem feurigen Kasatschok, bei dem sie die Arme verschränken, tief in die Knie gehen und in rasender Geschwindigkeit immer ein Bein waagerecht nach vorne werfen. Während sie hackenknallend von einem Bein aufs andere wechseln, klatschen die Zuschauer hinter der Absperrung im Takt mit. Gorki verharrt schmunzelnd vor den Tänzern. Aber die Milizionäre drängen sie hinter die Absperrung zurück, werden dabei sogar grob. Die Ehreneskorte aus Militärs und Funktionären hinter Gorki schiebt den Dichter weiter. Aber sowie er einige Meter vorangekommen ist, braust neuer Beifall auf, schwillt zum begeisterten Gebrüll an. Gorki muß erneut stehen bleiben, grüßen, winken, sich bedanken. Es ist kein Empfang, sondern ein Triumphzug. Eine Nation jubelt, ihr Idol ist heimgekehrt!

Die folgenden Tage verlaufen kaum anders. Überall wo Gorki in Moskau auftaucht, bildet sich sofort ein Menschenpulk, der rasch zur Menge anschwillt, die ihn einkeilt und aufhält. Alle wollen ihm die Hände schütteln, ihn willkommen heißen, jeder möchte wenigstens einen Blick von ihm erhaschen, vielleicht sogar einige Worte mit ihm wechseln. Aber dazu

27 Eine Nation jubelt: Ihr Idol kehrt zurück! Empfang in Moskau 1928 durch eine begeisterte Menschenmenge

bleibt kaum Zeit. Gorki hetzt von Empfang zu Empfang, hört Reden, antwortet ergriffen und nimmt Ehrungen entgegen. Die Festessen und Einladungen nehmen kein Ende, zu Hause in Moskau werden Waschkörbe voll mit Grußadressen und Telegrammen aus dem ganzen Land abgeliefert.

Aus seiner Sicht beendet Gorki die nicht abreißende Begrüßungseuphorie und den Begeisterungstaumel mit einem symbolischen Akt: Am 31. Mai begibt er sich ins Lenin-Mausoleum auf dem Roten Platz. Eine halbe Stunde verbringt er allein am gläsernen Sarg des Freundes, dessen Körper einbalsamiert der Nachwelt erhalten bleibt. Als er das Mausoleum verläßt und natürlich wieder auf einen Trupp erwartungsvoller Menschen stößt, wendet er sich zum erstenmal wortlos ab und steigt mit finsterem Gesichtsausdruck in das wartende Auto. Es wird ihm deutlich, daß es ihm in Zukunft schwerfallen wird, ein Privatleben zu führen. Alles, was er unternimmt oder vermeidet, wird öffentlich sein. Jedes Wort von ihm wird weitergetragen und allen zugänglich gemacht, jede Gefühlsregung auf seinem Gesicht registriert, jeder noch so kleine Spaziergang von rasch sich sammelnden Verehrern begleitet. Das irritiert ihn zunehmend. »Als wir in die Petrowka einbiegen wollen, werden wir aufgehalten«, erinnert sich Konstantin Fedin. »Quer über die ganze Straße ist von Haus zu Haus ein rotes Fahnentuch mit weißen Buchstaben gespannt: ›Es lebe Gorki!‹ ... Aus den Fenstern blicken mehr oder weniger ähnliche ›Gorkis‹ auf uns herab, gerahmte und ungerahmte – Moskau ist immer noch dabei, seinen Empfang zu feiern. Er sagt mit einem Lächeln: ›Das bin ich wohl doch nicht, was meinen Sie? ... Ich muß Ihnen sagen: Wenn ich so lese und immer wieder lese, was man über mich schreibt, denke ich mir: Nein, das bin ich nicht. Es ist mir zwar sehr ähnlich... und dennoch so, als sei eher von meinem Bruder die Rede als von mir. Vielleicht sogar von meinem Vetter. So scheint es mir manchmal...‹«[6] So sehr Gorki das Bad in der Menge genießt, so sehr ihn die allgemeine Verehrung beglückt, er träumt bereits jetzt davon, sich zu verkleiden und unerkannt durch die Straßen zu streifen. Noch ahnt er nicht, daß ihm dies in Rußland kaum mehr möglich sein wird. Josef Stalin wird es verhindern.

Zunächst einmal aber hat Gorki an den Abenden überhaupt keine Zeit mehr, Spaziergänge zu unternehmen. Er wird zugeschüttet mit Terminen. Die ersten finden gleich nach dem Frühstück statt, die letzten enden um Mitternacht. Er ist der Mittelpunkt auf Empfängen, Ehrenmitglied im Arbeiterclub, Vortragender auf Kolloquien, Gast bei Festessen, Berater in literarischen Vereinigungen, Redner auf politischen Veranstaltungen, Besucher bei Werksführungen, Ehrengast auf Gewerkschaftsveranstaltungen. Niemandem mag er absagen, keinem die Mitarbeit verweigern.

Dies alles geschah jedoch nicht nur aus Pflichtgefühl. Gorki hatte 1921 ein krisengeschütteltes, von Hungersnot und politischen Kämpfen zerrüttetes und vom Krieg zerstörtes Reich verlassen. Damals war völlig offen, ob das sozialistische Experiment gelingen würde. Jetzt, nach rund sieben Jahren hatte sich die Staatsmacht der Sowjetunion gefestigt, war Gorkis lebenslanger Traum von der Revolution verwirklicht. Es gab keine Großbourgeoisie und keine Gutsbesitzer mehr, die ihren Reichtum der Ausbeutung und den unmenschlichen Pachtverträgen verdankten. Die Trümmer des Krieges und Bürgerkrieges waren fortgeräumt, neue Häuser waren gebaut worden. Die großen alten Palais' gehörten nicht mehr einer Familie, sondern standen – in kleine Wohneinheiten aufgeteilt – vielen Mietern zur Verfügung. Die Kanalisation in den Städten funktionierte und öffentliche Badeanstalten waren für jene, deren Wohnung kein Badezimmer hatte, eingerichtet worden. Die veralteten Fabriken waren modernisiert. Die Arbeiter hatten feste Arbeitszeiten, einen garantierten Lohn und vor allem Rechte, von denen lediglich Revolutionäre in der Zarenzeit geträumt hatten. Obdachlose Erwachsene und herumvagabundierende Kinderbanden gab es ebensowenig wie Arbeitslose. Alle Kinder gingen zumindest in den Großstädten zur Grundschule, die intelligenteren zum Gymnasium. Besonders Begabte durften auf Staatskosten studieren. Im Jahre 1903 waren 93% der russischen Gesamtbevölkerung Analphabeten, 1926 nur noch 49%. Allein zwischen 1926 und 1929 lernten sieben Millionen Erwachsene lesen und schreiben.[7] Das war ein gigantischer Erfolg, der sich hinter den nüchternen Statistiken verbarg! Wieviel die Alphabetisierung für einen einzelnen Menschen bedeuten konnte, erfuhr Gorki aus dem Brief, den ein Jäger aus dem fernen Kamtschatka in Sibirien 1928 an ihn schrieb: »›Lieber Genosse Maximytsch. Wahrscheinlich haben sie Dir ordentlich zugesetzt mit allen ihren Begrüßungen, und Du bist tüchtig müde. Komm zu mir, ich lebe schon 21 Jahre allein, das Haus ist gut, kein Mensch weit und breit, nur daß es bis zur Eisenbahn 950 Werst sind. Ihr Leser, Fuchsjäger, 68 Jahre alt.‹ In einem Zusatz vermerkt der Absender, daß er erst mit 63 Jahren lesen und schreiben lernte und jetzt 4 Zeitungen abonniert habe und eine Bibliothek von 900 Bänden besitze«.[8] Und als Gorki das Haus der Künste in Leningrad besuchte, das von ihm gegründet worden war, um schreibende Autodidakten zu unterstützen, traten ihm jene ehemaligen Laien entgegen, die damals lediglich holperige Verse wie: ›Wir sind keine Sklaven, die Sklaven sind nicht wir‹ mühsam aufs Papier kritzeln konnten. Jetzt überreichten sie ihrem Mentor gedruckte Erzählungen und Romane! Da weinte Gorki vor Freude und schloß die ›jungen‹ Autoren gerührt in seine Arme.[9]

Der heimgekehrte Schriftsteller sah einen Staat, in dem die Zukunft begonnen hatte. »Das Land, oder genauer gesagt Moskau, ist sehr viel jünger geworden. Die Stadt ist sauberer, es gibt mehr Menschen, einen starken Verkehr durch Straßenbahnen, Busse und Autos, eine Vielzahl schöner Geschäfte und neuer Gebäude, und die alten sind ausgezeichnet renoviert. Die Menschen sind nicht sehr reich, aber gleichwertig gekleidet, es gibt keine krassen Unterschiede, wie es auch keine Bettler gibt. Alles ist sehr interessant, neu und frisch. Auf den Plätzen sind Lautsprecher, in den Anlagen erklingt Musik. Die Glocken läuten...«,[10] schrieb er in einem seiner ersten Briefe nach der Rückkehr an seine in Sorrent gebliebene Schwiegertochter. Überall traf er auf Menschen, die nicht mehr in der ihm so verhaßten russischen Lethargie und Schicksalsergebenheit verharrten, sondern statt dessen von bevorstehenden Aufgaben, ihrem Willen zur Arbeit, von bereits erreichten Erfolgen und von der Zukunft sprachen. Mit jedem Besuch auf jeder Veranstaltung wollte Gorki sich vergewissern, ob es denn tatsächlich so sei. Jeder Gesprächspartner, der sich positiv äußerte, wurde ihm zum Zeugen seiner erfüllten Hoffnungen.

Was er 1928 nicht sehen konnte und im Laufe der folgenden Jahre nur stückweise, durch vorsichtige, ängstliche Andeutungen seiner Freunde erfuhr, war der Preis, den einzelne Bevölkerungsgruppen für diesen Umschwung zu zahlen hatten. Arbeiter, einfache Soldaten und kleine Bauern waren samt ihren Kindern jetzt die Nutznießer des neuen Systems, aber wehe den Menschen, die aus bürgerlichen Schichten stammten. Jene, die nicht emigriert waren, hatten kaum Zukunftsaussichten. Ihre Häuser wurden enteignet oder mit wohnungssuchenden Arbeiterfamilien belegt; den Bürgerlichen stand ein weitaus geringerer Wohnraum zu als den Arbeiterfamilien. Die Bürgerlichen durften häufig nicht in ihrem angestammten Beruf, z. B. als Archivar oder Physiker arbeiten, sondern mußten sich ihr Leben als Straßenbahnfahrer oder Portier in Hotels verdienen. Ein Kind konnte noch so begabt sein, stammte es aus einer kapitalistischen oder mittelständischen Familie, so war ihm mitunter schon der Besuch der höheren Schule versagt, in fast jedem Fall aber ein Studium an der Universität. Die einzige Möglichkeit einer Akademikerkarriere trotz unpassender Herkunft bestand in der offiziellen Lossagung von den Eltern und ihrer öffentlichen Verurteilung als Klassenfeind. Nur wenige Jugendliche mit einem intakten Verhältnis zu ihrem Elternhaus brachten diese Charakterlosigkeit auf.

Argwöhnisch und mißtrauisch wurden die Angehörigen der einst besitzenden Klassen überwacht, beim geringsten Vergehen sofort verhaftet und wie zu Zarenzeiten entweder ins Gefängnis geworfen oder nach Sibirien in die Arbeitslager deportiert. Denunzianten hatten wieder gute Zeiten, ihre Aktivität wurde mit Gehaltserhöhungen, Ordensverleihungen und sonstigen Vorteilen belohnt. Der Segen der neuen Zeit betraf zudem lediglich die systemkonformen Arbeiter, Bauern und Soldaten. Wenn Proletarier den Staat kritisierten, landeten auch sie wie ihre ehemaligen Klassenfeinde im Gefängnis, nur verfuhr man mit ihnen nicht ganz so streng. Randgruppen wurden allerdings hart verfolgt: Trinker und Asoziale wurden zunächst kaserniert und vergrößerten später das Heer der Zwangsarbeiter in den Gulags, Kriminelle traten diesen Weg sofort an.

Gorki aber sah bei seiner Rückkehr nur die verwandelte Welt, die Umkehr aller Verhältnisse. Die einst Entrechteten waren die Erbauer der Zukunft. Die Begabten hatten endlich eine Entwicklungsmöglichkeit, die elternlosen und herumvagabundierenden Kinder in Jugendkolonien ein neues Zuhause gefunden. Die Arbeiter lebten in geordneten Verhältnissen, die Soldaten waren diszipliniert. Wo immer er auf seinen offiziellen Besuchen hinkam, schlug ihm eine Euphorie des Aufbauwillens und der Hoffnung entgegen. Rastlos reiste er durch das Land – begleitet von seinem Sohn und dem Privatsekretär Krjutschkow – um alle Veränderungen in Augenschein zu nehmen. Er besichtigte die gewaltigen Staudämme am Dnjepr, ließ sich in Jalta, Simferopol, im Dongebiet, Baku, Tiflis und Jerevan durch neue Fabriken führen, sah Schulen, Bibliotheken, Gemeinschaftseinrichtungen und Altenheime, traf überall nur auf Menschen, die Stalin priesen, die Gegenwart lobten und die Zukunft willkommen hießen. Die Organisation dieser ersten Besichtigungsreisen überließ Gorki Krjutschkow und der, längst ein Mitglied der Geheimpolizei, sorgte dafür, daß der Schriftsteller nur die besten und imposantesten Aufbauwerke zu sehen bekam und ausnahmslos auf Gesprächspartner traf, die Gorkis Hochstimmung bestätigten. Und der Schriftsteller verhielt sich genau so, wie es von ihm erwartet wurde: Er lobte das Erreichte, rühmte den Willen zum Aufbau und appellierte an die Werktätigen, nicht nachzulassen in ihrem Bemühen, den sozialistischen Staat zu verwirklichen. Die Presse begleitete jede seiner Exkursionen, beschrieb tagebuchähnlich die Route seiner Reise. Gorki ergänzte diese Zeitungsberichte mit eigenen Artikeln, in denen er seine Impressionen schilderte, die zugleich belegten, daß der Kapitalismus abgewirtschaftet hatte. »In einer Pionierkommune..., einem alten einstöckigen Haus, führten mich die Kinder voller Stolz durch ihre Wirtschaft, durch die kleinen, sauberen Zimmer, erzählten mir begeistert, wie französische Pioniere bei ihnen in der Kolonie zu Gast waren und wie der kleine Franzose Léon, der nicht in die Heimat zurück wollte, sich vor seinen Landsleuten versteckte, weinte und sie inständig bat, ihn in Rußland zu lassen«.[11] Den aufmarschierten Arbeitern eines Werkes rief Gorki zu: »Ich grüße herzlich die Genossen Baumeister einer neuen Welt!«[12] Zitate aus einigen seiner Artikel wurden später zu Tageslosungen der Aktivisten, die zum Arbeitsbeginn vor der versammelten Belegschaft entweder verlesen oder sogar im Chor skandiert wurden. Sie bestanden aus Sätzen wie: »Es steht einwandfrei fest, daß bei uns in der Union der Sowjets das Verantwortungsbewußtsein vor den Kindern in den letzten zehn Jahren außerordentlich gewachsen ist. Davon zeugt am besten das Sinken der Kindersterblichkeit bei Kindern bis zum fünften Lebensjahr, der Gesundheitszustand der Sechs- bis Zwölfjährigen und der Jugendlichen...«[13] oder: »In der Union der Sozialistischen Sowjets arbeiten keine Sklaven mehr, die demütig die Befehle der Herren ausführen, in der Union arbeiten freie Menschen für sich selbst. Wenn der Arbeiter früher den Sinn der Arbeit nicht begriff, wenn die wenigsten unter ihnen zu Wohlstand kamen und das werktätige Volk bettelarm blieb, so hat sich jetzt dieses Verhältnis grundlegend geändert: Alles, was der Arbeiter schafft, schafft er für sich selbst, für den kommenden Tag... Gerade in der Arbeit, und nur in der Arbeit, liegt die Größe eines Menschen, und je heißer seine Liebe zur Arbeit, um so erhabener ist er selbst, um so produktiver und schöner seine Arbeit«.[14]

Stalin, für den derartige Sätze willkommene Propaganda für seine Herrschaft waren, konnte zufrieden sein. Der heimgekehrte Dichter funktionierte in seinem Sinne. Was spielte es da für eine Rolle, daß der Schriftsteller keine Minute Zeit mehr für seinen großen Roman ›Klim Samgin‹ übrig hatte, kaum noch seine wirklichen Freunde traf, daß seine gesundheitlichen Reserven durch die Strapazen der ständigen Reisen und Veranstaltungen restlos aufgezehrt wurden? Krjutschkow plante und organisierte und Gorki hetzte bereitwillig von Termin zu Termin, durchdrungen von der Idee, jetzt endlich wieder aktiv am Aufbau des neuen Lebens in der Sowjetunion teilnehmen zu können.

Im Oktober 1928 litt er zunächst unter unerträglichen Kopfschmerzen, Rheumatismus kam hinzu. Als er sich trotz dieser Vorwarnungen nicht schonte, überfiel ihn das hohe Fieber, das stets den erneuten Ausbruch der Tuberkulose ankündigte. Der lebensbedrohliche Blutsturz folgte rasch. Gorki brach zusammen.

Die erschrockenen russischen Ärzte wußten nur einen Weg zur Gesundung: Absolute Ruhe, Wärme, Trockenheit und Sonne. Das war in Rußland nicht zu haben, das gab es nur in Italien. Deprimiert, ungeduldig, aber viel zu krank, um einen Winter in Rußland zu überleben, fuhr Gorki aus seinem Arbeiter- und Bauernparadies zurück ins faschistische Sorrent.

15.
Die andere Wahrheit und ein Potemkinsches Dorf

Also wieder Sorrent. Kein frostklirrender Tag, bei dem die Krähen erfroren von den Ästen der Bäume stürzen, kein heulender Schneesturm, sondern grellhelle Sonnentage, trockenes Klima und das millionenfache Zirpen der Zikaden in heißdumpfer Nacht. Husten, Atemnot, Fieber. Der Schwerkranke muß ruhen, Medikamente schlucken und einen regelmäßigen Tagesablauf einhalten, den Baronin Budberg mit Ärzten und Krankenschwestern generalstabsmäßig durchplant. Sohn Max übernimmt erneut das Amt des Beschützers und Wächters vor zu anstrengenden oder gar ungebetenen Gästen.

Gorki beginnt endlich wieder zu schreiben, soweit die Kraft es erlaubt. Doch sein dichterisches Werk ruht. Ein, zwei Erzählungen verfaßt er, die Notizen dafür liegen schon lange vor. Sogar sein Schatten, die Romanfigur ›Klim Samgin‹, bleibt im Hintergrund. Wichtiger sind ihm jetzt Artikel und Vorträge zur russischen Tagespolitik. Obwohl fern der Heimat, denkt und schreibt er so, als befände sich im Haus nebenan die Moskauer Parteizentrale und als sei er ihr Pressesprecher. Der Dichter in Italien preist die Gegenwart der Sowjetunion und lobt die staatlichen Maßnahmen. Die Industrialisierungsanleihe – eine Art Solidaritätszuschlag der russischen Werktätigen in Gestalt einer Sondersteuer – »besagt überzeugend und unwiderlegbar, daß der Geist Wladimir Lenins lebt und mächtig ist und daß die Arbeiter- und Bauernmassen sich diesen Geist immer besser zu eigen machen.«[1] Und wie immer, wenn Gorki sich mit politischen Fragen beschäftigt, verändert er völlig seine Sprache, argumentiert häufig platt, polemisch und undifferenziert. Er produziert Propagandaliteratur, die man in der Sowjetunion sofort in den großen Tageszeitungen abdruckt. Seine Begeisterung für den neuen Staat treibt seltsame Blüten. Die Rote Armee ist für ihn »nicht nur eine Kampfkraft, sie ist auch eine Kulturkraft. Sie ist eine mächtige Organisation, die riesige Massen der arbeitenden Bevölkerung... in die gesellschaftliche und staatliche Kulturarbeit einbezieht... In der Union der Sowjets wird der Kämpfer der Roten Armee zum Erbauer einer neuen Kultur erzogen; er ist nicht nur Verteidiger seines Volkes, sondern wird – in vielen Dingen und immer mehr – auch zu seinem Lehrer...«[2] Vor allem aber verdammt er mit ätzenden Worten den imperialistischen Rest der Welt. Die reichen Fabrikanten im Westen regieren sie, indem sie »von fremder Arbeit, fremdem Blut leben und das arbeitende Volk – Typhusläusen gleich – mit den Krankheiten der Habgier, des Neides und der Feindseligkeit verseuchen«.[3] Er fordert die internationale Arbeiterschaft auf, »sich die Kapitalisten vom Halse zu schaffen, die schon längst aufgehört haben, Menschen zu sein, und zu immer räuberischeren und blutgierigeren Bestien werden...«[4] Russische Emigranten veröffentlichen in Berlin, Paris und London Artikel, daß in der UdSSR Zensur herrsche und zudem der Terror zunehme. Gorki in Sorrent hält die Zeilen für feindliche Indoktrination von enttäuschten Menschen, die »verwildern und vertieren«,[5] und die deshalb »meistens an seelischem Hunger zugrunde...«[6] gehen. Er reagiert wütend auf die in seinen Augen unzutreffenden Schilderungen über das tägliche Leben im sozialistischen Rußland und »würde gern wissen, welcher Halunke... seine Berichte aus Moskau drucken läßt, und welcher weitere Halunke den Korrespondenten... der Menschewiken macht...«[7] Von 1921 bis 1928 hatte er keine Möglichkeit gehabt, die Behauptungen der Emigranten zu überprüfen. Jetzt aber – nach seinem knapp halbjährigen Aufenthalt in der Sowjetunion, glaubt er besser zu wissen, wie es um das Leben der Menschen dort steht und er wird sich weiterhin davon persönlich überzeugen, sowie es seine Gesundheit erlaubt. Er meint, daß dies im Mai 1929 der Fall ist und kehrt mit Max,

Baronin Budberg und dem Privatsekretär nach Moskau zurück. Augenblicklich beginnt wieder das unstete Leben. Gorki hetzt rastlos von Termin zu Termin, schreibt Artikel, führt Gespräche, gibt Interviews, läßt sich zum Ehrenvorsitzenden von ungezählten Vereinigungen wählen, zum Mitglied des Allrussischen Exekutivkomitees ernennen, zum Delegierten des Internationalen Atheistenkongresses anwerben. Er hält Reden, schreibt Vorträge und leitet Diskussionen.

Doch im Juni 1929 befreit er sich von allen öffentlichen Verpflichtungen und reist erneut durch die Sowjetunion. Er dokumentiert wie schon vor knapp einem Jahr die einzelnen Etappen durch Artikel und Skizzen, die täglich in den Zeitungen veröffentlicht werden. Gorki wählt für diese Reise jene Route, die er einst auf seinen großen Wanderungen zu Fuß gegangen war. Er steht, in seine Erinnerungen versonnen, in der Tür der kleinen Bahnstation, wo er früher als Aufseher arbeitete; er sieht die Landungsstege der winzigen Häfen, auf denen er Säcke in die Schiffe schleppte; er betrachtet mit ironischem Lächeln die Gefängniszelle, in der er während seines Vagabundenlebens für eine Nacht lang eingesperrt worden war. Optisch gesehen ist vieles im Lande beim alten geblieben, aber die Menschen haben sich verändert. Ein Arbeiter formuliert stellvertretend für seine ganze Klasse das neue Bewußtsein von ehemaligen Knechten, die nunmehr selbst zu Herren wurden: »Wir müssen uns in der Produktion als ein Besitzer erweisen, der klüger und fähiger ist als der Bourgeois. Wenn uns das gelingt, haben wir ein großes Werk vollbracht«.[8] Der Haß gegen die einstigen Gegner ist nun verschwunden, die damals Drangsalierten bilden jetzt ein solidarisches Gespann mit ihren ehemaligen Unterdrückern: »Ich arbeite mit einem persönlichen Feind zusammen«, plaudert ein Werktätiger, »er hat im Jahre neunzehn mit dem Revolvergriff auf mich eingeschlagen, ich wurde vor seinen Augen mit Ladestöcken blutig geprügelt. Jetzt ist er mein Vorgesetzter, wir arbeiten wie zwei Pferde in einem Gespann und – sind Freunde«.[9] Für Gorki sind diese Aussagen Indizien für das neue Leben in einer jungen Welt, in der angesichts der hoffnungsvollen gemeinsamen Zukunft Gefühle der Rache und des Hasses keinen Raum mehr finden. Mitunter blitzt in seinen Reiseschilderungen das schriftstellerische Talent wieder auf, wenn er zum Beispiel die Jugendkolonien schildert, in denen das Treibgut von Revolution und Bürgerkrieg, insgesamt an die hunderttausend verwaister, verwahrloster und frühkrimineller Kinder wieder an ein geordnetes Leben gewöhnt werden. Seine Beschreibung des intelligenten, aber auch koketten wie durchtriebenen kleinen Kolonisten Ljonka und anderer Kinder ist meisterhaft. Aber dann beeinträchtigt er die glänzenden Schilderungen jugendlicher Einzelschicksale wieder durch plumpe Schwarz-Weiß-Malerei, denn den gesunden, sauberen, vergnügt lärmenden, fröhlich arbeitenden, ausnehmend kräftigen, erstaunlich standfesten und eigenwilligen russischen Zöglingen stellt er die deutschen Kinder, die er 1922 in Heringsdorf an der Ostsee in einer deutschen Jugendkolonie beobachtet hatte, gegenüber: »... rachitische, skrofulöse, tuberkulöse und kurzsichtige Kinder... alle waren vom Hunger entkräftet, von ›Ersatznahrung‹ vergiftet, mit Krankheiten behaftet, und viele wirkten wie alte Zwerge... Und während im Sand des Badestrandes Hunderte von Kindern unlustig spielten, ...während halbverhungerte Kinder müde ihr bitteres Brot aßen – zur selben Zeit spielte ganz in der Nähe eines der Kinder Wilhelms von Hohenzollern vergnügt Tennis, und in den Badeanstalten stampften dicke Weiber in Badekostümen, Beischläferinnen von Schiebern, die mit ihnen gemeinsam vom Blutsaugen fett geworden waren, mit zweipudschweren Beinen Foxtrott«.[10]

Gorki scheint fest entschlossen zu sein, in Rußland nur noch Positives zu sehen und zu schreiben, die Vergangenheit zu verdammen, die Gegenwart zu preisen und die sozialistische Zukunft euphorisch zu begrüßen. Selten, sehr selten kritisiert er auch, doch das liest sich moderat, matt, zumal er profilaktisch seine Kritik zurücknimmt, bevor er sie formuliert hat: »Es ist möglich, daß ich irgend etwas nicht verstehe, mich irre und daß es besser wäre, wenn ich nicht von diesen Dingen redete«.[11]

28 *Das Bild wirkt wie eine Darstellung aus dem sozialistischen Realismus, es ist aber ein Foto. Gorki spricht in einer Jugendversammlung in Moskau*

Nach diesem umständlichen Schlenker spricht er von den gesundheitsschädlichen Arbeitsbedingungen, den veralteten Maschinen einer heruntergewirtschafteten russischen Fabrik und erwähnt die vielen Kulturpaläste der Sowjetunion, »auf die die Arbeiterklasse stolz sein kann als auf eine ihrer kulturellen Errungenschaften. Diese glänzenden Paläste kosten natürlich Millionen. Es schiene mir in sozialer Hinsicht vernünftiger, diese Millionen zur Erweiterung der Werke und Fabriken, zur Verbesserung der Arbeitsbedingungen und zum Schutze der Gesundheit zu verwenden... Ich wiederhole: Die Paläste der Arbeit und Kultur sind großartig, und ich erkläre nicht den ›Krieg den Palästen‹. Sie sind Arbeiterfestungen. Aber die Arbeiterklasse ist eine Kraft, die geschont werden muß...«[12] Versehen mit so vielen Einschränkungen und Entschuldigungen durfte auch im stalinistischen Rußland ein Mangel aufgezeigt werden.

Gorki begegnet auf seiner Reise Bauern, die sich freiwillig und überzeugt von der sozialistischen Idee zu einer Kommune zusammengeschlossen haben, Bauern mit einem ›Wir-Gefühl‹, die damit »die Wahrheit gefunden, sich ihrer bemächtigt haben, sie behutsam wie ein geliebtes Kind großziehen«.[13] Er besichtigt Kommunen und Kolchosen*[14] und erfährt, daß etliche Landwirte »aus den umliegenden Dörfern ihre Wirtschaften ebenfalls kollektivieren wollten und schon viele derartige Anträge eingereicht hätten«.[15] Gorki schreibt das und läßt es drucken, aber glaubt er es auch? Hat er keine Zeitungen gelesen, in denen bereits seit Mitte 1928 von der ›Liquidierung des Kulakentums als Klasse‹ die Rede ist? Bekam er nicht mit, daß die Kollektivierung zwar zunächst auf freiwilliger Basis erfolgt war, aber seit einem Jahr zwangsweise durchgeführt wird, weil sich eben nicht genug Bauern freiwillig verstaatlichen lassen wollen, auch die Besitzer der kleinen Höfe nicht? Weiß er denn nicht, daß Stalin ganze Dörfer entvölkert, indem er die widerborstigen Bauern samt ihren Angehörigen in die Gulags deportieren läßt? Zurück bleiben häufig nur ehemalige Tagelöhner. Die leergefegten Höfe werden verstaatlicht, die ehemaligen Tagelöhner in der Kolchose fest angestellt; was Wunder, daß sie die neuen Zeiten loben. Alle übrigen, seien es ehemalige Verwalter, große, mittlere oder sogar kleine Bauern leben in Angst und Schrecken, befürchten, daß auch sie bald von ihren Höfen vertrieben, bestenfalls deportiert und schlimmstenfalls sofort erschossen werden.

Nein, vermutlich weiß der Dichter das nicht. Er ist Tourist im eigenen Land und bekommt nur die Sonnenseiten vorgeführt. Sein Sekretär sucht die Vorzeigedörfer heraus, ordert die Ansprechpartner, der Chauffeur lenkt den Wagen zum vorgegebenen Ziel, der Pulk von systemkonformen Journalisten, Parteimitgliedern, Geheimdienstoffizieren und Politkommissaren, der Gorki auf seiner Reise wachsam umgibt, verschließt eventuellen Kritikern den Mund.

Gorki glaubt, mit eigenen Augen zu sehen und wird doch getäuscht. Hinzu kommt sein Wunsch, an das Erreichen des revolutionären Zieles zu glauben, seinen über vierzigjährigen Traum von einer sozialistischen Zukunft endlich verwirklicht zu sehen. Das trübt offensichtlich seinen früher so scharfen Blick. Dies wird besonders deutlich bei seinem Besuch auf den Solwiki-Inseln, dem Konzentrationslager für Regimegegner. Die Inseln – bereits seit dem 15. Jahrhundert eine Mischung aus Kloster und Gefängnis für Regimegegner, wurden seit 1922, also noch zu Lenins Lebzeiten, als Verbannungsort und Arbeitslager für politische Gegner übernommen. Zwischen 1920 und 1936 sollen hier rund 40 000 Menschen umgekommen sein. Sie wurden hingerichtet, starben am Sumpffieber, verhungerten, erfroren oder wurden von Aufsehern und kriminellen Mithäftlingen erschlagen.[16] Stalin überzog das ganze Land mit diesen Lagern, für fast jedes Gouvernement wurde eines eingerichtet, die Solwiki-Inseln waren eines der größten. Die Bürger in Rußland wußten von der Existenz, aber in der Weltöffentlichkeit bekannt wurde diese Stätte des Grauens erst in den siebziger Jahren durch den russischen Schriftsteller und Dissidenten Alexander Solschenizyn, der den Roman ›Archipel GULag‹ schrieb.

Als Gorki im Jahre 1929 im Zuge seiner Rundreise eine der Inseln des Gulag betritt, wird ihm ein Potemkinsches Dorf*[17] vorgeführt: Die Baracken sind sauber geputzt und haben für den Besuchstag bunte Gardinen vor den Fenstern, »die breite Tür steht offen, ein frisches salziges Lüftchen streicht zärtlich über die Betten und trägt Waldgeruch herein«.[18] Um Gorki herum sitzen Häftlinge jeden Alters und erzählen aus ihrem

Leben. Die Arbeit sei zwar schwer, aber man lerne auch lesen und schreiben. Zudem sei es sehr wertvoll, die Vorzüge eines geregelten Lebens kennenzulernen. Es sei eigentlich kein Gefängnis, betonen sie, und man sei froh, hier zu sein. Gorki berichtet stolz in den Zeitungen: »Ich habe mehrere Leute gesehen, die nach Verbüßung ihrer Strafe auf der Insel blieben, ihre Arbeit leidenschaftlich lieben und unermüdlich auf ›Ehre und Gewissen‹ arbeiten«.[19] Er hört bedrückte Selbstkritik, vernimmt Reuebekenntnisse und feierliche Schwüre, sich zu bessern, das bislang so nutzlose Leben ganz in den Dienst des sozialistischen Aufbauwerks zu stellen. Er ist von der Ehrlichkeit der Worte überzeugt, zumal das Lager alle Annehmlichkeiten bietet. Er berichtet, daß es ein Museum, eine Bibliothek, eine Schule, ein Theater und eine Zeitungsdruckerei gibt; er bewundert die Wohnräume der weiblichen Gefangenen. Die vier bis sechs Betten pro Raum sind »mit ›Eigenem‹ bezogen, eigene Decken und Kissen, an den Wänden Fotografien und Postkarten, auf den Fensterbrettern Blumen, das Reglementarische fehlt, nichts erinnert hier an ein Gefängnis...«.[20]

Die Wirklichkeit war anders. Die Häftlinge schliefen in zugigen Baracken auf vierfach übereinandergeschichteten Pritschen, die den gesamten Raum ausfüllten. Wachen vor den Türen mit scharfen Hunden verhinderten jeden Fluchtversuch. Die Gefangenen arbeiteten über 12 bis 16 Stunden lang in der angeschlossenen Landwirtschaft, der Ziegelei, der Pelztierfarm, der Tischlerei, der Gerberei. Schwerstarbeit leisteten die Torfstecher und Holzfäller, noch dazu unter unglaublichen Lebensbedingungen. Da der Anmarsch zum Lager zuviel Zeit kostete, mußten sie häufig – im Sommer zerstochen von den Mükken und im Winter halb erfroren – dicht nebeneinander liegend in offenen Gruben übernachten, die von Wachsoldaten mit schußbereiten Gewehren umstellt waren. Die ohnehin mageren Essensrationen der Häftlinge wurden nach ihrem erfüllten oder nicht erfüllten Arbeitssoll bemessen, bohrender Hunger war durch die unmenschlich hohen Anforderungen bei den meisten die Folge. Allgegenwärtig war die Todesangst. Man konnte mit oder ohne Urteil erschossen werden, an Entkräftung oder Krankheit sterben, von Wächtern zu Tode gefoltert werden oder im Karzer krepieren. »Unser Leben ist ein Märchen, der Tod seine Lösung...«,[21] ritzte ein unbekannter Häftling in die Wand seines Gefängnisses.

Doch Gorki hat von all dem nichts gesehen. Das potemkinsche Dorf ist zu vollkommen. Euphorisch berichtet er in den Zeitungen über seinen guten Eindruck und wiederholt ihn enthusiastisch im Gespräch mit seiner langjährigen Freundin Valentina Chodassewitsch. Sie reagiert verständnislos auf seine Begeisterung, denn »Gewohnt, von diesem Ort ganz andere Dinge zu hören, war ich... erstaunt und verwirrt«.[22]

Aber skeptisch hätten auch Gorki zumindest zwei Episoden während seines Besuches stimmen müssen: »In der Ziegelei zeigten mir die Redakteure an der Wandzeitung einen ganz guten Witz: ›Habt ihr gehört, Gorki ist zu uns gekommen.‹ ›Für zehn Jahre?‹«.[23] Der mit positiven Eindrücken zugeschüttete Gorki hatte diesen Satz tatsächlich als gelungenen Witz interpretiert, sonst hätte er ihn wohl nicht so arglos veröffentlicht. Anders verhält es sich aber mit der zweiten Episode. Gorki und sein Begleittrupp trifft auf einen bewaffneten Wächter, dem zwei Häftlinge fortgelaufen sind. »Jetzt wird er es verantworten müssen«, erklärt ein Funktionsträger des Gulags. Man empfiehlt, die Trompete zu blasen oder die Glocken zu läuten, um auf die Geflüchteten aufmerksam zu machen. »Wird die Flucht streng bestraft?« erkundigt sich Gorki. »Na, gelobt wird man nicht... gelobt werden sie nicht‹, wiederholte der Mann mit dem Gewehr, stand auf und ging schweren Schrittes... davon.« Gorki berichtet auch von diesem Vorfall in der Presse, zitiert zudem einen seiner Begleiter, der ihm die Konsequenzen gegenüber dem Wächter andeutet: »Man muß bedenken, sie übernehmen die Bürgschaft. Es wird ihnen gesagt, alle sind für jeden verantwortlich.«[24] Früher hätte Gorki spätestens jetzt nachgefragt, zum einen, was genau mit den Häftlingen geschehen wird, sofern man sie wieder greift, zum anderen, welche Strafe den Wächter erwartet. Und dann hätte der Dichter seinerseits Stellung bezogen; z. B. befunden, ob die erwähnten Strafen für die drei Betroffenen angemessen oder zu hart seien. Jetzt aber enthält er sich jeden Urteils, mehr noch, er gibt sich mit vagen Antworten zufrieden, die eine latente Bedrohung für die drei Beteiligten beinhalten.

So arrangiert er sich. Gewiß, es gibt Mängel, natürlich, nicht alles kann glatt verlaufen, nicht jeder ist einverstanden, aber »Wenn man zurückblickt, merkt man, wie erstaunlich weit sich das Leben von der Vergangenheit entfernt hat und wie es immer rascher der Zukunft entgegeneilt.«[25] Und das ist ihm wichtiger als alles andere. Die Kritik zurückzustellen und das Erreichte zu loben, ist jetzt seine Maxime, sein Optimismus wird geradezu zwanghaft. In einem Brief an die langjährige Freundin Jekatarina Kuskowa formuliert er 1929 die Notwendigkeit, Unerfreuliches in der Öffentlichkeit zu verschweigen, denn »Tatsache ist, daß ich aufrichtig und unerbittlich eine Form der Wahrheit hasse, die eine Gemeinheit ist und für neunundneunzig Prozent der Menschen eine Lüge darstellt. Du weißt wahrscheinlich, daß ich ...meine Stimme öffentlich erhoben habe... gegen *Selbstkritik*, gegen die Gewohnheit, das Volk mit dem giftigen, tödlichen Staub platter alltäglicher Wahrheiten zu verwirren und zu verblenden... Die andere Wahrheit, die Menschen zu erhöhtem Vertrauen in ihren eigenen Willen, in ihre eigene Vernunft anregt, ist bereits in den Geist der Massen gesät, und zwar mit ausgezeichneten Ergebnissen. Was mir wichtig ist, ist die rasche umfassende Entwicklung der menschlichen Persönlichkeit, die Geburt eines neuen Kulturmenschen von Arbeitern in einer Zuckerfabrik, die Shelley in der Ursprache lesen können... Solche Menschen brauchen nicht die kleinlichen, verwünschten Wahrheiten über das Milieu, in dem sie zu kämpfen haben. Du magst mich einen Optimisten, Idealisten, Romantiker nennen... Das ist Deine Angelegenheit. Meine ist es zu erklären, warum ich jetzt *einseitig* geworden bin«.[26]

Gorki hat einen Wendepunkt erreicht, der den Rest seines Lebens prägen wird. Er hat nicht nur beschlossen zu glauben, zu loben und jede Kritik am Sozialismus einzustellen, er hat auch aufgehört zu fragen. Er bereitet damit den Boden vor, daß man ihn weiter täuscht und belügt, ihn einspannt als Zugpferd eines Propagandaapparates, ihn mißbraucht als Apologeten Stalins. Er hat am Trank mitgemischt, der ihn vergiftet. Als er endlich merkt, daß er nichts weiter ist, als der Spielball eines verbrecherischen Regimes, kommt diese Einsicht zu spät. Er muß den Krug bis zur bitteren Neige leeren.

16.
Dieser Mörder, dieser schreckliche Mörder!

Gorkis Artikel werden immer pathetischer: »... falls ein Krieg gegen die Klasse ausbrechen sollte, die mir die Kraft zum Leben und Arbeiten gibt, so werde auch ich als einfacher Soldat in die Armee eintreten. Und das tue ich nicht deshalb, weil ich weiß, daß sie bestimmt siegen wird, sondern weil die große gerechte Sache der Arbeiterklasse der Union der Sowjets auch meine legitime Sache, meine Pflicht ist«,[1] teilt der 61jährige Dichter seinen Lesern mit. Und er wird immer blutrünstiger, so im Kampfartikel, mit dem er der innerrussischen Opposition den Krieg erklärt. Gorki, der sich 1917/18 für Revolutionsgegner jeglicher Parteicouleur und sozialer Herkunft eingesetzt hatte, bedroht jetzt seine nichtkonformen Landsleute, denn der Imperialismus »... ist mit jenen Verrätern verbündet, die innerhalb der Union ihr Schädlingsunwesen treiben, und diese unterstützen nach Maßgabe ihrer Schändlichkeit die räuberischen Absichten des Kapitals«.[2] Mehr noch, »Im Innern unseres Landes organisieren die schlauen Feinde... Lebensmittelmangel, die Kulaken terrorisieren die in den Kollektivwirtschaften zusammengeschlossenen Bauern... – gegen uns ist alles, was die ihm von der Geschichte gesetzten Fristen bereits überlebt hat, und das gibt uns das Recht, uns immer noch als im Bürgerkriegszustand befindlich zu betrachten. Die natürliche Schlußfolgerung daraus ist: ›Wenn der Feind sich nicht ergibt, wird er vernichtet‹«.[3] Übrigens: Was Gorki 1930 in Hinblick auf den inneren Feind geschrieben hatte, schwächte zwölf Jahre später ausgerechnet Josef Stalin auf den äußeren Gegner ab. Er verwandelte den letzten Satz in den ›Befehl Nr. 55‹ und richtete ihn an sämtliche Soldaten, Politfunktionäre und

Partisanen, die im Weltkrieg II. gegen die angreifenden, feindlichen Deutschen des Nationalsozialismus in den Kampf ziehen mußten.[4]

Wie bedingungslos Gorki der sowjetischen Propaganda glaubt, zeigt sein Artikel über einen Prozeß gegen »... Leute, die eine konterrevolutionäre Verschwörung gegen die Arbeiter- und Bauernmacht organisiert haben«.[5] Die Gerichtsverhandlung findet in Moskau statt. Gorki ist kein Augenzeuge, denn er befindet sich wieder in Sorrent, aber er übernimmt kritiklos die Vorwürfe des Obersten Gerichtshofes, glaubt, daß die ›Schädlinge‹ verantwortlich seien für den Ausbruch der Hungersnot im Lande. Er bezeichnet die geständigen Angeklagten entrüstet als »... Lakaien der aus Rußland verjagten Kapitalisten«, und weiß, daß sie »einer ganzen Reihe abscheulichster Verbrechen gegen die Arbeiterschaft überführt worden«[6] sind. »Sie erschwerten die Entwicklung der Industrie, ...sie verdarben alles, was man verderben konnte, sie vergeudeten sinnlos Mittel und Kräfte, ...sie... erzeugten künstlich einen Lebensmittelmangel im Lande der Sowjets. Alle diese Verbrechen und Gemeinheiten begingen sie, um die Bemühungen der Sowjetmacht, die Wirtschaft der Union der Sowjets zu entwickeln, zu durchkreuzen, in der Union ein Chaos zu erzeugen und in den Volksmassen, besonders in der Bauernschaft, Unzufriedenheit mit der Sowjetmacht hervorzurufen«.[7] Der Prozeß endete mit 48 Todesurteilen, die sofort vollstreckt wurden. 42 deutsche Wissenschaftler und Intellektuelle, unter ihnen Albert Einstein und Heinrich Mann, unterschrieben einen Protest der deutschen ›Liga für Menschenrechte‹. Gorki antwortet der Liga in einem Brief ›An die Humanisten‹: »... Die unbeschreibliche Niedertracht der Handlungen jener 48 ist mir wohlbekannt... und sie wurden auf einmütiges Verlangen der Arbeiter hingerichtet. Ich betrachte diese Hinrichtungen als völlig gerechtfertigt...«[8] Doch Gorki stand keineswegs allein mit seiner Meinung. Die Verteidigung der Todesurteile von Moskau unterschrieben weitaus mehr Intellektuelle als jene, die gegen die Hinrichtung Einspruch erhoben hatten. In der Broschüre ›Mit Bomben und Granaten‹, die als Antwort auf den Protest gegen die Todesurteile gedruckt wurde, stand unter anderem der Satz: »Das Volksgericht in Moskau verteidigt nicht nur die Interessen des russischen, sondern auch die Interessen des polnischen, französischen, deutschen, englischen und internationalen Proletariats!«[9] Es unterschrieben: Upton Sinclair, Henri Barbusse, Willi Münzenberg, Otto Nagel, Ernst Toller, Arthur Holitscher, Alfred Kerr, Paul Friedländer, Egon Erwin Kisch, Kurt Tucholsky, John Hartfieldt, Erwin Piscator, Hans Eisler, Ludwig Renn, Wieland Herzfelde, Ernst Gläser, Otto Dix, Kurt Desch, Johannes R. Becher, Oskar Maria Graf, Rudolf Leonhard, Kurt Kersten und Max Pechstein, um nur einige zu nennen, alles in allem ein Almanach der linksgerichteten europäischen Intelligenz,[10] einer Intelligenz, die sich bislang gegen jede Gewalt und gegen jeden Krieg ausgesprochen hatte. Nun aber plötzlich wurden Todesurteile gerechtfertigt?

Brechen wir nicht leichtfertig den Stab über Gorki und die übrigen Unterzeichner des Dokumentes. Heute wissen wir, daß die Geständnisse der Angeklagten durch mittelalterliche Foltermethoden und Versprechen, im Falle einer Selbstkritik milde Richter zu finden, erpreßt wurden. Heute sind wir auch über den ganzen Umfang des stalinistischen Terrors informiert. Damals, im Jahre 1930, wußten die wenigsten davon. Gorki sah durch die Potemkinschen Dörfer nur die Sonnenseiten des Systems. Er war außerdem zur Hälfte des Jahres in Italien, also abgeschnitten von der Möglichkeit, sich persönlich zu informieren; und selbst, wenn er in seiner Heimat weilte, ermöglichte es ihm seine selbstgesetzte Aufgabe nicht mehr, ungezwungen und unbegleitet durch die Straßen zu streifen oder gar anonym zu reisen. Er wurde überall sofort erkannt, begrüßt, befragt und geehrt. Seine engen Freunde, die ihn vielleicht hätten aufklären können, waren vorsichtig und ängstlich geworden, denn er war ständig umgeben von den mächtigsten Politikern und Funktionären des Landes, behütet und zugleich überwacht von der Geheimpolizei (GPU), umsorgt von Hel-

29 Maxim Gorki 1931 in Moskau im Gespräch mit Teilnehmern des Bürgerkrieges. Die Berichte verwendete er für die ›Geschichte des Bürgerkrieges‹, die er herausgeben wollte.

fern, die – wie das Arzt – und Pflegepersonal, der Chauffeur, der Portier sowie seine Sekretäre – ausnahmslos gleichfalls der GPU angehörten. Und diese Sekretäre deckten ihn zudem so mit Repräsentationspflichten und Terminen ein, daß ihm ohnehin kaum noch freie Zeit zum Umherstreifen übrig blieb.

Die ausländischen Unterzeichner der Solidaritätserklärung mit den Moskauer Todesurteilen konnten noch weniger als Gorki die innenpolitische Situation der Sowjetunion einschätzen. Sie hielten es für völlig ausgeschlossen, daß die Geständnisse der Angeklagten erpreßt worden waren und sahen durch die ›Schädlinge‹ ihren gerade verwirklichten Traum von einer sozialistischen Gesellschaft gefährdet. Die russische Revolution war erst 12 Jahre alt. In Amerika herrschte nach wie vor der Kapitalismus, in England eine konstitutionelle Monarchie unter teilweise grauenhaften sozialen Bedingungen. In Deutschland zitterte eine junge Demokratie ihrem Ende entgegen, der Faschismus gewann dort immer mehr Anhänger, in Italien hatte er bereits gesiegt. Die Befürworter dieser Politik vertraten die beharrenden Mächte, die alte Welt. Auf der anderen Seite standen die Linksintellektuellen sämtlicher Nationen, die von sozialer Gerechtigkeit träumten. Diesen jahrhundertealten Traum von der Chancengleichheit aller Menschen begann als erste Nation Rußland in einem mühsamen Aufbauwerk zu verwirklichen. Zum erstenmal in der Geschichte der Menschheit waren es tatsächlich die bisher Unterdrückten, die an die Macht gekommen waren und sich anschickten, den Traum von der Herrschaft des Volkes Wirklichkeit werden zu lassen. Sie begannen, die Vision eines Daseins ohne Klassenunterschiede, ohne Herrschaft des Menschen über den Menschen zu verwirklichen. Die Geschlossenheit der sozialistischen Bewegung im In- und Ausland sowie die Einheit der Partei in Rußland galten als Garanten des politischen und sozialen Experimentes. Die blutigen Auseinandersetzungen, Standgerichte und Hinrichtungen während der Revolution 17/18 und während des Bürgerkriegs hatten seinerzeit die pazifistische Linksintelligenz nicht zum Protest veranlaßt, denn sie gehörten in ihren Augen zum Geschehen des Krieges, wurden erzwungen vom inneren und äußeren Feind Rußlands. Damals ging es um den Sieg der Revolution. Jetzt aber, 1930, war diese Revolution vollzogen, die Zeit der Kämpfe zwischen Monarchisten, Republikanern und Sozialdemokraten vorbei, der sozialistische Staat gefestigt, die Sowjetunion ein befriedeter, und vor allem friedlicher Staat, der von den meisten Mächten diplomatisch anerkannt war.

Bei dem Moskauer Prozeß zeigte sich zum erstenmal der internationalen Öffentlichkeit, daß in diesem System, das von der Solidarität des gesamten Volkes ausging, offensichtlich doch noch eine Opposition vorhanden war. Die europäische Linksintelligenz hatte nur die Alternative, entweder mit der kapitalistischen Welt gegen die Todesurteile und damit auch gegen Rußland zu sprechen und hiermit die Einheit der sozialistischen Bewegung zu gefährden, oder aber ihre Zustimmung zu formulieren und damit ihren Traum von einer gerechten Welt zu retten. Gegen die Urteile zu sprechen, hätte für sie zugleich auch bedeutet, die Kapitalisten, Bourgeois oder Faschisten zu unterstützen. Damit würde die Revolution in der Sowjetunion unterminiert werden. So befürworteten Pazifisten und Humanisten die Todesurteile – gegen ihre eigentliche Überzeugung von der Gewaltlosigkeit. Daß dies der erste und entscheidende Sündenfall war, überblickten sie damals offensichtlich nicht: nie mehr durften sich Menschen, die sich einmal für die Todesstrafe als Mittel der Politik eingesetzt hatten, gegen sie aussprechen, ihnen fehlte die moralische Berechtigung dafür. Und das galt nicht nur für die europäische Linksintelligenz, sondern auch für Maxim Gorki. Der aber schwamm ohnehin weiter im Fahrwasser seiner enthusiastischen Begeisterung und seiner Solidarität mit dem Aufbauwerk des jungen sozialistischen Staates.

Angesichts der angespannten internationalen Lage und des drohenden Weltkrieges, distanziert er sich öffentlich in Vorträgen und Artikeln sogar von dem bislang von ihm angestrebten demokratischen Sozialismus, also der Demokratie und dem mit ihr verbundenen Individualismus. Eine Diktatur sei die zur Zeit einzig angemessene Staatsform in Rußland. Aber zwischen einer Alleinherrschaft im Kapitalismus und einer im Sozialismus gebe es einen wesentlichen Unterschied: In den kapitalistischen Staaten sei eine Diktatur die Herrschaft von Wenigen über eine Mehrheit, in Rußland dagegen herrsche eine Majorität über eine Minorität. Die konzentrierte Energie von Millionen Arbeitern und Bauern münde als Mehrheitswille in die Diktatur über wenige Querdenker, Einzelgänger und ewig Gestrige. »Das Ziel dieser Diktatur besteht darin, der gesamten Bevölkerungsmasse der Union der Sowjets das Bewußtsein ihres Rechtes auf Schaffung neuer Formen und Bedingungen des Kulturlebens, auf den Aufbau einer sozialistischen Gesellschaft von Gleichen anzuerziehen... Wird um der Entwicklung des menschlichen Bewußtseins willen gegen den Menschen Gewalt angewandt? Ich sage ja!«.[11] Das waren übrigens just die Thesen, die Lenin 1918 vertreten – und die Gorki seinerzeit so entschlossen bekämpft hatte. Aber die Zeiten hatten sich geändert und mit ihnen Gorki. Oder entsprachen diese Aussagen überhaupt nicht seiner Meinung, formulierte er sie nur, um die Revolution zu retten, der Sowjetunion nicht in den Rücken zu fallen? Betrieb er ein falsches Spiel?

Seine Maxime sei wiederholt: Mißstände verschweigen und keine Fragen mehr stellen, statt dessen Erreichtes oder Angestrebtes loben. Vor allem sein Lob formulierte er so feierlich, daß es heute eher peinlich wirkt, damals aber war dieses Pathos Bestandteil sowjetideologischen Sprachgebrauchs: »Ich glaube, daß alles, was ich sage, nicht den hundertsten Teil der Freude und des Stolzes zum Ausdruck bringt, die in meinem Herzen glühen, wenn ich, Genossen, die Ergebnisse eurer staunenswerten Arbeit zusammenfasse, einer Arbeit, die in den sieben Republiken der Union der Sowjets brodelt, einer Arbeit, geleitet von der Partei, der Verkörperung eurer Kräfte, der besten Kräfte des Landes«.[12]

Stalin honoriert den Konformismus und die Unterstützung für sein Regime. Er überhäuft den Dichter mit Ehren und Auszeichnungen, wie sie noch keinem russischen Schriftsteller zuteil wurden. Offizieller Anlaß wird das vierzigjährige Jubiläum des schriftstellerischen Schaffens von Maxim Gorki im Jahre 1932: seine Heimatstadt Nischni Nowgorod erhält den Namen Gorki; er wird mit dem Lenin-Orden ausgezeichnet. Es ist die höchste Medaille, die in Rußland an eine Zivilperson verliehen werden kann. Der Dichter wird zum Ehrenmitglied der Russischen Akademie ernannt, die ihm vor 30 Jahren auf Weisung des Zaren die Mitgliedschaft aberkannt hatte; ungezählte Straßen, Plätze und Dampfer erhalten den Namen Gorki, das berühmte Moskauer Künstlertheater wird zum Moskauer-Gorki-Künstlertheater, ein Maxim Gorki-Literaturinstitut wird gegründet, ein Gorki-Stipendium ausgeschrieben, eine Jugendkolonie trägt seinen Namen, dann die Gorki-Fabriken, Gorki-Kulturhäuser, Gorki-Freizeitparks. Alle Republiken der Union der Sowjets scheinen nur auf dieses Jubiläum gewartet zu haben, um den Dichter zu ehren. Die Bescherung ist vollkommen und Gorki – verunsichert. Vor allem die Umbenennung des Künstlertheaters irritiert ihn: »Wie kann man bloß so etwas machen?! Mir Gutes wünschen und das Künstlertheater in Gorki-Theater umtaufen! Wie steh ich denn da vor Tschechow! Und überhaupt vor allen Russen. Das ist doch hauptsächlich Tschechows Theater. Ich bin wirklich ratlos!«[13]

Die Arbeiter, die Partei, das Aufbauwerk, Lenin, alles wird von Gorki gepriesen; aber es fällt auf, daß er den Namen Stalins kaum in seinen Vorträgen und Artikeln erwähnt, obgleich jener ihn doch mit Ehren geradezu überhäuft. Es fällt auch auf, daß Gorki nicht das einst versprochene literarische Portrait über Stalin schreibt und daß er sich kaum an dem Personenkult beteiligt, der mit dem 50. Geburtstag des Diktators im Jahre 1929 begonnen hat und zunehmend groteske Formen annimmt. Äußerst selten – und das geschieht unter Umständen, über die noch zu berichten ist – begrüßt er Stalin im Stil der damals üblichen sowjetischen Jubelpropaganda. Ansonsten ist in den vielen Artikeln und Vorträgen in der Zeit seit seiner Rückkehr bis zu seinem Tod von Stalin äußerst selten die Rede. Er nimmt ihn in Schutz, wenn behauptet wird, »... in der Union der Sowjets bestehe die Diktatur einer einzigen Person«,[14] aber selbst bei dieser Gelegenheit erwähnt er den Namen des obersten sowjetischen Führers nicht und verweist lediglich die Behauptung von der Alleinherrschaft in den Bereich einer »abgeschmackten Fabel«;[15] zwar erwähnt Gorki in einem seiner letzten Loblieder auf die Partei auch Stalins mächtige und organisatorische Kraft, das Aufbauwerk voranzutreiben«,[16] aber das klingt – gemessen an seinen Äußerungen über Lenin – kraftlos und eher wie ein pflichtgemäßer Schlenker.

Merkwürdig. Dabei geht der Diktator in Gorkis Haus in Moskau ein und aus. Mitunter ist er in Begleitung von Politbüromitgliedern, manchmal kommt er auch allein oder nur zusammen mit seiner kleinen Tochter Swetlana, aber natürlich immer umgeben von Geheimpolizisten und Leibwächtern. Stalin verbringt viele Abende zusammen mit Gorki. Er plaudert, trinkt und ist gesellig. Er diskutiert mit Gorki, er läßt sich hin und wieder Auszüge aus des Dichters Werk vorlesen, er scherzt mit dessen Sohn Maxim. Eine Idylle, eine gelungene Verbindung von Macht und Geist – so scheint es. Aber es scheint eben nur so.

Gorkis Verhältnis zu Lenin war zwiespältig, das zu Stalin undurchsichtig. Er akzeptierte den Diktator als einen Machtpolitiker, der fähig war, das Erreichte zu bewahren, den Sozialismus voranzutreiben und Rußland gegen die Bedrohung aus dem Westen zu verteidigen. Er suchte seine Nähe, aber nicht aus menschlicher Zuneigung. Zwar ist die Quellenlage aufgrund der nach wie vor geheimgehaltenen Briefe Gorkis an Stalin und aufgrund der totalen Abschirmung des Dichters äußerst dürftig, aber es gibt doch einige Zeitzeugen, die entlarvende Aussagen zu Protokoll gaben. So zum Beispiel ein Mitglied der Schriftstellerkommission, die unmittelbar nach Gorkis Tod den Nachlaß des Dichters zu sichten hatte. Die Kommission stieß auf ein Tagebuch und stellte fest, daß es eine vernichtende Kritik an den Machthabern im Kreml, vor allem aber an Joseph Stalin enthielt. Zwar wurde angesichts des prekären Tagebuchs sofort eine Meldung an die Geheimpolizei erstattet, die augenblicklich erschien, Gorkis Archiv versiegelte und alle Manuskripte, Notizen, Hefte, Papiere und Briefe abtransportierte, aber das Kommissionsmitglied veröffentlichte unter dem Pseudonym ›Gleb Glinka‹ seine Erinnerungen, als es ihm gelungen war, nach Amerika zu reisen. Gleb Glinka erinnerte sich unter anderem an einen Satz Gorkis: »Wenn man einen gewöhnlichen, widerlichen Floh um das Tausendfache vergrößert, dann scheint er das schrecklichste Tier auf der Erde zu sein; man hat den Eindruck, daß niemand dieses ›riesige‹ Tier beherrschen kann. Ein solcher Floh ist Stalin, den die bolschewistische Propaganda und die Angsthypnose vergrößern«.[17]

Wenn die Zeugenschaft des anonymen Gleb Glinka authentisch ist, wäre das in der Tat eine verhängnisvolle wie gefährliche Aussage. Wenn Gorki solche Worte tatsächlich in sein Tagebuch geschrieben hat, spielte er in Hinsicht auf seine eigene Überwachung und den stalinistischen Terror nicht nur mit seinem Leben, sondern auch mit dem seiner ganzen Umgebung, denn das bewiesen längst alle Prozesse gegen politische Gegner in Rußland: Einem Kritiker von Stalin und damit einem Staatsfeind persönlich verbunden zu sein, bedeutete Mitwisser- und Mittäterschaft und wurde im gleichen Maße verfolgt, wie die Tat selbst. Mußte er nicht befürchten, daß irgendwann und irgendwie die Geheimpolizei auch auf sein Tagebuch stoßen würde, spätestens nach seinem Tod? Hat er wirklich diese verhängnisvollen Sätze in das Heft geschrieben?

Gleb Glinka aber bestand auf der Authentizität seiner Erinnerungen. Er berichtete, daß die drei von Gorki gegründeten Zeitschriften 14 Tage nach des Dichters Tod eingestellt wurden und alle Mitarbeiter – einschließlich der Stenotypistinnen – im Gefängnis landeten. Gleb Glinka zitierte weitere Abschnitte aus dem gleichfalls bis heute noch nicht wieder aufgetauchten Tagebuch Maxim Gorkis, unter anderem den Bericht über einen Ausflug gemeinsam mit Stalin in den Kaukasus, der die politische Atmosphäre und Stalins Wesen charakterisiert: »Die ganze Umgebung auf einer Strecke von mehreren Kilometern ist von besonderen Militärformationen des Sicherheitsdienstes bewacht... Stalin und seine Freunde lagern an einem großen Feuer, in dessen Nähe ein Faß mit... Wein steht. ›Nun wollen wir Schaschlyk (Hammelbraten) machen‹, sagt Stalin. Ihm wird ein gebundener Hammel mit runden, erschrockenen Augen gebracht. Der ›Führer der Völker‹ streichelt zuerst zärtlich den flockigen Hals des Tieres. Dann durchschneidet er eigenhändig die Kehle des Hammels. Gelassen trocknet er das Messer ab, und mit zunehmendem Appetit beobachtet er, wie der Schaschlyk gebraten wird«.[18]

Der Zeuge lüftete übrigens nie das Geheimnis um seinen richtigen Namen. Wir wissen auch nicht, ob er nach Rußland zurückkehrte, oder ob er emigrierte. Auch wenn sich die Angst vor den Schergen der stalinistischen Geheimpolizei hinter der Geheimhaltung verbergen mochte: Mittel und Wege hätte es in Amerika oder Frankreich sicher auch für einen Gleb Glinka gegeben, offiziell einerseits das Geheimnis um seine Person zu wahren und andererseits inoffiziell seinen Namen zu nennen, damit man zumindest später seine Identität als Mitglied der Schriftstellerkommission hätte überprüfen können. Der Informant hätte ihn beispielsweise bei verläßlichen Freunden oder bei einem Notar hinterlegen können, mit der Auflage, ihn erst nach seinem Tod zu veröffentlichen. Dies ist nicht geschehen. Das macht seine Zeugenschaft zumindest verdächtig.

Unverdächtig hingegen ist der Augenzeugenbericht von Satyanarayan Sinha, dem Inder, den Marion Gräfin Dönhoff als den letzten großen Abenteurer bezeichnet.[19] Sinha, ein hochbegabter, gebildeter und einflußreicher politisch-philosophischer Tramp, arbeitete als Diplomat, aber auch als Journalist, Korrespondent oder Übersetzer bei verschiedenen internationalen Organisationen. Er diente unter anderem bei Haile Selassie von Äthiopien als Oberst, bei Stalin in Rußland als Hauptmann, er war unter Pandit Nehru in Indien Abgeordneter und beschützte in Tibet den Dalai Lama. Sinha hatte Gorki in Sorrent kennengelernt, der ihm eine Ausbildung in der Sowjetunion vermittelte. Sinha beherrschte mehrere Sprachen, darunter auch russisch. Jahrzehnte später – er hatte mit Hilfe Maxim Gorkis 1934 die Sowjetunion wieder verlassen – schrieb er für Marion Gräfin Dönhoff seine aufregendsten Erinnerungen an Rußland auf. Am Abend des 8. November 1932 war Sinha – wie häufig – als Gast bei Maxim Gorki in Moskau. Der Dichter hatte sich zum Arbeiten in sein Zimmer zurückgezogen, und Sinha schwatzte mit Gorkis Enkelin Marfa: »Plötzlich erschienen ein paar der grün uniformierten Kreml-Garden, und im nächsten Augenblick betrat Stalin das Zimmer. Dies war keineswegs ungewöhnlich, aber diesmal wirkte sein pockennarbiges Gesicht ganz farblos. An der Hand führte er seine sechsjährige Tochter Swetlana. Er verschwand sofort im Arbeitszimmer von Gorki, während ›Swetoschka‹ sich zu Marfa gesellte. Nachdem Stalin wieder gegangen war, ging ich zu Gorki. Der alte Mann saß da mit geschlossenen Augen, schlug sich mit beiden Händen an die Stirn und stieß flüsternd die Worte aus: ›Dieser Mörder, dieser schreckliche Mörder!‹ und nach einiger Zeit: ›Stalin hat Nadeschda getötet. Er hat Swetlana hierhergebracht, damit sie die Leiche ihrer Mutter nicht sieht!‹ ... An jenem Abend blieb ich noch lange bei Gorki. Er nahm Tolstois ›Kreuzersonate‹ zur Hand und bat mich, ihm eine bestimmte Passage daraus vorzulesen. Dann sprach er wieder: ›Stalin hat den Verdacht, daß seine Frau den jungen Krischasanowski liebte, der als Diplomat an der Botschaft in Berlin ist, weil sie sich für ihn einsetzte, als er hingerichtet werden sollte. Das ganze ist wahrscheinlich nichts als eine Machenschaft der Geheimpolizei...«[20]

Die Berichte des anonymen russischen Zeugen decken sich mit den Beschreibungen des unverdächtigen indischen Beobachters: Maxim Gorki schätzte Stalins Charakter äußerst negativ ein. Er schien den Diktator sogar zu hassen. Trotzdem aber distanzierte er sich nicht von ihm, im Gegenteil. Er trat mit ihm zusammen öffentlich auf, er unterstützte seine Politik und verbrachte private Stunden mit ihm. Es ist zwar nie aufgeklärt worden, ob Stalins Frau Selbstmord beging oder tatsächlich von ihrem Mann ermordet wurde, aber Stalins Besuch in ihrer Todesnacht zeugt von absolutem Vertrauen zu dem Dichter.

Nicht Stalin, Gorki betrieb also ein falsches Spiel, aber warum? Aus Angst? Zu diesem Zeitpunkt wohl kaum, denn auch ein Stalin hätte es sich kaum leisten können, den bejubelten und von ihm mit den höchsten Orden und Ehrungen ausgezeichneten Schriftsteller auf einmal als Staatsfeind hinzustellen. Gorki war zum propagandistischen Bestandteil von Stalins Macht geworden. Dieses überschwenglich gepriesene Idol des Volkes plötzlich als Verräter zu entlarven, hätte für Stalin bedeutet, seine eigene Fehleinschätzung öffentlich einzugestehen. Da das wiederum nicht zu den Eigenschaften von totalitären Herrschern gehört, entfällt zumindest bis zu diesem schicksalsschweren Tag im November 1932 das Angstmotiv. Gorki hätte ja auch jederzeit die Sowjetunion verlassen können und tat es jeweils zum Winter, um zum Sommer wieder zurückzukehren.

Und da die Angst um sich und seine Familie keinen Beweggrund darstellte, sich mit Stalin persönlich abzugeben, entfällt auch der Vorwurf des Opportunismus aus persönlicher Feigheit, den ihm zunächst die Emigranten, zunehmend aber auch entfernte Bekannte und meistens seine späteren Kritiker aus dem westlichen Lager unterstellten. Gorki – es wurde bereits erwähnt – stimmte auffallend sparsam ein in das überschwengliche Loblied auf den Diktator. Er erwähnte ihn, wo es offensichtlich unumgänglich war, dies aber sehr verhalten und überwiegend mit funktionalen, dürren Worten.

Was also waren seine Motive?
– Die Besorgnis, daß die reaktionären Kräfte in Rußland wieder Oberwasser bekämen und damit die gelungene Revolution gefährdeten?
– Die Furcht vor dem aggressiven Faschismus und seinen unverhohlenen, rassistischen Drohungen gegenüber den ›slawischen Untermenschen‹, verbunden mit den Expansionsgelüsten eines ›Volks ohne Raum‹?
– Die Sorge, daß der verhaßte Kapitalismus sich auch auf das russische Staatsgebiet ausbreiten könnte?
– Die Auffassung, daß nur ein rücksichtsloser Machtpolitiker die von innen und außen bedrohte Heimat vor dem zerstörerischen Chaos bewahren könne?

Das mag als Bündel von möglichen Motiven mit eine Rolle gespielt haben. Das Entscheidende aber ist, daß ein loyaler Gorki sich nach wie vor auch unter einem Stalin für Freunde, Bekannte und unbekannte Menschen einsetzen konnte. Angesichts der hybriden Persönlichkeit Stalins und der zunehmenden Irrationalität des Terrors im Lande aber nicht annähernd so erfolgreich wie seinerzeit unter der Herrschaft Lenins, doch gemessen an den eingeschränkten Möglichkeiten immer noch erfolgreich. Gorki hatte sich zu Zeiten Lenins mit dem verlängerten Arm der Macht und des Terrors, dem Geheimdienstchef Felix E. Dzierzynski angefreundet und über diese Freundschaft etliche Erleichterungen für verhaftete Regimegegner erreicht. Dies bezeugte er auch in seinem umstrittenen Verteidigungsbrief, als er den Tod Dzierzynskis bedauert – und deshalb von Emigranten und der westlichen Intelligenz angegriffen wurde.[21] Jetzt – unter Stalin – freundete sich Gorki erneut mit dem Chef des Geheimdienstes, Genrich Jagoda, an. Es kann kein Zufall sein, daß Gorki sich zweimal hintereinander mit den Erfüllungsgehilfen des Roten Terrors verband. Vermutlich waren die Freundschaften mit ihnen ebenso vordergründig und vorgespielt wie die zu Stalin. Er wollte durch die Freundschaft mit ihnen das Schlimmste, nämlich Todesurteile, verhindern, und diese Gefahr schwebte über etlichen Verhafteten. Gorki hat sich nachweislich – das belegt sein einzig erhaltener Brief an Stalin – für den verfolgten Sozialisten Karl Radek eingesetzt, der 1927 aus der Partei ausgeschlossen und nach Sibirien deportiert worden war, 1929 aber zurückkehren durfte und als Rehabilitierter bei der ›Prawda‹ arbeitete. Alle ehemaligen Mitglieder von Gorkis ›Kommission für Hungerhilfe‹, viele ehemalige Mitarbeiter der ›Nowaja Shisn‹ saßen im Gefängnis, aber sie lebten, denn ihnen wurde nicht der Prozeß gemacht. Gleiches galt für die beiden Freunde Gorkis, den Schriftstellern Jewgeni Samjatin und Boris Pilnjak. Beide waren gleichfalls verhaftet worden. Ihnen wurde vorgeworfen, daß sie illegal im Ausland – ein Vorspiel zum Fall Boris Pasternak – ihre staatsfeindlichen Werke veröffentlicht hätten. Samjatin erhielt über Gorkis Einfluß 1932 die Möglichkeit, nach Paris auszureisen, der Prozeß gegen Boris Pilnjak wurde eingestellt.[22] Dem bereits erwähnten Inder Satyanarayan Sinha – er war inzwischen sowjetischer Staatsbürger geworden – ermöglichte Gorki 1934 ebenfalls angesichts der Säuberungsprozesse die Ausreise mit bezeichnenden Worten: »Ich habe dich damals hierhergebracht, ich werde auch dafür sorgen, daß du heil wieder herauskommst«.[23]

Das alles läßt darauf schließen, daß Gorki sich bewußt in das Prokrustesbett der Kremldiktatur legte und mit den beiden wichtigsten Persönlichkeiten, dem Herrscher Stalin und seinem Geheimdienstchef Jagoda verband, um das fortzusetzen, was er zeit seines Lebens sehr konsequent, aber mit unterschiedlichen Methoden betrieben hatte: Den Bedrohten zu helfen, sich einzusetzen für Bedrängte und Verfolgte. Daß angesichts des grausamen Terrors seine Erfolge geringer waren als zu Lenins Zeiten, liegt nicht in seiner Verantwortung. Unter den gegebenen sowjetischen Umständen war es schon ein Erfolg, wenn die Bedrohten NICHT hingerichtet wurden, sondern lediglich im Gefängnis schmorten, im besten Falle ausreisen durften. Für diese These spricht, daß kurz nach Gorkis Tod bislang von ihm betreute Schriftsteller inhaftiert wurden und Boris Piljnak später sogar dem Henker verfiel, auch Karl Radek wurde umgebracht. Der loyale, im Hintergrund agierende Gorki war zum Faustpfand in Stalins Händen geworden. Er mußte sich verstellen, lügen, ihm etwas vorspielen, um überhaupt noch etwas zu bewirken, noch ein wenig helfen zu können. Die Regeln für dieses Spiel diktierte Stalin, innerhalb dieser Spielregeln versuchte Gorki zu improvisieren. Aber seine Bewegungsfreiheit wurde zunehmend geringer, seine Erfolge immer fragwürdiger. Für das Volk war er nach wie vor das Idol, für Stalin eine nützliche Figur auf dem Schachbrett seines terroristischen Machtspiels, für den Westen ein Verräter, für die Emigranten ein opportunistisches, gekauftes Subjekt, für etliche Freunde ein kranker, alter Mann, der nichts mehr überblickte. Der einzige, der offensichtlich alles durchschaute, war Gorki selbst. Er täuschte Stalin und seinen Vasallen Jagoda, er täuschte seine Freunde, er täuschte sogar seine Familie. Nur so konnte er das fortsetzen, was ihm seit dem Sieg der Revolution so wichtig gewesen war: Bedrohten zu helfen.

Daß bei dieser Art von Prostitution auch seine Persönlichkeit Schaden zu nehmen drohte, kann nicht verwundern. Gorki lebte ein schizophrenes Leben, das seine Kraft verzehrte. Nach außen dokumentierte er Solidarität und Loyalität, innerlich aber vereinsamte er zunehmend.

Wie hatte er einst an Konstantin Fedin geschrieben: »Der Künstler führt mich in die Freiheit zurück...«,[24] aber selbst diese Freiheit wird zum Spiegel seines wirklichen Lebens in Rußland. Akkurat zum Zeitpunkt seines zwiespältigen Daseins in der Heimat schreibt er jene Szene, in der seine Romanfigur ›Klim Samgin‹ von einem Alptraum verunsichert wird. Wo immer Klim sich in diesem Traum aufhält, stehen Doppelgänger neben ihm, behindern ihn beim Gehen, drängen ihn in einen Graben, pressen ihn an einen Baumstamm, treiben ihn vor sich her. Es wurden immer mehr Doppelgänger und »... Samgin bekam keine Luft inmitten ihrer stummen, lautlosen Menge. Er schleuderte sie von sich, quetschte sie, zerriß sie mit den Händen, die Leute platzten in seinen Händen wie Seifenblasen; eine Sekunde lang sah Samgin sich als Sieger, doch in der nächsten hatten seine Doppelgänger sich zahllos vermehrt, umringten ihn von neuem und trieben ihn durch den schattenlosen Raum...«[25] ›Klim Samgin‹ aus dem Alptraum erwacht, »... fühlte sich physisch zermürbt durch den Kampf gegen die Menge seiner Doppelgänger... er trat vor den Spiegel und betrachtete eine ganze Weile das fast fremde, hagere und lange Gesicht mit gelblicher Haut, mit trüben Augen, in ihnen war ein unschöner, unbestimmter Ausdruck, sei es der Fassungslosigkeit, sei es des Schrecks, erstarrt«.[26]

Dichtung und Wirklichkeit werden zu einer Einheit, denn für Gorki ist keine literarische Gestalt erfunden, »sondern gerade jene echte Realität, die nur die Kunst schafft, jener ›Extrakt‹ aus der Wirklichkeit, jene Verdichtung, die als Ergebnis der geheimnisvollen Arbeit der *Phantasie* eines Künstlers entsteht... Kunst ist niemals Willkür, wenn sie eine ehrliche, freie Kunst ist, nein, sie ist die Heilige Schrift vom Leben, vom Menschen, ihrem unglücklichen und großen, lächerlichen und tragischen Schöpfer«.[27] Nicht nur die Romanfigur Klim, auch Gorki bekommt im realen Leben immer weniger Luft. Auch er muß mit seinen Doppelgängern kämpfen, sich immer wieder verstellen. Sein falsches Spiel hinterläßt Spuren. Die Freiheit, von der er bei seiner Rückkehr geträumt hatte, erweist sich zunehmend als illusionärer Alptraum, sie wird zur Zwangsjacke. Sie ist aus Terminen, Verpflichtungen, schmerzlichen Kompromissen und Selbstverleugnung gewebt. Die Alpträume seiner Kunstfigur werden zum Abbild seines wirklichen Lebens. Klim empfindet ›Fassungslosigkeit und Schreck‹, und Gorki hat seit der Todesnacht von Stalins Frau Angst: »Von nun an ist niemand mehr sicher, auch ich nicht, es sei denn, ich würde Stalin noch lauter preisen, als die anderen es tun«.[28]

17.
Gefangen im goldenen Käfig

Stalin rief sein Volk zur größten Wachsamkeit gegen den Feind im eigenen Lande auf. Gewarnt wurde vor der ›konterrevolutionären Agitation‹, dem ›konterrevolutionären Denken‹ und vor der ›Austragung antisowjetischer Stimmungen‹. Aber auch schon die ›Lobpreisung der amerikanischen Technik‹ oder die ›Lobpreisung der amerikanischen Demokratie‹,[1] waren Delikte. Die Zeitungen druckten Stalins Appelle, in Betriebsversammlungen wiederholten sie die Vorarbeiter, in den Parteisitzungen die Funktionäre, in den Jugendorganisationen die Komsomolzen.*[2] Die Überwachung betraf immer häufiger die Arbeiter und Bauern, summarisch definiert als ›Proletariat‹; jene Klasse, deren Mitglieder jetzt die ›wahren Herren des Landes‹ genannt wurden. Dies aber nur, wenn sie systemkonform waren. Waren sie es nicht, galten sie als Feinde. Zum Staatsfeind konnte jeder Mensch auch aus dieser Schicht werden, der sich nicht ostentativ zum Regime bekannte.

War es in den ersten Revolutionsjahren unter Lenin zu anarchischem, unorganisiertem Terror des Mobs gekommen, so schloß Stalin seine Landsleute jetzt ein in sein System von Überwachung und Opportunismus, von bürokratisch durchorganisiertem Terrorismus. Er überzog sein Land mit einem Spinnennetz der Kontrolle. Verfolger konnten darin ebenso leicht zappeln wie Verfolgte. Der Spitzel, der nur partiell Auskunft gab über Freunde, wurde von einem anderen Spitzel oder Zuträger denunziert, sofort angezeigt, verhaftet und abgeurteilt. Sogar der Parteifunktionär, qua Amt der potentielle Verfolger, wurde selbst zum Gejagten, wenn er nicht augenblicklich eine ideologische Verfehlung oder auch nur die auffallende

Passivität eines seiner Parteimitglieder nach oben meldete. Stalin entwickelte dieses Prinzip bis zur Perfektion. Er regierte mit eiserner Faust, und sein ihm blind ergebener Geheimdienstchef Jagoda verhaftete Familien, Arbeitskollektive in den Betrieben, komplette Schulklassen oder die gesamte Zuhörerschaft eines Universitätsseminars. Die Verfolgung war leise, heimtückisch und subtil. Die Häscher mit den Gefängnistransportern kamen meistens im Morgengrauen und räumten ganze Wohnungen aus. Trafen sie nicht alle Bewohner an, so griffen sie sich mitunter auch die Mieter der nächsten Wohnung, um das von der Geheimpolizei vorgegebene Soll an Verhafteten zu erfüllen.[3] Besonders scharf überwacht wurden Intellektuelle und Künstler, Lehrer an den Schulen, Offiziere in der Armee, selbst wenn sie eine makellose proletarische Herkunft aufweisen konnten. Die Observation fand nicht nur durch staatlich besoldete Spitzel statt. Jeder Sowjetbürger war verpflichtet, seine Familie, Freunde und Bekannten auf Linientreue hin zu kontrollieren. Die geringste Abweichung von der Parteilinie, jedes negative Wort, jeder politische Witz mußte angezeigt werden. Geschah dies nicht und wurde das entdeckt, drohte nicht nur dem Täter, sondern auch dem verschwiegenen Zuhörer Verhaftung. Bald bespitzelten die Schüler ihre Pädagogen, die Studenten ihre Dozenten, die Hausverwalter die Mieter, die Arbeiter ihre Kollegen, die Kunden ihren Kaufmann. Die Angst vor dem Nächsten ging wieder um in Rußland, die Gulags füllten sich.

Aber der Diktator schwang nicht nur die Peitsche, er verteilte auch Zuckerbrot an jene, die ihm treu ergeben waren. Stalin hatte Gorki ein komfortables Stadthaus in Moskau eingerichtet. Es bot dem Dichter, seinem Sohn Max mit seiner Familie, Gorkis Lebensgefährtin Baronin Budberg, den Ärzten, den Krankenschwestern, den Hausmädchen, dem Chauffeur, dem Sekretär und den Wachen luxuriös viel Platz zum Arbeiten und zum Leben. Gästezimmer ermöglichten Übernachtungen von Freunden, ein Vorraum diente als Wartezimmer für Besucher. Im angrenzenden Büro saß der Privatsekretär und bestimmte, wer zu Gorki gelassen wurde und wer nicht. Der Schriftsteller ließ es zu, daß seine Kontakte gefiltert wurden und nahm diese Bevormundung mit der gleichen Passivität hin, mit der er sich dem gesamten Sowjetsystem unterordnete. »Gorkis Sekretär war Krjutschkow. Er siebte alle Dinge und Menschen nach einem nur ihm bekannten System. Häufig wurden Personen, die Alexej Maximowitsch angenehm und interessant waren, beiseite geschoben, und zur Erklärung hörte er stets denselben magischen, undurchdringlichen Satz: ›Das muß so sein‹«.[4] Im großen Sitzungszimmer fanden die zahlreichen Versammlungen statt, die teilweise in Anwesenheit Stalins, dem Kulturpolitiker Andrej Schdanow und dem Geheimdienstchef Jagoda, aber immer zusammen mit Gorki stattfanden. Der Schriftsteller galt als Schleuse für die Unterstützung oder auch Neugründung ungezählter kultureller Organisationen: Künstlervereinigungen, Schriftstellerverbände, Redaktionskollektive für ins Leben zu rufende Gazetten, Abendschulorganisationen für Laienschriftsteller, Produktionsgemeinschaften zur Verbreitung der Literatur aus den Sowjetrepubliken. Wenn eine der Gruppen die Zustimmung Gorkis erreicht hatte, galt die staatliche Genehmigung als sicher. Kaum war Gorki jeweils zum Mai aus Sorrent zurückgekehrt, kamen daher die Anwärter in Scharen, um ihm ihre Anliegen vorzutragen.

Aber im Mai 1934 war es anders. Einen ganzen Monat lang war Gorki für keinen Bittsteller zu sprechen. Sein Sohn Max, der gesunde, durchtrainierte und sportbegeisterte Maxim Peschkow, war nach nur viertägiger Krankheit in Moskau gestorben. Eine Lungenentzündung hatte ihn dahingerafft. Dieser Tod warf Gorki völlig aus der Bahn. Er hatte seinen Sohn zärtlich geliebt, auch wenn er ihn mitunter wegen seiner primären Interessen für schnelle Autos, Kinofilme, Briefmarken und Sport scherzhaft als ›sympathische Null‹ bezeichnete. Max Peschkow teilte das Los von so manchen Kindern großer Väter: seine Persönlichkeit hatte sich nicht ausreichend entwickeln können, immer hatte er im Schatten des väterlichen Giganten gestanden. Ein Recht auf individuelle Gestaltung seines Lebens hatte er nicht gehabt. Dies war sowohl von Lenin als auch von Stalin befohlen worden, und Max hatte sich als überzeugter Bolschewik dem Diktat der Parteiführer gebeugt, wenn auch manchmal mit blutendem Herzen. Zu Zeiten Lenins hatte er als Freiwilliger an die Bürgerkriegsfront gehen wollen, aber Lenin verweigerte es ihm mit der Begründung, »seine ›Front‹ wäre an der Seite des Vaters.«[5] Max, der gerne Architekt oder Kunstmaler geworden wäre, mußte auch seine Berufswünsche zurückstellen und dem Vater als Sekretär, Wirtschafter, Korrespondent, Übersetzer und Dolmetscher – er sprach mehrere Sprachen fließend – Fotograf oder Chauffeur dienen. »Maxim war ein hochbegabter Mann. Er interessierte sich für vieles, wußte viel. Er verstand, ein sehr guter, treuer Freund zu sein... Er hatte einen scharfen, lustigen, schnellen und exzentrischen Verstand. Mit Leichtigkeit verfaßte er Verse, Parodien, Wortspiele. Maxim sehnte sich nach romantischen und heroischen Taten, aber das Leben an der Seite Alexej Maximowitschs gab dazu wenig Anlaß«.[6] Zwischen Max und seinem Vater hatte sich dennoch ein liebevolles Verhältnis von Zuneigung und Akzeptanz für den anderen entwickelt.

Mit dem Tod verlor Gorki einen Teil seines eigenen Lebens. Maxim war ihm nicht nur geliebter Sohn gewesen, sondern auch der Mensch, mit dem Gorki am engsten und längsten zusammengelebt hatte; er war ihm seit Jahren unentbehrlicher Begleiter, Vertrauensperson und Gesprächspartner geworden. Sein Tod traf Gorki bis ins Mark. Er war wie erstarrt, auch noch, als ihn seine langjährige Freundin Valentina Chodassewitsch einige Zeit nach der Beerdigung des Sohnes besuchte: »ich stürze auf ihn zu, wir küssen uns, er preßt meine Hände so fest, daß ich begreife – jetzt darf, jetzt soll nicht von Maxim

---

30 *Dieses Porträt wurde von Gorkis langjähriger Freundin Valentina Chodassewitsch 1918 gemalt. Der Stil, der der Richtung ›Neue Sachlichkeit‹ am ehesten entspricht, galt ab 1934 als ›dekadent‹. Der ›Sozialistische Realismus‹ wurde zur einzig gestatteten Kunst- und Literaturrichtung.*

gesprochen werden. Ich mache mich los und gehe in Tränen gebadet in mein Zimmer. Alexej Maximowitsch steigt still die runde Treppe zu sich empor. Ungewohnt still ist es im Haus.«[7] Aber vier Wochen nach dem Tod des Sohnes stürzte sich Gorki mit der ihm eigenen, eisernen Arbeitsdisziplin in geradezu hektische Aktivitäten. Er organisierte Vereinigungen, debattierte mit Gruppen, schrieb Artikel für Zeitungen, referierte auf Veranstaltungen, plante und ließ sich verplanen. Für Valentina Chodassewitsch jedoch hatte er den entscheidenden Schlag erhalten. Jetzt »... gehörte (er) schon nicht mehr sich selbst und erweckte den Eindruck, kein Mensch, sondern ein von ihm selbst ins Leben gerufenes Amt zu sein, das verpflichtet ist, zu funktionieren, was immer auch sei... ohne Rücksicht auf seine untergrabenen Kräfte, vielleicht auch gegen sie, um sich zu vergessen.«[8]

Und Gorki funktioniert. Sein letzter großer Auftritt findet im August 1934 statt. Auf dem 1. Allunions-Kongreß der Sowjetschriftsteller wird er von 600 Delegierten aus dem In- und Ausland zum Präsidenten gewählt. Er hält das Grundsatzreferat, das eine Wende in der Kulturpolitik der Sowjetunion ankündigt. Offiziell verurteilt werden Literaturrichtungen wie z. B. die Romantik, der Symbolismus, der Naturalismus, der Formalismus, der Kritische Realismus, kurz, die gesamte bisherige Literatur, die nichts als ein Ausfluß individualistischen, egozentristischen bourgeoisen Denkens gewesen sei. Kreiert wird der sozialistische Realismus, eine Stilrichtung, die Gorki zwar nicht erfunden hat, die aber durch sein Grundsatzreferat untrennbar mit seinem Namen verbunden bleibt und für mehr als ein halbes Jahrhundert zur einzig zugelassenen und damit vorgeschriebenen – Literatur- und Kunstrichtung in allen sozialistischen Staaten werden sollte. Nicht mehr Resignation und Hoffnungslosigkeit wie bei Dostojewski, nicht mehr Verklärung wie bei den Romantikern, nicht mehr skurriles Exotentum wie bei den Gutsbesitzergestalten von Gogol, schon gar nicht mehr Menschen aus der Schicht einer untergehenden Herrscherklasse sollen geschildert werden, eines literarischen

Helden, der »sich entweder mit der ihm feindlichen Gesellschaft aussöhnt oder aber mit Trunksucht oder Selbstmord endet.«[9] Statt dessen müsse der einfache Arbeiter im Mittelpunkt der Handlung stehen und zum menschlichen Vorbild erhoben werden. »Wir müssen begreifen, daß gerade die Arbeit der Massen der Hauptorganisator der Kultur und der Schöpfer aller Ideen ist... Der Hauptheld unserer Bücher muß die Arbeit sein, das heißt der Mensch, der durch die Arbeit mit der machtvollen, modernen Technik geformt ist und der seinerseits die Arbeit... zur Kunst erhebt.«[10] Die modernen Schriftsteller haben die Pflicht, die werktätige Bevölkerung zu erziehen, aufzumuntern und zu unterstützen, denn »Die sozialistische Individualität kann sich, wie das Beispiel unserer Helden der Arbeit, der Blüte der arbeitenden Massen, zeigt, nur unter den Bedingungen der kollektiven Arbeit entwickeln, die sich das hohe und weise Ziel gesetzt hat, die Werktätigen der ganzen Welt von der die Menschen verkrüppelnden Macht des Kapitalismus zu befreien. Der sozialistische Realismus bejaht das Dasein als Handeln, als schöpferische Tätigkeit, deren Ziel die ständige Entwicklung der wertvollsten individuellen Fähigkeiten des Menschen für den Sieg über die Naturkräfte ist, für ein gesundes und langes Leben...«[11] Daß gerade Gorki dieses Referat hielt, ist kein Zufall. Schon in seinem 1906 erschienenen Roman ›Die Mutter‹ hatte er die Zeichen gesetzt, die rund 30 Jahre später zur Kulturdoktrin werden sollten: die Hoffnung auf eine bessere Zukunft in einer klassenlosen Gesellschaft, vor allem aber der unbeirrt kämpfende Arbeiter und seine proletarische Mutter als Heldin des Widerstandskampfes gegen Macht und Ausbeutung. Auch sein gleichfalls 1906 veröffentlichtes Drama ›Die Feinde‹, in dem sich Unternehmer und Arbeiter unversöhnlich gegenüberstehen, atmete diesen Geist. Zudem deckte sich die 1934 formulierte Kulturauffassung mit seinen Grundsätzen, Erreichtes zu loben, Mißstände zu verschweigen und keine Kritik aufkommen zu lassen, um die Zukunft des Sozialismus nicht zu gefährden. Seine Übereinstimmung mit den Grundsätzen des sozialistischen Realismus dokumentierte er noch in einem Brief vom Oktober 1935, in dem er ein Manuskript kritisiert: ».. . der Grundmangel der Erzählung besteht. . . darin, daß in ihr der Hauptheld des künftigen Krieges, unser Soldat der Roten Armee und der Roten Flotte, völlig fehlt. . . die Erzählung müßte ihr Ziel darin sehen, den Soldaten darzustellen, um ihm heute zu helfen, sich darüber klarzuwerden, wie er sich auf dem Schlachtfeld verhalten und wie er sich im Feuer bewähren soll. . . die Literatur muß mobilisiert werden als einheitliche, klar umrissene, zielstrebige Kraft, die das Wachsen der kulturellen Wiedergeburt des Landes ermöglicht und die heroische Einstellung der Massen zur Arbeit erhöht.«[12]

Die Ziele des sozialistischen Realismus entsprachen seinen Intentionen, nicht jedoch ihre Auswirkungen. Die Literatur und die Kunst in der Sowjetunion wurde einseitig und plakativ. Die Kreativität, die sich auch in literarischen und künstlerischen Experimenten äußerte, verlosch. Auf den Markt geworfen wurden kitschige Heldenromane von rastlos schaffenden, klassenbewußten Arbeitern, heroisch sterbenden Soldaten und eisenharten Revolutionären aus der Proletarierklasse. Die Künstler zeichneten Bilder mit glücklich lächelnden Kolchosemitgliedern beim Sonnenaufgang auf dem Feld, forsch blickenden, sauber gekleideten Werktätigen unter dem Porträt von Stalin an ihrer Maschine in der Fabrik oder sie schufen Monumentalgemälde. Dargestellt wurden Volksmassen, die gespannt dem Vorsitzenden Stalin bei seiner Rede lauschten oder Aufmärsche vom 1. Mai. Auf ihnen lächelten alle Teilnehmer der Demonstration siegesfroh und schwenkten rote Fahnen. Stalin-Denkmäler standen in jeder Stadt, sein Konterfei hing in jeder Amtsstube, in jedem Klassenzimmer, in jedem Betrieb. Der Personenkult um ihn trieb Blüten, der Diktator wurde als ›Vater aller Väter‹, als ›Schöpfer des Volksglücks‹[13] oder als ›Genius Genosse Stalin‹[14] bezeichnet.

Zwischen der Wirklichkeit der Sowjetbürger und ihrer Nachbildung in Literatur und Kunst entstand eine tiefe Kluft. Die Realität des täglichen Lebens war grau, furchteinflößend und

31 Gorki im Jahre 1932

bedrückend, Kunst und Literatur schwelgten in gekünsteltem Optimismus. »Jetzt mußten alle lügen, denn die Idealwelt, die Gorki ausgemalt hatte, gab es nicht. Aus der sozialistischen Romantik wurde Schönfärberei, aus der Parteilichkeit Schwarzweißmalerei, aus der Volksverbundenheit Primitivität und Banalität, aus der Berücksichtigung der schöpferischen Rolle der Arbeit die Begrenzung der Handlung auf den Produktionsprozeß und aus dem positiven Helden der makellose, unfehlbare, gravitätisch stolzierende Parteifunktionär«.[15] Stalin sorgte dafür, daß nur noch die Jubelkultur veröffentlicht wurde, sei es in Form von Büchern, Gemälden oder in Gestalt monströser Denkmäler. Jeder Schriftsteller oder Künstler, der nicht nach der Norm des sozialistischen Realismus arbeitete, wurde im günstigsten Falle mit Berufsverbot belegt und mußte sich mit Hilfsarbeiten am Leben erhalten. Waren seine Arbeiten auch noch avantgardistisch im Sinne der westlichen Kultur, wurde er wegen Zersetzung verhaftet und deportiert, häufig sogar hingerichtet. Ungezählt sind die Manuskripte, Zeichnungen und Gemälde, die von der Geheimpolizei zunächst beschlagnahmt und in vielen Fällen anschließend vernichtet wurden.

Gefördert, geradezu gepäppelt wurden die systemkonformen Schriftsteller und Künstler. Sie entwickelten sich zu einer Vorzugsklasse, deren Lebensstandard durch die Gratifikationen, Prämien und Sonderzulagen weit über dem des russischen Normalbürgers stand. Gorki grauste es: »Unsere Schriftsteller sind sehr verwöhnt, ich möchte sogar sagen, im Übermaß verwöhnt. Sie werden verwöhnt durch oberflächliche, unverantwortliche Kritiken und durch die persönlichen Sympathien der Mächtigen. Die Verwöhnung führt so weit, daß, wie ich von den Schriftstellern höre, eine Schriftstellerin die für sie gebaute Datsche* nur deshalb in Brand stecken wollte, weil die Fenster nicht dort angebracht worden waren, wo sie sie hinhaben wollte. Eine Anekdote? Geklatsch? Ein Milieu, in dem solche Klatschereien und solche Anekdoten möglich sind, ist ein ungesundes Milieu. Sie wissen, daß um den Bau von Datschen unter den Schriftstellern Zank und Streit herrschen, aber ich habe nicht gehört, welche Maßnahmen Sie ergriffen haben, um diese Erscheinungen des Spießertums zu unterbinden«,[16] schreibt Gorki in einem wütenden Brief vom Oktober 1935 an den Sekretär des Schriftstellerverbandes A. S. Stscherbakow. »Mir persönlich ist bekannt,« fährt er fort, »daß es Schriftsteller gibt, die dieses Titels voll und ganz würdig sind, die aber so ärmlich leben, daß beispielsweise einer von ihnen nur deshalb im Sommer nicht baden konnte, weil er keine drei Rubel hatte, um sich eine Badehose zu kaufen. Aber daneben bekommt ein anderer Schriftsteller aus dem Literaturfonds 5000 Rubel und ein anderer 3000, dazu ein Flugzeug, um auf die Krim zu fliegen. Kann es denn in unserem Lande eine unterschiedliche Einteilung der Schriftsteller in glückliche Reiche und in Arme geben?«[17] Auch über die Qualität der veröffentlichten Literatur ist Gorki entsetzt, das ist nicht das, was er anstrebt: »Der Optimismus, mit dem sie die gegenwärtige Literatur einschätzen, erregt und betrübt mich sehr... Sie veröffentlichen sie...

und wecken in der sowjetischen Öffentlichkeit Hoffnungen und Erwartungen, die kaum in Erfüllung gehen werden. Meine Skepsis begründet sich auf das Studium jener Manuskripte, die Sie als außerordentliche Erscheinung besonders hervorgehoben haben...«[18]

Der Brief zeigt, daß Gorki keineswegs passiv dem Geschehen in seinem Lande folgte. Nicht öffentlich, aber intern zeigte er Mißstände auf und versuchte, seinen Einfluß geltend zu machen. Das Interessanteste an diesem Schreiben aber ist, daß es zu einem Zeitpunkt verfaßt wurde, zu dem Gorki das Land nicht mehr verlassen durfte. Im Sommer 1935 hatte er erneut die Ausreise nach Italien beantragt. Stalin reagierte diesmal auf des Dichters Anfrage mit den überraschenden Worten: »Noch was? Ist es denn in Rußland so schlecht?«[19] Der irritierte Gorki verwies auf seinen miserablen Gesundheitszustand, seine ständige Atemnot, die wieder offene Tuberkulose, sein Rheuma, das permanente Fieber. Stalin pries die sonnigen Vorzüge der Krim. Dort sei es doch auch sehr schön und das Klima so gesund. – Die Tür fiel zu. Gorki hatte keine Möglichkeit mehr, sie zu öffnen. Er, der angenommen hatte, mit dem Diktator spielen zu können, lernte ihn jetzt wirklich kennen. Stalin stutzte dem ›Sturmvogel der Revolution‹ die Flügel. Gorki war gefangen, wenn auch im goldenen Käfig. Aber die wertvollen Gitterstäbe änderten seine Situation nicht. Er war eine sorgsam bewachte Geisel. Die Post wurde überprüft, seine Kontakte vom Sekretär gefiltert, das Hauspersonal achtete auf jedes gesprochene Wort und leistete Spitzeldienste. Wachen saßen im Haus, standen vor der Tür. Sie ließen niemanden hinein, aber sie ließen auch niemanden heraus. Das war das Neue. Valentina Chodassewitsch besuchte Gorki auf der Krim. »Als wir nach dem Abendbrot etwas spazierengehen wollten, ...ließ der diensthabende Wachposten, streng auf die Vorschriften haltend, Alexej Maximowitsch und uns nicht heraus.«[20] Zwar erweist sich dieser Vorfall als Irrtum eines einfachen Soldaten, der Maxim Gorki nicht erkannte, weil er frisch aus Moskau zur Bewachung abkommandiert worden war; die

Situation aber ist bezeichnend: die Überwachung bezog sich nicht nur auf mögliche Eindringlinge von außen, sondern auch auf alle Menschen innerhalb des Hauses. Hatte Gorki seit jener verhängnisvollen Novembernacht, in dem sich Stalins gewalttätiger Charakter auch ihm offenbarte, vielleicht noch darauf gesetzt, erneut und endgültig zu emigrieren, wenn sich kein anderer Ausweg mehr bot, so war ihm dieser Weg seit dem Sommer 1935 verschlossen. Stalin hatte den ›Sturmvogel‹ an die Kette gelegt.

Und wie reagiert Gorki auf die neue Situation?
– Er preist den Diktator: »Es lebe Josef Stalin, der Mann mit dem großen Herzen und Verstand, der Mann, dem gestern die Jugend so rührend dankte, weil er ihr eine ›frohe Jugendzeit‹ geschenkt hat!«[21]
– Er schreibt an A. S. Stscherbakow den bereits erwähnten Brief über den moralischen Niedergang sowjetischer Schriftsteller und ihrer Funktionäre.
– Er verfaßt einige Artikel und Reden, die sich kaum mit der innenpolitischen Situation, sondern fast nur mit der aggressiven faschistischen oder bourgeoisen Welt und ihrer Vorbereitung auf einen Angriffskrieg befassen.
– Er ist dem französischen Schriftsteller Romain Rolland und seiner Frau über einige Wochen ein aufmerksamer Gastgeber.
– Er fährt im Herbst 35 nach Tessely auf die Krim. Er ist schwer krank. Er versucht, seinen Roman ›Klim Samgin‹ abzuschließen.

Alle Aktivitäten zusammengenommen ergeben ein bezeichnendes Bild.
– Daß Gorki nunmehr einstimmt in den Personenkult um Joseph Stalin, ist kein Zufall. Drei Ereignisse haben dazu geführt: spätestens seit der Novembernacht 1932 beurteilt er den Charakter des ›Stählernen‹ ausnahmslos negativ. Zum zweiten läßt der überraschende Tod seines bis dahin kernge-

sunden Sohnes Max Zweifel und Mißtrauen aufkommen. War Maxim Peschkow vielleicht jemandem im Wege, wurde er umgebracht? Ein Verdacht, über den noch zu sprechen sein wird. Gorki jedenfalls wird sehr bald argwöhnisch über diesen jähen Tod des Sohnes nachgegrübelt haben. Mit dem Ausreiseverbot ist der Dichter endgültig in des Diktators Hand. Diese drei gravierenden Vorfälle erfüllen Gorki mit Angst um sein eigenes Leben. Deshalb versucht er, den Tyrannen mit Worten versöhnlich zu stimmen. Die hymnischen Sätze über Stalin sind so übertrieben formuliert, wie er es einst dem Inder Sinha angekündigt hatte.

– Der anklagende Brief an den Sekretär des Schriftstellerverbandes A. S. Stscherbakow belegt, daß Gorki seinen Kampf gegen Mißstände in Rußland fortsetzt, nach wie vor nichtöffentlich, aber nach wie vor entschlossen und unversöhnlich. Der Brief wurde übrigens erst rund 30 Jahre später der Allgemeinheit zugänglich gemacht. Im Gegensatz zu anderen staatspolitischen Dokumenten, die frühestens unter Chruschtschow in den sechziger Jahren anläßlich der ›Tauwetterperiode‹* und spätestens unter Michail Gorbatschow in den neunziger Jahren veröffentlicht wurden, gibt es die ›Glasnost‹*[22] nicht für die Dokumente, Tagebuchaufzeichnungen und Briefe von Maxim Gorki und die Antworten seiner Empfänger. Es wurde bereits darauf hingewiesen,[23] daß unter Gorbatschow lediglich einige bisher unbekannte Briefe Lenins an Gorki und bislang verbotene Bücher Gorkis in Taschkent auf einer Ausstellung gezeigt wurden, aber das sind alles nur Bruchstücke. Wo ist die umfangreiche Korrespondenz des Dichters mit den Mächtigsten im Staate? Wo sind sie, die Briefe und Dokumente? Vielleicht sind sie längst oder jüngst vernichtet worden, denn »Trotz Glasnost blieben die Archive des KGB, des MWD*[24] und der Partei bis zuletzt unter Verschluß. Unmittelbar nach dem gescheiterten Putsch vom 19.8.1991, als die Öffnung der Archive politisch absehbar war, begannen Organe der Staatssicherheit, wichtige und schwer belastende Archivmaterialien und

Dokumente zu vernichten«.[25] Warum, wer hatte angesichts der Perestroika*[26] und des eindeutig bevorstehenden Umbruchs denn noch etwas zu befürchten? Jene Geheimdienstleute, die 1936 Gorkis Materialien beschlagnahmten, waren doch im Jahre 1991 längst verstorben, wenn sie überhaupt namentlich bekannt waren. Und selbst, wenn sie heute noch leben: diese Greise der ehemaligen Staatssicherheit dürften aufgrund ihrer Funktion als Erfüllungsgehilfen wohl kaum verantwortlich gemacht werden können. Das gehorsam aufgeführte Beschlagnahmen von Materialien gehört nun wirklich nicht zu den Delikten, die man heute noch sanktionieren könnte. Es ist davon auszugehen, daß weitaus mehr Protestbriefe von Gorki geschrieben wurden, als der Öffentlichkeit bis heute bekannt sind. Ob Fedin, Chodassewitsch, Roskin oder Ludwig: ausnahmslos alle Biographen aus Rußland und den anderen sozialistischen Ländern berichten von Gorkis unermüdlichem Einsatz bis an sein Lebensende für Bedrängte und Verfolgte. Es ist einfach nicht stimmig, daß der Protestbrief an den Sekretär des Schriftstellerverbandes das einzig diesbezügliche Schreiben gewesen sein soll. Wir können also davon ausgehen, daß Gorki bis zuletzt seine Mission erfüllte. Erst die Zukunft kann zeigen, ob die Beweise hierfür noch existieren oder vernichtet wurden. Und erst dann wird man belegen, was hier nur vermutet wird.
– Die Artikel, die Gorki nach dem Ausreiseverbot schreibt, und die wenigen Reden, die er noch hält, dokumentieren sein thematisches Ausweichen auf die bedrohlichen Zustände im Ausland. Die russischen Zeitungen sind voll mit Prozeßberichten über sowjetische Verschwörer, Staatsfeinde, Verräter und ›trotzkistische Agenten‹. Gorki aber schweigt dazu, obgleich es Stalin sicher willkommen gewesen wäre, wenn ihn der berühmte Dichter wie einst in seinem Kampf gegen den inneren Feind unterstützt und Zwangsmaßnahmen begrüßt hätte. Gorki tut es nicht. Diese thematische Abstinenz gehört nicht zu seiner bislang ausgeübten Strategie, interne Mißstände zu verschweigen, denn das, was

in den wichtigsten Parteizeitungen großflächig abgedruckt wird, ist längst öffentlich, und kann nicht mehr verschwiegen werden. Das demonstrative Aussparen innenpolitischer Themen ist Gorkis einzig möglicher öffentlicher Protest gegen die Zustände im Lande. Vielleicht wurde diese Auflehnung von kritischen Zeitgenossen sogar verstanden.
– Beim Besuch des Schriftstellers Romain Rolland ist es diesmal Gorki, der ein potemkinsches Dorf vorführt. Er gibt sich in Worten gegenüber dem Franzosen zufrieden und glücklich. Rolland und Gorki haben jahrelang miteinander Briefe gewechselt, lernen sich aber erst jetzt persönlich kennen. Doch Gorki spricht kein Französisch und Rolland kein Russisch, als Übersetzerin fungiert Rollands russische Frau. Josef Stalin und sein Volkskommissar für Verteidigung, einst zusammen mit Dzierzynski auch Organisator der Geheimpolizei Tscheka, Kliment Woroschilow, sind ebenso häufig wie andere Regierungsmitglieder und hohe Parteifunktionäre bei den Gesprächen zwischen Rolland und Gorki mit dabei. Rolland bemerkt bald die totale Überwachung des Dichters: »Dieser Krjtuschkow (Gorkis Sekretär, C. v. S.) bestimmt alle Kontakte zur Außenwelt: Briefe oder Besuche [besser ausgedrückt: Bitten um Besuche], er bestimmt alles, er allein entscheidet, was bis zu Gorki dringen soll oder nicht.«[27] Doch Gorki scheint das nicht zu stören. Er dokumentiert in seinen Gesprächen mit Rolland Einverständnis mit der Sowjetunion, berichtet begeistert vom Aufbauwerk und scheint seinen Frieden mit dem System gemacht zu haben. Aber Rolland bleibt trotz der Lobeshymnen skeptisch: »... er täuscht mich nicht: sein müdes Lächeln verrät mir, daß der alte Anarchist in ihm noch nicht gestorben ist... Er ist sehr allein, obwohl man ihn selten allein sieht! Ich glaube, wenn wir hätten zusammen sein können [und diese Sprachbarriere nicht vorhanden gewesen wäre], hätte er mich umarmt und sich wortlos bei mir ausgeweint.«[28] Rolland »... sah in diesem Nationalhelden mehr einen Gefangenen. Der ›alte Bär‹, der von seiner Umgebung und seinem Sekretär im Zaum ge-

halten wurde, trug... ›einen Nasenring‹.«[29] Rollands Bericht über den Besuch zeigt deutlich Gorkis verzweifelte Situation nach dem Ausreiseverbot, seine Fremdbestimmung, seine Isolation und zugleich seine erzwungene Gemeinsamkeit mit den Tyrannen seines Landes. Der Dichter wurde in der Tat vorgeführt wie ein Zirkustier und konnte nur noch artig seine andressierten Kunststücke präsentieren.

– Ein letzter Versuch zur Eigenständigkeit findet in Tessely auf der Krim statt. Es ist zugleich Gorkis einzig noch möglicher Ort, um im milden Klima seine zerrüttete Gesundheit wieder herzustellen. Er ist schwer krank, ständig ist die Sauerstoffflasche gegen seine permanente Atemnot in der Nähe, heftige Hustenanfälle nehmen ihm minutenlang die Möglichkeit zu sprechen. Wenn es ihm seine Kraft erlaubt, geht er spazieren oder erledigt zusammen mit Freunden im Garten kleine Arbeiten. Doch er ermattet schnell, »setzte sich auf eine nahe Bank... und schlief urplötzlich und überraschend ein, sehr krumm und mit beiden Armen auf seinen Stock gestützt. Noch nie hatte ich ihn so alt und krank gesehen...«,[30] erinnert sich Valentina Chodassewitsch. Tessely ist auch der letzte Ort, an dem er versucht, seinen Roman ›Klim Samgin‹ zu beenden. Er ist verzweifelt, daß seine Kraft nachläßt, er kämpft mit dem Konzept, das er immer wieder verändert; er befürchtet, seine Kreativität eingebüßt zu haben, aber der wahre Grund liegt darin, daß seine Romanfigur Klim sich gegen sein Konzept, gegen seinen Willen immer stärker verändert. Aus Klim Samgin wird ein MENSCH, der die Wahrheit sucht, um Erkenntnis ringt und der mit seinen Schwächen hadert. Vor allem aber ist er das individualistisch denkende unter der Gesellschaft leidende Opfer einer diffusen Masse, die roh und gewalttätig ihren animalischen Instinkten folgt. In dieser gnadenlosen Gesellschaft sucht er jahrelang nach dem Sinn seines Lebens, aber: ...»die Sache ist die, daß ich... den Punkt nicht finden kann, der mich voll und ganz anzöge... vielleicht – auch eine Eigenschaft von Leuten, ...die unter den Schlägen der Wirklichkeit zerbrochen sind.«[31]

Nur ›vielleicht‹? Es ist kein Zufall, daß Gorki es nicht schafft, seinen Roman zu vollenden; Band 1 bis 3 sind längst erschienen, am Band vier schreibt, feilt, korrigiert und streicht er ununterbrochen. Nur etwa zehn Prozent des 4. Bandes gibt er zum Druck frei; den Rest werden sowjetische Literaturhistoriker anhand der vorliegenden Textpassagen, Notizen und Entwürfe nach Gorkis Tod zusammenschreiben und als Band 4 des ›Klim Samgin‹ veröffentlichen. Dieser Band 4 ist äußerst fragwürdig, er »steckt voller Ungereimtheiten und Verzerrungen in der Logik der Handlungen wie der Charaktere... Der dritte Band endet mit den Ereignissen der Jahre 1907/08, der vierte aber beginnt im Sommer 1906... man darf... dem Schlußband von Gorkis ›Klim Samgin‹ so wenig trauen wie Nietzsches ›Willen zur Macht‹«.[32]

Die von Gorki autorisierten ersten Seiten des vierten Bandes enden mit der Selbstreflexion seines Helden Klim, der nachdenklich feststellt: »Der Mensch ist ein Nichtsnutz, ein Betrüger, sein Leben besteht darin, daß er sich selbst in Worten angenehme Kunststücke vormacht, das unglückliche Kind...«[33] Diese Worte sind wie ein Spiegel aus Gorkis wirklichem Leben, eine bittere Erkenntnis und ein erbarmungsloses Resümee des jahrelangen Kampfes gegen sich, für die Gesellschaft, für die Idee von der sozialen Gerechtigkeit. Der Dichter Gorki läßt seine Romanfigur das aussprechen, was sich der Politiker Gorki nicht einzugestehen vermag. Gorki hatte die wichtigsten Jahre seines Lebens der Tagespolitik geopfert. Seine eigentliche Berufung zum Schriftsteller hatte er verdrängt, zurückgestellt, weil er annahm, daß sein Kampf gegen die Mächtigen, gleichgültig, ob Lenin, Stalin oder die Globalität der bourgeoisen Welt wichtiger sei. Die Förderung oder sogar Lebensrettung von einzelnen Menschen hatte er als Erfolg verbucht. Es war auch ein Erfolg, jeder der Betroffenen, dem da geholfen worden war, konnte es ihm bestätigen. Gorkis Selbstbetrug aber bestand darin, daß er sich mit seinen Einzelerfolgen stets der Illusion hingab, damit auch etwas Positives für die große Idee geleistet zu haben, der Gerechtigkeit und Gleichheit immer ein Stück näher gekommen zu sein. Vermutlich schon unter Lenin, aber ganz sicher unter Stalin hatte er erkannt, daß dies ein Irrtum war. Die sozialistische Gemeinschaft der Gleichen unter Gleichen war zu einer neuen Klassengesellschaft und zu einem Terrorsystem pervertiert, wie es sich ein Zar kaum schlimmer hätte ausdenken können. Trotz dichtester Abschirmung, trotz sorgfältig gefilterter Kontakte gelangte die grauenvolle Wahrheit Tag auf Tag deutlicher zu dem Schriftsteller.

Gorki kompensierte seine Enttäuschung zunächst mit Hoffnung, daß sich vielleicht doch noch etwas ändern könnte, dann aber folgte die Illusion und der Selbstbetrug, schließlich der Betrug nach außen, öffentlich, wider besseres Wissen.

Gemessen an seiner Berufung als Dichter, dem wirklichen Sinn seines Lebens, war sein Opfer umsonst gewesen. All das, was er der großen Idee zuliebe zurückgestellt hatte, war verlorene Zeit für sein Schaffen und konnte nie wieder zurückgeholt werden. Die Konsequenz dieses Wissens überstieg Gorkis Kräfte. Er konnte nicht mehr zurück, aber er konnte auch nicht mehr weiter. Er war alt, krank, verbraucht und ein Gefangener des Systems. Der Rest seines Lebens war der letzte Akt einer Tragödie.

18.
Die Tränen haben das Feuer gelöscht

Ende Mai 1936 kehrte Gorki aus Tessely zurück. Er zog nicht in die Moskauer Prunkvilla, sondern in sein Wochenendhaus, die ›Datsche‹ am Rande von Moskau. In einem Brief an den Freund Neemirowitsch-Dantschenko hatte er geschrieben: »Jeden Tag vergrößere ich meinen Arbeitsumfang, damit mir keine Zeit zum Sterben bleibt. Ich habe vor, noch zwanzig Jahre zu leben. Das habe ich vor. Oder wenigstens noch drei. Oder vielleicht zwei.«[1] Ende Mai aber waren es nur noch knapp drei Wochen, die ihm blieben.

Vielleicht hätte es sein Leben verlängert, wenn er diesmal auch den Sommer über auf der Krim geblieben wäre, aber er fühlte sich dort vom politischen Geschehen abgeschnitten, hatte wenig Möglichkeit, seinen Einfluß geltend zu machen, kam sich angesichts der auf ihn in der Großstadt wartenden Bittsteller wie ein Deserteur vor. Eiserne Disziplin hatte ebenso zu seinem Wesen gehört wie ein fest geplanter Ablauf des jeweiligen Arbeitsjahres. Während seiner Sommeraufenthalte schrieb er an seinen Werken, die übrigens keineswegs den Idealen des sozialistischen Realismus entsprachen. Weder seine späten Dramen, noch seine wenigen Kurzerzählungen und schon gar nicht der ›Klim Samgin‹ paßten in jene Form, die durch sein Auftreten auf dem Schriftstellerkongreß zur Kulturdoktrin geworden war. Die Wintermonate gehörten der Tagespolitik, den Zeitungsartikeln, den Sitzungen, den Vorträgen, kurz, der sowjetischen Gesellschaft. Und weil er das immer so gehalten hatte, fuhr er auch jetzt im Mai zurück nach Moskau.

Er kann durch seine Atemnot nur noch gebückt gehen, hat ständig Fieber und wird häufig von einem trockenen, quälenden Husten schier erstickt. Dann verläßt er, eine Entschuldigung keuchend oder auch wortlos, das Sitzungszimmer und kommt erst nach etlichen Minuten zurück. Erschrocken registrieren seine Gesprächspartner, daß seine hellen Augen jetzt trübe und dumpf blicken, schlimmer noch, daß kleine, hellrote Blutstropfen auf seiner Unterlippe zu sehen sind. Gorki merkt das nicht mehr. Er nimmt sich zusammen, versucht aufrecht zu sitzen, hält den Bleistift in der zitternden Hand und macht sich Notizen. Aber die Hand reagiert nur unzulänglich auf die Befehle. Immer wieder rutscht sie ab, oft einen langen Schrägstrich unter dem Geschriebenen hinterlassend. Dann drückt Gorki mit wütender Entschlossenheit den Bleistift fest auf das Papier, schreibt mit ungelenk großer Schrift Namen, Adressen, Organisationsbeschlüsse, bis die Spitze durch den unkontrollierten Druck abbricht. Zwischen den Sitzungsteilnehmern werden rasche, verstohlene Blicke gewechselt, das Gespräch bricht für Sekunden ab. Gorki aber wirft den Stift mit einer heftigen Bewegung auf den Tisch und holt einen neuen aus seiner Jackentasche. Er hat immer schon ein ganzes Bündel scharf angespitzter Bleistifte bei sich gehabt. Der neue Stift bricht ebenso rasch ab wie der erste, wieder der heruntergerissene scharfe Strich auf dem Notizblock, sein Atem pfeift, es droht ein neuer Hustenanfall und Schweißperlen stehen auf seiner Stirn. Die Quälerei ist für die Anwesenden kaum noch mit anzusehen. Aber jetzt tun sie in stillem Einvernehmen so, als bemerkten sie all das nicht, so wie Gorki vorgibt, ganz bei der Sache und Herr seiner Sinne zu sein.

Er hält sich noch einige Tage lang auf den Beinen, dann folgt wieder einmal ein schwerer Blutsturz, und er bricht zusammen. Ein ganzer Stab von Ärzten zieht auf, die bekanntesten Kapazitäten bemühen sich um den Kranken. Er habe eine Grippe, berichten die Zeitungen in der ersten Juniwoche, nichts als eine Grippe. Die Tatsache, daß die Blätter es schreiben, signalisiert den Lesern jedoch, daß es mehr als eine Influenza ist, die das Idol der Nation auf das Krankenlager geworfen hat. Die Sowjetbürger haben längst gelernt, zwischen den Zeilen zu lesen.

Tausende von Menschen in sämtlichen Republiken des großen russischen Reiches setzen sich an die Tische und schreiben rührende, aufmunternde, hoffende Briefe an ihren Maxim Gorki. Sie schreiben sie unter elektrischen Glühbirnen, im matten Licht einer Petroleumlampe oder unter der flackernden Flamme einer billigen Talgkerze, je nach Entwicklungsstand ihrer Republik und ihres Heimatortes. Aber sie schreiben alle das gleiche: Er möge auf sich aufpassen, sich erst einmal ausruhen, viel und gut essen, diese läppische Krankheit überstehen, durchhalten, wieder gesund werden, vor allem das! Einige suchen Süßigkeiten zusammen und legen sie ihrem Schreiben bei, andere schicken Aufmerksamkeiten, wie z. B. kleine kunstvoll geschnitzte Holzfiguren. Man könne die am Bett aufstellen und sich daran erfreuen. Geschnitzt habe sie der Großvater Akim, hübsch bemalt jedoch der kleine Sascha, der Enkel, und sie, die Großmutter Jadwiga, schriebe diesen Brief, bringe ihn auch mit dem Panjepferdchen zur Post. Es seien schließlich nur 25 Werst bis zur Station, und sie könne trotz ihrer 70 Jahre noch sehr gut reiten! Ein großes Paket schickt eine Kolchose aus Kasachstan, ein runder stark duftender Käse ist darin, ein Glas Honig, ein mächtiger Schinken und ein Brief, unterschrieben mit ›hoffnungsvollen Grüßen‹ und den Namen von 214 Mitgliedern der Kolchose, ALLEN Mitgliedern, wie der Betriebsleiter wichtig vermerkt. Stalin schickt Pralinen, die Partei solidarische Genesungswünsche und Laiendichter holperige Verse. Wieder einmal türmen sich Berge von Postsendungen unterschiedlichster Art und Formate massenhaft in Gorkis Wohnung. Aber der Dichter hat weder die Möglichkeit, die vielen herzlichen Grüße zu lesen, die liebevollen Geschenke auszupacken, geschweige denn, die kulinarischen Kostbarkeiten zu verzehren. Er kann nicht sprechen. Er sieht seine Umwelt wie durch einen Nebel, fühlt das heiße Fieber aufsteigen, das Blut kreisen und sein überlastetes Herz hämmernd pochen. Das Atmen ist jetzt so mühsam und schmerzhaft, daß er überhaupt nicht mehr im Bett liegen kann. Tag und Nacht verbringt er in Decken gehüllt und von Kissen gestützt halb sitzend im

Lehnstuhl. Dort verdämmert er teilnahmslos die Stunden. Sein Hausarzt Speranski weicht ihm nicht von der Seite, schläft auch nachts in Gorkis Zimmer, schreckt sofort hoch, wenn der Patient sich hustend rührt oder durch unruhige Bewegungen aus dem Sessel zu stürzen droht. Die Zeitungen veröffentlichen tägliche Gesundheitsbulletins. Gorki lebt, aber es geht ihm sehr schlecht. Das entnehmen die besorgten Leser der ständig wiederkehrenden Formel: ›den Umständen entsprechend‹. Die ›Umstände‹ bestehen in einer Lungenentzündung, die nun die Erkältung überdeckt. Aber der Dichter selbst soll durch die Berichte nicht entmutigt werden. Daher druckt man für den Fall, daß Gorki vielleicht doch in der Lage wäre, einen Blick in die Tageszeitungen zu werfen, für seinen Haushalt eine Sondernummer der ›Prawda‹, in der zu lesen ist, daß es dem Dichter schon wieder besser gehe und seine Gesundung nur noch eine Frage von ein, zwei Erholungswochen sei.

Am 16. Juni 1936 scheint das tatsächlich der Fall zu sein. Gorki ist wieder bei vollem Bewußtsein, freut sich, lacht, schüttelt jedem die Hand: »Ich habe es geschafft, meinen Sie nicht?«[2] Aber er irrt sich. Schon am nächsten Tag verschlechtert sich sein Gesundheitszustand wieder rapide. Jetzt ahnt Gorki, daß er die erneute Krise nicht überleben wird. Er ist körperlich schwer beeinträchtigt, geistig aber völlig wach und bei klarem Verstand. Er nimmt den Bleistift, preßt sich sein Notizheft auf den Schoß und beginnt, über sein Sterben Buch zu führen: »Die Gegenstände werden schwer. Die Bücher. Der Bleistift. Das Glas. Alles scheint immer kleiner zu werden. Die Nacht geht und geht nicht zu Ende. Ich kann nicht mehr lesen. Sie haben vergessen, mir ein Messer zu geben, um meinen Bleistift anzuspitzen. Der Tag bricht an... Fast, als ginge es mir besser. Es ist ein unglaublich komplexes Gefühl. Zwei Prozesse zur gleichen Zeit: Meine Nerven werden schwächer – so als würden meine Nervenzellen einschlafen – Asche regnet auf meine Nervenspitzen – alle Gedanken werden grau – Nebel – Gleichzeitig verspüre ich den Wunsch – zu sprechen – und dieser Wunsch wird stärker – ich versinke im Delirium – ich höre

32 *Enttäuschung, Trauer und Einsamkeit kennzeichnen jetzt die Züge des Dichters, der ausgezogen war, die Welt mit Wort und Tat zu verändern.*

meine unzusammenhängenden Worte – ich weiß, daß sie unzusammenhängend sind – und doch ist es mir gelungen, meine Sätze zu formulieren – Ich glaube, es ist eine Lungenentzündung – wahrscheinlich: ganz gewiß werde ich nicht überleben. Ich kann nicht lesen – nicht schlafen – nicht leben.«[3] Dann gleitet ihm der Stift aus der Hand, er ist zu schwach und kann nicht mehr schreiben.

1906 veröffentlichte Maxim Gorki eine Satire ›Vom Teufel‹, in der humoristisch ein Spaziergang des Satans mit dem Skelett eines vor mehreren Jahren verstorbenen Schriftstellers geschildert wird. Zum Ende des Gewitzels aber schlägt der Ton um, der Autor erklärt seinem Leser ernst in einer Art Nachtrag, was ihn im Grab erwartet: »Ihr ärmliches Leben zieht an Ihnen vorüber, kreisend wie ein Rad... Sie sehen alles, was Sie zu Lebzeiten vor sich selbst verborgen haben, die ganze Verlogenheit und Abscheulichkeit Ihres Daseins, Sie überdenken aufs neue alle Ihre Gedanken, Sie erkennen jeden falschen Schritt, Ihr ganzes Leben wiederholt sich vor Ihnen – vollständig, Sekunde um Sekunde! Damit Ihre Qualen aber noch ärger sind, sehen Sie auch, daß auf dem schmalen und törichten Wege, den Sie gegangen sind, andere folgen... Obwohl Sie sie aber in ihr Verderben rennen sehen, sind Sie nicht in der Lage, sie zu warnen – Sie können sich weder rühren, noch schreien, und der Wunsch, ihnen zu helfen, zerreißt vergeblich Ihr Herz... Ihr Leben zieht an Ihnen vorüber und kehrt zu seinen Anfängen zurück – Sie sehen es aufs neue vor sich abrollen... Ihr Bewußtsein arbeitet weiter, immer weiter und Ihre entsetzlichen Qualen finden nie ein Ende... nie!«[4]

Dreißig Jahre später spielt sich diese dramatische Situation beim Sterben Maxim Gorkis ab. Es ist der 17. Juni, der Todeskampf dauert einen ganzen Tag. Er, der nicht mehr schreiben kann, diktiert seiner am Krankenlager wachenden Lebensgefährtin Baronin Budberg mit heiserer Stimme den Satz: »Ende des Romans – Ende des Helden – Ende des Schriftstellers.«[5] Sein Kopf fällt auf das Kissen, und er versinkt im Delirium. Er bäumt sich auf, fällt wieder zurück. Er hebt die Arme und bewegt die Hände von sich weg, als wolle er etwas fortstoßen, immer wieder. Er stammelt Worte, stellt Fragen, formuliert Sätze. Sie enthalten wie ein noch nicht chronologisch zusammengeschnittener Film die wesentlichsten Etappen seines Lebens, die wichtigsten Menschen, seine Ängste, seinen Wunsch, etwas zu tun, zu handeln. Baronin Budberg schreibt hastig mit, was sie von den abgehackten Sätzen und Worten des sterbenden Dichters versteht: »Landschaft – Landschaften – Frauen – Frauengesichter – Ängste... Urelement: das Meer. Wie es dahinfließt – aber dies ist die Wolga... Großmutter – ein merkwürdiges, großes Bündel. Großmutter – sie argumentiert und sie erzählt – Geschichten – sie hält ein Baby in ihrem Schoß – nein, dies ist die Mutter – sie ist es, die das Baby hält – sie ängstigt sich um ihn – sie fürchtet Großvaters Peitsche – seine

brennende Peitsche. Königin Margot – die russische Dame steigt jetzt von ihrem Pferd – sie beginnt, Alexej langsam zu ohrfeigen – kleine Ohrfeigen. Königin Margot – Olga. Olga – Olga – in Tiflis – in dem Schneesturm, der Junge möchte laufen – barhäuptig – aber er darf es nicht – er muß warten – bis Olga ihn ruft. Dies ist die erste Liebe – Lebenserfahrung – Nischni – Holzbaracken, Bordelle, Abfall-übersäte Straßen – es ist unfaßbar – der Fluß überflutet einmal im Jahr die Stadt und niemand scheint es zu glauben, daß – Die Straßen seiner Heimat – haben ihn dorthin – gebracht. Wir müssen es ändern – das Leben – das Leben ändern – wir können es nicht mehr – das Land gehört dem Volk – der Partei – große Pläne – jedoch – die etwaige Apathie – soll uns nicht wieder aufhalten – Nischni* – diese Stadt ist so schön... Max, wo bist du – mein Sohn – warum hast du mich verlassen – deinen armen alten Vater – Da kommt Max – ganz in weiß – die Straßen nach Sorrent hinunter – Nein es ist nicht Sorrent – es ist Tesseli... Marussja* – Angst? Nein – es ist lächerlich – das Scheusal vom Hotel steht dort und weist uns ab – hinaus – auf die großen Straßen unserer Heimat – weil ich dich liebe, Marussja... Ich habe Angst – eine Katastrophe liegt in der Luft – ungeheuer – eine Spannung liegt in der Luft – furchtbar – Mißtrauen – Haß... rufe, rufe. Ich kann nicht – ich habe meine Stimme noch – aber was soll ich rufen? Ich weiß es nicht... Die Straßen der Heimat wimmeln von Menschen – Verfolgte – Flüchtlinge – die Straßen der Heimat – Achtung – Wladimir Iljitsch* ist in Gefahr – mein bester Freund. Du mußt weg und dich erholen Alexej Maximowitsch*, die Revolution braucht dich. Die Revolution braucht dich. Die Revolution braucht dich. Sie wollen sie vernichten – die Revolution – Infanteriebataillone marschieren – in braunen Uniformen – in Deutschland – werden Bücher verbrannt* – auf den Straßen – der Pöbel – der Krieg... Kriege – werden kommen – seid bereit – gebt acht – Kriege werden kommen.«[6]
Maxim Gorkis letzte Worte sind nicht friedlich, versöhnlich oder abgeklärt, sondern angsterfüllt, fragend, hoffend, warnend und fordernd, bis zur letzten Minute! Am frühen Vormit-

tag des 18. Juni 1936 stirbt er. Die Tränen haben das Feuer gelöscht.

Die Beerdigung wurde zum Staatsakt. Trauerbeflaggung war angeordnet worden, der Rundfunk spielte ernste Musik. In vielen Fenstern der Wohnhäuser standen Porträts von Gorki mit Trauerflor. Eine kilometerlange, graue Menschenschlange kroch unendlich langsam zum Moskauer ›Haus der Gewerkschaften‹, ihr Ende war nicht abzusehen und verlor sich weit hinten in den angrenzenden Straßen. Tausende und Abertausende von Sowjetbürgern schoben sich stundenlang voran, bis sie sich in die Kondolenzlisten eintragen konnten. Die Stimmung war gedrückt, kein lautes Wort ertönte, nur ein leises Raunen summte über der Menschenmasse, hin und wieder unterbrochen durch das Geräusch von scharrenden Füßen, wenn sich die Schlange erneut um einige Zentimeter vorwärts bewegte. Stalin sowie die Politbüromitglieder Molotow, Ordschonikidse und Kaganowitsch trugen die Urne mit den sterblichen Überresten Gorkis zum Lenin-Mausoleum; Molotow und der Schriftsteller Alexej Tolstoi hielten Trauerreden. Die Urne wurde am Roten Platz in die Kremlmauer versenkt. Es war die höchstmögliche Ehre für einen verstorbenen Sowjetbürger.

Nachspiel

Das Wort soll nicht verwechselt werden mit dem Begriff ›Epilog‹, sondern ist als Nachspiel wie bei einer Theateraufführung zu verstehen. Im Jahr 1937 wurde der Geheimdienstchef Genrich Jagoda, jahrelang grausamer und erfolgreicher Jäger von Staatsfeinden oder Menschen, die er dafür gehalten hatte, verhaftet und im sogenannten dritten Moskauer Schauprozeß des Verrats an der Sowjetunion angeklagt. Vorgeworfen wurde ihm die konterrevolutionäre Zusammenarbeit mit den Trotzkisten, den emigrierten Weißgardisten, den deutschen Faschisten und den internationalen Imperialisten. Angelastet wurde ihm, im Zuge dieses Komplotts den Dichter Maxim Gorki umgebracht zu haben. Jagoda gestand alles. Er wurde 1938 zum Tode verurteilt und hingerichtet. Alle Ärzte des Dichters standen ebenso vor Gericht wie das gesamte Pflegepersonal und sein Privatsekretär Pjotr Krjutschkow. Dr. Lewin gestand, im Auftrag Jagodas sowohl Gorkis Sohn Maxim als auch den Dichter selbst auf medizinischem Wege umgebracht zu haben, indem er bewußt in Zusammenarbeit mit anderen Ärzten beiden falsche Medikamente verabreichte, die zwangsläufig zum Tode führten. Professor Pletnjow war im Bilde und hatte mitgemischt. Krjutschkow gab zu, von allem gewußt zu haben. Sämtliche Angeklagte übten reumütig Selbstkritik und faßten sie in die stets gleichlautenden Worte: »Ja, ich erkenne in vollem Umfang meine Schuld an.«[7] Todesurteile oder langjährige Deportation in die Gulags auch für sie. Die Mordgeständnisse des Geheimdienstchefs und des gesamten Personals im Hause Gorkis wurden offizielle Wahrheit, die angeblichen Mörder des Dichters zu einem Sammelsurium sämtlicher in der Sowjetunion vorhandener Feindbilder. So schrieb 1944/47 Gorkis Biograph A. Roskin: »Landesverräter, Agenten des Faschismus, Organisatoren der konterrevolutionären trotzkistischen Verschwörung gegen die Völker des Sowjetlandes sahen in Maxim Gorki einen ihrer gefährlichsten Feinde... Mit Hilfe gemeiner Giftmischerärzte töteten sie Gorki«.[8] Das war jahrelang die eine Variante. Dann folgte die nächste Version: »Stalin schickte ihm vergiftete Pralinen«.[9] Nicht Jagoda und seine Helfershelfer sondern der Diktator selbst sei es gewesen, der sich des Dichters so rüde entledigt habe: die Pralinen, die er an Gorkis Krankenbett sandte, seien vergiftet gewesen, denn zwei Sanitäter, die davon naschten, seien daran gestorben.[10] Und Gorkis Sohn Max sei ebenfalls von Stalin umgebracht worden, nicht direkt von ihm, aber auf seinen Befehl hin. Der jahrelang deportierte Professor Pletnjow habe all dies auf seinem Sterbebett einer Krankenschwester mitgeteilt. Für I. Opischura und Jürgen Rühle spricht einiges für diese Version; allein die Tatsache, daß während der Tauwetterperiode unter Chruschtschow derartige Gerüchte nicht dementiert worden seien, sind für sie ein Indiz.[11]

Wirklich? Wenn Jagoda, Gorkis Ärzte, der Privatsekretär oder Stalin höchstselbst den Tod des Dichters herbeigeführt haben: Was hätte es für einen Grund für den Mord an ihm und seinem Sohn geben können? Selbst der Terror hat Methode. Es müßte ein überzeugendes Motiv gefunden werden. Besonders beim Sohn Gorkis sucht man vergeblich danach. Maxim Peschkow war Zeit seines Lebens ein unbeirrter Parteigänger der Bolschewiki und zugleich, vielleicht auch gerade deshalb, völlig unpolitisch. Es gibt in den Quellen etliche Aussagen über ihn und Zitate von ihm. Sie betrafen die Fürsorge für den Vater, Kinofilme, hübsche Briefmarken, Sport, neue Autos und das Wohlgefallen an seiner kleinen Familie. In all den Erinnerungen von Freunden und Verwandten ist keine politische Aussage Maxim Peschkows zu finden. Wer also hätte ein Interesse daran gehabt, diesen unkomplizierten und vermutlich auch etwas oberflächlichen Mann umzubringen? Die Tatsache allein, daß er bis zu seinem Tod kerngesund war, reicht für einen Mordvorwurf nicht aus.

Der Verdacht eines Mordes an Maxim Gorki wiegt schon schwerer. Der Dichter war für alle Mächtigen des Kremls unbequem gewesen und belästigte auch Stalin – das ist ja unsere These – bis zu seinem letzten Atemzug mit Bitten und Gnadengesuchen für Menschen, die längst auf Stalins langer Verfolgungsliste standen. Aber betrachten wir auf der Suche nach einem Mordmotiv zunächst die Verurteilten des Schauprozesses. Genrich Jagoda war mit Gorki befreundet, ging in seinem Haus ein und aus. Auch für den angenommenen Fall, daß Gorki sich aus vordergründigem Pragmatismus mit ihm freundschaftlich verbunden hatte, gibt es in den Quellen keinerlei Hinweise, daß jemals Unstimmigkeit zwischen ihnen geherrscht hat. Pjotr Krjutschkow war Gorkis enger Vertrauter und seit 1921 sein Bevollmächtigter in allen organisatorischen Fragen. Diese Vollmacht ging so weit, daß Gorki bereitwillig Krjutschkows Planungen sogar seine privaten Kontakte unterordnete. Dann die Ärzte. Sie hatten sich jahrelang erfolgreich um Gorkis Gesundheit bemüht, nun plötzlich sollten sie sein

Ende herbeigeführt haben? Im Schauprozeß beschworen der Privatsekretär, das Pflegepersonal und die Ärzte, sie hätten den Mord auf Befehl Jagodas unterstützt oder ausgeführt. Jagoda selbst bestätigte dies. Aber wir wissen inzwischen, mit welchen bestialischen Methoden die Geständnisse aller politischen Angeklagten in der Sowjetunion erzwungen wurden, offiziell gelten die Gerichtsurteile seit der Tauwetterperiode sogar als ungesetzlich.

Die zweite Variante der Gerüchte und Vermutungen lautet, daß Jagoda zwar gemordet habe oder morden ließ, dies aber im Auftrag Stalins. Er habe das in dem Schauprozeß nur deshalb nicht gesagt, weil er durch die Übernahme der Verantwortung auf ein mildes Urteil hoffte. Stalin aber habe seinen Vassallen verraten und ans Messer geliefert, weil Jagoda zuviel wußte und Stalin einen neuen Geheimdienstchef brauchte.

Die dritte Variante ist dann Stalin mit seinen vergifteten Pralinen als eigenhändiger Mörder Maxim Gorkis. Diese Variante ist am wenigsten schlüssig, denn wenn schon Jagoda den Mordauftrag hatte, durfte Stalin davon ausgehen, daß er und alle von ihm beauftragten Mittäter ihn auch ausführten. Unabhängig davon, daß Gorki in seinen letzten Lebenstagen überhaupt nicht fähig war, Konfekt zu essen, sein Tod unmittelbar nach dem Genuß der Süßigkeiten wäre reichlich auffällig gewesen. Stalin hatte zu diesem Zeitpunkt außerdem wenig Anlaß, den Dichter zu beseitigen, der saß ja gut bewacht in seinem jeweiligen Haus und bekundete zudem offiziell seine Begeisterung für den Diktator. Es ist zwar sehr wahrscheinlich, daß Gorki an Stalin viele Briefe schrieb, – die in den Geheimarchiven verschwanden – aber es ist äußerst unwahrscheinlich, daß er in seinen letzten Lebenstagen einen großen, öffentlichen Aufstand ankündigte, um den Diktator unter Druck zu setzen. Nichts läßt darauf schließen, alles spricht dafür, daß der gefangene ›Sturmvogel‹ resigniert hatte, alt, krank und zu Tode erschöpft war. Seine Gesundheit war völlig ruiniert. Er, dessen Lunge durch den Selbstmordversuch in seiner Jugend ohnehin schon schwer geschädigt war, dessen offene Tuberkulose sich seit 1935 als nicht mehr heilbar erwies und der daher ständig Blut spuckte und Fieber hatte; er, der vor Atemnot und Rheumatismus nicht mehr aufrecht gehen konnte und ständig eine Sauerstoffflasche in seiner Nähe benötigte, die ihm über die massiven Erstickungsanfälle hinweghalf, bedurfte angesichts der auf die schwere Grippe folgenden Lungenentzündung nun wirklich keiner falschen Medikamente oder Giftpralinen mehr, um vom Leben zum Tod gebracht zu werden. Der 69jährige war durch seine schwache Konstitution, durch Kälte und Hunger seiner ersten 20 Lebensjahre, durch die permanente Überforderung seiner Kräfte während seines ganzen Daseins, durch seinen im Grunde erfolglosen Kampf gegen Terror und Diktatur und durch den Tod des Sohnes psychisch und physisch am Ende.

So wird der Mordvorwurf – gegen wen auch immer – äußerst fraglich. Wahrscheinlicher ist, daß Gorki eines normalen Todes starb, aber Stalin auch noch den toten Dichter für seine Zwecke nutzte, zum Gegenstand des allgemeinen sowjetischen Terrordramas machte und als Nachspiel für seine politische Bühne mißbrauchte.

19.
Öffnet die Archive!
Ein (fiktives) Interview

Der Ort: Das kleine Konferenzzimmer in einem Hotel von Berlin. Anwesend sind die Autorin C. v. S., ein Protokollant mit Aufnahmegerät und Maxim Gorki. Der Dichter sitzt uns gegenüber. Er sieht genauso aus, wie wir ihn von den meisten Bildern seiner späten Jahre her kennen: Er ist hoch gewachsen, hält sich etwas nach vorne gebeugt und stützt den Ellenbogen auf sein rechtes Knie. Die längst ergrauten Haare sind kurz und stoppelig geschnitten. Sie lassen seinen Kopf kleiner wirken, als er in Wirklichkeit ist. Er trägt nicht mehr wie in seiner ersten Lebenshälfte einen seiner großen, breitkrempigen Hüte, sondern das kleine bestickte Tatarenkäppchen. Auffallend an seinem Gesicht ist die obere Partie. Seine Freunde haben wiederholt ein Phänomen beschrieben, das jetzt auch uns in diesem Gespräch irritiert: bei anderen Menschen weiten oder verengen sich die Augen entsprechend ihrer Gemütsstimmung, bei Gorki ist das nicht der Fall. Statt dessen scheinen sie die Farbe zu wechseln, wenn er aufgeregt ist. Eigentlich sind sie blau-grau, aber im Zorn wirken sie fast grünlich. Bei Freude strahlen sie hellblau auf, ganz kurz, wie bei einem Wetterleuchten. Die stark ausgeprägten Augenbrauen stellen sich schräg zu einem Hausdach hoch, wenn ihn unsere Worte amüsieren, sie ziehen sich zu einer fast waagerechten Linie zusammen, wenn er nachdenkt, oder sie werden durch drei senkrechte hohe Nasenfalten scharf voneinander getrennt, wenn er den Fragen mißtraut, hinter ihnen eine Falle vermutet. Meistens aber blickt er ernst, fast finster. Der lange Schnurrbart läßt Assoziationen zu einem gutmütigen Seehund aufkommen, er wirkt fast gemütlich und verdeckt den größten Teil der Lippen. Wenn der Dichter allerdings zornig wird, scheinen sich die

Haare dieses Schnurrbarts zu sträuben. Er wirkt dann ganz stachelig. Gorkis Finger – das ist eine lebenslange Angewohnheit von ihm – signalisieren trommelnd die Art seiner Gedanken. Fragt er sich oder will er etwas fragen, hält er beide Zeigefinger wie wartend nach oben, die Mittelfinger bleiben unbeweglich, nur die Daumen pochen in regelmäßigen Abständen langsam auf die Tischplatte. Regt ihn ein Gedanke auf, so ballt er die rechte Hand zur Faust und trommelt mit vier Fingern der linken Hand auf die Unterlage, der Daumen bleibt liegen. Fordert oder verlangt er etwas, dann wirbeln alle Finger beider Hände einen Marsch so regelmäßig und rhythmisch, als liefe ein Musikstück zur Untermalung. Auf eine weitere Angewohnheit kann er auch in unserem Interview nicht verzichten. Er ist trotz seiner angegriffenen Lungen ein sehr starker Raucher und zündet sich häufig die neue Zigarette an der Kippe der bereits gerauchten an. So ist bald der Aschenbecher voll von ausgedrückten Zigarettenstummeln und Streichhölzern. Nach einigen Minuten beginnt er gedankenverloren mit den Resten zu zündeln. Er schiebt mit spitzem Finger die Kippen zusammen, reißt ein kleines Stück Papier aus seinem Notizblock, formt es zu kleinen Kügelchen und wirft sie in den Aschenbecher. Er entfacht ein Streichholz und zündet den Scheiterhaufen an. Ein jugendliches Lächeln huscht über sein Gesicht, wenn es ordentlich brennt. Kokelt es aber nur, dann legt er weitere Papierkügelchen nach und sorgt für ein solides Aschenbecherfeuer. Ständiges Husten unterbricht immer wieder seine Sätze, auch bemerkt man sein Asthma. Er hat große Mühe, die Luft auszuatmen. Mitunter klingt seine sonst tiefe, kräftige Stimme heiser, und er ringt keuchend nach Atem. Es gehört zu seinen Sprachgewohnheiten, besonders wichtige Sätze mit einem nachdenklichen, ›ja‹ endgültig abzuschließen.

C. v. S.: Maxim Gorki, wir sind sehr froh, daß Sie sich bereit erklärt haben, mit uns zu sprechen, denn nur Sie können die Fragen klären, die sowohl den Westen als auch den Osten seit Jahren bewegen und die bis heute nicht beantwortet worden sind. So berichten z. B. Ihre Biographen aus den sozialistischen

Ländern von Aktivitäten, die in den Lebensbeschreibungen von Autoren aus der westlichen Welt überhaupt nicht erwähnt werden – und umgekehrt: die westlichen Autoren wissen offensichtlich um Ereignisse, die den östlichen Kollegen völlig unbekannt zu sein scheinen. Wir wollen wissen, was damals wirklich geschehen ist, was Sie unternahmen und was Sie unterlassen haben, warum Sie...

Gorki: Soll das hier ein Verhör werden?

C. v. S.: Aber nein! Wir möchten nur gerne wissen, was sich wirklich ereignet hat. Wir möchten zudem von Ihnen hören, was Sie bewegt hat, so zu handeln, wie Sie es getan haben. Uns interessiert, wie Ihre tatsächliche Einstellung zum Leben, zu den Menschen und zur Revolution war.

Gorki: Meinen Sie mein Leben oder meine Bücher?

C. v. S.: Beides, zumal zwischen den Aktivitäten Ihres Lebens und den Aussagen in Ihren Büchern häufig ein großer Unterschied besteht.

Gorki: Das finde ich nicht. Sie müßten sich nur die Mühe machen, meine Bücher aufmerksam zu lesen.

C. v. S.: Aber Sie müssen doch zugeben, daß Sie beispielsweise in öffentlichen Vorträgen oder auch in Zeitungsartikeln Thesen vertreten haben, die in Ihren Werken so niemals formuliert wurden.

Gorki: Tja, diese Ansprachen, diese Zeitungsartikel, *(Gorki pocht nachdenklich mit beiden Daumen)* wissen Sie, die waren Tagespolitik, gewissermaßen das Gebot der Stunde, mein persönlicher Beitrag zu einem jeweils aktuellen Problem. ›Nichts ist so alt wie die Zeitung von gestern‹, das sagte mir schon mein erster Chefredakteur in Nischni Nowgorod.

33 Die Mächtigsten des Staates: Molotow, Stalin, Ordschonikidse und Kaganowitsch tragen Gorkis Urne zur Kreml-Mauer am Roten Platz

C. v. S.: Sind Ihre kämpferischen Artikel in der ›Nowaja Shisn‹ also auch der Schnee von gestern?

GORKI: *(schweigt eine Weile, blickt finster, die drei Nasenfalten trennen die Augenbrauen)* Nein, als Schnee von gestern würde ich sie nicht bezeichnen – vielleicht als Anfang von meinem Ende.

C. v. S.: Wie meinen Sie das?

GORKI: Naja, 1917/18 habe ich damit begonnen, politisch zu handeln. Ich habe mich aktiv in das Geschehen eingemischt, wollte etwas tun, einiges verhindern, alles ändern.

C. v. S.: Ihre Artikel für die ›Nowaja Shisn‹ waren aber doch nicht Ihre erste politische Aktivität, vorher haben sie legal und illegal revolutionäre Kreise unterstützt. Wir denken da an die Verfielfältigungsmaschine für die geheime Arbeiterdruckerei bei Nischni, an Ihre Geldspenden für diverse subversive Gruppen, an Ihre Wohnung, die 1905 zum Waffendepot der Aufständischen wurde.

GORKI: Das war eigentlich Spielerei, ein wenig Revolutionsromantik. Die zaristische Ochrana hat das damals ganz richtig gesehen. Es hat ja auch keine Gerichtsverhandlung gegeben, bei der ich schuldig gesprochen wurde; sie fanden immer nur eine Mitwisserschaft, nie ein juristisches Delikt. Ich bin damals eher mitgeschwommen auf der Welle der allgemeinen Empörung, zum richtigen Handeln aber hat diese Empörung wohl nicht gereicht.

C. v. S.: Und die ›Nowaja Shisn‹?

GORKI: Da hatte ich mich sehr bewußt für diese Form des Widerstandes entschieden, weil ich mir sagte, daß nur massenhaft verbreitete, schon am nächsten Tag öffentlich gemachte Gegenrede etwas bewirken, das Unheil verhindern könne.

C. v. S.: Sie sprechen von Unheil, würden Sie...

GORKI: Natürlich! Es war ein Unheil, was dort seinen Anfang nahm. Es war der Verrat an allen freiheitlichen Idealen, für die so viele gekämpft und nicht wenige gelitten hatten oder sogar gestorben waren. Heute bin ich sogar mehr als damals davon überzeugt, daß mit diesen diktatorischen Maßnahmen nicht nur jede freiheitliche Entwicklung erstickt, sondern auch die siegreiche Revolution verraten wurde. Wir waren den Zaren los, wir hatten eine Konstituante, ein Parlament. Alexander Kerenski und die ›Kadetten‹ gehörten nun wirklich nicht zu meinen Freunden, aber sie auszubooten und zu jagen, sie in Einzelfällen sogar umzubringen, war nicht der richtige Weg. Ganz zu schweigen von den vom Volk gewählten ›Sowjets‹ und der menschewistischen Fraktion. Das waren doch alles Sozialisten und leidgeprüfte Revolutionäre. Man hätte es dem Volk in Wahlen überlassen müssen, welche von den Oppositionsgruppen sie als Regierung wünschten. Das wäre eine überzeugende Befreiung vom zaristischen Joch gewesen, echte revolutionäre Freiheit. So aber wurde die Revolution abgewertet, das Volk wieder in die Rolle des ewigen Untertanen gedrückt. Damit war zwar das Zarentum passé, nicht aber die Form der Diktatur, diese furchtbare Herrschaftsform von Menschen über Menschen. Nur die Herren hatten gewechselt, mehr kaum. Die russische Gesellschaft konnte sich nicht weiterentwickeln, die Menschen blieben in der Abhängigkeit der Bevormundung einer Elite, also der Parteispitze, die für sie entschied, was sinnvoll und was schädlich sei. Ein Verrat war das, ja –

C. v. S.: Sie sprachen eben davon, daß Ihre Tätigkeit für die ›Nowaja Shisn‹ der Anfang vom Ende war.

GORKI: *(entzündet zerstreut einen kleinen Scheiterhaufen im Aschenbecher, schweigt lange, sucht offensichtlich nach Worten, antwortet dann mit leiser Stimme)* Nun ja, ich hatte nach langem Suchen den Mittelpunkt meines Lebens gefunden – ich glaubte – ich meinte – dachte, erkannt zu haben, daß ich als Schriftsteller etwas zu sagen hatte. Dieser mich völlig überraschende Erfolg, mein kometenhafter Aufstieg als Autor und die Akzeptanz durch meine Leser hatte gezeigt, daß ich auf dem richtigen Weg war. Zwar nervte mich der Personenkult, diese Verehrung, diese Schwärmerei. Aber sie zeigte mir zugleich auch, daß meine Bücher den Lesern sehr wichtig waren, ihnen etwas gaben. Ich bin nicht nur ein Handwerksmann der Literatur, sondern vor allem auch jemand, der an die Literatur *glaubt* und sie sogar anbetet. Ich bin der Ansicht, daß ein Buch nicht nur die Gedanken des Autors reflektiert, sondern mit dazu beiträgt, daß der Leser seinen geistigen Horizont erweitert und damit fähig wird, sein Leben eigenverantwortlich und vor allem selbstbewußt zu gestalten. Wissen Sie – gute Literatur hat das Ziel, dem Menschen zu helfen, sich selbst zu erkennen, seinen Glauben an sich zu stärken und das Streben nach Wahrheit in ihm zu entwickeln. Indem ich dieses Wissen nicht mehr wichtig genug nahm, einfach zu wenig Zeit zum Schreiben meiner Bücher investierte, war das tatsächlich der Anfang vom Ende meiner wirklichen Berufung. Ich habe nach 1917/18 zwar immer weiter geschrieben, aber meine Schriftstellerei rückte an die zweite Stelle. Die meiste Zeit – und auch die meiste Kraft – verlor ich in der Tagespolitik, gleichgültig, ob unter Lenin oder Stalin. Und als Politiker war ich – das sehe ich heute ganz deutlich – sehr unzulänglich. Ich war nicht geübt in diesem unbarmherzigen Spiel, diesem Gewerbe der Macht, häufig viel zu unbedacht und zu wenig rational. Mein Versuch, gegen meine eigentliche Bestimmung auf ein anderes Ufer zu springen, ist mißglückt. Aber er war ja auch eine Konzession an die bewegte Zeit, mein Beitrag zur Veränderung, zum Wandel, – zum Besseren. Was – so dachte ich damals – nützt es in diesen Jahren des Mordens, der Anarchie und der Angst – den Menschen nur kluge Bücher anzubieten? Viel wichtiger erschien mir, Gefährdeten zu helfen und Bedrohte zu retten, Zug um Zug Mißstände zu beseitigen, also praktisch zu handeln. Ich konnte zwar meine Leser anrühren, bei ihnen längst verschüttete Gefühle wecken, sie zum Nachdenken bewegen, ihnen gewissermaßen eine geistige Starthilfe vermitteln, um ihr elendes Leben zu verändern. Millionen von im Aberglauben verhafteten Menschen schaffen sich durch Bücher eine neue Welt. Aber was nützt dem Menschen die richtige Erkenntnis, wenn seine soziale Situation das Umsetzen dieser Erkenntnis nicht ermöglichte? Mit Tränen allein löscht man das Feuer nicht. Ich versuchte, den Menschen eben jene Barrieren vor den Füßen fortzuräumen, die die Umsetzung ihrer neu entwickelten Gedanken verhinderten. Und weil ich dabei nur bedingt erfolgreich war, zugleich jene Fähigkeit zurückstellte, mit der ich wirklich überzeugen konnte, – also die Literatur – ist dieser Weg – genaugenommen – falsch gewesen, – ja.

C. v. S.: Ihr Verhältnis zu Lenin interessiert uns. War er ihr Freund, war er...

GORKI: Aber ja, natürlich war er mein Freund. Ich habe ihn bewundert und ich habe ihn geliebt.

C. v. S.: Aber er hat doch Ihre humanitären Anliegen mißbraucht, Ihnen viele Steine in den Weg gelegt. Er hat Sie letztlich für seine Zwecke ausgenutzt, Sie zur Emigration gezwungen, Sie an die Kette seiner Diktatur gelegt. Was gab es an ihm denn zu bewundern?

GORKI: Um mit Ihrer letzten Frage zu beginnen, was gab es an ihm zu bewundern? Seine Aufrichtigkeit, seine Konsequenz, seine Härte, seine Ziele durchzusetzen. Das sind alles Dinge, die mir von der Natur nicht gegeben sind. Ich habe an ihm bewundert, daß er unbeirrbar *seine* Vorstellung von der Revolution verwirklichte, ohne jede Konzession an seine wirklichen Gefühle, – und – Sie glauben das sicher nicht, aber er hatte sie in hohem Maße – Gefühle – denen ich zum Beispiel immer wieder unterlag. Sentimentalität nannte er das, und Sentimentalität war bei einer solchen Umwälzung für ihn nicht angebracht.

Grausam mußte man damals sein, um die große Revolution zu retten, unendlich grausam. Bedenken Sie doch nur, was alles diese Revolution gefährdete: die Weißgardisten mit ihren Bürgerkriegsarmeen, die Invasionstruppen der westlichen Alliierten, die ihnen zuhilfe kamen, die Rückständigkeit des russischen Volkes, vor allem der Bauern, die bürgerliche Intelligenz, der Hunger... Tja, warum bewundere ich ihn, weil – weil er das vollzog, wozu ich – genau aufgrund dieser – wenn Freund Lenin es denn sagt – Sentimentalität – nicht in der Lage war, das kleine Übel vom großen Übel zu unterscheiden. Ich habe immer den einzelnen bedrängten Menschen gesehen, Lenin aber das große Ganze, die Revolution. Und das war ja das, was auch ich wollte, immer, seitdem ich ein bewußtes Leben lebte. Lenin hat seine Emotionen stets unterdrücken müssen, um dieses Lebensziel zu verwirklichen. Ihr im Westen kennt ihn nur als Diktator, nennt ihn einen Bluthund. Ich kenne ihn menschlich, fürsorglich, oft traurig, aber niemals zerrissen. Ich selbst bin sehr zwiespältig. Ich wollte die Revolution und zuckte vor der notwendigen Konsequenz zurück, vor der Grausamkeit, die so ein Umsturz eben mit sich bringt.

C. v. S.: Haben Sie Lenin gehaßt?

GORKI: Auch – das auch – merkwürdig. Sie sehen, daß ich wirklich zwiespältig bin. Unendlich gehaßt habe ich ihn in solchen Momenten, wo er so unmenschlich war – obgleich er – ich sagte es schon – um der großen Sache willen unmenschlich sein mußte. Gehaßt habe ich ihn, als er die sozialistische Demokratie zu Grunde richtete, gehaßt habe ich ihn, als er alle, fast alle Romanows, nur weil sie eben als Romanows geboren worden waren, umbringen ließ, gehaßt habe ich ihn dafür, daß er überhaupt umbringen ließ, gehaßt habe ich ihn, als er die ›Nowaja Shisn‹ verbot, gehaßt habe ich ihn für die Pressezensur, für die Unfreiheit, für den Terror... *(Gorkis Bart sträubt sich, mit der Faust schlägt er auf den Tisch)*

C. v. S.: Ist das nicht etwas zuviel Haß für einen angeblichen Freund?

GORKI: Ach Ihr, was versteht denn Ihr von einem Menschen wie Lenin? Ihr ahnt überhaupt nicht, was diese Menschenopfer für ihn bedeuteten, daß auch er Mitleid kannte, sonst hätte er ja wohl auch nicht meine verschiedenen Bitten zugunsten einzelner Menschen unterstützt, aber ab einem gewissen Zeitpunkt ging das nicht mehr, ohne die Revolution zu gefährden.

C. v. S.: Aber der Verrat an der sozialistischen Demokratie – das haben Sie doch selbst eben...

GORKI: Dieser Verrat war ein Fehler von Lenin, aber er war auch historische Notwendigkeit. Blicken Sie doch jetzt nach Rußland oder wie man sich heute nennt, in die GUS (Gemeinschaft Unabhängiger Staaten, C. v. S.). Michail Gorbatschow hat allem Anschein nach eine zumindest eingeschränkte sozialistische Demokratie gewollt. Aber wie reagieren die russischen Republiken auf die demokratische Öffnung? Mit Anarchie, mit Brudermord, mit bürgerkriegsähnlichen Auseinandersetzungen, mit Vertreibung, mit reaktionären Reminiszenzen. In der Ukraine wollen sie die Prügelstrafe wieder einführen und die Kosaken laufen dort wie zu Zarens Zeiten mit hoher Pelzmütze, einem Säbel an der Seite und mit der Nagaika (russische Peitsche, C. v. S.) am Handgelenk herum. Damals habe ich gedacht, daß es ausreicht, den Bürgern die Möglichkeit zur demokratischen Gestaltung ihres Lebens zu geben und schon haben wir Demokratie. Heute sehe ich das doch anders. In einer Diktatur muß man gehorchen und gegebenenfalls kuschen. Jedenfalls ist man immer Befehlsempfänger. Objekt, nicht Subjekt. Die Demokratie aber verlangt den bewußten Menschen, der genau weiß, was er will. Im Moment wissen meine russischen Landsleute lediglich, was sie NICHT wollen. Zur Demokratie aber gehört mehr. So gesehen, war Lenins Diktatur zwar ein Verrat, aber wohl doch ein notwendiger. Damals waren die Menschen noch viel weniger als heute in der Lage, eigenverantwortlich und autonom zu handeln. Ich hoffe sehr, daß sie es diesmal schaffen, vielleicht über Jelzin, vielleicht über andere...

C. v. S.: Mit Hilfe des Westens?

GORKI: Oh nein, nur das nicht! Den Kapitalismus und Imperialismus müssen wir ja nicht auch noch unseren Fehlern hinzufügen. Ich träume nach wie vor von einer sozialistischen Demokratie. Wenn überhaupt eine Art Kapitalismus notwendig ist, dann sollte es ein Staatskapitalismus sein, der die wichtigsten Industrien selbst verwaltet oder zumindest kontrolliert und somit die Ausbeutung der Arbeiter verhindert.

C. v. S.: Mit diesem staatsmonopolistischen Kapitalismus – so heißt Ihr System wohl – hat die Sowjetunion sich aber doch wirtschaftlich völlig ruiniert; es fehlt doch überall. Es drohen sogar wieder neue Hungersnöte.

GORKI: Ach, ich weiß das auch nicht... man muß verschiedene Formen eben ausprobieren.

C. v. S.: Also wieder Experimente auf dem Rücken von Millionen?

GORKI: Vielleicht, aber diesmal müssen sie sich selbst für oder gegen diese Experimente entscheiden, durch Wahlen, demokratische Wahlen – ja.

C. v. S.: Sind Sie heute noch Marxist?

GORKI: *(seine Daumen pochen in regelmäßigen Abständen leise auf die Tischplatte)* Wissen Sie, auch das sehe ich jetzt ziemlich klar: Marxist bin ich eigentlich nie gewesen, ich habe es einfach nicht geschafft, auch nur eines seiner Bücher ganz durchzulesen. Philosophisch interessierte mich an Marx weniger seine komplizierte Wirtschaftspolitik, die habe ich nie begriffen, diese Sache mit der ›Akkumulation der Produktionsmittel zur Bildung des Kapitals‹. Mich faszinierte nur sein Wille zum Umsturz, zum Umbruch, zum Neuanfang. Lenin hingegen, der kannte ihn in- und auswendig, hat vor allem damals auf Capri immer wieder versucht, mir die Marx'schen Thesen zu erklären. Ich war also kein Marxist, vielleicht war ich auch nur Sozialist, weil das Wort *sozial* in diesem Begriff steckt, vor allem aber war ich Revolutionär, mit allen seinen Konsequenzen.

C. v. S.: Aber was war Ihnen wichtiger, der Mensch oder die Revolution?

GORKI: Die Revolution ist ohne die Menschen, die sie vollziehen, nicht denkbar, aber manchmal heiligt der Zweck das Mittel, müssen also auch Menschen ihr Leben hergeben.

C. v. S.: Angenommen, Sie ständen erneut vor der Alternative, unschuldige Menschen für diesen Zweck zu opfern, oder aber auf die Revolution zu verzichten. Wie würden Sie sich heute entscheiden?

GORKI: Lenin hätte über diese Frage nicht nachgedacht. Für ihn war die Revolution das alles überdeckende wichtigste Ziel; aber ich, ach, wenn man das in einem Satz ausdrücken könnte – – – Der Mensch ist für mich größer als alle seine Ideen und Taten, der Arbeiter ist größer und wertvoller als die Produkte seiner Arbeit. Die Revolution ist für mich sehr wichtig gewesen, aber nur dann, wenn sie die Aktivität des Menschen erhöht und diszipliniert, ohne ihn zu entstellen und einzuengen. Die Revolution ist hingegen *nicht* wichtiger als der Mensch, wenn man sie dazu benutzt, Ungerechtigkeit und Willkür auszuüben, nur weil sie ein übergeordnetes Ziel ist. Es ist eines Menschen unwürdig, vor dem Werk seines Verstandes und seines Willens – und das ist ja die Revolution – zu kriechen, ihr also etwas unterzuordnen, was letztlich ihrem Geist, der großen Idee nicht entspricht.

C. v. S.: Das ist eigentlich keine Antwort auf unsere Frage.

GORKI: Finden Sie? Ist Ihnen schon einmal aufgefallen, daß ich das Wort Revolution immer normal schrieb, aber das Wort MENSCH in Großbuchstaben?

C. v. S.: Also, Sie würden sich für den Menschen und gegen die Revolution entscheiden?

GORKI: Ich habe mich immer für den MENSCHEN *in* der Revolution entschieden, Freund Lenin bezeichnete meine Priorität als Unsinn, als nutzlose Geschäftigkeit.

C. v. S.: Vielleicht von Lenin jetzt zu Stalin...

GORKI: *(schüttelt sich, in den Augen wetterleuchtet es grünlich)* Oh, dieser Mörder, dieses Vieh...

C. v. S.: Nun, mit diesem ›Vieh‹ haben Sie sich ja angeblich freundschaftlich und ganz sicher solidarisch verbunden.

GORKI: Ja, ja, ja, ja! Ihr wißt das alles ja so genau. Vor allem die Emigranten und Ihr im Westen, Leute, die nicht in Sowjetrußland lebten, maßen sich ein Urteil an. Was wißt denn außerdem Ihr Nachgeborenen von den historischen Verhältnissen, von den Umständen und von meiner damaligen Situation?

C. v. S.: Was wissen wir denn nicht?

GORKI: Nichts wißt Ihr, gar nichts, vielleicht wollt Ihr es auch nicht wissen. Beginnen wir mit den Verhältnissen: Die Revolution hatte gesiegt, das war klar. Aber wir wurden doch von außen bedroht, unser blutig erkämpfter Umsturz war durch das permanente Sperrfeuer der imperialistischen Ideologie ständig gefährdet; die gesamte westliche Welt wartete doch nur darauf, daß bei uns alles zusammenbricht und sie dann die Sowjetunion wie eine überreif vom Baum gefallene Pflaume ernten könnte, um ihren verfluchten Kapitalismus bei uns einzuführen. Und das hätte wieder eine Unterteilung der Gesellschaft in Arme und Reiche, in Untertanen und Gebieter nach sich gezogen. Hitlers Faschismus bedrohte mit seiner Theorie vom ›slawischen Untermenschen‹ das russische Volk ganz unverblümt, seine Politik bestand zudem in der Vorbereitung eines Angriffskrieges. Und dem Westen waren offensichtlich die Faschisten immer noch sympathischer als die Kommunisten.

C. v. S.: Aber Stalin, als Repräsentant Ihres Volkes, als Person, als blutrünstiger Diktator seiner Untertanen, warum haben Sie sich denn...

GORKI: Warum? Weil er nun gerade der einzige war, der Sowjetrußland und die Revolution hätte verteidigen können, weil...

C. v. S.: Aber er war doch nicht zufällig der Einzige. Er hatte doch durch Intrigen, Verfolgungen, Säuberungsprozesse und Morde diese Position erreicht, und Sie haben diese Hinrichtungen sogar gutgeheißen, haben Stalin gepriesen, mit ihm und seinen schlimmsten Mitläufern gemütlich Tee getrunken und nette Ausflüge gemacht?

GORKI:
Hätte ich vielleicht zu Neuwahlen im ZK (Zentralkomitee der Partei, C. v. S.) aufrufen sollen? Das war doch eine winzige, elitäre und geschlossene Gesellschaft. Noch stärker zentralisiert war das Politbüro der Partei, quasi die Regierung. Von beiden Zentren gelangte nur das in die Öffentlichkeit, was als angemessen für die Allgemeinheit betrachtet wurde. Von internen Auseinandersetzungen, Fraktionskämpfen und Säube-

rungen erfuhr man doch erst, wenn bereits Tatsachen geschaffen worden waren. Weder ich noch irgendein anderer hatte zu diesen Entscheidungsprozessen Zugang. Und eines Tages war es eben Stalin, der sich als der Mächtigste erwies, plötzlich als Alleinherrscher dastand. Wir Sowjetbürger haben keinerlei Einfluß darauf gehabt. Ja, was hätte ich denn anderes tun können? Vielleicht in einem Artikel den Sturz von Stalin empfehlen? Welche Zeitung hätte das denn gedruckt? Sollte ich mich vielleicht mit einem Protestplakat ›Nieder mit Stalin‹ auf den Roten Platz stellen? Binnen einer Minute hätte man mich doch verhaftet, abtransportiert und verschwinden lassen. »Der große Dichter Maxim Gorki hat den Verstand verloren« – hätten dann die Zeitungen bedauert und mich – wenn ich Glück gehabt hätte – in einer geschlossenen Anstalt verwahrt und wenn es schlimmer gekommen wäre, liquidiert und mitgeteilt, ich hätte mich aus Kummer über die imperialistische Bedrohung umgebracht. Und selbst wenn Stalin mir die Ausreise gestattet hätte, wenn ich also hätte emigrieren können, in welches Land denn? Vielleicht in Hitlers Deutschland, wo der braune Pöbel wütete und bereits Tausende von Linken in den Gefängnissen saßen? Nach Italien, das sich mit Hitler verbunden hatte und mich sofort den Nationalsozialisten ans Messer geliefert hätte, nach Frankreich, England, wo die Emigranten saßen und nur darauf warteten, mich in ihre Hände zu bekommen, nach Amerika, in eine Nation, die für mich immer der Inbegriff des verhaßten Kapitalismus gewesen ist und deren Philosophie ich verabscheute? Also erstens, ich hatte keine Möglichkeit, Stalin abzusetzen; zweitens, ich sah keinen Weg, öffentlich gegen Stalin zu protestieren; drittens, ich durfte nicht ausreisen, und selbst wenn, es gab kein Land, in das ich hätte unbesorgt emigrieren können, ganz zu schweigen davon, daß sie mich wohl auch nicht hätten haben wollen. *Das* war doch die Situation!

C. v. S.: Vielleicht trifft das ja so zu...

GORKI: Was soll dieses polemisch überhebliche ›vielleicht‹? Natürlich trifft das zu, warum zweifeln Sie denn daran?

C. v. S.: Nun ja, weil Sie eben in den letzten zwei Jahren Ihres Lebens keinerlei Opposition an den Tag legten, im Gegenteil, sie lobten auch noch Stalin, von dem Sie doch längst wußten, daß...

GORKI: *(sitzt mit gesenktem Kopf, seine Hände haben sich von der Tischplatte gelöst und liegen bewegungslos auf seinen Oberschenkeln. Er hustet nervös, seine Augen scheinen durch uns hindurchzublicken, sein Gesicht wirkt grau und eingefallen, tiefe Falten ziehen sich von den Nasenflügeln bis hin zu seiner Unterlippe. Er schweigt lange, dann mit leiser, heiserer Stimme)* Was wißt denn Ihr, was wissen denn meine russischen Mitbürger, was weiß denn die intellektuelle Welt? Ich bin doch den einzigen möglichen Weg gegangen, der mir noch geblieben war. Ich habe doch versucht, zu helfen, interveniert, protestiert, für jeden einzelnen, dessen Not offensichtlich war. Ich habe mir in Eingaben an die Funktionäre die Finger wund geschrieben. Ich habe mit Stalin oder Jagoda gesprochen, ihnen Briefe geschrieben, versucht zu retten, was zu retten war.

C. v. S.: Und warum kennen wir diese Eingaben und Briefe nicht?

GORKI: Das müssen Sie nicht mich fragen, sondern die verschiedenen Generationen meiner Nachlaßverwalter, die haben sie doch bis heute unter Verschluß oder sogar vernichtet.

C. v. S.: Aber was könnte der Grund dafür sein, die Dokumente auch heute noch zurückzuhalten?

GORKI: *(springt erregt auf, schlägt sich mit beiden Fäusten gegen die Stirn, sein Gesicht verzieht sich zornig, seine Stimme klingt laut, er schleudert uns die Sätze förmlich entgegen)* Weil weder

Ihr im Westen noch meine sozialistischen Freunde im Osten daran interessiert sind, den wirklichen Maxim Gorki kennen zu lernen! Weil nur das veröffentlicht wird, was in Eure jeweilige Ideologie paßt. Die einen verstecken meine Briefe und Eingaben, die anderen verschweigen wichtige Etappen und Ereignisse meines Lebens. Ihr beschreibt – je nach politischem Lager – mein Leben viel zu einseitig, und Ihr manipuliert mich damit immer noch, auch heute! Aber schön, schildert mich meinetwegen als unbeugsamen Revolutionär, das ist die sozialistische Variante. Stilisiert mich von mir aus zum Widerstandskämpfer gegen die Revolution hoch, das wäre die kapitalistische Schreibweise. Aber verdreht doch bitte nicht ständig Ursache und Wirkung. Für die Revolution habe ich gekämpft, damit das Leiden der geknechteten Menschen ein Ende findet; gegen die Revolution habe ich gekämpft, weil sie zum Moloch wurde. Hinter beiden scheinbar konträren Handlungen aber stand doch nichts anderes als mein Versuch, die Menschen vor dem zu bewahren, was mir an Armut, Entwürdigung und Überlebenskampf nicht erspart worden ist. Und das habe ich getan, solange ich gelebt habe. Hört endlich auf, Eure Halbwahrheiten über mich zu veröffentlichen! Es ist doch wirklich nur die Hälfte der Wahrheit, wenn Ihr berichtet, daß ich Lenin bekämpft habe, aber verschweigt, wie sehr ich ihm menschlich verbunden war. Es ist auch falsch, wenn Ihr lediglich darstellt, daß ich mich am Personenkult um Stalin beteiligte und einfach übergeht, wie immens gerade mein Kampf gegen ihn war. Das Leben unter Stalin sind meine bittersten Jahre gewesen. Mein Gott, wie sehr mußte ich mich verstellen, wie häufig lügen. Aber ich tat es doch für die Revolution und die Befreiung des Menschen! Diese russische Revolution ist das größte Ereignis seiner Art in der Geschichte. Wir hatten mit ihr eine völlig neue Staatsordnung, ein bis dahin noch nicht praktiziertes ökonomisches System und eine neue Weltanschauung durchgesetzt. Gemessen an den Millionen von Revolutionären ist mein Lebenslauf im Grunde nebensächlich, aber nehmt mir nicht auch noch die Würde meiner letzten Lebensjahre! Ich habe in ihnen weder die Revolution verraten noch habe ich Menschen meine Hilfe verweigert, auch nicht in meiner ausweglosen Situation von Überwachung, Manipulation und unfreiwilliger Gefangenschaft. Ich habe doch unendlich viele Briefe geschrieben, gerade in jenen Jahren – an die verdammten Funktionäre, an die Bürokraten, an den Geheimdienst, an die Gerichte – an Stalin, vor allem an den. Und jedes Schreiben enthielt ein Einzelschicksal, meinen verzweifelten Versuch zu helfen – sie müssen doch noch da sein, meine Briefe!

C. v. S.: Aber sie sind nicht da!
Etwas Unerwartetes geschieht. Gorki, der eben noch vor uns gestanden hat und wild mit den Armen gestikulierte, wird immer durchsichtiger, ist zunehmend undeutlicher zu sehen. Dann ist er fort. Im Aschenbecher qualmt noch seine letzte Zigarette, doch wir sitzen alleine vor unserem Aufnahmegerät und starren uns fassungslos an. Aber Gorkis Stimme ist noch zu hören. Sie wird immer leiser und scheint von weit her aus einem anderen Raum zu kommen. Dennoch verstehen wir deutlich seine letzten Worte

GORKI: Öffnet die Archive, öffnet doch *endlich* die Archive!

Literaturverzeichnis

Neben der allgemein zugänglichen Literatur bildete die Zeitungsausschnittsammlung (ZAS) der Bibliotheken der Stadt Dortmund eine wichtige Grundlage der vorliegenden Arbeit. Ich danke den Mitarbeitern für die konfliktlose Übersendung des Materials. Gedankt sei auch Heidi Hannes-Heidkamp für sämtliche Erzählungen Maxim Gorkis.

1. Werkausgaben in deutschen Übersetzungen (Auswahl)

Aus den über 150 Werkausgaben der Bücher Maxim Gorkis wurde die älteste – (Malik-Verlag), die ausführlichste – (Aufbau-Verlag) und die jüngste Werkausgabe (Winkler-Verlag) im deutschsprachigen Raum ausgewählt. Die Ersterscheinungsdaten der wichtigsten Werke sind in der Kurzbiographie angegeben.

Gesammelte Werke in Einzelausgaben. Bd. 1–17, (Malik-Verlag), Bd. 1: Der Holzflößer und andere Erzählungen; Bd. 2: Verlorene Leute und andere Erzählungen; Bd. 3: Foma Gordejew; Bd. 4: Drei Menschen; Bd. 5: Die Mutter; Bd. 6: Der Spitzel; Bd. 7: Eine Beichte, Ein Sommer; Bd. 8: Nachtasyl, Die Kleinbürger, Kinder der Sonne; Bd. 9: Erlebnisse und Begegnungen; Bd. 10: Das Werk der Artanomows; Bd. 11 und 12. Matwej Koshemjakin; Bd. 13: Erinnerungen an Zeitgenossen; Bd. 14: Märchen der Wirklichkeit; Bd. 15: Das blaue Leben und andere Erzählungen; Bd. 16: In der Steppe und andere Erzählungen; Bd. 17: Wie ein Mensch geboren ward und andere Erzählungen; Ergänzungsband: Ilja Grusdew: Das Leben Maxim Gorkis. Berlin 1926–1930.

Gesammelte Werke in Einzelbänden. Herausgegeben von Eva Kosing und Edel Mirowa-Florin, 23 Bände (Aufbau-Verlag), Berlin und Weimar 1967–1976.

Erzählungen. (Aufbau-Verlag), 6 Bände, Berlin 1953–1955.

Autobiographische Romane: Meine Kindheit. Unter fremden Menschen. Meine Universitäten. Deutsch von Georg Schwarz. Mit einem Vorwort zur Gesamtausgabe und einem Nachwort von Helene Imendörffer ›Dünndruck Bibliothek der Weltliteratur‹ (Winkler-Verlag), München 1972.

Konowalow und andere Erzählungen. ›Dünndruck Bibliothek der Weltliteratur‹ (Winkler-Verlag), München 1973.

Romane: Drei Menschen. Die Mutter. Deutsch von Harry Burck und Adolf Heß ›Dünndruck Bibliothek der Weltliteratur‹ (Winkler-Verlag), München 1973.

Der Vagabund und andere Erzählungen. ›Dünndruck Bibliothek der Weltliteratur‹ (Winkler-Verlag), München 1974.

Romane: Foma Gordejew. Eine Beichte. Das Werk der Artamonows. Deutsch von Erich Boehme, Dieter Pommerenke und Klara Brauner

›Dünndruck Bibliothek der Weltliteratur‹ (Winkler-Verlag), München 1976.
Dramen: Kleinbürger. Nachtasyl. Sommergäste. Kinder der Sonne. Barbaren. Feinde. Die Letzten. Jegor Bulytschkow. Wassa Shelesnowa. Deutsch von Werner Creutziger, Günther Jäniche und Georg Schwarz. ›Dünndruck Bibliothek der Weltliteratur‹ (Winkler-Verlag), München 1976.
Romane: Ein Sommer. Das Städtchen Okurow. Matwej Koshemjakin. Deutsch von Dieter Pommerenke, Hertha von Schulz, Traute und Günther Stein, ›Dünndruck Bibliothek der Weltliteratur‹ (Winkler-Verlag), München 1975.
Klim Samgin. Vierzig Jahre. Buch I. und II. Deutsch von Hans Ruoff ›Dünndruck Bibliothek der Weltliteratur‹ (Winkler-Verlag), München 1980.
Klim Samgin. Vierzig Jahre. Buch III und IV. Deutsch von Hans Ruoff ›Dünndruck Bibliothek der Weltliteratur‹ (Winkler-Verlag), München 1980.
Material zum Klim Samgin. Unveröffentlichtes Material und Abhandlungen zum ›Klim Samgin‹. Unter der Redaktion von A. M. Jegolin, B. W. Michailowski, S. M. Petrow. Aus dem Russischen übertragen von Maria Jensch. (Verlag Hermann Böhlaus Nachfolger), Weimar 1954.

Briefe/Vorträge/Selbstzeugnisse:

Briefwechsel mit Freunden. Hrsg.: Mirowa-Florin, Edel. Deutsch von Hartmut Herboth und Walter Schade (Aufbau-Verlag), Berlin und Weimar 1986.
Briefwechsel mit sowjetischen Schriftstellern. Hrsg.: Idzikowski, Ilse. Deutsch von Günther Jarosch (Akademie-Verlag), Berlin 1984.
Maxim Gorki/Stefan Zweig: Briefwechsel. Hrsg.: Böttcher, Kurt (Insel-Verlag), Frankfurt/Main 1974.
Durch die Union der Sowjets. Tagebuchnotizen und Skizzen, Hrsg.: Kosing, Eva, Mirowa-Florin, Edel. ›Gesammelte Werke in Einzelbänden, Bd. 15‹ (Aufbau-Verlag), Berlin und Weimar 1970.
Maxim Gorki – Freund, Helfer und Kampfgefährte. Neun bisher unveröffentlichte Briefe an junge Schriftsteller, in: Kunst und Literatur, 12. Jahrg. Heft Nr. 4, 1964, S. 378–390.
Maxim Gorki: Für Frieden und Demokratie. Skizzen, Pamphlete, Artikel, Reden, Briefe. Aus dem Russischen übertragen von Arnold Frank. (Aufbau-Verlag), Berlin 1954.
Maxim Gorki zu Fragen der literarischen und publizistischen Arbeit. Unveröffentlichte Briefe, in: Kunst und Literatur, 14. Jahrg. Heft 4, April 1966, S. 364–414.
Mit Bomben und Granaten: zwei Aufsätze von Maxim Gorki gegen die imperialistische Kriegshetze und die heuchlerischen Humanisten. Aufruf des Internationalen Verteidigungs-Komitees, Berlin 1930.
Wie ich schreibe. Literarische Porträts. Aufsätze, Reden und Briefe. ›Dünndruck Bibliothek der Weltliteratur‹ (Winkler-Verlag), München 1978.

Bislang in der UdSSR/GUS und in Ländern des ehemaligen Ostblocks kaum oder gar nicht gedruckte Ausgaben:

Vom russischen Bauern, in: Tschajanow, Alexander W.: Reise ins Land der bäuerlichen Utopie. ›EVA, Bd. 37‹ (Syndikat-Verlag), Frankfurt/Main 1981.
Unzeitgemäße Gedanken über Kultur und Revolution. Deutsch von Bernd Scholz, in: Scholz, Bernd (Hrsg.): Maxim Gorki. Unzeitgemäße Gedanken über Kultur und Revolution. (Insel-Verlag), Frankfurt/Main 1972.

Ein Jahr russische Revolution, in: Süddeutsche Monatshefte, Nr. 1, München 1918.

2. Biographien

1. Gesamtdarstellungen:

Gourfinkel, Nina: Maxim Gorki in Selbstzeugnissen und Bilddokumenten. Deutsch von Rolf-Dietrich Keil. ›rowohlts monographien Bd. 9‹ (Rowohlt-Verlag), Hamburg 1981.
Grusdew, Ilja: Das Leben Maxim Gorkis. Biographie. Deutsch von Erich Boehme. (Malik-Verlag), Berlin 1928.
Ludwig, Nadeshda: Maxim Gorki. Sein Leben und Werk. ›Schriftsteller der Gegenwart‹ (Verlag Volk und Wissen), Berlin 1971.
Ludwig, Nadeshda: Maxim Gorki. Leben und Werk. (Verlag das Europäische Buch), Westberlin 1984 (Diese Ausgabe ist im Vergleich zur Ausgabe 1971 in etlichen Passagen verändert worden).
Roskin, A.: Maxim Gorki. Deutsch von Alice Wagner (SWA-Verlag), Berlin 1947.
Troyat, Henri: Gorki. Sturmvogel der Revolution. Deutsche Bearbeitung von Antoinette Gittinger. (Casimir Katz Verlag), Gernsbach 1987.
Wolfe, Bertram D.: Brücke und Abgrund. Maxim Gorki und Lenin. Deutsch von Karl Kautzky jun. (Europa-Verlag), Wien 1970.

2. Biographisches zu einzelnen Lebensabschnitten:

Alexinskij, Gregor: Die geblendete Nachtigall. Des ewigen Romantikers Gorki große Enttäuschung. Deutsch von Günther Steffen. In: Die Welt, 31.5.1950.
Bjalik, Boris: Revolution und Kunst. Betrachtungen über die Beziehungen zwischen Lenin und Gorki. Aus dem Russischen von Brigitta Schröder. (Aufbau-Verlag), Berlin 1974.
Böttcher, Kurt (Hrsg.): Maxim Gorki Stefan Zweig, Briefwechsel. (Insel-Verlag), Frankfurt/Main 1974.
Chodassewitsch, Valentina: Gorki, wie ich ihn kannte. In: Sinn und Form. Beiträge zur Literatur, (Verlag Rütten & Loening), 26. Jahr/6. Heft, Berlin 1974.
Dönhoff, Marion Gräfin von: Menschen, die wissen, worum es geht. Politische Schicksale 1916–1976. (Verlag Hoffmann und Campe), Hamburg 1976.
Fedin, Konstantin: Gorki unter uns. Bilder eines literarischen Lebens. Deutsch von Georg Schwarz. (Aufbau-Verlag), Berlin und Weimar 1982.
Herling-Grudzinski, Gustaw: Die sieben Tode des Maxim Gorki, in: ›Kontinent Magazin‹, Forum für Ost-West-Fragen, Nr. 12, 6. Jahrgang (Ullstein Verlag), Frankfurt/Main, Berlin, Wien 1980, S. 3–36.
Idzikowski, Ilse: Maxim Gorki in der DDR und in Westdeutschland, in: Kunst und Literatur. 16. Jahrg., Heft 1, Januar 1968, S. 3–18.
Kaleps, Boriss A.: Gor'kijs Glaube und seine verschiedenen Konflikte mit der Umwelt. Dissertation, Skript, Heidelberg/Riga 1963.
Katzer, Nikolaus: Maksim Gorkijs Weg in die russische Sozialdemokratie. ›Veröffentlichungen des Osteuropa-Institutes München, Reihe: Geschichte‹ (Otto Harrassowitz-Verlag), Wiesbaden 1990.
Kosing, Eva/Mirowa-Florin, Edel: (Hrsg.): Lenin und Gorki. Eine Freundschaft in Dokumenten. (Aufbau-Verlag), 3. Aufl. Berlin 1974.
Krupskaja, Nadesha: Erinnerungen an Lenin. (Dietz-Verlag), Berlin 1960.

Lenin, W. I.: Briefe an Maxim Gorki 1908–1913. Mit Einleitung und Anmerkungen von L. Kamenew. (Verlag für Literatur und Politik), Wien 1924.
Lenin, W. I. / Gorkij, M.: Pi'sma, vospominnanija, dokumenty, AN SSR, 3. dopolnennoje, Moskau 1969.
Mirowa-Florin, Edel (Hrsg.): Maxim Gorki. Briefwechsel mit Freunden. Deutsch von Hartmuth Herboth und Walter Schade. (Aufbau-Verlag), Berlin 1986.
Opischuja, I.: Die letzten Jahre des Maxim Gorki. Das Rätsel seines Todes vor 25 Jahren wird nie ganz aufgehellt werden, in: Der Tagesspiegel Nr. 4794, 17. 6. 1961, S. 4.
Paklin, N.: Unbekannte Briefe Gorkis an Schaljapin, in: Kunst und Literatur, 34. Jahrg. Heft 3, 1986, S. 291–301.
Pozner, Vladimir: Erinnerungen an Gorki. Deutsch von Christine Kaemmel. (Verlag Volk und Welt), Berlin 1959.
P. Q.: Maxim Gorki über Stalin. Aus dem Tagebuch eines Dichters, in: Neuer Vorwärts Nr. 16, 20. 4. 1956.
Rado, Gyorgy: Maxim Gorkis Tod: Wort für Wort, in: Der Monat, 21. Jahrg., Heft 249, 1969, S. 73–76.
Rühle, Jürgen: Gorkis Ende. Jagodas Mordgeständnis bis heute nicht dementiert, in: Stuttgarter Zeitung Nr. 135 vom 15. 6. 1961.
Schröder, Ralf (Hrsg.): Mit der Menschheit auf Du und Du. Schriftsteller der Welt über Gorki. (Verlag Kultur und Fortschritt), Berlin 1968.
Solschenizyn, Alexander: Der Archipel Gulag. Deutsch von Anna Peturnig, (Scherz-Verlag), Bern und München 1974.
Solschenizyn, Alexander: Der Archipel Gulag – Folgeband, Arbeit und Ausrottung, Seele und Stacheldraht. Deutsch von Anna Peturnig und Ernst Walter, (Scherz-Verlag), Bern und München 1974.
Tamms, Werner: Zwischen Kraft und sanfter Güte. Am 18. Juni vor 25 Jahren starb der russische Dichter Maxim Gorkij, in: Westdeutsche Allgemeine Zeitung Nr. 138 vom 17. 6. 1961.
Teupitz, Thomas: Stalin schickte ihm vergiftete Pralinen. Griff in die Geschichte: Vor 125 Jahren wurde der russische Schriftsteller Maxim Gorki geboren, in: Die Welt, 27. 3. 1993.
Tomaschewski, J.: Gorki und Sostschenko. Psychologischer Kommentar zu einer Widmung, in: Kunst und Literatur, 34. Jahrg. Heft 3, 1986, S. 302–309.
Zentralvorstand der Gesellschaft für Deutsch-Sowjetische Freundschaft (Hrsg.): Zum 100. Geburtstag von Maxim Gorki in: Kunst und Literatur, 16. Jahrg. Heft 3, März 1968, S. 227–336.
Zweig, Stefan: Die Welt von Gestern. Erinnerungen eines Europäers. (Deutscher Bücherbund), Stuttgart, Hamburg o. D.

3. Literatur zu einzelnen bzw. mehreren Werken

Belkina, N. P.: ›Klim Samgin‹. Die wichtigsten Gestalten des Romans, in: Gorki, M.: Material zum Klim Samgin (s. d.).
Bursow, B.: Der sozialistische Realismus in Gorkis Roman ›Die Mutter‹, in: Sowjet-Literatur, Nr. 8, August 1952, S. 169–174.
Eliasberg, Alexander: Russische Literaturgeschichte in Einzelporträts. (C. H. Beck-Verlag), München 1922.
Forschungskollektiv Beitz, Willi, Hiller, Barbara, Jünger, Harri, Warm, Günter u. a.: Geschichte der russischen Sowjetliteratur 1917–1941. (Akademie-Verlag), 2. Aufl. Berlin 1977.

Fritsch, Hermann. Einige Probleme der neuen Literatur in der Sicht Maxim Gorkis, in: Weimarer Beiträge, 14. Jahrg. Heft 4, 1968, S. 754–781.

Jünger, Harri: Maksim Gor'kij und die Weltliteratur, in: Wissenschaftliche Zeitschrift der Humboldt-Universität zu Berlin. Gesellschafts- und Sprachwissenschaftliche Reihe, Nr. 3, 1979, S. 301–308.

Karassik, S. M.: ›Aufzeichnungen des Doktor Rjachin‹. Zur Entstehungsgeschichte der Gestalten des ›Klim Samgin‹, in: Gorki, M.: Material zum Klim Samgin (s. d.).

Kasper, Karlheinz: Gorkis ›Klim Samgin‹, in: Weimarer Beiträge Nr. 35, 1989, S. 1145–1161.

Kowalski, Edward, Lomidse, Georgi I. (Hrsg.): Erbe und Erben. Traditionsbeziehungen sowjetischer Schriftsteller. (Aufbau-Verlag), Berlin und Weimar 1982.

Lukács, Georg: Literatursoziologie ›Soziologische Texte, Bd. 9‹ (Hermann Luchterhand-Verlag), Neuwied 1961.

Mereschkowski, Dimitri S.: Der Anmarsch des Pöbels. Deutsch von Harald Hoerschelmann. (Verlag R. Piper & Co.), Leipzig 1907.

Mittenzwei, Werner, Weisbach, Reinhard (Hrsg.): Revolution und Literatur. Zum Verhältnis von Erbe, Revolution und Literatur. (Verlag Philipp Reclam jun.), Leipzig 1971.

Plechanow, G. W.: Kunst und Literatur. Deutsch von Joseph Harhammer. (Dietz-Verlag), Berlin 1955.

Rühle, Jürgen: Literatur und Revolution. Die Schriftsteller und der Kommunismus. (Knaur-Verlag), Köln–Berlin 1963.

Rühle, Jürgen: Maxim Gorkis letztes Wort. Über den Roman ›Das Leben des Klim Samgin‹ in: Der Monat, 11. Jahrg. Heft 125, Februar 1959, S. 70–78.

Saburow, A. A.: Gorkis Arbeit an dem ersten Teil des Romans ›Klim Samgin‹, in: Gorki, M.: Material zum Klim Samgin (s. d.).

Satonski, D.: ›Klim Samgin‹ und einige Probleme des modernen Romans, in: Kunst und Literatur, 16. Jahrg. Heft 8, August 1968, S. 789–810.

Scholz, Bernd (Hrsg.): Maxim Gorki. Unzeitgemäße Gedanken über Kultur und Revolution. (Insel-Verlag), Frankfurt/Main 1972.

Schröder, Ralf. Die dialektische sozialgeschichtliche Auflösung der Faust-Problematik in Gorkis Roman-Epopöe ›Klim Samgin‹, in: Weimarer Beiträge, Heft 5, 1965, S., 659–731.

Stauche, Ilse: Der Dramatiker Gor'kij heute, in: Wissenschaftliche Zeitschrift der Humboldt-Universität zu Berlin, Ges.-Sprachw. Nr. 3, 1979, S. 309–315.

Theaterwissenschaftliche Abteilung des Deutschen Theaterinstituts in Weimar (Hrsg.): Gorki und das Theater. (Verlag Kultur und Fortschritt), Berlin 1954.

4. Literatur zur Zeitgeschichte

Böffgen, H. P./Klahn, Th./Klamt, A. (Hrsg.): D. S. Baldajew – GULag-Zeichnungen. Mit Beiträgen von H. Böffgen, B. Groys, A. Klamt und M. Weimann (Verlag Zweitausendeins), Frankfurt/Main 1993.

Cossmann, Nikolaus (Hrsg.): Bolschewismus. In: Süddeutsche Monatshefte, München, Januar 1919.

Chamberlin, William Henry: Die russische Revolution 1917–1921. Aus dem Amerikanischen von Harry Maór, (Europäische Verlagsanstalt), Frankfurt am Main 1958.

Deutscher, Isaac: Stalin. Eine politische Biographie. Deutsch von Artur

W. Just und Gustav Strohm. ›Sachbuch rororo 9118‹ (Rowohlt-Verlag), Reinbek bei Hamburg 1992.
Düwel, Wolf/Grasshoff, Helmut (Hrsg.): Geschichte der russischen Literatur. Von den Anfängen bis 1917. 2 Bände (Aufbau-Verlag), Berlin und Weimar 1986.
Ehrenburg, Ilja: Menschen Jahre Leben. Autobiographie. Deutsch von Alexander Kaempfe. (Kindler-Verlag), München 1962.
Figner, Wera: Nacht über Rußland. Lebenserinnerungen. Deutsch von Lilly Hirschfeld und Reinhold von Walter. (Verlag Klaus Gruhl), Berlin o. D. (Reprint der Ausgabe des Malik-Verlags von 1928).
Fisch, Louis: Das Leben Lenins. Deutsch von Irmgard Kutscher. ›dtv Wissenschaftliche Reihe‹ (Deutscher Taschenbuch-Verlag), 2 Bände, München 1970.
Ginsburg, Jewgenia: Gratwanderung. Deutsch von Nena Schawina. (Piper-Verlag), 6. Aufl. München 1988.
Ginsburg, Jewgenia: Marschroute eines Lebens. Deutsch von Swetlana Geier. (Piper-Verlag), München 1986.
Gorbatschow, Michail: Perestroika. Die zweite russische Revolution. Eine neue Politik für Europa und die Welt. Übersetzergruppe: Ulrich Mihr. Erweiterte Neuausgabe, (Knaur-Verlag), München 1989.
Grobe, Karl: Stalin, der unerklärte Sündenfall, in: Frankfurter Rundschau vom 24. 3. 1990, S. ZB 4
Hartmann, Hildegard: Das Porträt: Wera N. Figner, Funkmanuskript. (Sendung am 5.12.1990 von 15.20–15.50 Uhr) im Bayerischen Rundfunk, 2. Programm.
Hausmann, Ulrich: Der große Terror, in: Frankfurter Rundschau vom 27.2.93, S. ZB 3.
Hensel, Klaus, Zick, Ilona: ›Die historische Wahrheit über die dunkelste Periode unseres Landes. Ein Gespräch mit Larina Bucharina, in: Frankfurter Rundschau, 4.11.1989, S. ZB 2.
Jung, Joachim: Die Flüche und Seufzer der Ermordeten. Ein Besuch auf dem Archipel GULag, in: Frankfurter Allgemeine Zeitung Nr. 271 vom 21.11.1992.
Kerenski, Alexander F.: Die Kerenski Memoiren. Rußland und der Wendepunkt der Geschichte. Deutsch von Günter Schlichting. (Bertelsmann-Verlag), Gütersloh o. D. Lizenzausgabe des Paul. Zsolnay-Verlages, Wien/Hamburg 1966.
Kisker, Stefanie: Der sozialistische Realismus. Sendung zu einer Ausstellung in der Villa Stuck in München; Radio Bayern 5, 26.1.93 (Bandmitschnitt).
Kubale, Sibylle/Kunerle, Barbara (Lektoren): Schauprozesse unter Stalin 1932–1952. Aus dem Russischen von Hilde Ettinger, Gottfried Holdt u. a. (Dietz-Verlag), Berlin 1990.
Lavrin, Janko: Lev Tolstoj mit Selbstzeugnissen und Bilddokumenten. ›rowohlts monographien, Bd. 57‹ (Rowohlt-Verlag), Reinbek bei Hamburg 1984.
Lenin, Wladimir, I.: Über den Parteiaufbau. Eine Sammlung ausgewählter Aufsätze und Reden. (Dietz-Verlag), Berlin 1958.
Lenin, Wladimir, I.: Ausgewählte Werke in zwei Bänden. (Verlag für fremdsprachige Litratur), Moskau 1946.
Mereschkowski, Dimitri S.: Vom Krieg zur Revolution. Ein unkriegerisches Tagebuch. Deutsch von Albert Zucker (Verlag R. Piper & Co.), München 1918.
Meyer, Fritjof: Die Katastrophe des Kommunismus. Von Marx bis Gorbatschow. ›Spiegel Spezial Nr. 4‹ (Spiegel-Verlag), Hamburg Dezember 1991.

Mierau, Fritz (Hrsg.) Russen in Berlin. Literatur Malerei Theater Film 1918–1933 (Reclam-Verlag), 3. erw. Auflage, Leipzig 1991.
Moscow, Henry: Rußland und die Zaren. (Ensslin & Laiblin-Verlag), Reutlingen 1964.
Nagy, Laszlo: Sturm über Rußland. Lenin und die große Revolution: Deutsch: Sebastian Speich und Corinne Sahel-Kreiner. (C. J. Bucher-Verlag), Luzern und Frankfurt 1967.
Nilostonski, R.: Der Blutrausch des Bolschewismus. Berichte eines Augenzeugen (Neudeutsche Verlags- und Treuhandgesellschaft), Berlin o. D. (ca. 1919/20).
Price, M. Philips: Die Russische Revolution. Erinnerungen aus den Jahren 1917–1919. Deutsch von Lili Keith. (Verlagsbuchhandlung Carel Hoym Nachf. Louis Cahnbley), Hamburg 1921.
Reed, John: Zehn Tage, die die Welt erschütterten. Deutsch von Willi Schulz. (Rowohlt-Verlag), Reinbek bei Hamburg 1967.
Rubel, Maximilien: Josef W. Stalin mit Selbstzeugnissen und Bilddokumenten. ›rowohlts monographien, Bd. 224‹ (Rowohlt-Verlag), Reinbek bei Hamburg 1986.
Shub, David: Lenin. Deutsch von Margret Gräfin Zedtwitz und A. de Vries. (Limes-Verlag), Wiesbaden 1962.
Trotzki, Leo: Stalins Verbrechen. Deutsch von Alexandra Pfemfert. (Dietz-Verlag), Berlin 1990.
Trotzki, Leo: Verratene Revolution. Deutsch von Walter Steen. (Veritas-Verlag), Zürich o. D. (ca. 1957/58).
Tschajanow, Alexander W.: Reise ins Land der bäuerlichen Utopie. Deutsch von Christiane Schulte und Rosalinde Sartorti. ›EVA, Bd. 37‹ (Syndikat-Verlag), Frankfurt/Main 1981.
Ulam, Adam B.: Die Bolschewiki. Vorgeschichte und Verlauf der kommunistischen Revolution in Rußland. Deutsch von Helmut Lindemann (Kiepenheuer & Witsch-Verlag), Köln–Berlin 1967.
Uttritz, Friedrich: Zeugen der Revolution. Mitkämpfer Lenins und Stalins berichten. (Bund-Verlag), Köln 1984.
Weber, Hermann: Lenin mit Selbstzeugnissen und Bilddokumenten. ›rowohlts monographien, Bd. 168‹ (Rowohlt-Verlag), Reinbek bei Hamburg 1986.
Weber, Hermann: Unter Stalin ermordet und von der KP-Geschichte vergessen. Die kommunistischen Opfer der Säuberungen, ›weiße Flecken‹ und Probleme der Rehabilitierung, in: Frankfurter Rundschau, Nr. 123 vom 31.5.1989, S. 10.
Wolffheim, Elsbeth: Anton Cechow mit Selbstzeugnissen und Bilddokumenten. ›rowohlts monographien, Bd. 307‹ (Rowohlt-Verlag), Reinbek bei Hamburg 1988.
Wolkogonow, Dimitri: Stalin. Triumph und Tragödie. Ein politisches Porträt. Deutsch von Vesna Jovanoska. (Claassen-Verlag), Düsseldorf 1989.

5. Nachschlagwerke

Fickenscher, W. (Hrsg.): Die UdSSR. Enzyklopädie der Union der sozialistischen Sowjetrepubliken. (Staatlicher wissenschaftlicher Verlag Große Sowjet-Enzyklopädie Moskau), Leipzig 1959.
Gitermann, Valentin: Geschichte Rußlands. (Athenäum-Verlag), Frankfurt/Main 1987.
Greiner, Mai, Herbert (Hrsg.): Kleines Wörterbuch der Weltliteratur. (Ver-

lag Bibliographisches Institut Leipzig), 3. unveränderte Auflage, Leipzig 1990.
Grunwald, Konstantin von: Rußland ›Kleine Geschichte großer Nationen‹ (Bertelsmann-Verlag), Gütersloh 1978.
Heller, Michail/Nekrich, Alexander: Geschichte der Sowjetunion. Deutsch von Barbara und Boris Inoy, Willy Eichhorn und Karl Huber. Sonderausgabe in einem Band, (Athenäum-Verlag), Königstein/Ts. 1981.
Herre, Paul (Hrsg.): Politisches Handwörterbuch, 2 Bände. (F. Koehler-Verlag), Leipzig 1923.
Institut für Marxismus-Leninismus beim ZK der SED: Geschichte der internationalen Arbeiterbewegung in Daten. (Dietz-Verlag), Berlin 1986.
Jelagin, Juri: Kunst und Künstler im Sowjetstaat. Deutsch von Hans Dieter Müller. (Fischer-Verlag), Frankfurt am Main und Hamburg 1961.
Lektorat Literaturwissenschaft (Hrsg.): BI Schriftsteller Lexikon. Autoren aus aller Welt. (Verlag VEB Bibliographisches Institut Leipzig), 2. Aufl., Leipzig 1990.
Lorenz, Richard: Sozialgeschichte der Sowjetunion, Bd. 1: 1917–1945. (Suhrkamp Verlag), 2. Auflage, Frankfurt/Main 1978.
Markov, Walter/Anderle, Alfred u. a. (Hrsg.): Weltgeschichte. ›Kleine Enzyklopädie‹ (VEB Bibliographisches Institut), Bd. 2, Leipzig 1979.
Mirskij, Dimitrij S.: Geschichte der russischen Literatur. Deutsch von Georg Mayer. (R. Piper-Verlag), München 1964.
Struve, Gleb: Geschichte der Sowjetliteratur. Deutsch von Horst Neerfeld und Günter Schäfer. ›Goldmanns Gelbe Taschenbücher, Bd. 1395–1397) (Wilhelm Goldmann-Verlag), München o. D.
Wilpert, Gero von (Hrsg.): Lexikon der Weltliteratur. (Alfred Kröner-Verlag), Stuttgart 1963.

Kurzbiographie

In dieser Übersicht werden nur die wichtigsten Daten im Leben Gorkis angeführt. Die Aufzählung seiner Werke ist eine Auswahl. Das betrifft vor allem seine Erzählungen, Reden, Aufsätze und Artikel. Steht hinter dem Titel eines Werkes in Klammern ein zweiter, gibt es unterschiedliche Schreibweisen, die durch Übersetzungsschwierigkeiten entstanden sind und in späteren Ausgaben je nach Übersetzung entweder unter dem einen oder dem anderen Titel erschienen. Steht hinter dem Ersterscheinungsdatum ein zweites, so wurde der Titel von Gorki selbst – oft noch nach Jahren – überarbeitet. Es wird nicht das Entstehungsdatum, sondern das Erscheinungsjahr der ersten Veröffentlichung und der Überarbeitung angeführt. Auch hier gibt es in der vorliegenden Literatur Differenzen von bis zu zwei Jahren. Einige Titel Gorkis sind schwer zu klassifizieren. Die Grenzen zwischen Erzählung, Satire und Pamphlet sind mitunter fließend. Für die Gattung der Werke wurden folgende Abkürzungen verwendet:

Erzählung/Novelle/Satire/Skizze	*= (E)*
Literarisches/politisches Porträt	*= (LP)*
Roman	*= (R)*
Theaterstück	*= (D)*
Vortrag/Aufsatz/Artikel/Pamphlet	*= (V)*
Gedicht/Poem	*= (L)*

Geschichtliche oder kulturelle Daten werden vor allem dort angeführt, wo sie einen direkten oder indirekten Einfluß auf Gorkis Biographie haben; die unterschiedlichen Daten spezieller Ereignisse entsprechen bei der ersten Nennung dem alten russischen Kalender, der zweiten dem neuen, nach der Revolution eingeführten.

(16.3.) 28.3.1868

Geburt in Nischni Nowgorod / 1932–1990 Gorki / seitdem wieder Nischni Nowgorod; Das Kind erhält den Namen Alexej Maximowitsch Peschkow;

Vater: Maxim Sawwatiew Peschkow, Kunsttischler.

Mutter: Warwara Wassilijewna Peschkow, geborene Kaschirin, Tochter des Färbereibesitzers Wassili Kaschirin aus Nischni-Nowgorod.

Kultur: Fedor Dostojewski »Der Idiot« (R).

Geschichte: Seit 1861 ist die Leibeigenschaft aufgehoben.

1869

Nach Mordversuch durch die beiden Brüder der Mutter, zieht der Vater mit seiner jungen Ehefrau und Alexej nach Astrachan.

Kultur: 1864–69: Leo Tolstoi: »Krieg und Frieden« (R).

1870

Kultur: Iwan Gontscharow: »Der Abgrund« (R).

Geschichte: Wladimir Iljitsch Uljanow (später genannt Lenin) in Simbirsk geboren.

1872

Tod des Vaters (Cholera); Mutter bringt Alexej zu Eltern nach Nischni Nowgorod und verläßt auf längere Zeit ihre Familie.

Kultur: Fedor Dostojewski: »Die Dämonen« (R).

Geschichte: »Das Kapital« Bd. I von Karl Marx erscheint in russischer Sprache.

1874

Geschichte: ›Zug ins Volk‹ durch ›Narodniki‹ (Volkstümler).

1875

Geschichte: Erste russische Arbeiterorganisation in Odessa.

1876

Erste Schulbesuche Alexejs. Finanzieller Niedergang der Familie, Umzug in eine Kellerwohnung.

Geschichte: Erste politische Demonstration mit roten Fahnen in Petersburg.

1877

Kultur: Leo Tolstoi: »Anna Karenina« (R).

Geschichte: Die Organisation ›Semlja i Wolja‹ (Land und Freiheit) versucht ihre politischen Ziele (Feudalordnung beseitigen, Gutsherren enteignen) mit Terroraktionen durchzusetzen. Die Narodniki propagierten die Aufklärung der bäuerlichen Bevölkerung durch den Marsch der gebildeten Städter zu den ungebildeten und unaufgeklärten Bauern sowie den ›gesamtrussischen Aufstand‹ gegen die zaristische Regierung. ›Prozeß der 193‹: Zaristische Regierung verurteilt 1877/78 in einem Massenprozeß 193 Narodniki zu hohen Zuchthausstrafen und Verbannung. Die Urteile führen zu einer Radikalisierung der Oppositionsgruppen.

1878

Alexejs Mutter heiratet einen Kleinadligen, zieht mit ihm und Alexej in Mietwohnung. Geburt des schwachsinnigen Bruders. Die Mutter dringt auf Schulbesuch Alexejs. Stiefvater verläßt die Mutter, die jetzt zusammen mit Alexej

Zuflucht in der Kellerwohnung der Eltern sucht, wo bereits der kranke jüngere Bruder Alexejs lebt; Alexej stiehlt – um die verarmte Großmuter finanziell zu unterstützen – morgens Holz oder sammelt nach der Schule Lumpen.
Belobigung Alexejs und Aufnahme in die 3. Klasse, der jedoch die Schule endgültig abbricht.

Geschichte: Russisch-türkischer Krieg (1977/78); Vera Sassulitsch schießt auf Petersburger Gouverneur Trepow, der einen politischen Gefangenen auspeitschen ließ. Die öffentliche Meinung ist für sie und erzwingt einen Freispruch. Ihr Prozeß wird zu einem Markstein in der Geschichte der revolutionären Bewegung.

1879

Tod der Mutter; Alexej wird vom Großvater in die Lehre gegeben: Laufjunge in Schuhgeschäft, Unfall und Krankenhaus; Betteln mit der Großmutter.

Kultur: Fedor Dostojewski: »Die Brüder Karamasow« (R) (1879/80); moralische Krise Leo Tolstois. Beginn des Tolstoianertums als kulturell-soziale Bewegung: Ziel u. a. Vermeidung von Gewalt gegen ›Das Böse‹, bäuerliches Leben von Städtern in ländlichen Kommunen, Ablehnung gesellschaftlicher, kirchlicher und politischer Organisationen.

Geschichte: Josef Dschugaschwili (später genannt Stalin) in Gori bei Tiflis geboren.

1881

Alexejs Bruder stirbt; Alexej arbeitet als Lehrling bei einem Zeichner; bricht Lehre ab und wird Küchenjunge auf einem Dampfer; danach erneut beim Zeichner. Erste Faszination für Bücher, Zeitschriftenlektüre. Schwere Prügel durch Frau seines Arbeitgebers, Krankenhausaufenthalt. Durch Verschweigen der Mißhandlung erreicht Alexej eine bessere Behandlung beim Zeichner und darf jetzt offiziell Bücher lesen, die ihm eine gebildete Dame (›Königin Margot‹) empfiehlt und leiht; Der junge Peschkow liest unter ihrer Anleitung u. a. Dumas, Puschkin und Beranger.

Kultur: Bei Enthüllung des Puschkin-Denkmals in Moskau ruft Dostojewski, der noch im gleichen Jahr stirbt, zur »Resignation des russischen Volkes« auf.

Geschichte: Zar Alexander II. von ›Volkstümlern‹ ermordet, sein Nachfolger wird Alexander III.; Verschärfte Verfolgung politischer Gegner, 1882 Einführung der Strafzensur. Alexander Kerenski geboren.

1882/83

Alexej als Verkäufer bei einem Ikonenmaler, zugleich Lehrling in dessen Malwerkstatt.

Geschichte: Gesetz über die Aufhebung der Kopfsteuer; Fabrikgesetz über die Regelung der Arbeitszeit; Nachtarbeit von Minderjährigen in Fabriken wird verboten; Gründung der russisch-marxistischen Gruppe ›Befreiung der Arbeit‹ (G. Plechanow) in Genf.

1883

Alexej arbeitet als Aufseher bei Bauarbeiten seines ehemaligen Lehrherrn, dem Zeichner. Angeregt durch Gymnasiasten im Haus seines Lehrherrn Teilnahme am Literaturzirkel, Lektüre von Turgenjew, Gogol, Dickens, Walter Scott; Statist am Theater von Nischni Nowgorod.

Kultur: Anton Tschechow: »Erzählungen«.

1884

Gelegenheitsarbeiten im Hafen, in Bäckereien, Gärtner und Hausknecht in Familien. Übersiedlung nach Kasan, um dort zu studieren. Kontakte zu Studentenkreisen, Literaturzirkel; Lektüre von Heine, Turgenjew. Zunehmende Verzweiflung über eigene Chancenlosigkeit durch fehlende Schulbildung und über herablassende Behandlung als ungebildeteter ›Mann aus dem Volk‹ im gebildeten Freundeskreis.

1885

Leben unter Barfüßlern, Chorsänger im Theater.

1886

Hilfsgeselle in Bäckerei.

1887

Tod der Großmutter; Selbstmordversuch.

1887–1888

Mit Reformer Romas ca. 45 Werst die Wolga entlang ins Dorf Krasnowidowo. Dort – als Handelsunternehmen getarnt – revolutionärer Zirkel, um Bauern zum bewußten Leben zu erwecken. Brandstiftung durch verständnislose Bauern, Trennung vom ruinierten Romasj.

Geschichte: Attentat auf kaiserliche Familie in Borki; Lenins älterer Bruder Alexander Uljanow wird wegen der Vorbereitung eines Attentats auf Zar Alexander III. hingerichtet.

1888

Gelegenheitsjobs in ganz Rußland u. a. als Eisenbahner, Nachtwächter, Waagemeister, Zugbegleiter von Bahnhof zu Bahnhof – ständig lesend und nachdenkend. Angeschlossen an studentischen Zirkel für bäuerliches Leben.

1889

Bis 1891 Advokatssekretär in Nischni Nowgorod. Erste Verhaftung wegen seiner Verbindung zu ›Volkstümlern‹.

1890

Peschkow nimmt Kontakt zum Schriftsteller Wladimir Korolenko auf, der gerade aus der Verbannung zurückgekehrt ist und unter Polizeiaufsicht lebt, schickt ihm Prosagedicht »Sang der alten Eiche«. Erstes Zusammentreffen mit dem Dichter. Scharfe, aber wohlwollende Kritik Korolenkos, dennoch Resignation und Hoffnungslosigkeit Peschkows; Bekanntschaft mit Olga Kaminski.

1891

Geschichte: Erste illegale Maifeier in Rußland.

1891–1892

Wanderung durch Rußland von Job zu Job: Die Wolga hinunter, durch Ukraine, Bessarabien, Odessa, Krim, Tiflis.

Geschichte: Große Getreideexporte, Hungersnot im europäischen Rußland. ›Provisorische Bestimmungen‹ der Regierung: Verschärfte Zensur von Presse und Publikationen.

1892

Rückkehr nach Nischni Nowgorod. Erste Erzählung »Makar Tschudra« in Provinzzeitung von Tiflis unter dem Pseudonym »M. Gorki« (M. der Bittere), das er von nun an führt, bald jedoch auch den Vornamen Maxim voll ausschreibt. Wiedertreffen und Lebensgemeinschaft mit Olga Kaminski.

Werke:
»Makar Tschudra« (E).
»Das Mädchen und der Tod« / überarbeitet 1917 (L).

1893

Unter Anleitung und ständiger Korrektur Korolenkos schreibt Gorki weitere Erzählungen, die in verschiedenen Zeitungen erscheinen.

Werke:
»Jemeljan Piljai« (E).
»Vom Zeisig, der log, und dem Specht, der die Wahrheit liebte« (E).
»Die kleine Bettlerin« (E).
»Die Rache« (E).

1894

Werke:
»Mein Weggefährte« (E).
»Pawel, der arme Teufel« (E).
»Großvater Archip und Ljonka« (E).

Geschichte: Alexander III. stirbt, sein Nachfolger wird Nikolaus II.

1895

Trennung von Olga Kaminski. Auf Empfehlung Korolenkos Journalist bei großer Tageszeitung in Samara: Reportagen über Lokalereignisse, sonntags Literatur-Feuilleton.

Kultur: Dimitri N. Mamin-Sibirjak: »Korn« (Brot) (R).

Geschichte: Lenin führt Arbeiter und Sozialisten zum ›Petersburger Kampfbund zur Befreiung der Arbeiterklasse‹ zusammen.

Werke:
»Das Lied vom Falken« / überarbeitet 1899 (L).
»Die Holzflößer« (E).
»Die Ausfahrt« (E).
»Die Geschichte mit dem Silberschloß« (E).
»Tschelkas (E).
»Die alte Isergil« (E).
»Einst im Herbst« (E).

1896

Fest angestellter Lokalredakteur beim ›Blatt von Nischni-Nowgorod‹, zugleich Sonderkorrespondent bei den ›Nachrichten von Odessa‹ über die Industrie-Ausstellungs- und Verkaufsmesse in Nischni Nowgorod. Völlige Erschöpfung; Ausbruch der Tuberkulose; Heirat mit der revolutionär eingestellten Katharina Pawlowna Woljin, Korrektorin bei Zeitung in Samara.

Kultur: Anton Tschechow: »Die Möwe« (D).

Geschichte: Bei Krönungsfeier für Zar Nikolaus II. im Mai sterben durch eine Massenpanik auf Chodynka-Feld bei Moskau 1389 Menschen, rund 3000 werden verletzt. Der Zar setzt die Feierlichkeiten fort. Mai/Juni: Streik von 30000 Textilarbeitern in Petersburg.

Werke:
»Schwermut« (E).
»Der Khan und sein Sohn« (E).

1897

Zusammen mit seiner Frau Erholung auf der Krim; Geburt des Sohnes Maxim (Max).

Geschichte: Lenin für drei Jahre nach Sibirien verbannt. Verkürzung der Arbeitszeit in Fabriken auf 11½ Stunden.

Werke:
»Sasubrina« (E).
»Die Eheleute Orlow« (Das Ehepaar Orlow) (E).
»Jahrmarkt in Goltawa« (E).
»Der Tunichtgut« (E).
»In der Steppe« (E).
»Malva« (E).
»Aus Langerweile« (E).
»Die Gewesenen« (E).
»Die Gefährten« (E).
»Boles« (Bolek) (E).
»Konowalow« (E).

1898

Hausdurchsuchung, Verhaftung, Überführung nach Tiflis und Gefängnis. Die Anklage wird fallengelassen. Briefkontakt mit Anton Tschechow, der ihm literarische Grundlagen vermittelt. Großer Publikumserfolg mit der zweibändigen

Ausgabe bisheriger Erzählungen; Gorki lebt jetzt ausschließlich vom Schreiben.

Geschichte: Erster Parteitag der Sozialdemokratischen Arbeiterpartei Rußlands (SDAPR) in Minsk.

Werke:
»Die Unzertrennlichen« (E).
»Warenka Olessowa« (E).
»Der Leser« (E).
»Der Vagabund« (E).
»Der Denkzettel« (E).

1899

Besuch bei Anton Tschechow. Gorkis Erfolg wächst; er wird von Verlegern zu Autorenlesungen nach Petersburg eingeladen, erste Verehrergemeinde. Gorki-Porträt von Repin wird Hauptanziehungspunkt von Wanderausstellung, seine Wohnung zum Treffpunkt für Intellektuelle. Verschärfte Überwachung durch Polizei. Ab 1899 durch Tantiemen finanziell unabhängig. Gorki verwendet einen Großteil davon für karitative und politische Zwecke: Schulbesuch armer Kinder; Gemeinschaftshaus für Arme, Aufbau von Bibliotheken für Arbeiter und Wohltätigkeitsveranstaltungen. Zusätzlich Geldsammlung bei wohlhabenden Fabrikanten.

Geschichte: Studentenstreiks niedergeschlagen; Erlaß zur Zwangsrekrutierung von Studenten wegen der Teilnahme an Unruhen (wird erstmals 1901 gegen Studenten in Kiew und Petersburg angewendet).

Werke:
»Sechsunzwanzig und Eine« (E).
»Foma Gordejew« (R).
»Kirilka« (E).
»Kain und Artjom« (E).
»Am Heiligabend« (E).
»Die Hungrigen« (E).

1900

Gorkis zweiter Roman »Drei Menschen« wird zunächst in Fortsetzungen in der Zeitschrift ›Shisn‹ (Zizn) (Das Leben) veröffentlicht, jedoch nach den ersten Folgen von der Zensur verboten. Ein Jahr später kann der Roman als Buch erscheinen. Erste Begegnung mit Leo Tolstoi.

Kultur: Anton Tschechow: »Drei Schwestern« (D).

Geschichte: Lenin emigriert bis 1905 nach Westeuropa.

Werke:
»Drei Menschen« (R).
»Blasen« (E).
»Der rote Waska« (E).
»Paul Verlaine und die Dekadenten« (V).

1901

Geburt der Tochter Katjuscha; Gorki übernimmt die Leitung des Verlages ›Snanije« (Wissen); Gorki wird wegen ideologischer und finanzieller Unterstützung von protestierenden Studenten verhaftet, aufgrund seiner Lungenkrankheit freigelassen, aber aus Nischni Nowgorod nach Arsamas, einer Provinzstadt in der Nähe von Nischni Nowgorod verbannt; Erlaubnis, sich auf der Krim auszukurieren, Fahrt dorthin führt über Moskau, hier Erlaubnis, Proben zur Uraufführung der »Kleinbürger« zu besuchen: Menschenmassen auf Eisenbahnbrücken, Bahnhöfen und vor dem Theater. »Kleinbürger« fallen jedoch bei der Kritik durch. Auf Krim ist Gorki häufig Gast bei Tschechow, der gleichfalls lungenkrank ist; Gespräche zwischen Tolstoi, Tschechow und Gorki.

Geschichte: Studentenunruhen in großen Städten aufgrund der Zwangsrekrutierungen; Gorki wird Zeuge der Demonstration vor der Kasaner Kathedrale in Petersburg: mehrere Tote, über hundert Verletzte, rund 1000 Verhaftungen.

Werke:
»Drei Menschen« / Buchform (R).
»Das Lied vom Sturmvogel« überarbeitet 1899 (L).
»Der überspannte Schriftsteller« (E).
»Der Pogrom« (E).
»Bösewichte« (E).

1902

September: Rückkehr nach Nischni Nowgorod; Erlaubnis zum Besuch der Proben und der Uraufführung von »Nachtasyl«. Die Schauspieler des Moskauer Künstlertheaters besuchen auf Anweisung Gorkis ein echtes Nachtasyl. Bei Proben Bekanntschaft Gorkis mit Schauspielerin Marija Fjodorowna Andrejewa. Überwältigender Erfolg bei Premiere, nach einem Jahr sind 75 000 Exemplare des Textes verkauft. Ernennung Gorkis zum Ehrenmitglied der Russischen Akademie. Demonstrativer Austritt von Korolenko und Anton Tschechow, nachdem der Zar die Ernennung Gorkis rückgängig gemacht hat.

Geschichte: Bauernunruhen in den Gouvernements Woronesh, Charkow und Poltawa; Gründung der Partei der Sozialrevolutionäre (SR); Generalstreik der Arbeiter in Südrußland.

Werke:
»Kleinbürger« (Die Kleinbürger) (D).
»Nachtasyl« (D).

1903

Gorki überlebt den Mordanschlag eines Unbekannten; Auszeichnung der ›Kleinbürger‹ mit dem Gribojedow-Preis; Deutsche Uraufführung des ›Nachtasyl‹ im Deutschen Theater Berlin unter Max Reinhardt.

Kultur: Anton Tschechow: »Der Kirschgarten« (D).

Geschichte: II. Parteitag der SDAPR in Brüssel und London: Spaltung der Partei in ›Bolschewiki‹ (= Mehrheitler) und ›Menschewiki‹ (= Minderheitler); Bolschewiki unter der Führung von Lenin vertreten die Strategie einer zentralen Partei und das Durchsetzen der Revolution mit notfalls terroristischen Maßnahmen, Menschewiki unter der Führung von Martow sind für eine dezentrale Parteiorganisation und gewaltfreien Widerstand gegen das Zarenregime. Einigungsversuche der folgenden Jahre scheitern.

Werke:
»Der Mensch« (Ein Mensch) (L).

1904

Kultur: Tod Anton Tschechows in Badenweiler.

Geschichte: Krieg gegen Japan führt zu schwerer Erschütterung des Zarenreiches. Zahlreiche Terrorakte von Revolutionären unterschiedlicher Richtungen. Rußland verliert Krieg, muß Port Artur und einen Teil der Insel Sachalin abtreten, daraufhin Unruhen und Streiks in ganz Rußland.

Werke:
»Anton Tschechow« / überarbeitet 1923 (LP).
»Das Gefängnis« (E).
»Der Nachtwächter« (E).
»Die Erzählung des Filipp Wassiljewitsch« (E).

1905

Ankündigung einer Demonstration, angeführt vom Priester Gapon. Gorki versucht als Mitglied einer Delegation die zaristische Regierung vergeblich von der Gewalt- und Harmlosigkeit der Demonstranten zu überzeugen: es kommt zum ›Moskauer Blutsonntag‹ am 9./22. Januar: Über tausend Tote, mehrere tausend Verletzte. Gorki verbreitet Aufruf gegen Autokratie, der viele Unterschriften enthält. Daraufhin Festnahme Gorkis. Seine Verhaftung löst einen Proteststurm auch im Ausland aus, Petitionen aus aller Welt erreichen den Zaren. Vier Wochen bleibt Gorki in der Peter-Paul-Festung inhaftiert und nutzt die Zeit, »Kinder der Sonne« zu schreiben. Gorki von der Anklage, Urheber des Aufrufs zu sein, freigesprochen, aber unter Polizeiaufsicht gestellt. Aus Angst vor neuerlichen Mordversuchen und dem Terror der zarentreuen Gruppierung ›Schwarzhunderter‹ wird Gorki jetzt durch eine Leibgarde von acht bolschewistischen Georgiern bewacht; Bekenntnis zur Sozialdemokratischen Arbeiterpartei Rußlands. Gründung der ersten legalen bolschewistischen Tageszeitung ›Nowaja Shisn‹ (Neues Leben) durch Gorki und seine sozialdemokratischen Freunde. November: erste Begegnung mit Lenin in Petersburg, der aus der Emigration heimkehrt, um Revolution voranzutreiben. Gorkis Wohnung in Moskau wird im Oktober zur Agitationszentrale und zum Waffendepot der Aufständischen. Verbot von ›Neues Leben‹, das inzwischen zum Kampfblatt geworden ist. Freundschaftliche Trennung von Frau und Kindern, Gorki zieht mit Schauspielerin und Revolutionärin Marija Fjodorowna Andrejewa zusammen, ohne von K. P. Woljin geschieden worden zu sein.

Geschichte: Streik in den Putilow-Werken, Generalstreik in Petersburg. 9.1.: ›Blutsonntag‹: Gemetzel unter Arbeitern in Petersburg, die sich unter der Führung des Priesters Gapon mit einer Petition zum Zaren begeben wollten.

August 1905: Verfassungsgesetz. Erste ›Duma‹ (Volksvertretung) mit einem eingeschränkten indirekten Ständewahlrecht. Bolschewiki rufen zum Boykott der Duma auf. Gründung der Konstitutionellen Demokratischen Partei (›Kadetten‹).

17. Oktober: ›Erste russische Revolution‹: Streiks, Unruhen, Moskauer Aufstand, Manifest des Zaren zur Schaffung einer Verfassung und Einrichtung eines Parlaments: Manifest verspricht eine gesetzgebende Reichsduma, gewährt Presse, Rede- und Versammlungsfreizeit. Zugleich werden weitere

Streiks, Meutereien (Panzerkreuzer ›Potjomkin‹), Unruhen und lokale Aufstände der Bauern, Bürger und Arbeiter vom Zaren gewaltsam zerschlagen. Der anschließende Terror der ›Schwarzhunderter‹ fordert Tausende von Menschenleben.

Werke:
»Sommergäste« (D).
»Kinder der Sonne« (D).
»Das Mädchen« (E).
»Vom Grauen« (E).

1906

Februar: Auf Anraten Lenins und anderer Bolschewisten Abreise Gorkis und Marija F. Andrejewas über Finnland, Deutschland und Frankreich nach Amerika, um Revolution außerhalb Rußlands vorzubereiten, für sie zu werben und Spenden zu beschaffen.

In Berlin Lesungen, Treffen mit August Bebel und Karl Liebknecht; Weiterreise nach Paris. Dort Appell, daß die französische Regierung zaristisches Regime nicht mit Krediten unterstützen möge. Als dies später doch geschieht: grobe Artikel und offene Briefe gegen Frankreich.

Triumphaler Empfang in den USA, Treffen mit Journalisten und Schriftstellern, u. a. Mark Twain; vom Zaren lancierte Kampagne wegen Unmoral (von erster Frau nicht geschieden, aber mit Lebensgefährtin auf Reise). Dadurch einerseits totaler Boykott durch puritanische Öffentlichkeit und Presse, andererseits demonstrativ-freundliche Aufnahme bei Liberalen.

August: Tod der Tochter Katjuscha, die der Lungentuberkulose erlegen ist; Arbeit an der »Mutter« und »Die Feinde«.

September: Durch polemische Artikel gegen Amerika negative Stimmung gegen Gorki nicht nur in den USA, sondern – mit Ausnahme von Italien – in ganz Europa. Gorki verläßt daraufhin die USA und begibt sich ins Exil auf die Insel Capri (bis 1913). Dort kaum Kontakt mit Bevölkerung, aber mit vielen Russen, teils persönlich, teils schriftlich. Wie Tolstoi auf ›Jasnaja Poljana‹ wird nunmehr Gorki auf Capri von vielen Bewunderern besucht; Manuskripte von Literaten, Bittbriefe von einfachen Menschen um direkte Hilfe. Gorki schätzt diese Kontakte, aber sie behindern seine literarische Arbeit.

Geschichte: IV. Parteitag (Vereinigungsparteitag) der SDAPR in Stockholm; I. Reichsduma. Priester Gapon von Revolutionären ermordet, er galt als Agent der zaristischen Geheimpolizei ›Ochrana‹.

Werke:
»Barbaren« (D).
»Feinde« (Die Feinde) (D).
»Vom Teufel« (E).
»Noch einmal vom Teufel« (E).
»Und noch einmal vom Teufel« (E).
»Ein Brief an die Redaktion« (E).
»Der Weise« (E).
»Die Stadt des gelben Teufels« (E).
»Das Königreich der Langeweile« (E).
»›Mob‹« (E).
»Ein König, der sein Banner hochhält« (E).

»La belle France« (E).
»Ein russischer Zar« (E).
»Einer der Könige der Republik« (E).
»Ein Priester der Moral« (E).
»Die Mutter« (Mutter) 1906/7 (R).

1907

Als Delegierter der Sozialdemokratischen Arbeiterpartei Rußlands in London. Ablehnung der deutschen (zu reformbereiten) Sozialdemokraten; erneut fasziniert von Lenin.

Mit den Bolschewistenführern Lunatscharski und Bogdanow Gründung einer Schule für Propagandisten in Gorkis italienischer Villa; Gorki fungiert dort als Lehrer für Geschichte und Literatur. Schüler werden illegal aus Rußland eingeschleust, Schule wird rasch zur Lehrstätte kämpferischen Bolschewismus.

Geschichte: II. und III. Reichsduma; Lenin geht (bis 1917) erneut ins Exil; Der Mönch Rasputin gewinnt am Zarenhof zunehmend Einfluß; Peter A. Stolypin wird Ministerpräsident und leitet Reaktionsperiode ein.

1908

Werke:
»Die Letzten« (D).
»Eine Beichte« (Die Beichte) (R).
»Der Spitzel« (Das Leben eines nutzlosen Menschen) (E).

1909

Krise mit Lenin, dem Gorkis Roman »Eine Beichte« zu frömmelnd und marxfremd ist; Weigerung Lenins, auf einer Schule, wo Gorki, Bogdanow und Lunatscharski nunmehr die Theorie eines religiösen Marxismus vertreten, einen Unterrichtskurs zu übernehmen. Lenin gründet daher in Paris eine eigene Schule für Propagandisten. Selbstauflösung der Capri-Schule durch Diskrepanz mit Lenin sowie interne Auseinandersetzungen.

Werke:
»Ein Sommer« (R).
»Das Städtchen Okurow« (E).
»Die Zerstörung der Persönlichkeit« (V).

1910

Versöhnung mit Lenin anläßlich eines Lenin-Besuches auf Capri.

Kultur: Leo Tolstoi gestorben.

Werke:
»Matwej Koshemjakin« (R).

1911

Mitarbeit an Lenins Zeitschrift ›Swesda‹ (Der Stern).

Geschichte: Stolypin von Sozialrevolutionären ermordet.
Werke:
Italienische Erzählungen, 1911–1913:
»Streik in Neapel«.
»Die Kinder aus Parma«.
»Blumen des Lebens«.
»Es ist vollbracht«.
»Musik der Großstadt«.
»Die Liebe des Fischers«.
»Die Hochzeit«.
»Die Macht der Kirche«.
»Tamerlan und die Mutter«.
»Die Mutter und die Mißgeburt«.
»Die Mutter des Verräters«.
»Der Tod des Fischers«.
»Die klugen Frauen«.
»Bauern und Soldaten«.
»Der Bucklige«.
»Passagiere erster Klasse«.
»Ingenieur und Arbeiter«.
»Tragödien des Alltags«.
»Der Fischer und das Meer«.
»Der Vater«.
»Nuncia und Nina«.
»Der alte Fischer erzählt«.
»Ein Abschied«.
»Der Unheimliche«.
»Pepe«.

1912

Lenin leitet die Tageszeitung ›Prawda‹ (Die Wahrheit), Gorki deren literarischen Teil.

Geschichte: Auf Prager Konferenz der Bolschewiki endgültige Spaltung und Trennung der Partei von Menschewiki.

IV. Reichsduma. Generalstreik von 6000 Arbeitern der Lena-Goldfelder: Militär zerschlägt Streik. 270 Tote und 250 Verletzte ziehen Solidaritätsstreiks in ganz Rußland nach sich.

Werke:
»Eine Begebenheit aus Makars Leben« (E).
»Ein Mensch wird geboren« (E).
»Russische Märchen« 1912/17 (E).
»Der Prinzipal« (E).

1913

Erneut Ausbruch der Tuberkulose.

Dezember: Rückkehr Gorkis nach Rußland, aus politischer Vorsicht jedoch zunächst Aufenthalt direkt an russisch-finnischer Grenze; sofort Verbindung zu revolutionären Kreisen.

Geschichte: Politische Amnestie durch Nikolaus II. zur 300jährigen Thronbesteigung der Romanows, weitgehende Pressefreiheit. Der wiederholt inhaftierte und verbannte Berufsrevolutionär und Journalist Josef Dschugaschwili unterschreibt einen seiner Artikel zum ersten Mal mit dem Pseudonym ›Stalin‹ (Der Stählerne).

Werke:
»Der Brotherr« (E).
»Der Diebstahl« (E).
»Über das ›Karamasowtum‹« (V).
»Noch einmal über das ›Karamasowtum‹« /14 (V).

1914

Geschichte: Weitreichende Streiks in Baku und Petersburg; Ausbruch von Weltkrieg I.. St. Petersburg wird in Petrograd umbenannt. Vierte Reichsduma.

Werke: »Meine Kindheit« (R).

1915

Gorki übernimmt Leitung der Petrograder Zeitschrift ›Letopis‹ (Die Annalen).

Kultur: Wladimir Majakowski: »Wolke in Hosen« (L).

Geschichte: Hungersnot in Petrograd. Lenin auf Internationaler Antikriegs-Konferenz der Sozialisten in Zimmerwald: Lenin scheitert mit seiner Resolution, den »imperialistischen Krieg« in einen Bürgerkrieg aller Linken gegen die kriegführenden Parteien ihrer jeweiligen Länder umzuwandeln.

Werke:
»Die Feuersbrunst« (E).
»Der Alte« (D).

1916

Geschichte: Streiks und Bauernunruhen; Ermordung Rasputins.

Werke:
»Unter fremden Menschen« (R).

1917

November: Gorki schreibt in Zeitung ›Nowaja Shisn‹ (Neues Leben) nach Machtübernahme Lenins unversöhnliche Artikel gegen den Terror der Bolschewiken.

Geschichte: Massenaufstand der Arbeiter in Petrograd, Moskau und weiteren Großstädten;

27. Februar (11. März): Februarrevolution. Verzicht von Nikolaus II. auf Thron zugunsten seines Bruders, Großfürst Michail. Dieser lehnt Angebot ab und empfiehlt eine Provisorische Regierung, damit offiziell Ende der Zarenherrschaft in Rußland.

Provisorische Regierung mit Fürst Lwow; Danach drei Provisorische Regierungen mit wechselnden Koalitionen. Alexander Kerenski wird Justizminister, ab Mai Kriegs- und Marine-Minister, ab Juli Ministerpräsident, ab September zusätzlich Oberkommandierender. April: Rückkehr Lenins mit Hilfe der Deutschen aus finnischem Exil, Vorbereitung des gewaltsamen Aufstands gegen die Provisorische Regierung.

Juli: Erster Aufstand Lenins und seiner Gesinnungsgenossen gescheitert: Kerenski-Regimenter behalten die Oberhand. Gorki bezeichnet den Putschversuch Lenins als schändliches Drama, als sinnloses Massaker. Putschversuch des zaristischen Generals Kornilov scheitert.

25. Oktober (7. November): Oktoberrevolution der Bolschewiki unter Führung Lenins und Trotzkis: Panzerkreuzer ‹Aurora› beschießt Winterpalast. Provisorische Regierung mit Kerenski flieht. Errichtung der Sowjetregierung, Lenin wird Vorsitzender. Stalin wird ins Zentralkomitee (ZK) der bolschewistischen Partei gewählt und auf dem I. Allrussischen Sowjetkongreß Mitglied des Zentralexekutivkomitees; Leo Trotzki wird Volkskommissar für Kriegswesen; Die Geheimdienstpolizei ›Tscheka‹ wird gegründet. Beginn des Bürgerkriegs.

1918

Suchanow schreibt in ›Neues Leben‹ Artikel gegen den Friedensvertrag und bezeichnet ihn als »Kapitulation«. Die Zeitung wird daraufhin für acht Tage verboten. Gorki schreibt danach gleichfalls gegen die neue Regierung, nach tageweisen Verboten von ›Neues Leben‹ erfolgt im Juli endgültige Einstellung durch Lenin. Gorki versöhnt sich mit dem durch ein Attentat schwer verletzten Lenin und arbeitet wieder mit den Bolschewiki zusammen. Dezember: Wahl Gorkis in Exekutivkomitee des Petrograder Sowjet.

Gorki versucht Intellektuelle zu retten, Museen, Büchereien, Gebäude und Statuen vor Zerstörung zu bewahren. Gorkis Haus wird zur Anlaufstelle für verfolgte, bzw. notleidende Intellektuelle und ihrer Familien. Gorki trägt mit zur Gründung der ersten Arbeiter- und Bauernuniversität bei, gibt Werke junger Autoren heraus. Erneuter Ausbruch der Tuberkulose.

Kultur: Alexander Block: »Die zwölf« (L).

Geschichte: Lenin verläßt mit Fraktion der Bolschewiken die demokratisch gewählte ›Konstituierende Versammlung‹ und läßt die Konstituante vom Militär auseinanderjagen; Gründung der Russischen Sozialistischen Föderativen Sowjetrepublik (RSFSR).

März: Leo Trotzki wird Volkskommissar für Verteidigung. ›Frieden von Brest-Litowsk‹ mit den kriegsführenden Mittelmächten. Trotzki bestätigt Aneignung Polens und baltischer Provinzen durch Deutschland, Türkei erhält einige Gebiete im Kaukasus zurück. Insgesamt verliert Sowjetrußland mit dem Frieden von Brest-Litowsk ein Gebiet von rund 150000 Quadratkilometern.

Moskau wird anstelle von Petrograd Hauptstadt der Sowjetunion. Die Rote Armee wird gegründet.

Juli: Verfassung für RSFSR; Ermordung von Zar Nikolaus II. und seiner Familie in Jekaterinenburg durch Bolschewiki.

August: Bei Attentat der Sozialrevolutionärin Fanny Kaplan wird Lenin schwer verletzt.

Oktober/November: Hungersnot, Unruhen. Die bolschewistische Geheimpolizei Tscheka übt Terror vor allem gegen Intellektuelle aus, die als Feinde der Revolution gelten.

Umbenennung der SDAPR (B) in Kommunistische Partei Rußlands (KPR/B).

Die Freiwilligenarmeen (Weißgardisten) der zaristischen Generäle, unter ihnen Alexejew, Kornilow, Denikin und Koltschak kämpfen mit unterschiedlichen Erfolgen gegen die Rote Armee und die bolschewistischen Regierungen in verschiedenen Landesteilen. Die Zarentreuen werden zeitweilig durch Intervention oder Materiallieferungen unterstützt von der Ukraine, von Kosaken, Deutschen, Tschechoslowaken, Japanern, Rumänen, Amerikanern, Franzosen, Italienern, Polen und Engländern. Der Bürgerkrieg fordert auch unter der Zivilbevölkerung durch Kampfhandlungen, marodisierende Banden und politischen Terror auf beiden Seiten unzählige Opfer.

1919

Gorkis Lebensgefährtin Marija Andrejewa wird Volkskommissarin für das Theater und den Außenhandel.

Kultur: Dekret »Über die Vereinigung des Theaterwesens«.

Geschichte: Militärische Offensive der ›Weißen‹, unter anderem Koltschak und Denikin gegen die ›Roten« (Bolschewiki). Gründungskongreß der Kommunistischen Internationale in Moskau.

Werke:
»Leo Tolstoi« / überarbeitet 1923 (LP).
»Leonid Andrejew« / 1923 (LP).

1920

Gorki leitet ›Ausschuß zur Verbesserung der Lebensbedingungen der Wissenschaftler‹ und gründet das ›Panrussische Hilfskomitee für die hungernden Russen‹ unter Vorsitz von Kamenew. Er schreibt etliche Artikel vor allem für das Ausland und bittet um Hilfe bei der Bewältigung der Hungersnot.

Zu Lenins 50. Geburtstag verfaßt er einen doppeldeutigen Gratulationsartikel und wird verschärft von den Spitzeln des Vorsitzenden des Vollzugsausschusses, Sinowjew, überwacht. Gorki trennt sich von Marija Andrejewa und lebt mit Marja Ignatjewna Baronin Budberg zusammen.

Geschichte: Sieg der Roten Armee über Denikin, Koltschak, Wrangel und andere ›weiße‹ Generäle; Ende des Bürgerkriegs.

Hungersnot in ganz Rußland kann immer noch nicht eingedämmt werden. Lenin verkündet gemäßigtere Wirtschaftspolitik.

Soziale Not und Diskrepanz zwischen Intellektuellen und Politikern führt zu großen Säuberungsaktionen, Kamenew und Gorki entgegen der Verfolgung.

Werke:
»Der emsige Schwätzer« (D).

1921

Lenin kann oder will Gorki auf Dauer in Rußland nicht mehr decken, nutzt dessen akute Tuberkulose, um Ausreise zu empfehlen. Gorki weigert sich zunächst, geht aber dann u. a. aus Angst um Baronin Budberg mit ihr zusammen Ende 1921 in Exil.

Gorki sucht ein Sanatorium im Schwarzwald auf, nachdem ihm Italien die Einreise verweigert hatte. Anschließend kurzer Aufenthalt in Berlin. Gorki schreibt in Deutschland Aufrufe an internationale Welt, Rußland im Kampf gegen die Hungersnot zu unterstützen.

Kultur: Wladimir Majakowski: »150 Millionen« (L).
Wladimir Korolenko gestorben.

Geschichte: In der Seefestung Kronstadt meutern 15000 Matrosen und fordern die Wiederwahl der (inzwischen aufgelösten) Sowjets; unterstützt von ukrainischen Bauern fordern sie unter anderem die Wiedereinführung der Pressefreiheit, die Abschaffung der Requisitionstrupps, die Wiederzulassung von Oppositionsparteien von Arbeitern und Bauern. Tausende von Aufständischen werden von den Bolschewiki während – und nach dem Aufstand erschossen.

Auf dem X. Parteitag der KPR (B) setzt Lenin ein Verbot der Fraktionen durch und unterbindet damit die innerparteiliche Spaltung.

Dekret über die ›Neue Ökonomische Politik‹ (NÖP): Anstelle der Requirierungen wird eine Naturalsteuer erhoben, Überschüsse dürfen selbst verzehrt oder können verkauft werden; Erlaubnis des Privathandels, begrenzte Duldung von privater Kleinindustrie, Erlaubnis zum Hausbau; Einführung des Staatskapitalismus; Abschaffung der Arbeitsarmeen und des Arbeitsdienstes. Jedoch: weder Pressefreiheit noch die Erlaubnis zur Gründung anderer Parteien. Handelsabkommen mit Deutschland, Norwegen und Österreich.

1922

Erholungsaufenthalt in Heringsdorf/Ostsee; Gorkis Haus wird zum Treffpunkt für Revolutionäre und Intellektuelle.

Herbst: erneut nach Berlin, Aufenthalt in einer gemieteten Villa. Sohn Max – ein überzeugter Bolschewist – und dessen Frau zieht zu ihm. In Berlin häufig Besuch von ehemaliger Lebensgefährtin Marija Andrejewa, und, wenn jene nicht da ist, von der ersten Frau Katharina Peschkow. Gorkis neue Lebensgefährtin Baronin Budberg führt den Haushalt und koordiniert alle Besuche.

Um Emigranten und Bolschewiken zu versöhnen, Gründung der Zeitschrift ›Besseda‹ (Das Gespräch) mit Texten von Block, Bely und anderen in Berlin. Doch Einigkeit kommt nicht zustande: nach sechs Ausgaben stellt Zeitschrift 1925 ihr Erscheinen ein. Reise nach Marienbad (Böhmen) zur Kur. Gorki rechtfertigt in einer Juli-Ausgabe des ›Manchester Guardian‹ sowie der in Berlin erscheinenden russischen Zeitung ›Am Vorabend‹ den Terror der Bolschewiken. Emigranten in Paris veröffentlichen empörte Artikel gegen Gorki.

Kultur: Assoziation der Künstler des revolutionären Rußlands (AChRR).

Geschichte: ›Vertrag von Rapallo‹ zwischen RSFSR und Deutschland über die Wiederaufnahme diplomatischer Beziehungen. Geheimpolizei ›Tscheka‹ wird in ›GPU‹ umbenannt. Lenin erleidet ersten Schlaganfall, Ende des Jahres einen zweiten und diktiert Brief an Parteitag (Testament). Stalin wird Generalsekretär der KPR (B).

Gründung der UdSSR als Bundesstaat, ZK nimmt erste Verfassung an. In Italien übernimmt der Faschist Benito Mussolini mit dem ›Marsch auf Rom‹ die Macht.

Werke:
»Vom russischen Bauern« (V).
»Wladimir Korolenko« (LP).

1923

Gorkis Verhältnis zur Sowjetunion verschlechtert sich, dort existiert jetzt ein Index unliebsamer Bücher, unter anderem werden Werke von Tolstoi und Lesskow aus den Bibliotheken entfernt. Südfrankreich lehnt Einreiseantrag Gorkis ab. Reger Briefwechsel mit Romain Rolland und Stefan Zweig.

Geschichte: Lenin verfaßt Zusatz zum Testament und fordert, Stalin als Generalsekretär abzusetzen. Dritter Schlaganfall Lenins und Übersiedlung ins Dorf Gorki bei Moskau.

Werke:
»Meine Universitäten« (R).
»Der Einsiedler« (E).
»Die unerwiderte Liebe« (Eine unerwiderte Liebe) (E).
»Erste Liebe« (Die erste Liebe) (E).
»Der Wächter« (E).
»Alexander Block« (LP).

1924

Frühjahr: Mussolini gestattet Gorki Einreise nach Italien. Gorki läßt sich im unteritalienischen Seebad Sorrent nieder.

Nach Lenins Tod ist Gorki heimwehkrank, ängstlich und entwurzelt. Die Emigranten wenden sich immer schärfer gegen ihn, jetzt auch der Schriftsteller Iwan Bunin, mit dem er befreundet war.

In der Sowjetunion erscheinen 1923/24 Gorkis gesammelte Werke in 22 Bänden.

Kultur: Selbstmord des Lyrikers Sergej Jessenin.

Geschichte: Januar: Tod Lenins, Stalin regiert zunächst zusammen mit Sinowjew und Kamenew, baut aber bis 1929 seine Alleinherrschaft aus: er beginnt mit dem Kampf gegen Leo Trotzki und seine Anhänger. Petrograd wird in Leningrad umbenannt. Diplomatische Beziehungen zu Großbritannien, Italien, Österreich, Griechenland, Norwegen, Schweden, China und Frankreich.

Werke:
»Die Anekdote« (E).
»Karamora« / 1925 (E).
»Die Geschichte eines Romans« (E).
»Die Theaterprobe« / 1925 (E).
»Das blaue Leben« / 1925 (E).
»Die Geschichte vom Ungewöhnlichen« / 1925 (E).
»Die Geschichte von einem Helden« (Ein Held) (E).
»Wladimir Iljitsch Lenin« / überarbeitet 1930 (LP).
»Sofja Andrejewna Tolstaja« (LP).
»Sawwa Morosow« (LP).

1925

Kultur: Sergej Eisenstein dreht den Film »Panzerkreuzer Potjomkin«.

Geschichte: Diplomatische Beziehungen zu Japan; Neutralitätsvertrag mit Türkei. Leo Trotzki wird aus der Regierung entlassen.

Werke:
»Das Werk der Artamonows« (R).
»Mörder« (E).
»Das ›Emblem‹« (E).
»Über die Schaben« (E).
»Über das Buch« (V).

1926

Juli: Tod des Geheimdienstchefs Dzierzynski. Gorki schreibt einen offiziellen Beileidsbrief, der ihm – in der russischen Presse veröffentlicht – erneut den Haß der Emigranten einträgt.

Die Terrorakte der Faschisten in Italien nehmen zu.

Pudowkin verfilmt Gorkis Roman »Die Mutter«. Im Malik-Verlag Berlin beginnt der Druck der bis dahin umfangreichsten (bis 1930 erscheinen 17 Bände) Gesamtausgabe der Werke Gorkis in deutscher Sprache.

Kultur: Isaak Babel: »Die Reiterarmee« (E).

Geschichte: Stalin klagt Trotzki und Sinowjew an, eine neue Opposition zu bilden; Leo Trotzki werden (bis 1927) alle Parteiämter abgesprochen. Neutralitäts- und Nichtangriffspakt zwischen Deutschland und UdSSR sowie mit Afghanistan.

Werke:
»Leonid Krassin« (LP).

1927

Beginn des Abdrucks von »Klim Samgin« in verschiedenen russischen Zeitschriften und im Verlag ›Kniga‹, Berlin, in russischer Sprache. Gorki wendet sich in Artikeln und Ansprachen gegen weißrussische Emigranten.

Kultur: Alexander Fadejew: »Die Neunzehn« (R).
Wladimir Majakowski: »Gut und schön« (L).

Geschichte: Erste Staatsanleihe zur Industrialisierung der UdSSR; Trotzki und Sinowjew werden aus der Partei ausgeschlossen.

Werke:
»Klim Samgin«, Buch I (R).
»Sergej Jessenin« (LP).
»Falschgeld« (Die falsche Münze) (D).
»Über Anatole France« (V).

1928

März: ›New York Times‹ veröffentlicht anläßlich des 60. Geburtstages von Gorki Glückwunschschreiben mit 50 Unterschriften von Schriftstellern und Kulturschaffenden; sowjetische Zeitungen veröffentlichen Gratulationstelegramme aus aller Welt, u. a. von Romain Rolland, Stefan Zweig, Heinrich Mann, Gerhart Hauptmann, John Garlsworthy und Selma Lagerlöf.

Mai: Entgegen der Warnungen von Baronin Budberg reist Gorki – versehen mit einer Unbedenklichkeitserklärung des Kreml, überbracht von erster Frau Katharina Peschkowa, nach sieben Jahren Abwesenheit zusammen mit Sohn Max nach Moskau. Rückkehr Gorkis wird auf jedem Bahnhof mit Menschenmassen, Singen der ›Internationale‹ und Begrüßungsreden gefeiert. In Moskau Empfangskomitee aus politischen Führern, Schriftstellern und Arbeitern; Gorki verbringt 30 Minuten an Lenins Sarkophag im Mausoleum. Gorki besucht Arbeiterclubs, nimmt an Kolloquien teil, spricht mit Gewerkschaftern.

Juli: Reise durch Sowjetunion, u. a. Armenien, Kaukasus, Kasan und Tiflis. Gorkis Besichtigungen und Gespräche werden von der Geheimpolizei (GPU) gefiltert. In Zeitungen werden die Etappen seiner Reise beschrieben, er selbst berichtet in Begleitartikeln regelmäßig von eigenen Eindrücken.

Oktober: Gesundheitlicher Zusammenbruch und Ausreise nach Sorrent. Seit diesem Zeitpunkt bis zur endgültigen Rückkehr jeweils zum Winter in Italien, zum Sommer in Rußland.

Kultur: Michail Scholochow: »Der stille Don«, Bd. 1 (R).

Geschichte: Fünfjahresplan der Volkswirtschaft. Umfassende Kollektivierung der Landwirtschaft mündet in der »Liquidierung der Kulaken (Mittelbauern) als Klasse«. Stalinistischer Terror in Rußland gegen rechte und linke ›Abweichler‹ innerhalb der Bolschewiki: Massenverhaftungen und Deportation ganzer Familien in Konzentrationslager (›GULags‹).

Werke:
»Klim Samgin« Buch II (R).
»Über die Industrialisierungsanleihe« (V).
»Über die Rote Armee« (V).
»Wie ich schreiben lernte« (V).
»Von ›kleinen‹ Leuten und ihrer großen Arbeit« (V).
»Über den Nutzen der Bildung« (V).
»Über Berühmte und Anfänger« (V).

1929

Mai: Rückkehr nach Rußland.

Auf dem V. Sowjetkongreß zum Mitglied des Allrussischen Exekutivkomitees ernannt, Delegierter des Internationalen Atheistenkongresses.

Juni: Rundreise durch die Union. Selbst im Konzentrationslager auf der Insel Solowez (Solowki) im Weißen Meer kritiklose Aufnahme der Selbstbeschuldigungen dort Inhaftierter.

August: Wolgafahrt mit Passagierschiff, wieder offizielle Auftritte, akuter Ausbruch der Tuberkulose, Rückkehr nach Moskau.

Oktober: erneut Sorrent, mit Sohn Max, Schwiegertochter und Baronin Budberg bewußt geregeltes Leben, Schreiben von Artikeln, Spaziergänge mit Enkelinnen, Mittagessen mit Gästen.

Vordergründiges Lobpreisen der Sowjetregierung und offiziell bekundeter Wandel zum Stillschweigen über Mißstände, Bekenntnis der Einseitigkeit zugunsten des Sowjetstaates.

Kultur: Alexej Tolstoi: »Peter I.« (R).

Geschichte: Trotzki aus UdSSR ausgewiesen; Ausschluß Bucharins aus Politbüro. Mit Stalins 50. Geburtstag beginnt der Führer- und Personenkult.

Werke:
»Durch die Union der Sowjets« (E).
»Vom Philistertum« (V).
»Von der Unmenschlichkeit« (V).
»Das Alltagsleben beleuchten, die darin verborgene Politik bloßlegen!« (V).

1930

Gorki rechtfertigt in Artikeln und Broschüren Todesurteile gegen ›Volksfeinde‹ in Rußland. Der im französischen Exil lebende Schriftsteller Iwan Bunin greift Gorki daraufhin in scharfen Artikeln an. Gorki reagiert öffentlich nicht darauf, desgleichen, daß alle ehemaligen Mitglieder der ›Kommission für Hungerhilfe‹ sowie die ehemaligen Mitarbeiter der ›Nowaja Shisn‹ (Neues Leben) im Gefängnis sitzen und der GPU-Terror einen weiteren Höhepunkt erreicht.

Kultur: Michail Scholochow: »Der stille Don«, Bd. 1 (R).
Wladimir Majakowski begeht Selbstmord.

Geschichte: ›Säuberungsprozesse‹.

Werke:
»Klim Samgin« Buch III (R).
»Wenn der Feind sich nicht ergibt, wird er vernichtet« (V).
»An die Arbeiter und Bauern« (V).
»An die Humanisten« (V).
»Über Literatur« (V).
»Über verantwortungslose Leute und das Kinderbuch unserer Zeit« (V).
»Wie ich schreibe« (V).

1931

Mai: Rückkehr nach Moskau; ständig in Öffentlichkeit, ständig befaßt mit Manuskripten anderer, Delegationen, Schauauftritten. Besuche von Stalin, Geheimdienstchef Jagoda und etlichen Ausländern wie z. B. George Bernhard Shaw.

Winter: Wegen angegriffener Gesundheit mit Sohn Max und Baronin Budberg zurück nach Sorrent.

Geschichte: ›Säuberungsprozesse«.

Werke:
»Somow und die anderen« (Somow und andere) (D).
»Ein Orkan, der die alte Welt zerstört« (V).
»Anläßlich einer Legende« (V).
»Antwort an einen Intellektuellen« (V).
»Die Logik der Geschichte« (V).
»Die Arbeiter und Bauern werden sich nicht betrügen lassen« (V).
»Der Jahrestag eines historischen Beschlusses« (V).
»Der Terror der Kapitalisten gegen die Negerarbeiter in Amerika« (V).
»Über Literatur und anderes« (V).

1932

April: Rückkehr nach Rußland; öffentliche Zustimmung zum Sowjetregime, scharfe antiwestliche bzw. antikapitalistische Polemik.

Überhäufung mit Ehren und Ehrenämtern. Leninorden, Festkomitee zur Ehrung seines 40jährigen Schaffens, Literaturinstitut mit Namen ›Gorki‹, Ehrenmitglied der Akademie in Leningrad (die ihn vor 30 Jahren auf Weisung des Zaren ausgeschlossen hatte), Geburtsstadt Nischni Nowgorod wird in ›Gorki‹ umbenannt, Gorki-Theater, Gorki-Straßen.

Weiterarbeit am ›Klim Samgin‹, jedoch kaum Zeit dazu, da Arbeit als Journalist, Herausgeber, Festredner, Propagandist, literarischer Berater die Kraft verzehrt.

Oktober: Sorrent.

Kultur: Auf Beschluß des ZK werden bisherige proletarische Literatur- und Kunstorganisationen, z. B. die Russische Vereinigung Proletarischer Schriftsteller, (RAPP) verboten.

Michail Scholochow: »Neuland unterm Pflug« (R).

Geschichte: Hungersnot in ganz Rußland, Nichtangriffspakt zwischen der UdSSR und Frankreich.

Werke:
»Jegor Bulytschow und andere« (D).
»Mit wem seid ihr, ›Meister der Kultur‹?« (V).
»Von ›soldatischen Ideen‹« (V).

1933

Mai: Rückkehr in die Sowjetunion. Gorki erhält auf Staatskosten in Moskau komfortables Stadthaus. Er bekommt Auto, Personal, Leibärzte. GPU-Chef Jagoda wird sein Freund, Ärzte und Sekretäre sind zugleich Geheimagenten Jagodas. Gorki lebt in Moskau mit Baronin Budberg, Sohn Max, dessen Frau und Kindern. Er empfängt Bittsteller, Gelehrte, Musiker, Intellektuelle. Sein Haus wird zum kulturellen Mittelpunkt.

Geschichte: Hungersnot in ganz Rußland, Nichtangriffs- und Neutralitätsvertrag zwischen der UdSSR und Italien; Aufnahme diplomatischer Beziehungen zu den USA und Spanien; zweiter Fünfjahresplan.

Werke:
»Dostigajew und andere« (D).
»Über sozialistischen Realismus« (V).
»Über Theaterstücke« (V).
»Die Literatur den Kindern!« (V).
»Über Perspektive und Froschperspektive« (V).
»Über Prosa« (V).
»Vor uns liegt eine gewaltige und schöne Arbeit« (V).

1934

Mai: Sohn Max stirbt an Lungenentzündung.

August: Gorki wird zum Präsidenten des ersten Allunions-Kongresses der Sowjetschriftsteller gewählt. Auf diesem Kongreß Ablehnung der vorrevolutionären und der avantgardistischen Literatur in Rußland; Gorki fordert die Teilnehmer auf, statt dessen im Sinne des ›Sozialistischen Realismus‹ zu schreiben. Schlußresolution des Kongresses betont hervorragende Rolle Maxim Gorkis für die Entwicklung der neuen russischen Literatur.

Aufenthalt auf der Krim, nachdem Stalin ein Ausreisegesuch von Gorki nach Sorrent abgelehnt hat.

Dezember: Als Delegierter der Schriftsteller zum Abgeordneten in den Moskauer Stadtsowjet gewählt.

Kultur: Erster Allunions-Kongreß der Sowjetschriftsteller; Zielformulierung für Aufgaben der Sowjetliteratur.

Geschichte: Ermordung des Politbüromitglieds und ZK-Sekretärs Sergej Kirow. Erneute Säuberungswelle Stalins, totale Polizeiüberwachung des ganzen Landes. Aufnahme von diplomatischen Beziehungen der UdSSR zu Ungarn, Rumänien, Tschechoslowakei, Bulgarien, Albanien; Beitritt der UdSSR zum Völkerbund.

Werke:
»Der Sattler und der Brand« (E).
»Kurzer Umriß einer schlimmen Geschichte« (V).
»Der proletarische Humanismus« (V).
»Aus Anlaß eines Wunders« (V).
»An den Antifaschistischen Kongreß in Chicago« (V).
»Die sowjetische Literatur« (V).
»Über die Sprache« (V).

1935

Etliche Treffen Stalins mit Gorki in dessen Haus; Romain Rolland einige Wochen zu Besuch. Gorki wirkt auf den französischen Schriftsteller verwirrt und traurig.

Angegriffene Gesundheit macht öffentliche Auftritte unmöglich, Erholungsaufenthalt in Tessely auf Krim: Gartenarbeiten, Ruhe; ständig angewiesen auf Sauerstoff-Flasche, Verzweiflung, »Klim Samgin«, an dessen viertem Teil er arbeitet, nicht beenden zu können.

Kultur: Kosinzew und Trauberg drehen (1935–39) die Gorki-Filme: »Maxims Jugend«, »Maxims Rückkehr« und »Maxim in Wyborg«.

Geschichte: Terror und Säuberung der Partei; Einführung der Todesstrafe für Kinder ab 12 Jahre.

Werke:
»Der Stier« (E).
»Zwei Fünfjahrpläne« (V).
»Von den Kulturen« (V).
»Ein hervorragender Mensch unserer Epoche« (V).
»Proletarischer Haß« (V).
»Über Kunst« (V).

1936

Mai: Rückkehr nach Moskau.

Anfang Juni: schwer krank; Zeitungen veröffentlichen täglich Gesundheitsbulletins; Gorki erhält Tausende von Briefen und kann nicht mehr im Bett liegen, sondern nur im Sessel sitzend überleben.

18. Juni: infolge einer Lungenentzündung Blutsturz, Ohnmacht und Tod; Sarg im Säulensaal des Kreml; Tausende von Trauernden erweisen Gorki die letzte Ehre.

20. Juni Beerdigung: Molotow, Stalin, Ordschonikidse und Kaganowitsch (u. a.) tragen Gorkis Urne, Artillerieschüsse, Orchester spielt die ›Internationale‹; Trauerreden von Politikbüromitglied Molotow und dem Schriftsteller Alexej Tolstoi. Die Urne mit der Asche Gorkis wird in Kremlmauer am Roten Platz in Moskau eingemauert.

Geschichte: Stalinistischer Terror, Säuberungswellen und Schauprozesse, unter vielen anderen werden auch Sinowjew und Kamenev hingerichtet. Neue Verfassung für die UdSSR.

Werke:
»Wassa Shelesnowa« (D).
»Iwan Petrowitsch Pawlow« (LP).
»Über Formalismus« (V).

1937

Geschichte: Terror, Schauprozesse, Massenerschießungen.

Werke:
»Klim Samgin« Buch IV, Fragment (R).

1938

Geschichte: Schauprozeß gegen GPU-Chef Jagoda, Gorkis Privatsekretär Krjutschkow, sämtliche Ärzte und das Pflegepersonal. Allen wird vorgeworfen, den Schriftsteller ermordet zu haben. In vielen Fällen Todesurteile. Trotzki und ein zu Arbeitslager verurteilter Medizinprofessor behaupten später, Stalin selbst habe den Mord angeordnet. Alle diesbezüglichen Informationen gelten als unsicher.

Anmerkungen

1. Zwei Schüsse an der Kasanka

1 s. Gorki, Maxim: Eine Begebenheit aus Makars Leben, erstmals 1912, hier: Gorki, Maxim, Erzählungen, Bd. 5, Deutsch von Felix Loesch, (Aufbau-Verlag), Berlin 1955, S. 264.
2 s. ebd. S. 271.

2. Ein kleiner Junge und eine große Familie

1 Perm: damals Gouvernement im Uralgebiet.
2 s. Gorki, Maxim: Meine Kindheit. Erstmals 1914, hier: Gorki, Maxim: Autobiographische Romane. Meine Kindheit. Aus dem Russischen von Georg Schwarz, (Winkler-Verlag), München 1972, S. 180.
3 s. ebd. S. 41.
4 s. ebd. S. 34.
5 s. ebd. S. 37f.

3. »Du bist keine Medaille an meinem Hals – geh...!«

1 s. Gorki, Maxim: Meine Kindheit, a. a. O., S. 14.
2 s. ebd. S. 67.
3 s. ebd. S. 193.
4 s. ebd.
5 s. ebd.
6 s. ebd. S. 196.
7 s. ebd. S. 199.
8 s. ebd. S. 200.
9 s. ebd. S. 202.
10 s. ebd. S. 203.
11 s. ebd. S. 204, ›Karo As‹ nannte man den auf dem Rücken von kriminellen Strafgefangenen aufgenähten gelben Stoff-Rhombus.
12 s. ebd. S. 211.
13 s. ebd. S. 227.
14 s. ebd. S. 228.
15 s. ebd. S. 230.
16 s. ebd. S. 231.

4. Verbotene Bücher und wichtige Menschen

1 Samowar heißt übersetzt ›Selbstkocher‹. Er ist die traditionelle russische Teemaschine aus Messing oder Kupfer, die bis heute – wenn auch inzwischen elektrisch beheizt – in fast allen Haushalten Rußlands, aber auch Indiens und Persiens zum täglichen Leben gehört. Das Wasser in dem Samowar wurde damals noch durch glühende Holzkohlen, die sich in einer in der Mitte des Gerätes angebrachten Röhre befanden, zum Sieden gebracht. Oben auf dem Samowar steht eine Kanne mit Teesud. Wenn das Wasser heiß ist, wird etwas Sud aus der Kanne in eine Tasse gegossen und mit heißem Wasser aus dem Samowar aufgefüllt. Da der Samowar den ganzen Tag über angeheizt bleibt, kann jedes Familienmitglied, jeder Besucher jederzeit Tee trinken.
2 s. Gorki, Maxim: Unter fremden Menschen, erstmals 1916, hier: Gorki, Maxim: Autobiographische Romane, Deutsch von Georg Schwarz (Winkler-Verlag), München 1972, S. 283f.
3 s. ebd. S. 294.
4 s. ebd. S. 297.
5 s. ebd. S. 320.
6 s. ebd. S. 325.
7 s. ebd.
8 s. ebd. S. 345.
9 s. ebd. S. 346.
10 s. ebd. S. 362f.
11 Ikonen sind Heiligenbilder und gehörten damals in jeden russischen Haushalt. Hinter der Ikone brannte stets eine kleine Kerze, die das Ewige Lämpchen symbolisierte.
12 s. ebd. S. 382.
13 s. ebd. S. 383.
14 s. ebd. S. 391.
15 s. ebd. S. 403.
16 s. ebd. S. 420.
17 s. Gorki, Maxim: Meine Kindheit, a. a. O., S. 39.
18 Politische Dissidenten wurden im Zarismus nach Verbüßung ihrer Strafe im Gefängnis meist anschließend an einen fernen Ort verbannt und unter Polizeiaufsicht gestellt. Das bedeutete, daß sie das Dorf, in das man sie verbannt hatte, nicht verlassen durften. Sie mußten sich zudem ständig bei der Polizei melden. Ihre Post wurde überwacht und zensiert, ihre Vermieter befragt, womit sich der Verbannte beschäftige und mit welchen Leuten er zusammenkomme.
19 s. Gorki, Maxim: Meine Kindheit, a. a. O., S. 118.

5. Alexejs Universitäten

1 s. Gorki, Maxim: Unter fremden Menschen, a. a. O., S. 548.
2 s. ebd. S. 546.
3 s. ebd. S. 547.
4 s. ebd. S. 530.
5 s. Gorki, Maxim: Autobiographische Romane. Meine Universitäten. Aus dem Russischen von Georg Schwarz, erstmals 1923, hier: (Winkler-Verlag), München 1972, S. 591.
6 s. ebd. S. 592.
7 Durch die Aufhebung der Leibeigenschaft setzte eine Verarmung der klein-

bäuerlichen Landbevölkerung ein, die durch den industriellen Aufschwung gegen Ende des 19. Jahrhunderts und den damit verbundenen Niedergang des Kleinhandwerks gefördert wurde. Viele Menschen mußten ihre Dörfer verlassen, um nicht zu verhungern. Sie zogen auf der Suche nach Arbeit durch ganz Rußland, konnten aber keine regelmäßige Anstellung finden und vegetierten unter schwersten Bedingungen dahin. Zu ihnen stießen die Deklassierten aus anderen Schichten. Da sie meist obdachlos waren und meist nicht einmal mehr ein Paar Schuhe besaßen, nannte man sie ›bosjak‹ – übersetzt ›Barfüßler‹. Allein im Jahre 1886 gab es in Rußland rund fünf Millionen ›bosjaki‹, die vor allem als Gelegenheitsarbeiter an den vielen Anlegestellen der Wolga versuchten, einige Kopeken zu verdienen. Gelang ihnen das nicht, gingen sie betteln, begingen in ihrer Not häufig auch Diebstähle. Sie unterschieden sich von den gleichfalls im ganzen Land nach Arbeit suchenden Händlern und mit Arbeitspässen ausgestatteten Landarbeitern. Die ›bosjaki‹ mußten im Gegensatz zu ihnen immer damit rechnen, von der Polizei aufgegriffen und ins Gefängnis gesteckt zu werden, weil sie keine offiziellen Arbeitsgenehmigungen vorweisen konnten. Nach Verbüßung ihrer Gefängnisstrafe wurden sie ausgewiesen und mußten an einem neuen Ort versuchen zu überleben, bis sie auch hier aufgegriffen, ins Gefängnis gesteckt und anschließend ausgewiesen wurden. Zwar beschreibt Gorki (vgl. Anmerkung 8) jene besonders interessanten bosjaki, die höheren Schichten entstammten, doch traf auch er in erster Linie auf ehemalige Bauern.

8 s. Gorki, Maxim: Wie ich schreiben lernte, erstmals 1928, hier: Wie ich schreibe. Literarische Porträts, Aufsätze, Reden und Briefe, Deutsch von Ingeborg Schröder, (Winkler-Verlag), München 1978, S. 392f. Die Sammlung wird im folgenden Gorki, M.: WiS zitiert.
9 s. Gorki, Maxim: Meine Universitäten, a.a.O., S. 595.
10 s. ebd. S. 616.
11 s. ebd. S. 617.
12 s. Gorki, Maxim: Sechsundzwanzig und eine, erstmals 1899, hier: Gorki, Maxim: Sechsundzwanzig und eine, in: Der Vagabund und andere Erzählungen, Deutsch von Erwin Tittelbach (Winkler-Verlag), München 1974, S. 118.
13 s. Gorki, Maxim: Der Brotherr. Eine Seite aus der Selbstbiographie, erstmals 1913, hier: Gorki, Maxim: Erzählungen (Bd. 5) Deutsch von Irene Wiedemann (Aufbau-Verlag), Berlin 1955, S. 287.
14 Ein Pud entspricht 16,38 Kilogramm. Der Teigkloß, den Alexej zu kneten hatte, wog damit rund 114 Kilogramm, also fast 230 Pfund.
15 s. Gorki, Maxim: Meine Universitäten, a.a.O., S. 668.
16 s. ebd.
17 s. Roskin, A.: Maxim Gorki. Aus dem Russischen von Alice Wagner, (SWA-Verlag), Berlin 1947, S. 35.
18 Die Tataren waren eine Art Gastarbeiter in Rußland und beherrschten in den seltensten Fällen die russische Sprache.
19 s. Gorki, Maxim: Eine Begebenheit aus Makars Leben, a.a.O., S. 278.
20 s. ebd. S. 282.
21 ›Chochol‹ heißt übersetzt ›Kleinrusse‹. So bezeichnete man die Ukrainer. Häufig wurden sie nicht mit ihrem Namen angeredet, sondern einfach ›Chochol‹ gerufen. Einige Ukrainer empfanden das als Herabsetzung, andere als Anerkennung einer eigenständigen Volksgruppe oder Nationalität.
22 Ein Werst entspricht 1,067 Kilometern.
23 s. Gorki, Maxim: Meine Universitäten, a.a.O., S. 674.

24 ›Kulaken‹ nannte man die Großbauern in den russischen Dörfern. Sie hatten meist die bessere Bildung und sehr viel Macht: so besaßen sie das Monopol für die Mühlen und alle Forst- und Jagdrechte. Sie nahmen die entscheidenden Posten in der bäuerlichen Selbstverwaltung ein und waren die Besitzer der Krämerläden. So konnten sie die Preise für Holz, Viehfutter, Getreide, aber auch jene für Waren des täglichen Bedarfs diktieren.
25 s. Gorki, Maxim: Meine Universitäten, a. a. O., S. 725 f.

6. Maxim Gorki wird geboren

1 s. Roskin, A.: Maxim Gorki, a. a. O., S. 46.
2 s. ebd. S. 46 f.
3 Wladimir G. Korolenko, 1853–1921, russischer Schriftsteller, schrieb zunächst Novellen und Erzählungen, war ab 1896 jedoch primär als Journalist tätig. Besonders bekannt wurde sein Zyklus ›Sibirische Erzählungen‹ und als einziges größeres Werk die autobiographische ›Geschichte meines Zeitgenossen‹ (1906–1909). Korolenko, seine Frau und deren Geschwister sympathisierten mit der revolutionären Bewegung, vermieden aber die Mitgliedschaft in einer Partei. In seinen Zeitungsartikeln schrieb Korolenko gegen die Adligen und ihr Machtmonopol, gegen die Kulaken, gegen die finanziellen Betrügereien der Großkaufleute, gegen die versteinerte Bürokratie und die korrumpierten Richter des zaristischen Reiches. In Nischni Nowgorod waren seine Enthüllungsartikel vor allem bei den Kaufleuten und Regierungsbeamten gefürchtet.
4 s. Roskin, A.: Maxim Gorki, a. a. O., S. 47.
5 s. Gorki, Maxim: Die Korolenko-Zeit, in: Gorki, Maxim: Meine Universitäten. Autobiographische Erzählungen. Aus dem Russischen von Irene Wiedemann (Aufbau-Verlag), Berlin und Weimar 1968, S. 340.
6 s. ebd. S. 341.
7 s. Gorki, Maxim: Die Ausfahrt, erstmals 1895, hier: Gorki, Maxim: Konowalow und andere Erzählungen, Deutsch von Georg Schwarz, (Winkler-Verlag), München 1973, S. 181.
8 s. ebd. S. 181 f.
9 s. Gorki, Maxim: In der Steppe, erstmals 1897, hier: Gorki, Maxim: Konowalow und andere Erzählungen, Deutsch von Erwin Tittelbach, a. a. O., S. 476.
10 s. Gorki, Maxim: Mein Weggefährte, erstmals 1894, hier, Gorki, Maxim: Konowalow und andere Erzählungen, Deutsch von Georg Schwarz a. a. O., S. 97.
11 s. Gorki, Maxim: Einst im Herbst, erstmals 1895, hier: Gorki, Maxim: Konowalow..., Deutsch von Bodo v. Loßberg, a. a. O., S. 125 f.
12 s. ebd. S. 127.
13 s. ebd. S. 129.
14 s. ebd. S. 131 f.
15 s. Gorki, Maxim: Makar Tschudra, erstmals 1892, hier: Gorki, Maxim: Konowalow und andere Erzählungen, Deutsch von Arthur Luther, a. a. O., S. 9 f.

7. Der Weg nach oben: Jehuda Popenumhang

1 Samara hieß einst die Hauptstadt des Gouvernements Samara, das im südöstlichen Teil des Europäischen Rußlands lag und zu den Wolga-Gouvernements gehörte. Die Stadt hatte 1891 rund 100000 Einwohner, aber neben den Grundschulen nur ein Knaben- und ein Mädchengymnasium, sowie eine Realschule. Sie war Sitz des Gouverneurs und eines Bischofs. Weitere Bildungseinrichtungen waren ein Geistliches Seminar, ein Lehrerinnenseminar und eine Eisenbahnschule. Es gab ein Theater und vier Zeitungen. Die Flußhäfen von Samara galten als Haupthandelsplatz an der Wolga, wo Salz, Weizen und Talg umgeschlagen wurden. Samara war eine Industriestadt: rund 70 Fabriken produzierten u. a. Talg, Maschinen und Kerzen. Bekannt waren die Gerbereien von Samara. Die Stadt heißt heute Kuibyschew.
2 Im heutigen Sprachgebrauch würde man das Wort ›Chlamida‹ eher mit ›alter, abgetragener Mantel‹ oder ›altes Kleid‹ umschreiben.
3 vgl. Grusdew, Ilja. Das Leben Maxim Gorkis, (Malik-Verlag), Berlin 1928, S. 120 ff.
4 s. ebd. S. 134.
5 s. ebd. S. 137.
6 s. Gorki, Maxim: Großvater Archip und Ljonka, erstmals 1893, hier: Gorki, Maxim: Konowalow..., Deutsch von C. Berger, a. a. O., S. 66.
7 s. Grusdew, Ilja: Das Leben Maxim Gorkis, a. a. O., S. 139.
8 s. Gorki, Maxim: Die Erste Liebe, a. a. O., S. 60.
9 vgl. Katzer, Nikolaus: Maksim Gorkijs Weg in die russische Sozialdemokratie ›Veröffentlichungen des Osteuropa-Instituts München, Reihe Geschichte, Bd. 58‹, (Verlag Otto Harrassowitz) Wiesbaden 1990, S. 69.
10 s. Grusdew, Ilja: Das Leben Maxim Gorkis, a. a. O., S. 169.
11 s. Ludwig, Nadeshada: Gorki. Leben und Werk, deb-Verlag, Westberlin 1984, S. 51.
12 s. ebd.
13 s. Grusdew, Ilja: Das Leben Maxim Gorkis, a. a. O., S. 175.
14 s. Ludwig, Nadeshda: Gorki... a. a. O., S. 53, *Piroggen sind die traditionellen russischen mit Fleisch gefüllten Teigtaschen. Eine klassische Pirogge hat die Größe einer Frühlingsrolle, ** Kwas ist ein dem Bier ähnliches gegorenes Getränk aus Roggen- oder Weißbrot, seltener aus Früchten.
15 s. Katzer, Nikolaus: Maxim Gorkis Weg... a. a. O., S. 72.
16 vgl. ebd.
17 vgl. ebd. S. 77.

8. Der Anmarsch des Pöbels

1 vgl. z. B. bei A. Roskin: Maxim Gorki, a. a. O. wird sie überhaupt nicht erwähnt; bei Nina Gourfinkel: Maxim Gorki in Selbstzeugnissen und Bilddokumenten (Rowohlt-Verlag) rororo-Bildmonographie Bd. 9, 26.–33.-Tausend Hamburg 1981, auf S. 92 lediglich vier Druckzeilen lang, bei Ilja Grusdew: Das Leben Maxim Gorkis a. a. O. auf S. 185 gerade 5 Druckzeilen.
2 vgl. Katzer, Nikolaus: Maksim Gorkijs Weg... a. a. O., S. 87f.
3 s. ebd. S. 89.
4 s. ebd.
5 vgl. Roskin, A.: Maxim Gorki, a. a. O., S. 68f.
6 s. ebd. S. 71.
7 vgl. Katzer, Nikolaus: Maksim Gorkijs Weg... a. a. O., S. 84f.

8 s. Gorki, Maxim: Konowalow, erstmals 1897, hier: Gorki, Maxim: Konowalow und andere Erzählungen, a. a. O., S. 409.
9 s. ebd. S. 410.
10 s. Gorki, Maxim, Erzählungen, (Bd. 3) (Aufbau-Verlag), Berlin 1954, Anmerkung zu ›Konowalow‹ S. 528.
11 s. Gorki, Maxim: Konowalow und andere Erzählungen, a. a. O., S. 434.
12 s. Gorki, Maxim: »Die Gewesenen«, erstmals 1897, hier: Gorki, Maxim: Konowalow und andere Erzählungen, a. a. O., S. 582.
13 s. ebd. S. 584.
14 s. ebd.
15 s. ebd. S. 599.
16 s. Grusdew, Ilja: Das Leben... a. a. O., S. 187.
17 s. ebd. S. 190f., Einschübe stammen aus dem Polizeiprotokoll.
18 s. ebd. S. 182f., Einschübe stammen aus dem Polizeiprotokoll.
19 s. Roskin, Maxim Gorki, a. a. O., S. 76.
20 s. Lenin, Wladimir Iljitsch: Die Aufgaben der russischen Sozialdemokraten, erstmals 1898, hier: Lenin: Ausgewählte Werke, Bd. 1 (Verlag für fremdsprachige Literatur, Moskau 1946, S. 153).
21 s. ebd. S. 159.
22 vgl. Ludwig, Nadeshda: Gorki... a. a. O., S. 71.
23 vgl. Roskin, A.: Maxim Gorki, a. a. O., S. 79.
24 vgl. die Biographie von Ilja Grusdew, a. a. O.
25 s. ›Die Zukunft‹ Nr. 8/Berlin 1899, S. 338.
26 s. Grusdew, Ilja: Das Leben... a. a. O., S. 202.
27 vgl. Katzer, Nikolaus: Maksim Gorkijs Weg... a. a. O., S. 103ff.
28 s. Hoffmann, Nina: Maxim Gorki, in: Die Zukunft, a. a. O., S. 338f.
29 s. ebd. S. 340.
30 s. Mereschkowski, Dimitri: Der Anmarsch des Pöbels, erstmals 1906, hier: Übersetzt von Harald Hoerschelmann (R. Piper & Co-Verlag), München und Leipzig 1907, S. 73.
31 s. ebd. S. 41.
32 s. ebd. S. 42.
33 s. ebd. Titelblatt.

9. Mit Tränen löschst du das Feuer nicht

1 s. Grusdew, Ilja: Das Leben... a. a. O., S. 204.
2 s. Roskin, A.: Maxim Gorki, a. a. O., S. 79f.; Roskin zitiert aus einem unveröffentlichten Brief von Maxim Gorki.
3 s. ebd. Briefzitat von Gorki, S. 80.
4 s. Gorki, Maxim: Der Sturmvogel, Deutsche Nachdichtung von Michael Heil, in: ›Die Neue Zeitung‹, 3. 4. 1948.
5 vgl. Katzer, Nikolaus: Maksim Gorkijs Weg... a. a. O., S. 144.
6 s. ebd. S. 145.
7 s. Roskin, A: Maxim Gorki, a. a. O., S. 85, Roskin zitiert Gorki.
8 s. Gorki, Maxim: Der überspannte Schriftsteller, erstmals 1901, hier: Gorki, Maxim: Erzählungen, Bd. 4, Deutsch von Felix Loesch (Aufbau-Verlag), Berlin und Weimar 1954, S. 221.
9 vgl. Katzer, Nikolaus: Maksim Gorkijs Weg... a. a. O., S. 146.
10 s. Roskin,, A.: Maxim Gorki... a. a. O., S. 84.
11 s. Grusdew, Ilja: Das Leben... a. a. O., S. 215f., Hervorhebungen von Maxim Gorki.
12 s. Ludwig, Nadeshda: Gorki... a. a. O., S. 71.

13 s. Wis... a.a.O., S. 789.
14 vgl. Katzer, Nikolaus: Maksim Gorkijs Weg... a.a.O., S. 146.
15 s. ebd. S. 155.
16 s. ebd. S. 155 f.
17 s. Gorki, Maxim: Nachtasyl, erstmals 1902, hier: Gorki, Dramen, (Winkler-Verlag), München 1976, S. 190.
18 s. ebd. S. 125.
19 vgl. Katzer, Nikolaus: Maksim Gorkijs Weg... a.a.O., S. 158.
20 Die sozialdemokratische Partei Rußlands hatte sich 1903 in ›Bolschewiki‹, übersetzt ›Mehrheitler‹ und in ›Menschewiki‹, »Minderheitler‹ gespalten. Der unbestrittene Führer der extrem revolutionären Bolschewiki war Lenin. Bis 1912 hoffte man innerhalb der Sozialdemokratie vergeblich auf eine Wiedervereinigung der gespaltenen Partei, sie scheiterte an ideologischen und taktischen Differenzen zwischen Bolschewiki und Menschewiki: Die Bolschewiki vertraten die Ansicht, daß nur die Arbeiterklasse geeignet sei, die erste Stufe der sozialistischen Gesellschaft zu erkämpfen, da der Mittelstand zunehmend kapitalistische Interessen vertrete. Die Menschewiki wollten mit der russischen Revolution warten, bis andere, politisch weiter entwickelte Länder wie z. B. Deutschland und England den Umsturz durchgeführt hätten. Die Arbeiterklasse in Rußland sei zu unterentwickelt, um sofort die Macht zu übernehmen. Über zu gründende Sowjets (direktdemokratische Selbstverwaltungsorgane) sollten sie den Mittelstand davon überzeugen, mit ihnen zusammen die Revolution durchzuführen.
21 Gapon wurde übrigens später als zaristischer Spitzel bezeichnet, 1906 von Terroristen zum Tode verurteilt, in einen Hinterhalt gelockt und in einer Petersburger Villa gehenkt.
22 s. Gitermann, Valentin: Geschichte Rußlands, erstmals 1944–1945, hier: Unveränderter Nachdruck (Athenäum-Verlag) Bd. 3, Frankfurt am Main 1987, S. 389; *Die Anrede ›Gossudar‹ stammt aus dem 15. Jahrhundert und bedeutet Herr, Souverän.
23 s. ebd. S. 389 f.
24 s. Gitermann, Valentin: Geschichte Rußlands, a.a.O., S. 391.
25 s. Gorki, Maxim: Sawwa Morosow, erstmals 1924, hier: Wis, a.a.O., S. 210.
26 s. ebd. S. 209.
27 s. Grusdew, Ilja: Das Leben a.a.O., S. 228 f.
28 s. Gitermann, Valentin: Geschichte... a.a.O., S. 392.
29 Manchmal lautet er auch »Mit Tränen löscht man das Feuer nicht« oder »mit Tränen kann man das Feuer nicht löschen« s. z. B. Gorki, Maxim: Unter fremden Menschen, a.a.O., S. 574, oder: Gorki, Maxim: Klim Samgin. Vierzig Jahre, erstmals 1927–1936, hier: Gorki, Maxim: Klim Samgin. Vierzig Jahre. Aus dem Russischen von Hans Ruoff (Winkler-Verlag), Buch 4, München 1980, S. 816, aber die Grundaussage bleibt stets die gleiche.
30 s. Gitermann, Valentin: Geschichte, a.a.O., S. 417 f. *Die ›Weißen‹ nannte man in Abgrenzung zu den ›roten‹ Sozialdemokraten alle zarentreuen Anhänger des russischen Herrscherhauses.
31 vgl. Katzer, Nikolaus: Maksim Gorkijs Weg... a.a.O., S. 198.
32 s. Gorki, Maxim: Die Stadt des Gelben Teufels, erstmals 1906, hier: Gorki, Maxim: Satiren, deutsch von Arnold Frank (Aufbau-Verlag), Berlin und Weimar, S. 121.
33 s. Gorki, Maxim: Das Königreich der Langeweile, in Gorki, Maxim: Satiren, a.a.O., S. 138.
34 s. ebd. S. 150 f.

35 s. Gorki, Maxim: La belle France, erstmals 1906, hier: Gorki, Maxim: Satiren, a.a.O., S. 186f.
36 s. Gorki, Maxim: Briefwechsel mit Freunden, herausgegeben von Mirowa-Florin, Edel, Deutsch von Hartmut Herboth und Walter Schrade (Aufbau-Verlag), Berlin und Weimar 1986, S. 142, die Sammlung wird im folgenden mit BmF zitiert.

10. Der Traum vom anderen Ich: Maxim Gorki und Lenin

1 s. Gorki, Maxim: Wladimir Iljitsch Lenin, erstmals 1924, hier in: Wis, Deutsch von Michael Pfeiffer, a.a.O., S. 11.
2 s. Wis, a.a.O., S. 637.
3 s. Troyat, Henri: Gorki. Sturmvogel der Revolution, Deutsch von Antoinette Gittinger, (Casimir Katz Verlag), Gernsbach 1987, S. 116.
4 s. Wis. a.a.O., S. 640, Maxim Gorki in einem Brief von 1909 an L. A. Nikiforowa.
5 s. Wolfe, Bertram D.: Brücke und Abgrund. Maxim Gorki und Lenin, Deutsch: Karl Kautzky jun. (Europa Verlag), Wien 1970, S. 56.
6 s. ebd. S. 55.
7 s. Gorki, Maxim: Die Mutter, erstmals 1906/07, hier: Gorki, Maxim: Romane, Deutsch: Irene Müller (Winkler-Verlag), München 1973, S. 302.
8 s. ebd. S. 303.
9 s. ebd. S. 312.
10 vgl. Gourfinkel, Nina: Maxim Gorki in Selbstzeugnissen und Bilddokumenten (Rowohlt Verlag) Reihe Bildmonographien, Bd. 8, erstmals Hamburg 1958, hier: 1981, S. 45.
11 s. Wis, a.a.O., S. 712.
12 s. Gorki, Maxim: Die Mutter, a.a.O., S. 627.
13 s. ebd. S. 661.
14 s. Gourfinkel, Nina: Maxim Gorki, a.a.O., S. 45.
15 vgl. Mierau, Fritz: ›Die Mutter‹ von Maxim Gorki, in: Deutschunterricht, 14. Jahrg. Heft 6, (DDR, Verlagsort konnte nicht ermittelt werden), S. 341.
16 s. Greiner-Mai, Herbert (Hrsg.): Kleines Wörterbuch der Welt-Literatur, (VEB Bibliographisches Institut Leipzig) 3. unveränderte Auflage, Leipzig 1990, S. 265.
17 s. Imendörffer, Helene, Nachwort zu Wis, a.a.O., S. 739.
18 s. Plechanow, G.W.: Die proletarische Bewegung und die bürgerliche Kunst, erstmals 1905, hier: G.W.: Kunst und Literatur, Deutsch von Joseph Harhammer, (Dietz Verlag), Berlin 1955, S. 229.
19 Aus unerfindlichen Gründen unterschlägt Maxim Gorki diese ersten Treffen im Jahre 1905. Er behauptet in seinem Lenin-Porträt, den Führer der Bolschewiki in London zum ersten Mal persönlich gesehen zu haben, inzwischen wurde aber u.a. durch Gorkis erste Frau Katharina Pawlowna und andere Zeitzeugen eindeutig geklärt, daß die ersten Treffen zwei Jahre früher stattfanden, als von Gorki angegeben. Vgl. hierzu u.a. z.B. Katzer, Nikolaus: Maksim Gorkijs Weg... a.a.O., S. 195.
20 s. Gorki, Maxim: Wladimir Iljitsch Lenin, erstmals 1924, abgeändert 1930, hier in: Wis, a.a.O., S. 8f.
21 s. Alexinskij, Gregor: Die geblendete Nachtigall. Des ewigen Romantikers Gorki große Enttäuschung, Deutsch von Günther Steffen, erstmals Paris o.D., hier: ›Die Welt‹, Hamburg, 31.5.1950.
22 vgl. Katzer, Nikolaus: Maksim Gorkijs Weg... a.a.O., S. 209, Katzer zitiert einen Brief Maxim Gorkis Anfang 1907 an seinen Freund A. Gallen.

23 s. Gorki, Maxim: Wladimir Iljitsch Lenin, Wis a. a. O., S. 39 f.
24 s. ebd. S. 16 f.
25 s. Gorki, Maxim: Eine Beichte. Erstmals 1908, hier: Gorki, Maxim: Romane, Deutsch von Dieter Pommerenke, (Winkler-Verlag), München 1976, S. 447.
26 s. ebd. S. 498.
27 s. Wolfe, B.: Brücke und Abgrund..., a. a. O., S. 79 f. Hervorhebungen von Lenin.
28 s. Kosing, Eva/Mirowa-Florin, Edel (Hrsg.): Lenin und Gorki. Eine Freundschaft in Dokumenten (Aufbau-Verlag) 3. Auflage, Berlin und Weimar 1974,S. 115.
29 s. Katzer, Nikolaus: Maxim Gorkis Weg... a. a. O., S. 228.
30 s. ebd.
31 s. Kosing/Mirowa-Florin: Lenin und Gorki... a. a. O., S. 114 f.
32 s. ebd. S. 118.

11. Die große Enttäuschung

1 s. Kosing/Mirowa-Florin: Lenin und Gorki... a. a. O., S. 163.
2 s. Gorki, Maxim: Matwej Koshemjakin, erstmals 1910, hier: Gorki, Maxim, Romane, Deutsch von Traute und Günther Stein (Winkler-Verlag), München 1975, S. 277.
3 s. ebd. S. 845.
4 s. ebd. S. 792.
5 s. ebd. S. 846.
6 s. ebd. S. 845.
7 s. Gorki, Maxim: Unter fremden Menschen, a. a. O., S. 484.
8 s. Kosing/Mirowa-Florin: Lenin und Gorki, a. a. O., S. 144 f.
9 s. ebd. S. 145; Hervorhebung von Lenin; Prawda*, übersetzt ›Die Wahrheit‹.
10 s. Ludwig, N.: Gorki... a. a. O., S. 184; *Romanow war der Familienname des kaiserlichen Hauses.
11 s. ebd. S. 184 f.
12 s. Troyat, H.: Gorki, a. a. O., S. 122.
13 *Sie war eine internationale Konferenz der Sozialisten und fand 1915 in Zimmerwald (Schweiz) statt.
14 s. Troyat, H.: Gorki, a. a. O., S. 124.
15 s. ebd. S. 123, Einschub von Lenin.
16 s. ebd. S. 123.
17 s. ebd. S. 124.
18 s. ebd. S. 125; *St. Petersburg war inzwischen in Petrograd umbenannt worden.
19 s. Gitermann, V.: Geschichte Rußlands, Bd. III, a. a. O., S. 479.
20 s. Gorki, Maxim: Unzeitgemäße Gedanken, ›Novaja Zizn‹ Nr. 12; 2. (15.) Mai 1917, abgedruckt in Gorki, Maxim: Unzeitgemäße Gedanken über Kultur und Revolution, herausgegeben und kommentiert von Bernd Scholz (Insel Verlag), Frankfurt am Main 1972, S. 32 f. Alle Artikel Maxim Gorkis in der ›Novaja Zizn‹ werden im Folgenden aus dieser Quelle unter der Abkürzung Gorki: Unzeitgemäße... zitiert.
21 s. ebd. S. 40.
22 s. ebd. S. 56.
23 s. ebd. S. 83.
24 s. ebd. S. 79 f.

25 s. Lenin, Wladimir I.: Ratschläge eines Außenstehenden, erstmals 8. Oktober 1917, hier: Lenin, W. I. Ausgewählte Werke, Bd. II, (Verlag für fremdsprachige Literatur), Moskau 1947, S. 149.
26 s. Lenin, Wladimir I.: Zwei Taktiken, erstmals 1905, hier in Lenin: Ausgewählte Werke, Bd. I, (Verlag für fremdsprachige Literatur), Moskau 1947, S. 507.
27 s. Lenin, Wladimir I.: Was tun? erstmals 1904, hier: Lenin: Ausgewählte Werke, Bd. I, a. a. O., S. 236.
28 s. Lenin, Wladimir I.: Brief an die Mitglieder des Zentralkomitees, erstmals 24. Oktober 1917, hier: Lenin, W. I. Ausgewählte Werke, Bd. II,... a. a. O., S. 157.
29 s. Lenin, W. I.: Staat und Revolution, erstmals August 1917, hier: Lenin, W. I.: Ausgewählte Werke, Bd. II, a. a. O., S. 167.
30 s. Lenin, W. I.: Ratschläge... a. a. O., S. 148, Hervorhebung von Lenin.
31 s. Gorki, Maxim: Unzeitgemäße... a. a. O., S. 86f.
32 s. Gitermann, V.: Geschichte..., Bd. III, a. a. O., S. 533.
33 s. ebd. S. 534.
34 s. Gorki, Maxim: Unzeitgemäße..., a. a. O., S. 88ff.
35 s. ebd. S. 88, Artikel vom 7. 11. 1917.
36 s. ebd. S. 89.
37 s. ebd. S. 25, Artikel vom 23. 4. 1917.
38 s. ebd... a. a. O., S. 95f., Artikel vom 8. 11. 1917.
39 s. ebd. S. 97, Artikel vom 10. 11. 1917.
40 s. ebd. S. 97f. Artikel vom 10. 11. 1917, Hervorhebung von Gorki.
41 s. ebd. S. 142f. Artikel vom 17. 1. 1918.
42 s. ebd. S. 297f.
43 s. Kosing/Mirowa-Florin: Lenin und Gorki, a. a. O., S. 185.
44 s. ebd. S. 186.
45 s. Gorki, Maxim: Wladimir Iljitsch Lenin/Fassung 1924/30, in Wis, a. a. O., S. 31.

12. Auf Wiedersehen im März

1 s. Troyat, H.: Gorki... a. a. O., S. 138.
2 vgl. ebd. S. 140.
3 s. ebd. S. 142.
4 s. ebd. S. 139.
5 s. Wolfe, B.: Brücke und Abgrund, a. a. O., S. 134f.
6 s. Kosing/Mirowa-Florin: Lenin und Gorki, a. a. O., S. 207f., Brief vom 7. 5. 1920; Hervorhebungen von Gorki; Felix Dzierzynski* war Leiter der Tscheka, der bolschewistischen Geheimpolizei; Dr. I. Manuchin** war Lungenspezialist und Arzt Maxim Gorkis.
7 s. ebd. S. 209.
8 s. ebd. S. 191.
9 s. ebd. S. 190; Brief an Lenin vom 5. April 1919; Hervorhebungen von Gorki.
10 s. Fedin, Konstantin: Gorki unter uns. Bilder eines literarischen Lebens. Deutsch von Georg Schwarz (Aufbau-Verlag), Berlin und Weimar 1982, S. 47f.
11 s. Kosing/Mirowa-Florin: Lenin und Gorki, a. a. O., S. 231; Brief vom 21. 10. 1920, Einschub von Lenin.
12 s. Wolfe, B.: Brücke und Abgrund, a. a. O., S. 140.
13 s. ebd. S. 123; *Die Kommission der Sachverständigen für Kunstschätze

stand unter Gorkis Leitung. Kunstgegenstände und Antiquitäten der Emigranten sowie Kirchenschätze und Wertstücke aus den Museen und Galerien waren beschlagnahmt und enteignet worden. Sie wurden geschätzt und teilweise gegen Devisen ins Ausland verkauft. Die sogenannten ›Expertenkommission‹ versuchte, soviele Schätze wie möglich im Land zu behalten. Dennoch hatten auch Gorki und die gleichfalls beauftragte Marija Andrejewa nicht verhindern können, daß die wertvollsten Stücke verkauft – oder die herrlichsten Silberarbeiten eingeschmolzen wurden.
14 s. ebd. S. 138.
15 s. Gorki, Maxim: Wladimir Iljitsch Lenin, in Wis, a. a. O., S. 34.
16 s. Kosing/Mirowa-Florin: Lenin und Gorki, a. a. O., S. 199f.
17 s. ebd. S. 203.
18 s. ebd. S. 237, Brief vom 24. 6. 1921, Hervorhebungen von Lenin.
19 s. ebd. S. 238, Brief vom 9. 8. 1921, Hervorhebungen von Lenin.
20 s. ebd. S. 239f., Brief vom 8. Oktober 1921; ›Wsemirnaja literatura‹* heißt übersetzt Weltliteratur; Gorki hatte diesen Verlag gegründet, in dem die wichtigsten Werke der Weltliteratur übersetzt und in preiswerten Ausgaben dem russischen Volk zugänglich gemacht wurden. Der Verlag wurde 1924 in den Staatsverlag ›Gosidal‹ eingegliedert, Tichonow entlassen.
21 Auffallend sind die großen Lücken in der Sekundärliteratur: Die wohl erste Ausgabe der Briefe Lenins an Gorki erfaßt nur Briefe bis 1913; vgl. dazu: W. I. Lenin: Briefe an Maxim Gorki 1908–1913. Mit Einleitung und Anmerkungen von L. Kamenew (Verlag für Literatur und Politik), Wien 1924. Die von Kosing/Mirowa-Florin herausgegebene Sammlung enthält gewaltige Lücken. Zum einen geht aus verschiedenen Briefen Lenins hervor, daß Gorki ihm geschrieben haben muß, ohne daß ein Abdruck dieses Briefes vorliegt, zum anderen ist der letzte Brief Lenins an Gorki vom 6. Dezember 1921, der letzte Brief von Gorki an Lenin vom 25. 12. 1921 und das zieht sich durch alle Bücher; vgl. hierzu Kosing/Mirowa-Florin: Lenin und Gorki a. a. O., S. 241 ff. Auch Boris Bjalik benennt nur Briefe beider bis 1921; vgl. hierzu: Bjalik, Boris: Revolution und Kunst. Betrachtungen über die Beziehungen zwischen Lenin und Gorki (Aufbau-Verlag). Aus dem Russischen von Brigitta Schröder, Berlin und Weimar 1974. Bertram D. Wolfe weist 1970 darauf hin, daß etliche Noten und Briefe Maxim Gorkis bis heute nicht veröffentlicht worden sind; vgl. hierzu Wolfe, B.: Brücke und Abgrund, a. a. O., S. 135. Auch die russische Ausgabe des Briefwechsels Lenin/Gorki veröffentlicht keine späteren Briefe zwischen Lenin und Gorki, vgl. Lenin, W. I./Gorkij, Maksim: Pis'ma, vospominanija, dokumenty, AN SSSR, 3. dopolnennoje, Moskau 1969. Eigene Recherchen waren gleichfalls erfolglos. Die Universität Taschkent, die im September 1988 u. a. bislang verbotene Bücher Gorkis sowie jahrelang unterdrückte Briefe Lenins an Gorki von 1914 ausstellte, reagierte ebenso wenig auf Anfragen, wie die russischen Referenten an verschiedenen deutschen Universitäten, denen ich 1990 und 1991 meinen Fragenkatalog persönlich übergab, um den unsicheren Postweg auszuschließen.
22 s. Troyat, H.: Gorki..., a. a. O., S. 146.
23 s. ebd. S. 147.
24 Im November 1920 war der Bürgerkrieg durch die Niederlage der zaristischen Generäle praktisch beendet, aber Wirtschaftskrise, Hungersnot, Arbeitsfronten mit Zwangsrekrutierungen führten in der Seefeste Kronstadt – einst Hochburg der Bolschewiki – 1921 zu einer Rebellion. 15 000 Matrosen – verstärkt durch unzufriedene Bauern aus der Ukraine – unterschrieben eine Resolution gegen die kommunistische Regierung und forderten die Wiederwahl der inzwischen verbotenen Sowjets, Rede- und Pressefreiheit,

Versammlungsfreiheit, die Wiederzulassung sämtlicher sozialistischer Parteien, die Befreiung aller sozialistischen Häftlinge, die Abschaffung der bolschewistischen Requisitionstrupps zur Beschaffung von Lebensmitteln, Gleichheit bei der Verteilung der Lebensmittelrationen sowie die Genehmigung kleinerer handwerklicher Betriebe. Der Aufstand endete in einem Blutbad, in dem die Kronstädter Matrosen nach anfänglichen Siegen gegen die bolschewistischen Truppen im März 1921 unterlagen. Geiselerschießungen, Massenhinrichtungen und Terror kostete noch nach den verlustreichen Kämpfen Tausenden von Menschen zusätzlich das Leben.

25 vgl. Wolfe, B.: Brücke und Abgrund, a.a.O., S. 160.
26 s. Kosing/Mirowa-Florin: Lenin und Gorki, a.a.O., S. 541.
27 s. ebd.
28 s. ebd. S. 286.
29 vgl. ebd. S. 287.
30 s. Katzer, Nikolaus: Maksim Gorkijs Weg... a.a.O., S. 10f.
31 Auch schriftliche Anfragen an das Gorki-Archiv blieben unbeantwortet. GUS*, übersetzt ›Gemeinschaft Unabhängiger Staaten‹, ist ein im Dezember 1991 gegründeter Staatenbund von elf ehemaligen Sowjetrepubliken Rußlands.
32 vgl. Troyat, H.: Gorki... a.a.O., S. 146.
33 s. Wolfe, B.: Brücke und Abgrund, a.a.O., S. 210, Brief vom 8.11.1923.

13. Ein entwurzelter Slawe im heißen Süden

1 s. Kosing/Mirowa-Florin, Lenin und Gorki, a.a.O., S. 308f.
2 s. ebd. S. 287ff., Briefe der Nadeshda Krupskaja vom 28.1. und 25.5.1924.
3 vgl. ebd., S. 477.
4 s. ebd., a.a.O., S. 541.
5 s. Chodassewitsch, Valentina: Gorki, wie ich ihn kannte, erstmals 1968, hier in: Akademie der Künste der DDR (Hrsg.): Sinn und Form. Beiträge zur Literatur, 26. Jahrgang, Heft 6, (Verlag Rütten & Loening), Berlin 1974, S. 1131.
6 s. Kühn, Frithjof: Il Russo aus der Villa Massa, in: Freie Presse Nr. 24 vom 22.6.1946.
7 s. Pozner, Vladimir: Erinnerungen an Gorki. Aus dem Französischen von Christine Kaemmel (Verlag Volk und Welt), Berlin 1959, S. 123.
8 s. Gorki, Maxim: Wladimir Iljitsch Lenin, in: Wis, a.a.O., S. 7.
9 s. ebd. S. 27.; *Thomas Münzer war der Führer der Bauernkriege, er wurde 1525 enthauptet.
10 s. ebd. S. 30.
11 s. ebd. S. 27.
12 s. Fedin, K.: Gorki unter uns, a.a.O., S. 203.
13 s. Gorki, Maxim: Brief vom 23.8.1925, in: Wis, a.a.O., S. 665.
14 s. Gorki, Maxim: Brief vom 13.12.1924 an Konstantin Fedin, in: Gorki, Maxim: Briefwechsel mit sowjetischen Schriftstellern, Deutsch Günther Jarosch, (Akademie-Verlag), Berlin 1984, S. 65f.
15 s. Gorki, Maxim: Briefe an junge Schriftsteller, Auszug, ohne Adressat und Datum in: Wis, a.a.O., S. 412ff.
16 s. Gorki, Maxim: Wladimir Korolenko, erstmals 1922, hier in Wis, a.a.O., S. 162f.
17 Brief vom 30.4.1925, in: Wis, a.a.O., S. 661.
18 vgl. Fedin, K.: Gorki unter uns, a.a.O., S. 204.
19 s. Brief vom 23.2.1928, in: Wis, a.a.O., S. 687.

20 s. ebd. S. 687f.
21 vgl. Imendörffer, Helene: Nachwort zu: Gorki, Maxim: Klim Samgin, Vierzig Jahre, Aus dem Russischen von Hans Ruoff, (Winkler-Verlag), München 1980, Buch 4, S. 922f.
22 s. ebd. S. 919f., Einschub von Gorki; Die *Chodynka-Katastrophe war eine über tausend Menschenleben kostende Massenpanik anläßlich der Krönungsfeierlichkeiten von Zar Nikolaus II. im Jahre 1896; **Judenitsch (richtige Schreibweise) war einer der ›weißen‹, also zarentreuen Generäle im Bürgerkrieg.
23 s. Gorki, Maxim: Gespräch mit Arbeiterschriftstellern, 1931, hier in: Wis, S. 456f.
24 s. Gorki, Maxim: Klim Samgin, Buch 2, a.a.O., S. 843.
25 s. ebd.
26 s. Gorki, Maxim: Klim Samgin, Buch 1, a.a.O., S. 212f.
27 s. ebd. Buch 2, a.a.O., S. 547.
28 s. ebd.
29 s. ebd. S. 549.
30 vgl. Kapitel 10 dieser Biographie.
31 s. Klim Samgin, Buch 2, a.a.O., S. 914.
32 s. Klim Samgin, Buch 3, a.a.O., S. 10.
33 s. ebd. S. 14.
34 s. ebd. S. 52.
35 s. ebd. S. 200.
36 s. Klim Samgin, Buch 2, a.a.O., S. 802.
37 s. ebd. S. 812.
38 s. ebd. S. 701.
39 s. ebd. S. 878.
40 s. ebd. S. 900.
41 s. ebd. S. 908.
42 s. ebd. S. 911.
43 s. ebd. S. 1083.
44 s. ebd. S. 1094.
45 Als einer der ersten wies Jürgen Rühle auf die autobiographischen Elemente in Gorkis Roman hin; vgl. hierzu: Rühle, Jürgen: Maxim Gorkis letztes Wort, in: Der Monat, 11. Jahrgang, Heft 125, Februar 1959, S. 70ff. sowie ders.: Literatur und Revolution. Die Schriftsteller und der Kommunismus (Verlag Kiepenheuer und Witsch) Köln–Berlin 1960.
46 s. Gorki, Maxim: Briefwechsel mit sowjetischen Schriftstellern, a.a.O., S. 74.

14. Eine Nation jubelt: Ihr Idol kehrt zurück

1 s. Troyat, H.: Gorki, a.a.O., S. 155.
2 s. Gorki, Maxim: Briefwechsel mit sowjetischen Schriftstellern, a.a.O., S. 373.
3 s. ebd. S. 469.
4 s. Gorki, Maxim: Briefwechsel mit Freunden, Brief von Woronski aus Moskau im März 1926 an Gorki in Sorrent, a.a.O., S. 294.
5 vgl. Rühle, Jürgen: Gorkis Ende, in: Stuttgarter Zeitung Nr. 135 vom 15.6.1961.
6 s. Fedin, K., Gorki unter uns, a.a.O., S. 290.
7 vgl. Börsenblatt für den Deutschen Buchhandel, Frankfurter Ausgabe, Nr. 16, 25.2.1969, S. 412 sowie Ludwig, N.: Gorki..., a.a.O., S. 200f.

8 s. Ludwig, N.: Gorki, a. a. O., S. 242.
9 vgl. Tomaschewski: Gorki und Sostschenko. Psychologischer Kommentar zu einer Widmung, in: Kunst und Literatur, 34. Jahrg. Heft 3, Berlin 1986, S. 302.
10 s. Ludwig, N.: Gorki..., a. a. O., S. 242 f.
11 s. Gorki, Maxim: Durch die Union der Sowjets. Erstmals 1928/29/30, hier: Gorki, Maxim: Durch die Union der Sowjets. Tagebuchnotizen und Skizzen (Aufbau-Verlag), Berlin und Weimar, S. 391.
12 s. ebd. S. 353.
13 s. ebd. S. 393.
14 s. ebd. S. 406 f.

15. Die andere Wahrheit und ein Potemkinsches Dorf

1 s. Über die Industrialisierungsanleihe, Artikel in verschiedenen russischen Zeitungen 1928; 2. Teil 1929, hier in: Gorki, Maxim: Für Frieden und Demokratie. Skizzen, Pamphlete, Artikel, Reden, Briefe. (Aufbau-Verlag), Berlin 1954, S. 82.
2 s. Über die Rote Armee, erstmals in der ›Prawda‹ 7.11.1928, hier in: Für Frieden und Demokratie, a. a. O., S. 86 f.
3 s. ebd., a. a. O., S. 84.
4 s. Noch einmal über die mechanischen Bürger, erstmals in ›Prawda‹ vom 27.11.1928, hier in: Für Frieden und Demokratie, a. a. O., S. 89.
5 s. Brief vom 17.12.1927 an Chalatow, in: Wis, a. a. O., S. 684.
6 s. Fedin, K.: Gorki unter uns, a. a. O., S. 279.
7 s. Brief von MG vom März 1928 an Chalatow in: BmF, a. a. O., S. 62.
8 s. Durch die Union, a. a. O., S. 320.
9 s. ebd. S. 308.
10 s. ebd. S. 379.
11 s. ebd. S. 349.
12 s. ebd. S. 350.
13 s. ebd. S. 384.
14 Kolchosen* waren landwirtschaftliche Betriebe, die nach dem Kommune-Prinzip zu einer staatlichen Produktionsgemeinschaft zusammengeschlossen wurden. Die ehemals selbständigen Bauern erhielten jetzt ein staatliches Gehalt, aber keine Gewinnbeteiligung. Dafür mußten sie auch nicht für wirtschaftliche Verluste der Kolchose haften. Der Zusammenschluß der Bauern fand zunächst auf freiwilliger Basis statt, ab 1929 jedoch unter Zwang, um die Großbauern und Mittelbauern (Kulaken) als Klasse aufzuheben. Später wurden viele Kolchosen gleichfalls aufgelöst und zu Sowchosen, großen Staatsbetrieben umgewandelt, die Saatgut und Vieh für die verbliebenen Kolchosen zu stellen hatten.
15 s. Durch die Union, a. a. O., S. 381.
16 vgl. Jung, Joachim: Die Flüche und Seufzer der Ermordeten. Ein Besuch auf dem Archipel GULag, in: Frankfurter Allgemeine Zeitung Nr. 271 vom 21.11.1992.
17 Der russische Fürst Potemkin* lebte von 1739–1791. Er war Berater und Geliebter von Katharina der Großen und soll, um der Zarin seine angeblichen Erfolge im Dienste des sozialen Fortschritts zu zeigen, vor die Elendshütten der Bauernkaten künstliche Fassaden schmucker Häuser gestellt haben. Die Dorfbewohner wies er an, mitgebrachte bestickte Bauernkittel und hübsche Kleider an Stelle ihrer Lumpen anzuziehen und fröhlich aus den Fenstern der künstlichen Fassaden zu winken. Da Katharina ihre

Inspektion durch die Dörfer in der Troika mit rasch galoppierenden Pferden vornahm, entdeckte sie den Betrug nicht. Seitdem spricht man bei der Vorspiegelung falscher Tatsachen von Potemkinschen Dörfern.
18 s. Durch die Union, a. a. O., S. 431.
19 s. ebd. S. 441.
20 s. ebd. S. 449.
21 s. Jung, Joachim: Die Flüche und Seufzer, a. a. O.; zum Thema der Gulags vlg. Solschenizyn, Alexander: Archipel GULag, 1973/74; Böffgen, H.-P./ Klahn, Th./Klamt, A. (Hrsg.): D. S. Baldajew – Gulag-Zeichnungen, (Verlag Zweitausendeins), Frankfurt am Main 1993. Alexander Solschenizyn berichtet im Folgeband seines ›Archipel Gulag‹, 1974, S. 57ff., gleichfalls vom Besuch Maxim Gorkis: In der Kinderkolonie für minderjährige Häftlinge sei er von einem vierzehnjährigen Gefangenen angesprochen worden. Alles, was dem Schriftsteller hier gezeigt werde, sei falsch und verlogen, er könne ihm hingegen die Wahrheit erzählen. Gorki habe über eine Stunde mit dem Knaben allein gesprochen und sei weinend aus dem Zimmer zurückgekehrt. Die erfahrene Wahrheit über die GULags aber habe er bei seiner Rückkehr verschwiegen. Der Junge sei – kaum daß Gorki die Insel wieder verlassen habe – erschossen worden. Daß diese Episode hier nur als Anmerkung aufgeführt wird, hat seinen Grund darin, daß Solschenizyn – wie so häufig in seinem Buch – über die GULags – keine Quelle seiner Information anführt, nicht einmal der Name des Jungen ist ihm bekannt.
22 s. Chodassewitsch, V.: Gorki wie ich ihn kannte, a. a. O., S. 1157.
23 s. Durch die Union, a. a. O., S. 440.
24 s. ebd. S. 456.
25 s. ebd. S. 383.
26 s. Wolfe, B.: Brücke und Abgrund, a. a. O., S. 94f., Hervorhebungen von Gorki.

16. Dieser Mörder, dieser schreckliche Mörder!

1 s. Von der Unmenschlichkeit, erstmals 28.7.1929 in ›Istwestija‹, hier in: Gorki, Maxim: Für Frieden und Demokratie, a. a. O., S. 104.
2 s. Wenn der Feind sich nicht ergibt, wird er vernichtet, erstmals in ›Prawda‹, ›Istwestija‹ und anderen Zeitungen am 15.11.1930, hier in: Gorki, Für Frieden und Demokratie, a. a. O., S. 113.
3 s. ebd. S. 112f.
4 vgl. ebd. (Anmerkung zu: Wenn der Feind sich nicht ergibt)..., S. 389.
5 s. An die Arbeiter und Bauern, erstmals in ›Prawda‹ und ›Istwestija‹ vom 25.11.1930, hier in: Für Frieden und Demokratie, a. a. O., S. 115.
6 s. ebd.
7 s. ebd. S. 115f.
8 s. An die Humanisten, erstmals in ›Prawda‹ und ›Istwestija‹ 11.12.1930, hier in: Internationales Verteidigungskomitee, Deutsche Sektion (Hrsg.): Mit Bomben und Granaten. Zwei Aufsätze von Maxim Gorki, Berlin 1930, S. 6.
9 s. Internationales Verteidigungskomitee: Gegen die imperialistischen Kriegshetzer – Für die Verteidigung der Sowjetunion, in: Internationales Verteidigungskomitee: Mit Bomben und Granaten, a. a. O., S. 15.
10 vlg. ebd. (Mit Bomben und Granaten), S. 15f.
11 s. An die Humanisten, erstmals in ›Prawda‹ und ›Istwestija‹ vom 11.12.1930, hier: Für Frieden und Demokratie, a. a. O., S. 123. Der Arti-

kel hat zwar die gleiche Überschrift wie im deutschsprachigen Heft ›Mit Bomben und Granaten‹, ist von Gorki für die russischen Zeitungen jedoch wesentlich erweitert und verändert worden.
12 s. Aus einem Brief an die Arbeiter, die Werktätigen der Stadt Gorki, erstmals in ›Prawda‹, 19.10.1932, hier in: Für Frieden und Demokratie, a.a.O., S. 292.
13 s. Chodassewitsch, V.: Gorki, wie ich ihn kannte, a.a.O., S. 1162.
14 s. An die Humanisten, erstmals in ›Prawda‹ und ›Istwestija‹ vom 11.12.1930, hier in: Für Frieden und Demokratie, a.a.O., S. 123.
15 s. ebd.
16 vgl. Zwei Fünfjahrespläne, erstmals in ›Prawda‹ und ›Istwestija‹ vom 9.4.1935, hier in: Für Frieden und Demokratie, a.a.O., S. 342.
17 s. P, O.: Maxim Gorki über Stalin. Aus dem Tagebuch eines Dichters, in: Neuer Vorwärts Nr. 16, 20.4.1956. Der hier zitierte Artikel Gleb Glinkas erschien erstmals im Januar 1954 im ›Sozialistitscheski Westnik‹ (Sozialistischer Bote) in New York und Paris.
18 s. ebd.
19 vgl. Dönhoff, Marion Gräfin von: Menschen, die wissen, worum es geht, (Hoffmann und Campe Verlag), Hamburg 1976, S. 235.
20 s. ebd. S. 246ff.; vgl. hierzu auch: Wolkogonow, D.: Stalin..., a.a.O., S. 693f.: Die These vom Mord wurde untermauert von einem Begnadigungsgesuch der ehemaligen Hausangestellten Stalins, Alexandra G. Kortschagina. Es stammt vom 22.10.1935 und wurde im Solwiki-GULag an das Politbüromitglied Michail Kalinin geschrieben. Alexandra Kortschagina war dort inhaftiert, weil sie gegenüber einem Kreml-Mitarbeiter behauptet hatte, Stalin habe seine Frau erschossen. Sie weist allerdings darauf hin, daß ihr Geständnis durch Folter erzwungen worden sei und sie daraufhin ohne Prozeß auf die Solwiki-Inseln deportiet wurde.
21 vgl. BmF, a.a.O., S. 348.
22 vgl. Rühle, Jürgen: Gorkis Ende. Jagodas Mordgeständnis bis heute noch nicht dementiert, in: Stuttgarter Zeitung Nr. 135 vom 15.6.1961.
23 s. Dönhoff, M. G. v.: Menschen... a.a.O., S. 246.
24 s. Gorki, Maxim: Briefwechsel mit sowjetischen Schriftstellern, a.a.O., S. 74.
25 s. Gorki, Maxim: Klim Samgin, Buch 3, a.a.O., S. 128.
26 s. ebd. S. 128f.
27 s. Gorki, Maxim: Brief an Konstantin Fedin vom 9.Januar 1925, in: Gorki, Maxim: Briefwechsel mit sowjetischen Schriftstellern, a.a.O., S. 72.
28 s. Dönhoff, M. G. v.: Menschen..., a.a.O., S. 247.

17. Gefangen im goldenen Käfig

1 vgl. Böffgen/Klahn u. a. (Hrsg.). Baldejew: GULag Zeichnungen, a.a.O., S. 329.
2 Der* Komsomol ist die Kurzbezeichnung für ›Kommunistitscheskij Sojus Molodjoschi‹, der Jugendorganisation der bolschewistischen Partei in der Sowjetunion; Komsomolzen hießen seine Mitglieder.
3 vgl. Böffgen, H. P./Klahn u. a. D. S. Baldejew... a.a.O., S. 32.
4 s. Chodassewitsch, V.: Gorki, wie ich ihn kannte, a.a.O., S. 1165f.
5 s. Ludwig, N.: Maxim Gorki, Ausgabe 1984, a.a.O., S. 208.
6 s. Chodassewitsch, V.: Gorki... a.a.O., S. 1123.
7 s. ebd. S. 1165.
8 s. ebd.

9 s. Gorki, Maxim: Die sowjetische Literatur, Referat, erstmals am 17.8.1934 auf dem Ersten All-Unionskongreß der sowjetischen Schriftsteller, hier in: Gorki, Maxim: Wie ich schreibe, a. a. O., S. 582.
10 s. ebd. S. 580f.
11 s. ebd. S. 590.
12 s. Gorki, Maxim: Brief an A. L. Stscherbakow vom 19. Oktober 1935, hier: Maxim Gorki zu Fragen der literarischen und publizistischen Arbeit. Unveröffentlichte Briefe, in: Kunst und Literatur, 14. Jahrg. Heft 4, April 1966, S. 368.
13 s. Grobe, Karl: Stalin, der unerklärte Sündenfall, in: Frankfurter Rundschau vom 24.3.1990, Seite ZB 4.
14 vgl. Wolkogonow, Dimitri: Stalin. Triumph und Tragödie. Aus dem Russischen von Vesna Jovanoska, (Claassen-Verlag), Düsseldorf 1989, S. 375.
15 s. Rühle, Joachim: Gorkis Ende..., a. a. O.
16 s. Gorki, Maxim: Brief an Stscherbakow vom 19.10.35, a. a. O., S. 367, Datsche*/Datscha ist die russische Bezeichnung für ein Wochenendhaus.
17 s. ebd. S. 367f.
18 s. ebd. S. 367.
19 s. P. Q. Maxim Gorki über Stalin, a. a. O., sowie vgl. Rühle, Joachim: Maxim Gorkis letztes Wort, a. a. O., S. 77.
20 s. Chodassewitsch, V.: Gorki... a. a. O., S. 1169.
21 s. Gorki, Maxim: Über die Sportlerparade, erstmals in ›Prawda‹ und ›Istwestija‹ vom 2.7.1935 unter dem Titel ›Freude und Stolz‹, hier in: Gorki, Maxim: Für Frieden und Demokratie, a. a. O., S. 349.
22 Als Tauwetterperiode* wurde die in den sechziger Jahren vom damaligen Ministerpräsidenten der UdSSR, Nikita Chruschtschow eingeleitete Entstalinisierung der Sowjetunion bezeichnet. Glasnost*, heißt übersetzt Offenheit, Offenlegung, Öffentlichkeit. Der Begriff wurde Ende der achtziger Jahre vom inzwischen gestürzten Generalsekretär der damaligen UdSSR, Michail Gorbatschow geprägt und leitete eine Reformpolitik in der Sowjetunion ein.
23 vgl. Kapitel 12, Anmerkung 21.
24 KGB* ist die amtliche Abkürzung für Komitet Gosudarstwennoj Besopasnosti, übersetzt: Komitee für Staatssicherheit; MWD* ist die amtliche Abkürzung für Ministerstwo Wnutrennych Del, übersetzt: Ministerium des Inneren. Wie aus dem Vorangegangenen hervorgeht, wurden die Politische Polizei und die Geheimdienste Rußlands im Laufe der Geschichte mehrfach umbenannt. Es wird die jeweils zeitlich zum Zitat gehörende Bezeichnung erwähnt.
25 s. Böffgen/Klahn u. a.: Baldejew: GULag-Zeichnungen, a. a. O., S. 329.
26 Der Begriff Perestroika* bedeutet übersetzt: ›Umgestaltung, Veränderung‹ und wurde gleichfalls von Michail Gorbatschow geprägt.
27 s. Troyat, Henri, Gorki, Sturmvogel... a. a. O. O. S. 183, Troyat zitiert einen Artikel Rollands: ›Journal du voyage en U.R.S.S‹.
28 s. ebd. S. 182f.
29 s. ebd. S. 183.
30 s. Chodassewitsch, V.: Gorki..., a. a. O., S. 1169.
31 s. Gorki, Maxim: Klim Samgin, Buch 3, a. a. O., S. 152.
32 s. Rühle, Joachim: Maxim Gorkis letztes Wort, a. a. O., S. 76.
33 s. Gorki, Maxim: Klim Samgin, Buch 4, a. a. O., S. 455.

18. Die Tränen haben das Feuer gelöscht

1 s. Rado, Gyorgy: Maxim Gorkis Tod: Wort für Wort, in: Monat, 21. Jahrg., 1969, Heft 249, S. 73.
2 s. ebd. S. 74.
3 s. ebd.
4 s. Gorki, Maxim: Vom Teufel, erstmals 1906, hier in: Gorki, Maxim: Satiren, Deutsch von Georg Schwarz ›Gesammelte Werke in Einzelbänden, Bd. 5‹ (Aufbau-Verlag), Berlin und Weimar 1968, S. 56.
5 s. Rado, G. Maxim Gorkis Tod a. a. O., S. 74.
6 s. ebd. Rado, S. 76, Nischni* Nowgorod hieß jetzt Gorki, aber für den Sterbenden bleibt die Stadt, die seinen Namen trägt, Nischni. Mit Marussja* ist Marija Andrejewa gemeint, die mit Gorki aus dem amerikanischen Hotel verwiesen wurde, weil sie nicht mit ihm verheiratet war; Vladimir Iljitsch*, gemeint ist Lenin; Alexej-Maximowitsch*, Gorki meint sich damit selbst. In Deutschland werden Bücher verbrannt*: 1933 fand in Berlin durch die Nationalsozialisten eine öffentliche Verbrennung von Büchern unerwünschter Autoren statt. Der symbolische Akt bedeutete das Ende des freien Schriftstellertums in Deutschland und den Beginn der Verfolgung nichtkonformer Schriftsteller.
7 s. Opischuja, I.: Die letzten Jahre des Maxim Gorki. Das Rätsel seines Todes wird nie ganz erhellt werden, in ›Der Tagesspiegel‹ Nr. 4794 vom 17. 6. 1961, S. 4., sowie vgl. Rühle, Jürgen: Gorkis Ende, a. a. O.
8 s. Roskin, A. Maxim Gorki, a. a. O., S. 153.
9 s. Teupitz, Thomas: Griff in die Geschichte: Stalin schickte ihm vergiftete Pralinen, in: ›Die Welt‹ vom 27.3.93, vgl. auch Herling-Grudziński, Gustaw: Die sieben Tode des Maxim Gorkij, in: ›Kontinent-Magazin‹. Forum für Ost-West-Fragen, 6. Jahrg., Nr. 12, (Ullstein-Verlag), Berlin 1980, S. 3–36.
10 vgl. Opischuja, I.: Die letzten Jahre des Maxim Gorki, a. a. O.
11 vgl. Opischura, a. a. O., sowie Rühle: Gorkis Ende, a. a. O.

Personenverzeichnis

(Die Personen werden nur erwähnt, wenn sie mit ihren Namen auftauchen. Figuren aus Gorkis Werken werden mit Ausnahme der Personen in den autobiographischen Schriften nicht genannt, weil unklar ist, ob sie unter diesem Namen existiert haben.)

Afanasjew, Feodor 101.
Alexander II. (Zar) 317.
Alexander III. (Zar) 317, 318, 319.
Alexejew, N. A. (zaristischer General) 329.
Alexinskij, Gregor 153.
Andrejew, Leonid (Schriftsteller, Freund von M. G.) 142, 329.
Andrejewa, Marija Fjodorwna (Lebensgefährtin von M. G.) 126f., 134, 136f., 138f., 140, 145, 185, 194, 204, 205, 219, 283, 322, 323, 324, 329, 330, 348, 354.
Babel, Isaak (Schriftsteller) 211, 332.
Balzac, Honoré de (Schriftsteller) 41.
Barbusse, Henri (Schriftsteller) 244.
Bebel, August (sozialdemokratischer Politiker) 137.
Becher, Johannes R. (Schriftsteller) 207, 244.
Bely, Andrej (Schriftsteller) 330.
Béranger, Pierre J. (Schriftsteller) 317.
Block, (Blok) Alexander (Lyriker) 150, 166, 191, 328, 330, 331.
Bogdanow, Alexander (Philosoph, Soziologe) 156f., 159, 325.
Bucharin, Nikolai I. (bolschewistischer Politiker) 334.
Budberg, Marija, Ignatewna, Baronin v. (Lebensgefährtin von M. G.) 201, 204, 209, 218, 233, 260, 282, 329, 333, 334, 335.
Bunin, Iwan (Schriftsteller) 166, 331, 334.
Chodassewitsch, Valentina (Kunstmalerin, Freundin von M. G.) 239, 262, 264, 269, 272, 274.
Chodassewitsch, Wladislaw F. (Schriftsteller) 193f.
Chruschtschow, Nikita (Staatsmann) 271, 285, 354.
Denikin, Anton I. (zaristischer General) 329.
Derenkow, Andrej S. (Bäcker, Krämer) 55, 57, 60, 66.
Desch, Kurt 244.
Dickens, Charles (Schriftsteller) 318.
Dideriks, A. P. 199.
Dix, Otto (Kunstmaler) 244.
Dönhoff, Marion Gräfin (Schriftstellerin, Journalistin) 252.
Dostojewski, Fedor (Schriftsteller) 264, 315, 316, 317
Dumas, Alexandre (père) (Schriftsteller) 41, 42, 317.
Dzierzynski, Feliks E. (bolschewistischer Politiker, Geheimdienstchef) 190, 219, 254f., 273, 332, 347.
Einstein, Albert (Physiker) 243.

Eisler, Hanns (Komponist) 244.
Fadejew, Alexander (Schriftsteller) 332
Fedin, Konstantin (Schriftsteller, Biograph von M. G.) 191, 217, 224, 256, 272.
France, Anatole (Schriftsteller) 200, 332.
Friedländer, Paul 244.
Gapon, Georgi (Priester) 120, 122, 128 f., 323, 324, 344.
Garlsworthy, John (Schriftsteller) 333.
Gladkow, Fedor (Gymnasiallehrer, Schriftsteller) 51, 209, 211.
Gläser, Ernst (Schriftsteller) 244.
Glinka, Gleb (Pseudonym eines unbekannten Zeugen) 250 ff.
Gogol, Nikolai V. (Schriftsteller) 264, 318.
Goncourt, Edmont-Louis-Antoine Huot de (Schriftsteller) 41.
Gontscharow, Iwan (Schriftsteller) 316.
Gorbatschow, Michail (Staatsmann) 201, 271, 298, 354.
Graf, Oskar Maria (Schriftsteller) 244.
Grigorew (Färbermeister bei Großvater von M. G.) 10, 15, 18.
Grusdew, Ilja (Biograph von M. G.) 139.
Hartfieldt, John 244.
Hauptmann, Gerhart (Schriftsteller) 333.
Herzfelde, Wieland 244.
Hippius, Sinaida (Schriftstellerin, Frau von D. Mereschkowski) 187.
Holitscher Arthur (Schriftsteller) 244.
Iwan (Zigani) (Ziehsohn der Kaschirins) 18, 44 f.
Iwanow, Wsewolod (Schriftsteller) 218, 219.
Jagoda, Genrich (bolschewistischer Politiker, Geheimdienstchef) 255, 256, 261, 284 f., 285 ff. 304, 334, 335, 337.
Jelzin, Boris (Staatsmann) 299.
Jessenin, Sergej (Lyriker) 331.
Judenitsch, Nikolai N. (zaristischer General) 213.
Kaganowitsch, Lasar M. (bolschewistischer Politiker) 284, 292, 337.
Kalinin, Michail I. (bolschewistischer Politiker) 353.
Kamenew, Lew B. (bolschewistischer Politiker) 329, 331.
Kaminski, Olga (Lebensgefährtin von M. G.) 69, 76, 80 ff., 84 f., 283, 319.
Kant, Immanuel (Philosoph) 202.
Kaplan, Fanny (Sozialrevolutionärin) 185, 328.
Kaschirin, Jakow (Onkel von M. G.) 11 ff., 18, 20, 22 f.
Kaschirin, Michail (Onkel von M. G.) 11 ff., 16, 20 f., 22 f.
Kaschirin, Sascha (Vetter M. G., Sohn von Onkel Jakow) 22.
Kaschirin, Sascha (Vetter M. G., Sohn von Onkel Michailo) 22, 30 f.
Kaschirin, Wassili (Großvater von M. G.) 10, 14 ff., 20, 23, 28, 30, 37, 315.
Kaschirina, Akulina Iwanowna (Großmutter von M. G.) 15, 18, 23, 34.
Kaschirina, Natalja (Tante von M. G., Frau von Onkel Michailo) 16, 19.
Katzer, Nikolaus 201.
Kaun, Alexander (Schriftsteller) 195.
Kerenski, Alexander (Rechtsanwalt und Politiker) 170 ff., 174, 177, 294, 317, 328.
Kerr, Alfred (Kritiker) 244.
Kersten, Kurt 244.
Kirow, Sergej M. (bolschewistischer Politiker) 336.
Kisch, Egon Erwin (Journalist) 244.
Koltschak, Alexander W. (zaristischer General) 329.
Konsinzew (Regisseur) 336.
Kornilow, Lawr G. (zaristischer General) 329.

Korolenko, Wladimir G. (Schriftsteller) 67f., 81ff., 86f., 89, 108, 120, 123, 166, 210, 211, 318, 319, 322, 330, 331, 341.
Kortschagina, Alexandra G. (Hausangestellte Stalins) 353.
Krestinskij, N. N. (Bolschewik) 200.
Krischasanowski (Diplomat) 253.
Krjutschkow, Pjotr (Sekretär von M. G.) 222, 261, 273, 285f., 337.
Kropotkin, Peter, Fürst (Schriftsteller und Anarchist) 165.
Krupskaja, Nadeshda (Ehefrau von Lenin) 204, 228.
Kuskowa, Jekaterina (Freundin von M. G.) 240.
Lagerlöf, Selma (Schriftstellerin) 333.
Lanin, A. I. (Advokat in Nischni Nowgorod) 80.
Lenin, Wladimir Iljitsch (eigentlich: Uljanow, W. I.) 103, 119, 123, 127, 133, 135, 140, 142, 151ff., 160, 163f., 165ff., 171, 174ff., 177ff., 180ff., 184ff., 188ff., 195ff., 200f., 204f., 207f., 214f., 223, 231, 237, 249, 259, 271, 275, 283, 295, 296ff., 316, 320, 321, 322, 323, 324, 325, 326, 328, 329, 330, 331, 333, 344, 345, 354.
Leonhardt, Rudolf (Schriftsteller) 244.
Lesskow, Nikolai (Schriftsteller) 202, 331.
Lewin, Lew I. Dr. (Arzt von M. G.) 285.
Liebknecht, Karl (Politiker) 136.
Ludwig, Nadeshda (Biographin von M. G.) 272
Lunatscharski, Anatol W. (bolschewistischer Politiker) 156f., 187, 189, 325.
Lwow, Georgij, Fürst (Staatsmann) 170f., 328.
Majakowski, Wladimir (Lyriker) 166, 327, 330, 332, 334.
Mamin-Sibirijak, Dimitri S. (Schriftsteller) 319.
Mann, Heinrich (Schriftsteller) 243, 333.
Manuchin, I. I. Dr. (Arzt von M. G.) 190f., 347.
Martow, L. (menschewistischer Politiker) 321.
Marx, Karl (Philosoph) 300, 316.
Martin (Ehepaar, das M. G. in USA aufnahm) 138.
Menshinskij, W. R. 197.
Mereschkowski, Dimitri Sergejewitsch (Schriftsteller, Kritiker) 108.
Molotow, Wjatscheslaw (bolschewistischer Politiker) 284, 292, 337.
Morosow, Sawwa (Industrieller) 207, 213, 331.
Münzenberg, Willi 244.
Münzer, Thomas (Theologe und Revolutionär) 207, 349.
Mussolini, Benito (faschistischer Staatsmann) 218, 331.
Nagel, Otto (Kunstmaler) 244.
Nehru, Pandit (Staatsmann) 252.
Nemirowitsch-Dantschenko, Wladimir (Freund von M. G.) 277.
Nietzsche, Friedrich (Philosoph) 202, 275.
Nikolaus II. (Zar) 126, 131, 138, 164, 181, 212, 213, 319, 320, 327, 328.
Opischura, I. 285.
Ordschonikidse, Grigori (bolschewistischer Politiker) 284, 292, 337.
Pasternak, Boris (Schriftsteller) 211, 255.
Pawlow, Iwan P. (Zoologe) 194, 337.
Pechstein, Max (Kunstmaler) 244.
Peschkow, Maxim (Sohn von M. G.) 99, 100, 117, 141, 185, 204, 205, 209, 219, 222, 232, 260, 261ff., 271, 283, 285f., 320, 330, 333, 334, 335, 336.
Peschkow, Maxim Sawwatejewitsch (Vater von M. G.) 10ff., 315.
Peschkowa, Katharina Pawlowna, geb. Woljin (erste Frau von M. G.) 91, 100, 117, 127, 136, 168, 184, 187, 205, 219, 221, 320, 323, 330, 333, 345.
Peschkowa, Katjuscha (Tochter von M. G.) 117, 137, 321, 324.
Peschkowa, Warwara (Mutter von M. G.) 10, 13, 315.

Pilnjak, Boris (Schriftsteller) 211, 255, 256.
Pinkewitsch, A. P. 198.
Piscator, Erwin (Regisseur) 244.
Plato 202.
Plechanow, Georgij W. (marx. Theoretiker, Politiker) 150, 154, 158, 165, 317.
Pletnjow, Gurij (Freund von M. G.) 52f.
Pletnjow, Dimitri D. (Medizinprofessor, Arzt von M. G.) 285.
Ponson du Terail, Pierre-Alexis (Schriftsteller) 41.
Potemkin, Grigorij A., Fürst (Staatsmann unter Katharina d. Großen) 231, 237, 244, 351.
Prischwin, Michail M. (Schriftsteller) 211, 219.
Pudowkin (Regisseur) 332.
Puschkin, Alexander Sergejewitsch (Lyriker, Schriftsteller) 42, 212, 317.
Radek, Karl (bolschewistischer Politiker) 255, 256.
Rasputin, Grigorij J. (Mönch) 325.
Renn, Ludwig (Schriftsteller) 244.
Repin, Ilja Refimowitsch (Kunstmaler) 110, 321.
Rolland, Romain (Schriftsteller) 270, 273f., 331, 333, 336.
Romanow (Familienname der Zarenfamilie) 167, 192, 194, 297, 327.
Romanow, Michail (Großfürst, Bruder von Zar Nikolaus II.) 170.
Romas, Michail Antonowitsch, genannt ›Chochol‹ (Schmied) 60ff., 65, 318.
Roskin, A. (Biograph von M. G.) 272, 285.
Rühle, Jürgen 285, 350.
Salomow, Pjotr (revolutionärer Arbeiter) 145, 146.
Salomowa, Anna K. (revolutionäre Mutter von Pjotr Salomow) 145, 146.
Samjatin, Jewgeni (Schriftsteller) 255.
Saposhnikow (Chemie-Professor) 190f.
Sassulitsch, Vera (Sozialrevolutionärin) 317.
Sasubrin, Wladimir J. (Schriftsteller) 211.
Schaljapin, Fedor (Sänger, Freund von M. G.) 194.
Schdanow, Andrej (bolschewistischer Politiker) 261.
Schklowskaja, Batalja 191.
Scholochow, Michail A. (Schriftsteller) 211, 333, 334, 335.
Scott, Sir Walter (Schriftsteller) 318.
Serow, Walentin A. (Kunstmaler) 143.
Shaw, George Bernhard (Schriftsteller) 334.
Shelley, Percy B. (Dichter) 240.
Sinclair, Upton (Schriftsteller) 244.
Sinha, Satanarayan (Diplomat, Journalist) 252f., 255, 271.
Sinowjew, Grigori J. (bolschewistischer Politiker) 329, 331, 332.
Slominski, Michail (Schriftsteller) 211.
Smuryj, Michail, Akimowitsch (Schiffskoch) 36ff., 45.
Solowjew, Wladimir S. (Schriftsteller) 202.
Solschenizyn, Alexander (Schriftsteller) 237, 352.
Sostschenko, Michail M. (Schriftsteller) 211.
Sosulja, Jefim (Schriftsteller) 211.
Speranski, Dr. (Arzt von M. G.) 280.
Stalin, Josef W. (eigentlich Dschugaschwili, Josef) 219, 220f., 224, 229, 236, 237, 241, 242, 248, 249ff., 256, 258, 259ff., 266f., 269, 270ff., 275f., 284, 285ff., 292, 295, 301ff., 317, 327, 328, 330, 331, 332, 334, 336, 337, 353.
Stolypin, Peter A. (Staatsmann) 325, 326.
Stscherbakow, Alexander S. (Sekretär des Schriftstellerverbandes) 268, 270, 271.
Suchanow, Nikolai N. (menschewistischer Politiker) 328.

Tichonow, A. N. 198, 348.
Toller, Ernst (Schriftsteller) 244.
Tolstaja, Sofja Andrejewna (Ehefrau von Leo Tolstoi) 207, 331.
Tolstoi, Alexej (Schriftsteller) 211, 284, 334, 337.
Tolstoi, Leo N., Graf (Schriftsteller) 108, 113, 116, 121, 202, 212, 316, 317, 321, 322, 324, 325, 329, 331.
Trauberg (Regisseur) 336.
Trepow (Gouverneur von St. Petersburg) 317.
Trotzki, Leo D. (eigentlich Bronstein, Leib) (bolschewistischer Politiker) 177, 177f., 188, 189, 284, 328, 331, 332, 337.
Troyat, Henri (Schriftsteller) 199.
Tschapygin, Alexej P. (Schriftsteller) 219.
Tschechow, Anton (Schriftsteller) 108, 118, 120, 123, 126, 249, 318, 320, 321, 322, 323.
Tschukowski, Wladimir (Schriftsteller) 195.
Tsulukidse, Fürst 72ff.
Tucholsky, Kurt (Schriftsteller) 244.
Turgenjew, Iwan S. (Schriftsteller) 318.
Twain, Mark (Schriftsteller) 136, 137, 324.
Uljanow, Wladimir Iljitsch (richtiger Name von Lenin) 152f., 195, 316.
Uljanow, Alexander (Bruder von Lenin) 318.
Wilhelm II. (Kaiser des Deutschen Reiches) 234.
Witte, Sergej, I., Graf (Staatsmann) 129, 130.
Wodowosowa, Maria 101.
Wolfe, Bertram D. (Schriftsteller) 200.
Wolnyj/Wolnow, Iwan J. (Schriftsteller) 191, 211.
Woronski, Alexander (Schriftsteller, Kritiker) 219.
Woroschilow, Kliment (bolschewistischer Politiker) 273.
Wrangel, Pjotr N. (zaristischer Offizier) 329.
Zweig, Stefan (Schriftsteller) 331, 333.